Für Leser und Liebhaber der Kriminalliteratur ist der Begriff »Pitaval« gleichbedeutend mit dem Stichwort »Sammlung wahrer Kriminalfälle« – so wie man etwa Reiseführer einfachheitshalber als »Baedeker« apostrophiert. Daß Pitaval wie auch Baedeker ursprünglich Eigennamen sind, geriet darüber fast in Vergessenheit.

François Gayot de Pitaval (1673-1743) hatte die »berühmten und interessanten Rechtsfälle« gesammelt. Seine zweiundzwanzigbändige Sammlung wurde ein voller Publikumserfolg, da er sich ganz gezielt auf bedeutende und publikumswirksame Rechtsfälle stützte. Durch die von Schiller eingeleitete deutsche Ausgabe wurde Pitavals Name auch hierzulande in weiten Kreisen bekannt.

Der Berliner Kriminaldirektor Julius Eduard Hitzig und Wilhelm Häring, der sich später Willibald Alexis nannte, gaben ihrer Fortführung des »Pitaval«, die von 1842-1865 in dreißig Bänden erschien, den Titel *Der neue Pitaval.*

Die vorliegende Ausgabe enthält den vollständigen Text des ersten Bandes dieser Sammlung seltsamer Kriminalfälle.

insel taschenbuch 819

Der neue Pitaval

DER NEUE PITAVAL

Eine Sammlung der interessantesten Kriminalgeschichten

Herausgegeben von Julius Eduard Hitzig und Wilhelm Häring

Insel Verlag

insel taschenbuch 819
Erste Auflage 1986

Hinweise zu dieser Ausgabe
am Schluß des Bandes
Vertrieb durch den Suhrkamp Taschenbuch Verlag
Umschlag nach Entwürfen von Willy Fleckhaus
Satz: LibroSatz, Kriftel
Druck: Nomos Verlagsgesellschaft, Baden-Baden
Printed in Germany

1 2 3 4 5 6 – 91 90 89 88 87 86

DER NEUE PITAVAL

VORWORT

Des allgemeinen Interesses an merkwürdigen Kriminalfällen ungeachtet, gibt es doch zur Zeit noch keine Sammlung, welche die berühmtesten aller Länder und Zeiten umfaßte. An gerühmten und vortrefflichen Werken der Art fehlt es nicht; sie sind aber sämtlich entweder aus einem speziellen wissenschaftlichen Gesichtspunkte oder mit Berücksichtigung bestimmter örtlicher und zeitlicher Grenzen veranstaltet. Auffällige Kriminalgeschichten gehören aber jetzt nicht mehr dem Lande allein an, wo sie vorgefallen, auch nicht der Wissenschaft allein; sie haben das traurige Vorrecht, ein großes Gemeingut zu sein. Der Prozeß Lafarge wird in Petersburg, in Berlin, Neapel und New York mit derselben Teilnahme wie in Paris selbst verhandelt. Und wie die Teilnahme durch alle Länder ist sie auch durch alle Stände verbreitet und aus dem wissenschaftlichen auf das große, gebildete Publikum übergegangen.

Der Mann vom Fache weiß, wo er die Fälle, die ihn interessieren, zu suchen hat. Aber diese bändereichen, zerstreuten, zum Teil sehr kostbaren Sammlungen sind dem großen Publikum unzugänglich, zum Teil ist die Behandlung veraltet, ungenießbar. Eine neue Sammlung der merkwürdigsten Kriminalfälle aller Länder und Zeiten bis auf die neueste herab erschien daher als eine zeitgemäße Aufgabe – eine Sammlung, welche alle Fälle in sich aufnähme, die den Stempel historischer Berühmtheit an sich tragen; die aus den ältern Kompilationen die gehaltreichern, sowohl belehrenden als interessanten Inhalts hervorsuchte und diesen klassischen Kriminalfällen die viel besprochenen Prozesse der nächsten Vergangenheit und Gegenwart anreihte,

Prozesse, welche, einer vom andern verdrängt, so schnell wieder vergessen werden, als der Ruf derselben ihrer Zeit groß war. Jeder Erwachsene kannte ehemals den Prozeß des Jean Calas, das heutige Publikum weiß kaum mehr davon, als daß ein Unschuldiger durch einen Justizmord hingerichtet wurde. Auch Fonks fast noch berühmterer Prozeß verschwindet in seinen Tatsächlichkeiten der gegenwärtigen Generation schon aus dem Gedächtnis.

Als Aufgabe erschien demnach den Herausgebern, diese berühmten und interessanten Fälle in einer dem gebildeten Publikum bestimmten Sammlung zu registrieren und ihnen dabei die Form zu erstreben, welche derselben im Auge des Juristen, des Psychologen und der größern Leserklasse einen Anspruch auf dauernde Teilnahme sicherte.

Die Auswahl aus dem überreichen Stoffe erscheint ebenso schwierig als die Wahl einer Darstellungsweise, welche diesen drei Leserklassen zugleich genügte. Für jene fehlt es an einem Vorgänger, für diese ist eine Autorität vorhanden in Feuerbachs »Aktenmäßiger Darstellung merkwürdiger Verbrechen«. Aber Feuerbachs Musterdarstellung ist so bedingt von dem eigentümlichen Genie dieses im Gebiete der Psychologie mit dichterischer Schöpferkraft waltenden Kriminalisten, daß eine unbedingte Nachahmung auf Abwege führen müßte. Zugleich würde sie nicht auf alle Fälle passen und noch weniger auf die aus der ältern Zeit anwendbar sein, wo uns aktenmäßige Darstellungen fehlen, oft nur ein schon verarbeitetes Resumé überliefert ist. Ebensowenig kann bei einer Sammlung derart das, was dem Richter und wissenschaftlichen Juristen von besonderer Wichtigkeit ist, die strenge Kritik der Beweisführung, die erschöpfende Beurteilung des Tatbestandes eines Verbrechens, zur Hauptsache werden, wie wir sie grade in den Meisterdarstellungen von Fachjuristen finden.

Um unserm Zwecke zu genügen, mußten wir im allgemeinen die historische Auffassung, die lebendige Darstellung der Handlung, der Tat und ihrer Motive uns zur Hauptaufgabe stellen.

Am allerwenigsten konnte die Weise des Schriftstellers, dessen Name auf dem Titel dieses Werkes erscheint, uns als Maßgabe der Behandlungsart dienen. Schon sein Nachfolger, der Parlamentsadvokat *Richer*, der seine Sammlung umarbeitet und ergänzte, sagt, daß zwar jedermann *Gayot de Pitavals* Rechtsfälle gelesen, aber sich auch jedermann über seine Methode beschwert hätte, daß die Tatsachen ohne Ordnung untereinander geworfen wären, von einem Wuste Betrachtungen, die nicht zur Sache gehörten, verschlungen und man sich oft in die Notwendigkeit gesetzt sähe, den wahren Verlauf der Sachen zu erraten sowie daß die rechtlichen Gründe mit einer unleidlichen Schwatzhaftigkeit vorgetragen würden. Er gab diesen Rechtsfällen eine neue Gestalt; er versuchte, wie er sagt, die Tatsachen aus dem Wuste herauszuziehen, der sie überschüttete, und bemühte sich, sie so zu ordnen, daß der Leser Ausgang und Urteil nicht sogleich voraussehen könne und bis zur Entwicklung des Stückes in Spannung bleibe.

Diese Kunst des *arranger les faits*, um sie interessant zu machen, welche auch von den neuern französischen Juristen, und zwar, wie man behauptet, über billiges Maß geübt wird, hat indessen doch nicht das zuwege gebracht, was Richer bezweckte. Auch in seiner Bearbeitung, ja selbst in den deutschen Übersetzungen und Bearbeitungen nach der seinigen ist des Wustes so viel, daß nur ein Jurist, und auch dieser nur mit Anstrengung, sich durcharbeitet. Wenngleich er sich, nach seinem Ausdrucke, »des Werkes ganz bemeistert und es wie seinen eigentümlichen Grund und Boden bearbeitet hat«, so hat er sich doch nirgends über seinen französischen Standpunkt von ehemals erhoben. Die Kompetenzstreitigkeiten zwischen den Gerichtsbehörden unter sich über die Grenzen der Befugnisse der verschiedenen Parlamente, ihre wider einander gerichteten Arrêts werden mit einer Wichtigkeit verhandelt, welche das Interesse an der Sache beeinträchtigt. Ebenso antiquiert sind die mit wohlgefälliger Breite geschriebenen Abhandlungen über zweifelhafte Auslegungen römischer Gesetzstellen, die weder ein allgemeines noch für den Juristen ein praktisches Interesse haben. Dazu nimmt die Erörterung der aus dem Verbrechen erwachsenden Zivilansprüche einen hier ungebührlichen Raum ein.

Mehr noch als das sind uns die ausgeführten Plädoyers fremd. Ja oft scheint es, als sei dem Verfasser dieses Verstandes- und oratorischen Spiels der Sachwalter von größerer Wichtigkeit als die Sache selbst; als nähme er diesen und jenen Fall nur auf, um den schönen und glänzenden Vortrag eines Advokaten abdrucken zu können, und unwillkürlich glaubt man, in diesen Plädoyers hinter geschlossenen Türen und vor den Bänken ehrwürdiger Parlamentsräte die funkelnden Reden der heutigen Advokaten zu hören, die auf das Beifallklatschen ihres Auditoriums berechnet sind. Die Anklage- und Defensionsreden liegen der Untersuchung, dem Urteile, sie liegen auch großenteils der Darstellung des Schriftstellers zugrunde. Dieser Übelstand in unserm Sinne läßt sich nicht mehr ändern, die Akten fehlen; aber bei der deutschen Verarbeitung für die Jetztwelt war es Aufgabe, wenigstens der Tatsache ihr Vorrecht zu vindizieren und die Advokatenvorträge in die ihnen gebührenden Schranken zurückzuverweisen.

Trotz der von seinen Landsleuten bereits gerügten und von uns angedeuteten Mängel bleibt Pitaval das Verdienst, der erste Sammler in seiner Art zu sein. Er sammelte nur für

Franzosen und fast durchgängig nur französische Fälle. Aber seine *causes célèbres* haben einen europäischen Namen. Sie enthalten zugleich einen reichen Schatz der allermerkwürdigsten, psychologisch interessantesten und juridisch verwickelten Kriminalfälle, dergestalt, daß ein neuerer Sammler ihn nicht allein nicht übergehen darf, sondern von selbst darauf hingewiesen ist, seine Ausbeute zum Grunde zu legen. Dessentwillen schien es auch zur Bezeichnung des Werkes nicht unangemessen, seinen Namen, aus dem das Persönliche entschwunden und der für das Publikum bereits einen sachlichen Begriff gewonnen hat, auf den Titel zu setzen. Was der »neue Pitaval« im Gegensatz zu dem alten bringen soll, haben wir oben angedeutet.

Doch fehlt zu einem Werke allgemeinerer Art, wie es hier beabsichtigt ist, hinsichtlich des Aufzunehmenden jede Autorität vor uns. Franzosen und Engländer suchen Welt und Menschen nur in ihrer Nation; wo ihre Kriminalisten sich um die Rechtsfälle anderer Länder bekümmerten, geschah es nur beispielsweise auf Streifzügen. Aber auch die bisherigen deutschen Sammler hatten nur bestimmte Kreise im Auge. Feuerbach hat allein die Fälle aufgenommen, welche innerhalb des Bereichs seiner eignen praktischen Wirksamkeit ihm aufstießen. So müssen wir uns selbst in dem üppigen Walde ohne irgendeinen Wegweiser die Schranken stecken, die Wege zu bahnen suchen, auf die Gefahr hin, daß es uns wie der Muschelsammlerin am Meere geht, die nach den buntesten und schön geformtesten suchend, eine Muschel um die andere aus der Hand wirft, weil ihr Auge immer eine noch merkwürdigere sieht. Doch gewinnt Pitaval auch hierin für uns Bedeutung. Aus seinen mehr als zwanzig Bänden werden wir nicht viel über ein Dutzend interessanter und belehrender Fälle für unsere Sammlung brauchen. Aber in seiner Auswahl zeigt er besser als sein

Verbesserer, daß er wußte, was das allgemein menschliche Interesse erregt, und zugleich dient er uns als Markscheide, bis zu welchem Zeitpunkte zurück unsere Sammlung einstweilen gehen darf. Seine frühesten Fälle, mit Ausnahme der historischen, gehen nicht weit über das Ende des sechzehnten Jahrhunderts hinaus; die frühere Kriminalistik gehört einer andern gesellschaftlichen Zeit mit anderen Gefühlen und Sitten an. Unser Werk ist der Gegenwart gewidmet und darf daher auch nur bringen, was dieser verständlich ist, Empfindungen, die wir mitfühlen, Situationen, für die wir uns interessieren mögen. Die Kuriositäten und Atrozitäten der ältern Rechtspflege haben ein Interesse für sich, was hier nicht zu berücksichtigen war. Aus verwandten Gründen möchten wir auch die Kriminalfälle, welche allein der Politik angehören und in der allgemeinen Geschichte ihren Platz finden, einstweilen von unserer Sammlung ausschließen. Wenn wir Prozesse, wie die der Maria Stuart, des Connetable von Bourbon, der Jeanne d'Arc, wie Pitaval getan, in Kriminalfälle verwandelten und die Hochverrats-, Königsmord- und Verschwörungsgeschichten der letztern Zeit durchsichteten, so würde unser Werk, wählten wir auch nur das Allerinteressanteste unter dem Interessanten, kein Ende finden und in ein anderes Gebiet übergehen. Doch soll darum nicht absolut alles, was in die Politik überspielt, ausgeschlossen sein, vielmehr das psychologische und allgemeine menschliche Interesse, wo es sich in diesen historisch-politischen Prozessen hervortut, uns als Richtschnur dienen.

Unsere Sammlung soll nicht allein die intensiv interessantesten Kriminalfälle aus dem Privatleben aufnehmen, sondern alle, welche zu historischer Berühmtheit gediehen sind. Und deshalb lassen sich manche nicht ausschließen, welche, ohne besondere charakteristische Seiten an sich, doch ihrer Zeit entweder durch die handelnden Personen oder zufällige Umstände großes Aufsehen erregten und ein nicht abzuweisendes Gemeingut des Publikums geworden sind. So steht Jean Calas Prozeß gegen viele neuere an kriminalistischem Interesse weit zurück und darf doch nicht übergangen werden als ein Aktenstück der Zeit, dem ein nicht wegzulöschendes Siegel der historischen Anerkennung aufgedrückt ist.

Eine Sonderung und Einteilung der Fälle nach wissenschaftlichen Grundsätzen ließ sich ebensowenig als eine nach Zeit und Ort aus schon von allen unsern Vorgängern beachteten Rücksichten durchführen. Es wird demnach in den einzelnen Bänden nur Aufgabe sein, eine möglichste Mannigfaltigkeit der Kriminalfälle zur Auswahl für das Publikum herzustellen aus verschiedenen Gebieten, Zeiten und Ländern. Wo es aber jene Rücksichten erlauben, werden wir die Fälle, welche, verwandt aus psychologischen oder juridischen Gründen, zur Vergleichung auffordern, zusammenstellen.

Sands Tat und Leben stehen, wenigstens für Deutschland, allein da. Der Mordversuch des Jünglings Friedrich Staps führte zu keinem Kriminalprozeß; er wurde durch ein summarisch kriegsrechtliches Verfahren abgetan. Er war eine Erscheinung, die im Erscheinen verschwand, ohne uns Rückblicke auf seine Entwicklungsgeschichte zu lassen. Doch sammeln wir für einen der folgenden Bände, was aus historischen Quellen über die Tat bekannt ist. Fualdes Prozeß, in dem sich die Parteienwut im südlichen Frankreich abspiegelt, erhielt durch den Prozeß wider *die Juden in Damascus* ein Seitenstück zum Beleg, wohin der Wahn die Gemüter verführen kann. Zu der Geschichte des *englischen Highwayman* aus älterer Zeit, die als heitere Episode zu jenen Grauenbildern aufgenommen wurde, glaubten wir in der aus Feuerbach entnommenen Geschichte einer *reisenden Mördergesellschaft* ein interessantes Gegenstück aus Deutschland zu liefern. Darauf folgen zwei Gattenmörderinnen, die Spanierin *Mendieta* und die Französin *Tiquet*; beider Prozeß ist auch ein Spiegelbild des zeitweiligen Sittenzustandes ihrer Nationen. Wie der hochinteressante Kriminalprozeß gegen *Martin Guerre* aus Pitaval mit dem Intrigenprozeß der *vergifteten Mohrrüben* aus der neueren Geschichte verwandt ist, überlassen wir der Entscheidung unserer Leser. [. . .]

Der erstgenannte Herausgeber, schon seit einer Reihe von Jahren mit den Vorarbeiten und der Ansammlung einer kasuistischen Bibliothek beschäftigt, um seinen »Annalen der Kriminalpflege« eine Sammlung von Fällen anzuschließen, welche, wie jene die Gegenwart, eine vorausgegangene Zeit umfassen sollten, sieht sich beim Zustande seiner Gesundheit einstweilen mehr auf eine ratende und leitende als auf eine tätige Teilnahme beschränkt. Indem derselbe bei der Auswahl der Fälle und in Beziehung auf die Art der Bearbeitung dem andern Herausgeber dauernd zur Seite stehen wird, behält er sich die Mitteilung einzelner von ihm bearbeiteten Fälle [. . .] vor.

Julius Eduard Hitzig
Wilhelm Häring (W. Alexis)
1841

KARL LUDWIG SAND

1820

Vor zweiundzwanzig Jahren, nachmittags gegen fünf, am 23. März 1819, wurde August von Kotzebue, der berühmteste Lustspieldichter der Deutschen seiner Zeit, auf seinem Zimmer in Mannheim von einem damals unbekannten Studenten, Karl Sand, durch einen Dolchstoß ermordet. Nicht leicht hat jemals ein Kriminalfall in Deutschland größeres Interesse erregt; keiner ist verschiedener beurteilt worden. Es war, den Umständen nach, ein Meuchelmord, den Motiven nach, ein politischer Mord. Jenes Verbrechen gehört zu den allerseltensten in unserm Vaterlande, dieses war in der neuern Zeit ein fast unerhörtes, und wo es in der Geschichte vorkommt, erscheint es gepaart mit dem wilden Jähzorn roherer Generationen oder ist in das Dunkel jener angeblichen Vergiftungsgeschichten entrückt, die vor der historischen Kritik ebensowenig zu erweisen als zu widerlegen sind. Dieser Fall war ganz klar, Tat, Umstände, Motive. Er war von keiner Aufwallung der Leidenschaft veranlaßt, sondern ein lang prämeditierter, vorbereiteter, und der Dolchstoß wurde mit kaltblütiger Ruhe geführt. Und dennoch war in dem ruhigen, sittlichen Deutschland das Staunen, die Teilnahme, die Rührung größer als die Entrüstung. Ja die Tat wurde gepriesen, bewundert, nicht allein von leichtsinnigen Jünglingen, sondern von besonnenen Männern. Für den Mörder schlugen alle weichen Herzen und flossen die Tränen der Frauen und Mädchen. Kränze und Blumen schmückten seine Grabstätte, man wollte ihm den Ruhm eines Märtyrers vindizieren, während um den Ermordeten, einst der Liebling des großen deutschen Publikums, kaum eine laute Klage, kaum ein stummer Seufzer gehört wurde.

»Bei dieser Gelegenheit«, sagt ein Schriftsteller, »wurde klar, welcher Riß durch unsere geistige Welt geschehen ist, und die unparteiische Geschichte wird einst alle Stimmen über dieses Verbrechen, von dem spärlichen, großenteils nur furchtsamen und halblauten Tadel durch alle Nuancierungen bis zum hellen Jubel über den Mord und bis zur Lobpreisung des Täters sammeln und daraus ein gerechtes Urteil über das Zeitalter bilden; denn dieses ist es, welches sich in den Individuen abspiegelt und ausspricht, die als Sprecher für viele bei dieser Gelegenheit hervortreten.«

Dies schrieb Jarcke etwa zehn Jahre nach der Tat. Darauf sind wieder zehn Jahre verflossen, und wenn nicht die Geschichte, so hat doch eine andere Zeit schon das Urteil gesprochen, und es ist anders als das der Zeitgenossen ausgefallen. Ohne Haß und Zorn haben wir die Tat verdammt; und von allen, welche mit dem Mörder lebten und strebten und den Mord damals eine sittliche Großtat nannten, möchte der gesucht und nicht gefunden werden, der sie noch heute um ihre Beweggründe, um ihren Zweck, um ihren sittlichen Wert lobpreist. Wenn aber jener Schriftsteller das ganze Zeitalter darum anklagt und sagt: »Wohl weist auch die Geschichte christlicher Völker Beispiele auf, daß in der Zeit furchtbarer Bürgerkriege die erbitterten politischen und religiösen Parteien sich gegenseitig für vogelfrei und den Meuchelmord des verhaßten Gegners für kein unrechtes Mittel hielten; aber immer wurde doch von beiden Seiten das göttliche Gebot, du sollst nicht töten, für die objektive Regel anerkannt; beide Parteien standen doch noch auf derselben Basis und hielten dann die einzelne Bluttat für einen besondern Ausnahmefall« – und wenn er dann der theoretischen Natur unsers Jahrhunderts den Vorwurf macht, daß sie die Existenz eines solchen objektiven Gesetzes selbst bezweifeln könne, so übersah er im eigenen Parteieifer eine Geschichtsepoche, die seine Anklage niederschlägt; er vergaß die Mörder, welche die katholische Ligue gegen die heldenmütigen Oranier aussandte, die gegen Elisabeth von England geschliffenen Dolche und Ravaillacs Messer. Er vergaß, daß eine Partei, gegen die Sands deutsche Bewunderer ein schwaches, kleines Häuflein sind, daß fast die ganze katholisch-romanische Welt der Bartholomäusnacht zujauchzte, daß in Rom vor Freude darüber die Kanonen gelöst wurden, daß der Papst zu Ehren der Metzelei eine Prozession anordnete, ein Jubelfest ausschrieb, daß die Jesuiten Schriften über Schriften zum Preise der gottgefälligen Tat in die Welt schickten; was, alles zusammengenommen, diese »einzelne Bluttat« nicht im Lichte eines »besondern Ausnahmsfalls« erscheinen läßt. Auch muß damals das göttliche Gebot: Du sollst nicht töten! nicht gerade für die objektive Regel anerkannt gewesen sein, wo ein deutscher Kaiser es für nötig findet, dagegen zu protestieren, daß er an der Bartholomäusnacht teilgehabt. Wo eine Majestas des römischen Reichs zu dem für jene Zeiten seltsamen Auskunftsmittel greift, einen Brief zu schreiben, worin er seine Unschuld und seinen Unwillen über die Tat beteuert. Wenn Maximilian II. schreiben muß*: »In Summa mir gefällt es gar nicht, und werde es auch nimmermehr loben; es wäre denn, daß Gott über mich verhängte, daß ich toll und unsinnig würde«, so muß es doch vielen gefallen und viele müssen es gelobt haben, weit mehr als die Sands Mord priesen, und sie galten nicht für toll und unsinnig. So wurde wenigstens auf der einen Seite das

* In dem eigenhändig geschriebenen Sendbrief Kaiser Maximilians des andern an Herrn Lasarum von Schwendt. *Wien*, 22. Febr. 1574.

göttliche Gebot auch damals nicht als objektive Regel erkannt; ob auch von der andern, was füglich zu bestreiten – denn weder Elisabeth noch die Oranier, noch Heinrich IV. sandten Meuchelmörder gegen die Päpste und die Fürsten der Ligue –, gehört nicht hierher. Nur um eine allgemeine Anklage gegen ein ganzes Zeitalter, aus einer einzelnen Tat formiert, abzuweisen, hielten wir nötig, dies unserer Erzählung von Sands Mordtat, welche zum größten Teil der Jarckeschen folgen wird, voranzuschicken, ohne in ihre Denunziationen einzustimmen.

Wir besitzen die vollständigen Akten und Mitteilungen über die Tat und den Täter; und es mögen nicht viel bedeutende Kriminalfälle sein, wo alle Mittel, Zwecke und Umstände des Verbrechens so ermittelt und klar dem Urteile vorlägen. Das den Tatsachen nach wichtigste Werk ist: »Von Hohnhorsts vollständige Übersicht der gegen Karl Ludwig Sand wegen Meuchelmordes, verübt an dem kaiserlich russischen Staatsrat v. Kotzebue, geführten Untersuchung. Aus den Originalakten gezogen, geordnet und herausgegeben. Stuttgart und Tübingen 1820.« Zur Kenntnis des Menschen Karl Sand dient das Buch: »Karl Ludwig Sand, dargestellt durch seine Tagebücher und Briefe von einigen seiner Freunde. Altenburg 1821.« Wenngleich ganz im Sinne der Bewunderung und Teilnahme für den Jüngling geschrieben, der sich dem Vaterlande geopfert, ist es doch durch die mitgeteilten Urkunden, sein Tagebuch, vollständig geführt bis Ende 1818, und mehrere seiner Briefe von größter Wichtigkeit.

Anderweitige Mitteilungen und Schriften über Sand kommen nicht in Betracht gegen das schon angeführte Werk: »Karl Ludwig Sand und sein an dem kaiserlich russischen Staatsrat v. Kotzebue verübten Mord. Eine psychologisch kriminalistische Erläuterung aus der Geschichte unserer Zeit von Dr. C. E. Jarcke,« (Berlin 1831), indem dasselbe alles Wichtige und Erhebliche zusammengefaßt und vollständig verarbeitet, eine klare psychologische Geschichte des Verbrechens, seiner Motive und des Zusammenhangs mit den Stimmungen und Bewegungen der Zeit liefert. Diese meisterhafte Auseinandersetzung und Darstellung würde nichts zu wünschen übriglassen, wenn sie nicht, gegen den unsichtbaren Hintergrund gehalten, mehr den Anspruch auf eine politisch-religiöse Parteischrift als auf eine juridisch-psychologische Abhandlung machte. Aber des Verfassers Bestreben, damit eine Anklage hinzustellen gegen die Geistesrichtungen und unabweisbaren Forderungen der Zeit, welche seine Partei so gern nur als krankhafte Auswüchse, als unhistorische Abwege vom natürlichen Entwicklungsgange der Einzelnen wie des Ganzen hinstellte und demnächst die durchschimmernde Lust, Luthers Reformation anzuklagen, daß sie, die Urheberin jenes Risses in der christlichen Welt, indem sie die subjektive Überzeugung des Ichs über den kirchlichen, auf Offenbarung, Satzungen und Tradition gebauten Glauben gestellt, endlich auch Sands Tat hervorgerufen habe, diese Parteizwecke und Anklagen des Verfassers sollen uns nicht hindern, den Wert seiner Auseinandersetzung, wo er auf positivem Grunde arbeitet, zu erkennen und uns in allem Wesentlichen und Tatsächlichen seiner Leitung zu überlassen.

In der Stadt Wunsiedel, die, reizend gelegen an den östlichen Abhängen des Fichtelgebirges, dem deutschen Vaterlande einen seiner edelsten Dichtergeister, Jean Paul Friedrich Richter, schenkte, ward auch Karl Ludwig Sand am 5. Oktober 1795 geboren, als jüngster Sohn des vormaligen preußischen ersten Justizamtmanns und Justizrats Gottfried Christoph Sand und seiner Ehefrau Johanna Wilhelmina, geborne Schöpf.

Vergebens würde der Psychologe sich nach einer durchgreifenden Geistesverwandtschaft zwischen beiden in so verschiedener Weise berühmt gewordenen Landsleuten umsehen; denn der deutsche Ernst und die sinnige Gemütstiefe beider führte den einen reichern Geist zur Bewunderung und zum Preise von Gott, Natur und Freiheit. In aller Mannigfaltigkeit, wie sie den Sinnen des Menschen sich offenbaren, so mannigfaltig umspielt und durchflossen von Schwärmerei und Humor, spiegelt sein pantheistischer Gottesdienst in seinen Dichtungen sich wider, während derselbe Ernst den andern ärmern Geist von dem wahrhaftigen Leben und den Gottverkündungen darin mehr und mehr entfernte und abzog und endlich zum starren, freudelosen Götzendienste vor einem einzigen nackten Begriff hinriß. In Sands Tagebüchern findet sich auch nicht eine Andeutung, daß Jean Pauls Schriften auf ihn einen Eindruck gemacht, was um so mehr zu verwundern ist, als jener Dichter gerade damals bei der studierenden Jugend desselben Ruhmes sich erfreute als ein und zwei Dezennien früher beim ganzen Publikum und überdies als begeisterter Freiheitsfreund Ansprüche hatte auf die Bewunderung von Sands Sinnesgenossen.

Dagegen wollen Sands Freunde seine Charakterstimmung aus der des Gebirgsvolkes, dem er angehörte, erklären. Wer die Bewohner des Fichtelgebirges kennenlernte, sagen sie, wird Eigentümlichkeiten angetroffen haben, welche von alters her das Leben dieses Volksstammes bezeichnen. Mit der den meisten Gebirgsvölkern gemeinen Lebendigkeit tritt in Gesichtsbildung, Sprache und Sitten dieser Menschen eine kraftvolle Einfachheit hervor. Zu dem schlichten, kräftigen Wesen geselle sich eine Frömmigkeit des Glaubens, welchem durch die Lebendigkeit des Gemütes und der Phantasie ein sehr weiter Umkreis gestellt sei. Das Volk im allgemeinen sei – vor 20 Jahren – noch nicht der mißverstandenen Aufklärung hingegeben, welche leichtsinnig gegen allen Glauben eifert, ohne daß man ihm ein starres Beharren an den Dogmen der Orthodoxen vorwerfen könne; denn es sei bei seiner christlichen Frömmigkeit auch tätig im Leben, biegsam und zugänglich für die Erkenntnis des wahren Verständnisses der Lehren Christi. Reisende würden die vorherrschende Neigung der Fichtelberger bemerkt haben, sich über Sätze des Christentums zu unterhalten.

Dieses Naturell seiner Landsleute soll Sand in seiner ganzen Fülle empfangen haben. Die Eindrücke aus seinem Familienleben konnten ihn ebenfalls nur zum Ernst und zur Religiosität stimmen. Was hie und da Nachteiliges gegen die Familie verbreitet worden, muß man nach den dokumentierten Nachrichten für unbegründet erachten. Die Mutter erscheint als eine ernste, gebildete, religiöse und verständige Frau. In allen ihren Briefen sprechen sich neben einer tiefen Mutterliebe ein klarer, verständiger Sinn und die achtbarsten sittlichen Grundsätze aus. »Bestrebe Dich«, schreibt sie, »immer und ununterbrochen auf Dich acht zu haben, damit Du nicht einzelne große, gute Handlungen für Tugend hältst, sondern jede Minute das zu wirken und zu leisten suchst, was unsere Pflicht von uns fordert.« In einem andern Briefe schreibt sie: »Ich beschwöre Dich, bester Karl, laß die Schwäche der Schwärmerei Dich nicht abführen von bürgerlichen und häuslichen Hinsichten!« Alle ihre Ermahnungen sind, wie die ihres Gatten, nicht in dem gewöhnlichen pedantischen Tone abgefaßt, der so oft die günstige Wirkung ausschließt, sondern kommen augenscheinlich aus dem Herzen. Außerdem erscheint sie als eine praktische Frau, welche, einem Hammerwerke selbst vorstehend, für den durch die Zeitverhältnisse bedrohten Wohlstand der Familie selbsttätig sorgt. Der Vater scheint von denselben Gesinnungen erfüllt. Er ermahnt den Sohn zu religiösen Gesinnungen und schreibt ihm einmal: »Laß Dich nicht durch den jetzigen leichtsinnigen Geist der Zeit verführen und glaube mir, als Deinem alten, erfahrenen Vater, daß frühe, wahre Gottesfurcht die einzige sichere Vormauer gegen Verführungen besonders in der Jugend ist und daß alle Kenntnisse ohne wahre Religiosität nichts sind als tönend Erz und eine klingende Schelle. Nur muß es nicht mißverstanden oder gar Scheinreligiosität sein, sondern solche, die sich durch Handlungen im ganzen Leben ausspricht.« Doch scheinen ihn mannigfache Sorgen in dem kinderreichen Hauswesen zu drücken. Denn außer zwei ältern Brüdern, einer, Georg, Kaufmann in St. Gallen, der andere, Fritz, Appellationsgerichtsadvokat in Kemnath, hatte Sand eine in Wunsiedel verheiratete ältere Schwester, Karoline, und eine jüngere, Julie.

Aber seiner Jugend konnte Sand, trotz des Umgangs mit geliebten Geschwistern, nicht froh werden. Eine gefährliche Blatterkrankheit hatte ihn dermaßen angegriffen, daß sein Unterricht im elterlichen Hause erst mit dem zehnten Jahre beginnen konnte. Seine jüngere Schwester kam ihm bald zuvor, und seine Ausbildung erforderte Anstrengung von seiner und Geduld von der Seite der Lehrer. Daher eine frühe Niedergeschlagenheit des Gemütes. Statt ihn wie andere junge Leute lebhaften Temperamentes zurückhalten zu müssen, hatte sein Vater dafür zu sorgen, daß er nicht noch zurückhaltender wurde.

Doch artete sein stilles Wesen nicht in Schläfrigkeit und dumpfe Trägheit aus, denn im zwölften Jahre zeigt er sich als beherzter Kämpfer im Knabenspiele, bei dem, aus einem falschen Ehrgefühl, der Scherz in blutigen Ernst überzugehen drohte. Schon im elften Jahre hatte er ein Kind vom Ertrinken gerettet.

Seinen Unterricht erhielt er zuerst am Lyzeum zu Wunsiedel, dann am Gymnasium zu Hof und ging, aus Liebe zu dem von ihm innig verehrten Lehrer, dem Rektor Saalfrank, endlich bei dessen Versetzung nach Regensburg zum dortigen Gymnasium über. Saalfrank glaubte sich von seinen Obern zurückgesetzt. In Sands Briefen an seine Eltern sprudelt hier zuerst der Geist der Entrüstung auf, wie er edeln jugendlichen Gemütern eigen ist, wenn begangenes Unrecht ihr Gefühl empört. Doch spricht sich darin noch keine eigentümliche Richtung dieses Unmuts aus. Sein früh erwachtes Vaterlandsgefühl und der Haß gegen den französischen Unterdrücker soll sich aber schon damals auf eine beachtenswerte Weise ausgedrückt haben. Als Napoleon zu einer Truppenmusterung nach Hof gekommen, verließ Sand diese Stadt und kehrte zu seinen Eltern zurück, weil es ihm würde unmöglich gewesen sein, »den Unterdrücker des Vaterlands in Hofs Mauern zu wissen, ohne sein Leben an denselben zu wagen«. Dieser Zug, von seinen Freunden berichtet, erhielt erst nach langen Jahren Wichtigkeit und Bedeutung.

Aller seiner Lehrer Zeugnisse sind nur vorteilhaft für ihn. Saalfrank, der ihn am genauesten kannte, bezeugt: »Sand hatte gerade kein ausgezeichnetes Talent, aber doch gute Fähigkeiten. Mehr noch zeichnete ihn sein rastloser Fleiß aus, da er ununterbrochen von morgens 4 Uhr an arbeitete. Seit 18 Jahren meines Lehramts hatte ich keinen hoffnungsvollern Schüler als ihn.« Doch hatte der eigene Vater oft Bedenken wegen der ihm anklebenden Langsamkeit und Trägheit, weshalb die Mutter in ihren Briefen, auch noch nach der Universität hin, warnen muß.

Im Jahre 1813 war Sand achtzehn Jahre alt. Er würde

schon damals den Versuch gemacht haben, von seinen Eltern die Erlaubnis zum Mitgehen in den Feldzug zu erwirken, wenn nicht die inzwischen geschlagene Schlacht bei Leipzig seinen Entschluß unnötig gemacht hätte. Er schreibt deshalb in einem Briefe an die Schwestern: »Wenn es nötig sein sollte, mein Leben zum Opfer zu bringen, fühlte ich mich viel zu mutbeseelt, als daß ich mich erst dazu rufen lassen sollte.«

Im folgenden Jahre 1814 erteilte ihm sein Vater seine Einwilligung zum Studieren. Er hatte sich für das Studium der protestantischen Theologie entschieden und nur die Wahl der Universität erregte Zweifel. Erlangen zu beziehen, hatte er keine Lust, weil, wie er in einem Briefe an seinen Vater schreibt, »die philosophische Fakultät mit lauter Eklektikern besetzt ist, die ungemein viel verderben unter jungen Leuten, ungemein vielen Wirrwarr in die Bildung derselben hineinbringen. Auch misse ich daselbst jenen echtreligiösen Geist, der mich von außen her umgeben, der mich im Innern beseelen muß, wenn ich mich würdig für meinen hohen, seligen Beruf vorbereiten soll. – – Der Geist unter den Studierenden gefällt mir nun auch gar nicht; ich wünschte in einen humanern, feinern und mehr moralischen Ton versetzt zu werden.«

Sein Streben zog ihn nach Tübingen, wohin er im Herbst 1814 mit dem rühmlichen Zeugnis der Reife vom Regensburger Gymnasium abging. Er hatte jedoch unterlassen, die damals erforderliche Erlaubnis der bayerischen Regierung zu erbitten. Sie ward ihm nachträglich abgeschlagen, und man wies ihn zum Besuch einer inländischen Universität an. Inzwischen war Napoleon aus Elba zurückgekehrt, und Sand trat als Freiwilliger in bayerische Kriegsdienste. Doch erfolgte der Sieg bei Belle-Alliance zu schnell, als daß er ins Feuer gekommen wäre, und mit den aus französischen Kantonierungsquartieren entlassenen bayerischen Truppen traf er schon im Dezember 1815 in Anspach ein und ward mit dem Zeugnis untadelhafter Aufführung entlassen. In der von seinen Freunden abgefaßten Schrift wird angegeben, daß Sand die Beschwerden der Märsche usw. mit der männlichsten Kraft ertragen, der aufopferndste Kumpan gewesen und oft das Gepäck der Ermatteten neben dem seinigen getragen habe.

Er war ohne Wissen der Eltern in den Kriegsdienst getreten. Dies war, wenn man sich in die allgemeine Stimmung von 1815 zurückversetzt, nichts Außergewöhnliches. Auch stimmte dieser Ausbruch von Vaterlandsliebe mit frühern Äußerungen. Schon 1809 will er beim unglücklichen Anfang des österreichischen Krieges viele Angst ausgestanden haben. Die Schlacht bei Regensburg soll seine Heiterkeit auf lange Zeit gestört haben. Einigen jungen Leuten in Wunsiedel, die sich bei einem Freikorps hatten anwerben lassen, beim Abschiede aber davonliefen, soll er zugerufen haben: »Wenn ihr Memmen nicht wollt, so will ich mitziehen!« Doch war dies ein erster Akt der selbständigen Handlung eines Sohnes, der bis da seine Eltern, namentlich die Mutter, zur innigsten Vertrauten von allem, was er dachte, fühlte und tat, gemacht. Der Brief, in welchem er ihnen seine Handlung mitteilte, enthält ebensowenig als die Tat selbst etwas Anstößiges, Verkehrtes oder Schwärmerisches. Im Gegenteil muß man, wie Jarcke mit Recht bemerkt, im Gegensatz zu seinen spätern gespreizten, hochtrabenden, geschraubten und unklaren Aufsätzen – eine Sprache, die sich mit seinem geistigen Leben immer mehr trübte und verwirrte – den klaren, verständlichen und nicht unedeln Stil beachten. Sand war bis da nicht bloß ein äußerlich unbescholtener, sittenreiner Jüngling, von regem Fleiße und tüchtigem, wissenschaftlichem Streben, sondern man kann ihm auch die Anerkennung nicht versagen, daß wohl nur wenige in seinem Alter eine so reinkindliche Ehrfurcht gegen ihre Eltern gehegt haben mögen. In diesen Gesinnungen hebt der betreffende Brief folgendermaßen an:

»Werteste Eltern! Ich bin Ihnen bis hierher treu geblieben, ich habe mich Ihren elterlichen Lehren und den guten Räten meiner trefflichen Lehrer folgsam und gehorsam bewiesen; ich habe mich mit Eifer bemüht, der vortrefflichen Erziehung, die mir Gott durch Sie, meine teuren Eltern, und durch allerlei Schickungen zuteil werden ließ, würdig zu werden und war auf meine Bildung mit Ernst für einen hohen Beruf, dereinstens in meinem deutschen Vaterlande das Wort Gottes zu verkündigen, sowohl in Regensburg als hier auf der Universität bedacht und kann mir zu keiner Zeit vorwerfen, daß ich nicht immer im Streben nach vorwärts begriffen gewesen sei; daher kann ich Ihnen nun, meine teuren Eltern, ganz offen meinen festen Entschluß vortragen und darf um so mehr hoffen, daß Sie sich als so liebende sorgsame Eltern in Rücksicht meiner beruhigen und daß Sie als so deutsch gesinnte Eltern mein Vorhaben eher loben, als mich davon abzubringen suchen werden. Das Vaterland ruft wiederum, und dieser Ruf gilt diesmal auch mir.« Weiter heißt es im Briefe: »Mag der Geist bei uns sein, wie er will, auch ich halte es für die höchste Pflicht, für meines teuern Vaterlandes, für meiner teuern Eltern und Geschwister und für aller Guten, die mich lieben, Freiheit mitzukämpfen, und sollte die Übermacht Vorteile über uns erlangen, voran an den Grenzen im Tode über einen Wüterich zu siegen. Wäre ich nicht in Wahrheit von solchen Gesinnungen durchdrungen, würde ich nicht Ihnen solche Gesinnungen kundtun; so weiß ich wohl, daß ich deutsche Eltern habe, die mich für einen feigen Hundsfott, für einen Ihrer unwürdigen Sohn erklären würden« usw.

Nach einem kurzen Aufenthalt im väterlichen Hause – er war mit seinem ältern Bruder Fritz, der gleich ihm Freiwilliger geworden, zugleich dahin zurückgekehrt – bezog er im Winter 1815-1816 die Universität Erlangen*. Von hier an beginnt ein vollständiges Tagebuch; es gibt Aufschluß und Rechenschaft nicht allein über sein täglich Tun und Treiben, sondern auch über seine Gedanken, Stimmungen und Ansichten. Am Neujahrstage 1816 schreibt er eine Art Gebet, welches man als ein Manifest seines der religiösen Verehrung des Vaterlandes fortan gewidmeten Lebens betrachten kann. Es heißt darin: »Gott, du ließest mein deutsches Vaterland sich durch seine eigene Kraft entwinden dem Joche der Knechtschaft. Zum Zweifler wurde ich, so lange ich mich als Weltbürger kenne, in dieser Rücksicht nie; mein Glaube stand fest; aber daß meine feste Zuversicht durch die großen Prüfungen, die das Jahr 1809 und der Anfang des Jahres 1812, die Schlachten bei Lützen und Bautzen mit sich brachten, öfters doch den sich entwürdigenden Zweiflern ein geneigtes Ohr verlieh und über das Hohnlachen der deutschen unwürdigen Spötter fast zur Verzweiflung gebracht wurde: das verzeihe mir durch die Vermittlung unsers Herrn Jesu, der mich nicht gänzlich sinken ließ und endlich durch seinen heiligen Geist so hohen Mut in meine Seele brachte. – Vater, du hast Unendliches an uns getan! Du ließest Sieg uns zuteil werden über unsern Nationalfeind; und alle schwankenden Pflanzen in deinem deutschen Garten, niedergebeugt durch verheerende Elemente und hin- und hergeschaukelt vom Winde des Zeitgeistes, wieder aufgerichtet, in tiefer Scham über ihr

* Nach Jarcke wurde er am 15. Dezember 1815 in Erlangen immatrikuliert; nach dem Buche »C. L. Sand, dargestellt durch einige seiner Freunde«, war er erst am 18. Dezember vom Feldzuge heimgekehrt, feierte das Christfest und Neujahr im elterlichen Hause und kam erst am 7. Januar 1816 in Erlangen an.

Zweifeln an deiner allwaltenden Gerechtigkeit, die ihrem schwachen Sinn zu lange langmütig schien, wagen sie es nun, sich wieder aufzurichten zu dir und sind dir gerettet. – Herzenslenker! Auch mir wurde zuteil, wenigstens mitausziehen, wenngleich nicht mit streiten zu können fürs Vaterland!«

Aber wie wohl Jünglinge mit dem Ernste klassischer Bildung das Gymnasium verlassen, um auf der Universität wieder in einen Strudel überkommener Spielereien sich zu stürzen, deren ernstere Bezüge zu Wissenschaft und Leben wir uns nur noch mit Mühe zu Sinne rufen, erging es auch Sand. Seine religiöse Begeisterung, seine heilige Vaterlandsliebe suchte einen näher und nächstliegenden Gegenstand, den sie umfassen, für den sie wirken, mit dem sie spielen konnte. Jarcke sagt: »Was dem alten Römer der Staat, dem berufenen Künstler seine Kunst, dem feurig liebenden Jünglinge die Geliebte zu sein pflegt, war ihm die allgemeine deutsche Burschenschaft; sie war ihm sein ein und alles, sein Staat, seine Kirche, seine Geliebte geworden.« Es ist hier zu bemerken, wie sich auch nicht die geringste Andeutung davon findet, daß Sand jemals durch eine weibliche Schönheit und Anmut gerührt worden. Die Geschlechtsliebe ist ein vollkommenes Vakat in seinem Leben.

Wer jene Zeiten miterlebt und Zeuge war des sittlichen Umschwungs, den die Burschenschaften in dem alten Studentenleben bezweckten, weiß, daß Sand darin nicht allein stand. Es war eine mächtige, frohe Bewegung, voller Morgenröte; mit ganzer voller Seele gaben sich viele ihr hin, die da verdrängen und bannen sollte die abgelebten Formeln, die wüste Sitte, die Tyrannei und Knechtschaft, vererbt aus einer rohen Vorzeit. Viele gingen in ihren Erwartungen und Hoffnungen sehr weit, so weit als Sand, viele täuschten sich wie er, daß sie, was nur noch Spiel war, für heilige Wahrheit erachteten; aber wenige vertieften sich darin mit dem asketischen Ernst, mit dem einseitigen Fanatismus ohne Phantasie, und in keinem verwirrten sich die Begriffe dermaßen, daß er im Glauben, Gott, der Religion, dem Vaterland und seinem Volke, dem Rechte und der Sitte, allen zugleich dienend, eine Tat verübte, die dem Grundwesen aller zugleich widerstrebte.

Das Wesen und Treiben der Landsmannschaften war bei Sands Ankunft in Erlangen ein rohes und wüstes. Der Gedanke, als Reformator aufzutreten, lag für jede kräftige Seele nahe. Es bedurfte dazu kaum seiner eigentümlichen Geistesrichtungen. Aber die Geschichte seiner Kämpfe dagegen, wie er ein paar Freunde um sich sammelte, wie sie anfangs in einer der Landsmannschaften selbst einen würdigern, vaterländischen Geist erwecken wollten, dann, getäuscht in ihren Erwartungen, in heiligem Ingrimm erglühten und den Satan lebendig wirkend sahen, weil die Landsmannschaften fortspielen wollten in alter bequemer Weise; wie dann die wenigen Burschenschaftler als Märtyrer lebten, geschmäht, verspottet, geschlagen; wie sie Gott, Jesus, das Vaterland, die Natur, sogar den sanften Mond zu Zeugen anriefen für die Echtheit ihres Rufes, für die Heiligkeit ihrer Überzeugung, das alles ist aus dem Leben gegriffen, aber eine persiflierende Darstellung läge so nahe, wenn man über den fürchterlichen Ernst wegsehen könnte, zu dem es einen Unglücklichen führte.

Sein Leben in Erlangen liegt uns deutlicher und umständlicher in Sands Tagebüchern vor als irgendeine andere Epoche desselben. Zu anderm Zwecke wäre darin reicher Stoff für eine anziehende Darstellung geliefert. Zu dem Vorliegenden eine Charakteristik Sands in dieser ersten Epoche einer durchgeführten Selbsttätigkeit zu geben, genügt es, einzelne Züge herauszuheben.

Sand war schon in Tübingen Mitglied einer Verbindung »Teutonia« gewesen, deren Grundzüge die der spätern Burschenschaft waren. In ihrer Konstitution hieß es: »Der wahrhaft ehrwürdige Zweck unsers teutonischen Vereins ist, unter uns und andern zu nähren, zu befestigen und zu erweitern echten deutschen Burschengeist und echtes deutsches Burschenleben. Beides aber besteht in einer hohen Achtung und warmer Liebe für unser Vaterland und in einem glühenden Hasse gegen dessen äußere und innere Unterdrücker, ferner in einer feurigen Vorliebe für unsere uralte akademische Freiheit und Unabhängigkeit, für die unantastbare Ehre« usw. Doch wollte Sand nachmals nicht viel von dieser Teutonia wissen. Sein Aufenthalt in Tübingen war zu kurz gewesen; auch mochte der ernste Ruf fürs Vaterland, dem er schon am Tage nach seiner wirklichen Aufnahme folgte, was ihm später groß erschien, damals klein haben erscheinen lassen.

Murrend mit den Gleichgesinnten über das Wesen, wie es war, zog er einst seine altdeutsche Kleidung an, und ging dann mit dankbar freudiger Seele zum Kommers. Hier wurde die deutsche Tracht allgemein belobt, »und in mancher deutschen Seele erweckte sie deutsche Empfindungen«. Bei Nachhausegehen besprach er sich mit dem Freunde U–ch, später unter dem Beinamen *Furioso* auf den deutschen Universitäten bekannt, ein ebenso feuriger Vorkämpfer mit Wort und Schwert als Sand für burschenschaftliche Ideen, ein grimmiger Polenfeind, jetzt ein geachteter Dichter und Direktor eines Land- und Stadtgerichts, ihm bleibend merkwürdig zu Umänderung und Verbesserung des rohen, egoistisch-bayerischen, unerfahrenen Sinnes und Tones unter den dortigen Studierenden zum allgemeinen deutschen Besten.

Doch wollte er zuvor vermittelnde Wege einschlagen. Er

wünschte aus dem Schoße der Landsmannschaften heraus zu reformieren und entschloß sich, am Jahrestage der Schlacht von Belle-Alliance (19. Juni 1816) in die fränkische Landsmannschaft, die er für die gediegenste hielt, zu treten. »Ich will«, schreibt er ins Tagebuch, »als Franke für deine Zwecke, o himmlischer Vater, hier wirken. Amen!«

Es geschah in Gesellschaft mit U–ch. Aber er fühlte sich bitter getäuscht. Die Landsmannschaft wollte sich nicht reformieren lassen, sondern in den beiden nur zwei namhafte Burschen für ihre Verbindung, wie sie war, gewinnen. Man hatte Sand mit schönen Worten hingehalten, was sich bei einer Seniorenwahl zeigte, wo nicht U–ch, wie versprochen war, sondern der frühere Senior von neuem erwählt wurde. Er legte dem, der ihn getäuscht, »seine Falschheit und Kabale ans Gewissen und rief ihn vor Gottes Gericht«. – »Ruhe für mich ließ mir Gott, ruft er aus, doch eine Zerstörung der schönsten Träume wirket tief auf ein Herz.«

Sand hatte gemeint, U–ch werde nun auf der Stelle austreten. Er blieb; er besuchte noch am nämlichen Abende mit Sand einen Ball, welchen die Landsmannschaft gegeben zu haben scheint. Beide wurden freundlich von allen behandelt; aber U–ch überwältigte der Gram und ihm »entstürzte eine bittere Träne«, und beide entfernten sich aus dem Tanzsaal. Sand hat darauf folgenden Dialog zwischen sich und dem Freunde in sein Tagebuch eingetragen, welcher so charakteristisch für seine damalige aufgeregte Stimmung und die Ansichten der Gleichgesinnten ist, daß die ganze Aufnahme desselben nötig scheint:

Sand. »Ich bin jetzt, nachdem ich die Sache in meinem Tagebuch niedergeschrieben und Gott heimgestellt habe, wieder ganz ruhig, und ich triumphiere über das Garnlein, das sich hervortun wollende Knaben um Löwen schlangen und uns darin gefangen und gefesselt zu haben glaubten.«

U–ch. »Aber gegen mich wütet der Gram, daß ich in die Rotte von Teufeln geraten bin und von nun an als ihnen beigegeben betrachtet werde. Laß mich wüten gegen diese Franconia, kämpfen und sie würgen! Ha! Man wird den Bannstrahl gegen mich richten und dann auch gute Nacht, Erlanger Burschenwelt. – Ja, selbst die Tiefen des Lasters könnte ich jetzt ergründen.«

Sand. »Es durchströmt mich wiederum das selige Gefühl, daß mich doch eine Seele auf diesem Erdenrunde in meinem Tun und Wesen erkennt. Handle nicht jedem Höhern zuwider, daß du selbst nur ruhig sein kannst. Aber ich sage, nach der Macht strebende gleisnerische Knaben gedachten, die Kraft in eine Flasche zu zwängen und einen Pfropf daraufzustecken; aber mächtig rührte sich der Geist, leicht wirft er den Pfropf weg, aber zersprengt auch die festere Flasche.«

U–ch. »Laß uns wieder hingehen, siebenmal uns reiben an andern und dann mächtigen das Sprühen in Pendelschwingungen nach der Musik.«

Sand. »Und so lebt ja hoch über Zeit und Raum unendlich der höchste Gedanke, und dieser besser's.«

»So sprach die mächtige Seele«, sagt Sand von sich selbst, »und wir begaben uns in den Saal zurück. Nie fühlte ich noch jene in mir wohnende Kraft so sehr als jetzt. Jeder Nerv war heute ein Held.« Und doch war Sand gutmütig genug, diese Nacht auf der Stube des verhaßten Seniors der Franconen, desselben, den er vor Gottes Gericht gerufen, zuzubringen und U–ch gegen diesen und andere zu verteidigen, daß er von Natur nicht böse sei!

Am folgenden Tage schreibt Sand in sein Tagebuch: »Ein offenbarliches Herz, das auch nur einmal von Tücken hintergangen ist, kann zum Wüterich werden.« Am Nachmittage, als er U–ch das Niedergeschriebene vorlas und dieser alles billigte, »schlossen beide, innig betend zu Gott, das Schutz- und Trutzbündnis für die gute Sache«.

Von jetzt an, wo die Wirksamkeit für eine akademischen Bund Sand zu einer Sache der Religion geworden, will Jarcke den bisher reinen, kindlichen und unbescholtenen Jüngling seiner rein wissenschaftlichen Sphäre entzogen und auf die Bahn gebracht sehen, die ihn von Stufe zu Stufe immer tiefer ins Verderben und zuletzt unter das Richtschwert brachte. Die Anklage scheint zu früh. Auf derselben Bahn befanden sich damals viele mit ihm; sie kehrten aber wieder zur Wissenschaft zurück und wurdem dem Leben gerettet. Jenes Bündnis »für die gute Sache« war noch ein ganz allgemeines; jene Ansichten Sands, die Jarcke so gefährlich schienen, »daß eine unbeschränkte Freiheit herrschen und daß Achtung nur nach dem innern Werte zugeteilt werden solle«, teilten und teilen Tausende, ohne dem Richtschwert entgegenzueilen; auch der aufbrausende U–ch, befangen wie Sand, tobte aus und fand den Rückweg zur Versöhnung mit dem Leben. Es gehörte Sands eigentümliche, verschlossenere Natur dazu, die Einseitigkeit, mit der er der Richtung folgte, als der allein göttlichen, sein beschränkter Umblick, sein Mangel an Phantasie, daß sein Geist, statt seine Kraft zu erweitern durch Schöpfen und Einatmen der tausend Lebensströmungen, sie von sich abstieß und sich verhärtete gegen ihre Eindrücke, bis er statt der tausend hellen, offenen Straßen, um für das Vaterland zu wirken, endlich nur die eine finstere hohle Gasse fand.

Mit dem Stiften der Burschenschaft wollte es nicht recht vorwärts. Zwar waren Sand und U–ch aus der Franconia ausgetreten, aber U–ch mochte mehr Feuer als Lust und Ausdauer zur Arbeit haben. Sand meinte, »daß mit ihm nicht viel anzufangen sei«, und machte sich nun selbst daran, den Entwurf auszuarbeiten. Doch war auch unter den sechs bis neun Gleichgesinnten oft Uneinigkeit, der zu hellem Zwist ausbrach. Sie hatten von den Landsmannschaften, die sie in Verruf getan, alle mögliche Unbill zu erdulden und konnten oft nur bewaffnet sich Ruhe verschaffen. Auf einer Anhöhe in der Umgegend von Erlangen hinter dem Altstädter Berge arbeiteten die Freunde an dem von ihnen Rütli getauften Platze, der ihnen zum Versammlungsorte diente. Man ebnete, reinigte den Boden, schleppte große Steine zusammen, die man zu Sitzen übereinandertürmte und behaute, und veranstaltete ein Einweihungsfest dieses Rütli mit Punsch. Aber noch ehe man oben war, »entzweite sich augenscheinlich alles«, und die ganze Feier schien sich zu zerschlagen. Einer lief fort und der andere ihm nach, um ihn wiederzuholen. Sand »überfiel nun der höchste Grad von Kummer, wo aber die Angst am höchsten ist, bist du, o Gnädiger, uns am nächsten«! Zwei waren endlich oben; die andern kamen freiwillig oder gerufen nach. Sie zündeten oben, als es finster wurde, die vier mitgenommenen Lichter an, »um ihr Bier in Ruhe und sanftem Kummer zu trinken«. Nun kamen andere mit Fackeln, und Sand las seine Rede, weil er sie »durch den Ärger« verlernt hatte, und ermunterte zur Eintracht und zur Erbauung einer festen Verfassung. Alles war nun schön gestimmt, und die einen sagten: »Wenn wir nur gewußt hätten, daß ihr so etwas vorhabt, dann hätte wohl ein Punsch gemacht werden müssen.« Die andern sagten: »Wir wären auch zum Bier mit froher Stimmung gekommen.« Einer der Ausgebliebenen ward jetzt erst aus Erlangen geholt und zugleich Lichter und sechs Krüge Wein, echter Elfer aus Frankenland. Drei holten hierauf Holz und noch mehr Krüge Bier. Sie sangen um das Feuer in der Mitte die besten deutschen Lieder wie »Auf singet und trinket!«, »Der Bursch von echtem Schrot und Korn!« und tranken kräftiglich aus einem Birkenbecher. Und als nochmals Holz und Bier herbeigeschafft und letzteres geleert war, ergötzten sich alle beim Herumziehen mit Fackeln und gingen dann zum Weine. Unter Absingung des Claudiusschen Liedes ward der mit Eichenlaub bekränzte Becher »zweimal von jedem im Freudentaumel geleert«. Mond und Sterne schienen zu ihrem hohen Entzücken durch Eichen und Fichten, wie sie unter Liedern um das Feuer tanzten. Dies dauerte fort, »bis alles zu sehr aufgereizt und beseelt sich in verschiedene durch Beschränkung, durch den schwachen Körper herbeigeführte Bedürfnisse entstandene Gruppen auf die Bänke und umliegenden Plätze zerteilte«. Sand wußte »gottlob selbst nichts rechts mehr von diesen Zuständen«. Als der Tag graute, schafften ihn seine Freunde herunter auf die Windmühle, und um 5 Uhr morgens, schließt er, »kehrten wir schläfrig nach Erlangen zurück«. Das Rütli ward von den Burschenschaftlern selbst unter Sands Führung später zerstört, die Steine kleingeklopft, weil sie den Sitz ihrer Beratungen nicht der Entweihung durch die Landsmannschaften preisgeben wollten.

Wir gaben diese Nachtszene umständlicher, nicht wegen ihrer Bezüglichkeit zu Sands Ausgang, sondern als einen Beleg dafür, daß, wer mit dieser knabenhaften Lust für eine Spielerei schwärmen kann, noch nicht auf die Bahn gestoßen ist, welche mit dem Richtschwert enden muß.

Inzwischen wuchs, nachdem Sand im Auftrage der Freunde »Ideen zur Verfassung der Burschenschaft« hat schreiben müssen, diese selbst allmählich unter mancherlei Prüfungen an. Die Konstituierung gelang ihm durch Unterstützung von Jenaer und Hallenser Studenten, und sie erreichte endlich eine Kopfzahl von gegen zwanzig. Bei allen vorfallenden Händeln mit den Feinden bat er Gott, »ihm das christliche Gemüt zu erhalten und jenen ihre großen Sünden zu vergeben«.

Aber diese Unannehmlichkeiten mit den Landsmannschaften in Verbindung zu andern Sorgen und Unfällen trübten seinen Gemütszustand. Briefe und Tagebücher tragen jetzt hie und da das Gepräge von Niedergeschlagenheit und Schwermut. »Die Lebensfreuden schwinden«, schreibt er, »Kummer und Sorge nehmen zu; nirgends zeigt sich mir ein fester Platz, den unser höchstes Bestreben, unsere christlich deutsche Sache eingenommen hätte. Am Ende wanken auch wir und auch ich.« Er klagte in einem Briefe an den Vater über das wissenschaftliche Leben in Erlangen und schiebt die Schuld auf die Lehrer, nicht auf sein eigenes zerrissenes äußeres Leben zurück, das bei diesen Beschäftigungen wohl kaum mehr fähig war, die Wissenschaft mit ungeteiltem Eifer und voller Freudigkeit zu umfassen. Dazu verließen seine innigsten Freunde Erlangen. Einer, dem er sich besonders anschloß, der Theologe Dittmar, ertrank unter seinen Augen beim Baden, ohne daß er ihm zu Hilfe eilen konnte; denn der Ertrinkende konnte schwimmen, er nicht. Man wollte annehmen, daß aus diesem schmerzlichen Todesfall ein Wendepunkt in seinem Gemüt sich herschreibe; daß es sich von da ab mehr und mehr verdüstert habe. Seine Freunde leugnen dies; vielmehr sei er von nun an klarer, bestimmter aufgetreten. Doch scheint ihn ein Vorwurf, der von seiten der Landsmannschaften gehört wurde, als habe er den Ertrinkenden retten können und sollen und es aus Feigheit unterlassen, aufs tiefste gekränkt zu haben. Desgleichen empörte ihn das Benehmen beim Leichenzuge: »Ich war durch die Schändlichkeiten der Landsmannschaften, durch die vielen Entäußerungen heute mit Besorgung der Leiche und durch das Verbluten in Rücksicht des Schmerzes am Abend bei der Leiche gänzlich verhärtet. Ergrimmt, bewaffnet, den geringsten Angriff der Landsmannschaften zu rächen, zogen wir, ein wahrer Totenzug, mit dem Sarge einher. Wehe! Mein Gemüt war abgestumpft wie Stein, meine Augen waren vertrocknet.«

Diese wachsende Erbitterung, dieses fortwährende Aufsaugen schmerzlicher Kränkungen steigerte eine Reizbarkeit, die sich auch gegen seine besten Freunde ausließ. Mit zweien seiner liebsten Genossen war er auf dem Punkte, sich zu schlagen, weil aus einer geringfügigen Neckerei eine Balgerei auf seiner Stube entstanden war. Wie seine Begriffe schon damals verwirrt waren und seine hohen und allgemeinen Ideen befangen in den Schranken der gewöhnlichsten Studentenvorstellungen, beweist der Brief, den er deshalb an sie schreibt. Er bittet sie aufs rührendste um Verzeihung wegen des Unrechts, welches auf seiner Seite sei, er beschwört sie, ihre Freundschaft zu ihm zu erhalten, fordert sie aber zugleich zum Zweikampf, um ihnen Genugtuung zu gewähren. Die Freunde, welche die Sache als einen Scherz von Anfang an betrachtet, waren vernünftiger und wiesen die Forderung in einer Art zurück, daß auch Sand sich für überwunden erklären mußte. – Einen andern Beleidiger hat er in das Wäldchen vorm Nürnberger Tore bestellt. Er harrt zwei Stunden vergeblich auf den »flüchtigen Schuft« nach Verabredung, indem er dabei Gott inniglich bittet, ihn um seines Sohnes Jesu willen bei sich anzunehmen und schließt: »Herr, segne mich! Fahre ich hin zu dir, so erlasse mir gnädig meine Schuld, und bleibe ich noch in diesem Zustande der Prüfung, so stärke mich.«

Ein unwiderleglicher Beweis, wie tief er in den Kreis der Burschenwelt gebannt gewesen, wie tief und ernst er Verhältnisse auffaßte, in denen sonst nur jugendlicher Leichtsinn zu herrschen pflegt.

Noch bestimmter ausgesprochen erscheint diese Verwirrung der Begriffe bei einem andern Duell, welches er mit einem seiner vertrautesten Freunde, v. P–g, vorhatte, anscheinend nur aus Empfindlichkeit. Aus »der höchsten Liebe war er gegen v. P–g herunter in den tiefsten Haß versunken« wegen seines vermeinten Übertritts zu einem andern Freunde, wegen seines Störens und, wie es schien, plötzlichen Belachens der schönen Singefahrt. Und doch ruft Sand: »Es ist dies im ganzen eine allgemeine Sache!« Dann wiederholt er: »Forderst du mich, ewiger Richter, vor dein Gericht, so weiß ich, daß ich ewigen Fluch verschuldet habe; aber, Herr, ich baue nicht auf mein, sondern auf Jesu Verdienst und hoffe auf deine väterliche Gnade, weil er, dein Sohn, auch für mich gebüßt hat.« Stellt sich nicht hier der protestantische Sand gewissermaßen hin wie der katholische Sünder, der dem Ablaßkrämer für die zu begehende Sünde im voraus die Absolution abkauft und sie dann begeht? Am Tage vor diesem Duell trat er auf die Kanzel und predigte zum ersten Male in seinem Leben!

In heiterer Stimmung verließ indessen Sand mit Ablauf des Sommersemesters 1817 Erlangen, denn sein saures Werk war gelungen, die Burschenschaft bestand und versprach Wachstum; er hatte sich mit seinem Gegner v. P–g versöhnt und dem stolzen Menschen Achtung abgewonnen und keinen Kreuzer Schulden! Er ging dem großen Reformationsfeste auf der Wartburg entgegen und dem Aufenthalt und Weiterstudieren in Jena, wo das Ziel seines Lebens, die deutsche Burschenschaft, bereits den vollständigsten Sieg errungen hatte und unangefochten bestand.

Es ist außer Zweifel, daß er unter dieser seiner geliebten Burschenschaft bereits mehr verstand, als was er für den ursprünglichen Zweck derselben sich erklärte: Gründung eines bessern Tones, Milderung der alten Roheit, Steuerung des unmäßigen Biertrinkens usw. Unterm 17. August 1817 schreibt er an einen Freund: »Mein Herz hängt mit

Freuden daran, da ja alle unsere jetzigen Burschenschaften nicht mehr ein eitles, mit den wenigen Jahren der Universitätszeit dahinschwindendes Treiben sind wie ehemals; sondern da wir, von Gott mächtig erweckt, nun endlich einmal angefangen haben, all das Hohe und Herrliche: – Aufhören der krassen Zwingherrschaft, dagegen Freiheit, und bei sicherer ständischer Verfassung freies Sprechen und Treiben der Bürger und eigenes Verfechten dieser hohen Güter – genug, weil wir nun einmal streben, was deutsch heißt, in unser deutsches Vaterland wirklich hineinzuführen und weil wir dies gewißlich nicht nach Abschluß der Jugendzeit wieder ruhen lassen und als einen Studentenschwindel vergessen wollen.«

In Wunsiedel, wo er die Ferien zubrachte, abermals predigte und sich zu seinem Abgange nach Jena vorbereitete, arbeitete er den Aufsatz aus, welcher unter die Teilnehmer des Wartburgfestes verteilt ward. Es ist sein damaliges Glaubensbekenntnis von der Bedeutung der Burschenschaft und zerfällt in 11 Artikel, deren Inhalt in Kürze folgender ist:

1. Unsere Sache fällt mit jeder andern bedeutenden Umschwungszeit zusammen; ähnlich besonders der deutschen Reformation. Heut aber ist sie mehr eine wissenschaftlichbürgerliche Umwälzung.

2. Der Wahlspruch der deutschen Burschen sei: Tugend! Wissenschaft! Vaterland!

3. Wer diese Ideen bekennt, ist unser geliebter Bruder. Von nun an darf nur auf das neubegonnene Leben gesehen werden.

4. Zur Verwirklichung dieser hohen Sache eine allgemeine, freie Burschenschaft durch ganz Deutschland.

5. Das Ganze darf nicht durch Eidesband zusammenhängen. Die Idee allein soll alle vereinen.

6. Jedwedem Unreinen, Unehrlichen, Schlechten soll der einzelne auf eigene Faust nach seiner hohen Freiheit zum offenen Kampfe entgegentreten. Das Ganze soll damit verwickelter Kämpfe überhoben bleiben.

7. Für das liebe deutsche Land kein Heil außer durch eine solche allgemeine, freie Burschenschaft. In Deutschlands innigverbrüderte edle Jugend wird das Hohe und Herrliche wirklich schon eingelebt.

8. Der Brauch für die Burschenschaft muß allenthalben in seinen Hauptzügen gleich sein.

9. Für Urfeinde des deutschen Volkstums erklärt:
   a. die Römer,
   b. Möncherei,
   c. Soldaterei.

10. Von einzelnen hervorleuchtenden Männern und einigen Jünglingen höherer Art, wie einst von Martin Luther, geht der neue Geist aus. Die Fürsten wissen denen wenig zu raten.

11. Die Hauptidee des Festes ist: Wir sind allesamt durch die Taufe zu Priestern geweiht: 1 Petr. 2,9. Ihr seid ein königlich Priestertum und ein priesterlich Königreich.

Jarcke nennt dies religiöspolitische Glaubensbekenntnis einen unentbehrlichen Schlüssel zu Sands Tat. Es ist aber allerdings zugleich ein treues Bild von dem Chaos, in welches sich Sands Inneres um jene Zeit bereits aufgelöst hatte. Umsonst bemüht man sich, daraus ein klares, zusammenhängendes Wissen und Wollen aufzufinden. Ja, wenn der Verfasser es selbst versucht hätte, daraus ein System in allgemeinverständliche, konkrete Sätze zu fassen, würden ihm die unbestimmten Bilder und Vorstellungen unter den Händen zerflossen sein. Die Deklarationen sind in ihrer Mehrzahl so vag und unbestimmt, so der beliebigen Deutung ausgesetzt, daß sie auf viele andere Verbindungen ebensogut passen. Gegen den Wahlspruch: Tugend, Wissenschaft, Vaterland! wird niemand etwas auszusetzen haben. Wer diese Ideen bekennt, ist ohne Eidschwur ein Bruder. Danach wäre die Verbrüderung aber ohne Ende, wenn nicht etwa auch auf das Halten des Wortes gesehen wird. Strenggenommen sind die einzigen positiven Satzungen etwa: es soll eine wissenschaftlich-politische Umwälzung bewirkt werden (ein unendlich weites Feld), die allgemeine deutsche Burschenschaft, von der allein das Heil ausgehen könne für Deutschland, solle ihr Hebel sein, und diese Umwälzung solle gewissermaßen eine neue Wiedergeburt der Lutherschen Reformation sein.

Zu positivern Satzungen, zu einer bestimmtern Konstatierung der Verhältnisse, wie sie sich entwickeln sollten, scheint Sand auch in der Folge nicht gediehen zu sein. In eben demselben Dunkel und Nebel schweben seine Vorstellungen und Begriffe, die er in seinen Antworten bei der Kriminaluntersuchung gab. Gewisse Formeln wie der Turner Wahlspruch »Frisch, frei, fröhlich, fromm« oder das »Die deutsche Sprache erstehe! Das wahre Rittertum erblühe! Das deutsche Land sei frei!«, die der mannigfachsten Auslegung fähig sind, reichten für die Mehrzahl der Geweihten einstweilen als Lebensnormen aus, und man mag behaupten, daß sie um so starrer daran festhielten, je unklarer sie sich in ihren Bezügen zur Außenwelt fühlten.

Nur ein Satz dieser vagen Konstitution erscheint von Bedeutung für Sands eigenes Leben. Es ist dies die erste Rechtfertigung, welche er für seine kommende Tat unbewußterweise selbst aussprach. Es lautet der § 6: »Jedwedem Unreinen, Unehrlichen, Schlechten und wer nur immer seinen deutschen Namen entehrt, soll der Einzelne auf eigene Faust nach seiner hohen Freiheit zum offenen Kampf entgegentreten, damit das Ganze des Rügens und

Strafens mehr überhoben sei und sein Wohl durch verwickelten Kampf nicht so leicht gefährdet werde.« Er hat dies selbstgeschriebene Gebot mit seiner eigenen Faust vollführt und mit seinem eigenen Haupte gebüßt.

In Jena lebte Sand weniger bemerkt als in Erlangen. Zwar soll die allgemeine deutsche Burschenschaft nach den seiner Schrift zugrundeliegenden Ideen, aber gereinigt von den Irrtümern des Planes, gestiftet sein, nd seine Lieblingsidee, für die er in Erlangen gestritten und geduldet, sah er hier verwirklicht und zur Herrschaft gelangt; jedoch er, der dort, wenn nicht das Haupt, doch einer der leuchtenden Vorkämpfer war, war hier nur ein Licht unter vielen Lichtern, und manche davon glänzten heller als seines. So hatte er auch schon auf dem Wartburgfeste nicht die Rolle gespielt, auf die seine Wirksamkeit in Erlangen ihm etwa Anspruch gab. Auch mag er aus dem Grunde hier minder hervorgetreten und von geringerm Einfluß auf andere gewesen sein, weil er der Gabe entbehrte, schnell und unvorbereitet in einer Versammlung seine Ansicht vorzutragen, ja selbst wenn er sich vorbereitete, nur weitschweifig sich auszudrücken soll imstande gewesen sein. Das bezeugen seine nähern Freunde, seine Briefe und Aufsätze sind genügende Belege dafür.

Sein Leben in Jena ist daher an Begebenheiten arm. Was davon, ausgemalt, eine Biographie schmücken würde, gehört nicht in den Bericht über einen Kriminalfall. Ebensowenig seine Urteile über ausgezeichnete Personen, besonders die Professoren der Universität, mit denen er in Berührung, die aber in keine mit seiner Tat kamen.

Im ganzen sind seine Tagebücher und Briefe von Jena aus heiterer, als die in der verbittertsten Stimmung in Erlangen geschriebenen. So finden wir darin einen Besuch Sands bei Goethe, den er mit harmloser Laune um freundliche Verwendung zu einem löblichen Zwecke ansprach. De Wette lernte er näher auf einer Reise kennen, welche jener in das Fichtelgebirge machte, und führte ihn zu seinen Eltern nach Wunsiedel, was die Veranlassung zu de Wettes verhängnisvollem Trostbriefe an Sands Mutter wurde, der die Absetzung des berühmten Theologen und später seine Expatriation aus Deutschland zur traurigen Folge hatte.

Im Herbst 1818 hatte er eine Reise nach Berlin unternommen, wo ihn nichts als die für ihn merkwürdigste Größe der Zeit, Jahn, angesprochen zu haben scheint. Wie er ihn schildert, ist als ein Bild jener Tage und für Sands Anschauungsweise gleich charakteristisch: »Jahn ist ein Held dieser Zeit, ein wahrhaft freier und edler Mann, gewachsen jedem Sturme in diesem Erdenleben(!) und empfänglich für die zartesten Freuden des Geistes, ein rechter Mensch, passend in alle (?) Verhältnisse des Lebens. Was über seine Art besonders Aufschluß gibt, ist, daß er um die Zeit der französischen Revolution, in jener Zeit, wo alle edlen Seelen für das Heiligste erglühten, von Eltern, die er hoch rühmt, auf dem Lande seine Jugendbildung erhielt. An der Hand der Geschichte, die er mit voller Liebe erfaßte, verwilderte er aber nicht wie die meisten jener Zeit, sondern blieb in derber Sittlichkeit seinem Ziele unverrückt treu. Nun ist er ein Mann von Ehrfurcht gebietendem Äußeren, rüstig an Körper, von starkem, schnellem Geiste, voll von Leidenschaft, aber Herr seiner selbst und mild als eine Maid; ein lebendiges Buch der belehrendsten Geschichte, besonders Meister unserer Sprache und Volksgeschichte; ein Mann, der an allen Hauptereignissen seiner Zeit tätigen Anteil nahm, von dem so viel Edles ausging und der nun als ein rechter Lehrer der Jugend mit ganzer Seele der Volkserziehung lebt; ein Held, der mit schöpferischer Kraft in die größten Angelegenheiten des deutschen Vaterlandes eingriff und den man hier im geruhigen Kreise des schönsten Familienlebens, dort in aufregendem Spiele mitten unter den muntern Knaben erblickt.« Auf Jahns Weisung besuchte Sand mit seinen Reisegefährten bei der Rückkehr alle heiligen Schlachtfelder aus den Befreiungskriegen und hatte den Verdruß, daß die Landleute sie für Zahnarztgehilfen hielten, welche den Toten die Zähne ausbrechen wollten, um sie den lebendigen Menschen einzusetzen. Ihrer wären schon zu viele dagewesen, und sie würden nichts mehr für sich finden. Es ward ihm keine Weisung dafür, daß das Volk nicht verstand, was er für das Volk zu denken und zu wirken meinte.

Um Michaelis 1817 war Sand nach Jena gekommen; um Ostern 1819, nach einem anderthalbjährigen Aufenthalt ohne bedeutende und auffällige Ereignisse, die ihn zunächst betroffen hätten, verließ er es, um mit zwei Dolchen auf der Brust und einem Ranzen den Weg nach Mannheim anzutreten. Sein Geschäft war der Mord. Was waren seine Motive, was der nächste Anlaß?

In seinen religiösen Irrtümern, in der Verkehrtheit seiner theologischen Richtungen und den Trugschlüssen, die ihm eine grübelnde, endlich hochmütig gewordene Vernunft aufdrang, erblickt Jarcke die ursprüngliche Triebfeder zu seiner Tat. Indem er der subjektiven Überzeugung des Ichs nach einem langen innern Prozesse endlich die Übergewalt eingeräumt habe über die positiven Satzungen der Religion, sei die wahre Stimme Gottes, die in so klaren, jedem verständlichen Gebote sich ausspreche, in ihm umnebelt und endlich so erstickt worden, daß er das allereinfachste Gebot: Du sollst nicht töten! durch Trugschlüsse in das Gegenteil sich umgewandelt habe. Jarcke, wie schon angegeben, zielt, indem er Sand nennt, gegen den Protestantismus; wenngleich er an andern Stellen einräumt, daß der Fanatismus jenes nur in die Kategorie der Bilderstürmer und Thomas Münzers falle. Dies zu bekämpfen ist hier weder Aufgabe noch Ort. Ebensowenig wollen wir seinen religiösen Entwicklungsgang umständlich durchgehen. Es genügt uns, aus den Aktenstücken zu erfahren, daß er in einem fortwährenden innern Kampfe sich befand. Sei es, daß, wie der Biograph meint, seine überkommene Religion sich hinsichtlich ihres Inhalts nur wenig über den in Deutschland damals gemeinrechtlichen Nationalismus erhoben, indem er (1813) den schon für selig preist, der »seine Begierden von seiner göttlichen Leiterin, der Vernunft, beherrschen läßt«, so blieb er auf diesem Standpunkte doch nicht stehen. Aber was wir unter einem Schwärmer verstehen, ward er nicht. Zur Selbstschöpfung eines Gefühlssystems fehlte ihm die aufschwellende Üppigkeit. Verstand und Phantasie erscheinen gleich arm; an die wenigen Vorstellungen, die in seinen Bereich kamen, klammerte er sich wie der Ertrinkende an das letzte Brett, und die Tätigkeit seiner Einbildungskraft beschränkte sich darauf, sich dieses Brett als ein stolzes Segelschiff zu denken. Sein Gottvertrauen klingt rührend, wo er in den kleinsten Begegnissen die fürsorgende Hand des Ewigen erblickte; aber es wird verletzend, wenn er es auch da herbeiruft, wo er im Unrecht und in der Sünde verkehrt. Später glaubt er einen Moment höherer Erweckung zu spüren; er will dem Kinderglauben entsagen, der Gottes Hand hinter jeder Tapete vorgreifen sieht; aber der Glaube verläßt ihn nicht, nur daß er nicht mehr kindlich unschuldig, sondern spukhaft fatalistisch wird. Er erwartet nicht mehr in Demut die Winke des Himmels, sondern zitiert sie herbei und legt sie sich nach Gefallen aus.

Von dem in süßen Gefühlen schwelgenden und liebäugelnden Pietismus hielt er sich fern. Als man ihn in Nürnberg dafür gewinnen wollte, erklärte er, ein freier Protestant bleiben zu wollen. Dem Hauptmann von Plehwe macht er in einem merkwürdigen Briefe die dringendsten Vorstellungen, von dieser süßen Schwelgerei abzulassen und sich zum kräftigen und frohen Glauben Luthers zu erheben. Aber ebenso entrüstet äußert er sich gegen rationalistische Prediger, die er in Jena gehört, und rüstet sich, in Studenteneifer mit der Feder gegen die Lästerer zu kämpfen. Um ihn in diesem Zustande des Schwankens noch mehr zu verwirren, erscheint ein früherer Schüler Hegels, v. K–, wie es scheint, eine bedeutende Natur, die auf Sand von so persönlich großem Einfluß ist, daß er sich kaum der aufgedrungenen Eindrücke erwehren kann. Man sieht ihn in seinen Tagebüchern, in den Briefen an die Mutter einen innern gewaltigen Kampf gegen den Verführer kämpfen. Endlich erklärt er sich für Sieger: er stände fromm vor Gott und wolle nur heilig werden in dieser Welt, nicht heilig an sich. »Aus eigener Überzeugung in eigener Art leben wollen, mit unbedingtem Willen, außer welchem in der Welt vor Gott mir nichts eigen ist, dem Volke den reinen Rechtszustand, d. i., den einziggültigen, den Gott gesetzt hat, gegen alle Menschensatzung mit Leben und Tod zu verteidigen, die reine Menschheit in mein deutsches Volk durch Predigen und Streben einführen zu wollen, da dünkt mir ein unbedingt anderes, als ›dem Leben, dem Volk entsagen‹. Dank dir, o Gott, für diese Gnade! O welche unendliche Kraft und Segen verspüre ich in meinem Willen; ich zittere nicht mehr. Dies ist der Zustand der wahren Gottähnlichkeit.«

Dieses Losgerungensein von fremden Eingebungen und diese Vergötterung des eigenen Willens spricht sich endlich (unterm 5. Dez. 1818) am schlagendsten in folgendem aus: »Ich will meinen Willen, das höchste Geschenk Gottes, das einzige Eigentum, recht erkennen und mit ihm mir all das Undenkliche aneignen, was du um mich her zur Bewährung und Selbstschöpfung gelegt hast. Alle Gnade verwerfe ich, die ich mir nicht selbst erwerben muß; jede Gnade ungewollt, ist für mich keine, hebt sich in sich selbst auf. Der Überzeugung, nicht entschieden zu leben, nach Furcht und Menschensatzung sie kehren, nicht sterben wollen für sie, ist hündisch, ist die Schlechtigkeit von Millionen in Jahrtausenden! – Fliehe mit Besonnenheit das Schleichen des Satans.«

So erklärte Sand sich später noch entschiedener vor dem Untersuchungsrichter dahin: »Dem freien Willen muß ich nachleben und das, wozu meine Überzeugung sich selbst bestimmt hat, muß ich ausführen, sollte ich gleich untergehen und mir völlige Verhöhnung zuteil werden.«

»Ich müßte ein feiger Tropf sein, wenn ich nicht Mannes genug wäre, das, was ich als wahr anerkannt habe, und wovon mein Seelenheil abhängt, überall, wie vor einzelnen Menschen so auch vor geistlicher und weltlicher Macht nach Kräften verteidigen und vertreten zu wollen.« – »In Kollisionsfällen mit weltlichen Gesetzen darf sich niemand abhalten lassen, wenn für das Vaterland etwas getan werden soll.«

Um über Sands religiöse Grundsätze, inwieweit sie bei seiner Tat mitsprechen oder sie motivieren, uns zu verständigen, wird das Angeführte genügen. Wer sich die Mühe nehmen will, den Entwicklungsgang derselben zu verfolgen, findet in der Schrift seiner Freunde und der Jarckeschen Stoffes die Fülle. Durch dieses religiöse System allein ist aber die Tat noch nicht motiviert. Dagegen führt uns der letztere in folgender Charakteristik den Motiven näher. Er sagt: »Sand war eine von den tiefen, nicht alltäglichen Naturen, die von einer Idee, Theorie oder Ansicht nicht bloß oberflächlich bewegt werden, sondern mit voller Konsequenz des Willens, sie zur höchsten und alleinigen Richtschnur ihres Lebens machen. Bei unzähligen anderen, die seine Ansichten vollkommen teilten, gingen diese letztern ruhig neben ihrem sonstigen Leben und Treiben her und waren, wenngleich zeitverderbend und gefährlich, so doch immer nur ein kindisches Spielzeug, welches bei reiferm Nachdenken verworfen, vielleicht auch mit noch gefährlichern oder schlechtern, nur äußerlich weniger anstößigen Prinzipien vertauscht werden konnte. Bei Sand waren jene Grundsätze dagegen keineswegs bloß Phrasen, die außerhalb des Gebiets der Rede keine Existenz haben, sondern der innerste Kern seines Lebens. – Aber bei dieser unleugbaren Tiefe des Gemüts war sein Verstand weniger, wie es scheint, von Natur als durch allmähliche Verfinsterung und fanatische Erhitzung fast bis zu einem unglaublichen Grade beschränkt und schlechthin unfähig, das Unzusammenhängende, Abgeschmackte, Unpraktische und, genau genommen, Leere und Inhaltlose seiner eigenen Ansichten zu durchschauen und aus diesen auch nur die nächsten Folgerungen zu ziehen. Dazu gesellte sich der Mangel gründlicher, positiver Kenntnisse, und, was vornehmlich zu beachten ist, es gebrach ihm, da seine Ansichten zugleich die herrschenden in seinem Kreise waren, an Gelegenheit und auch an Neigung, sie durch den Austausch mit andern zu berichtigen. So geschah es, daß er insbesondere gar nicht bemerkt hatte, daß das Deutschtum, welches er glühend liebte, vor allen Dingen nichts weniger war als deutsch und niemals und nirgends existiert hatte; wohl aber mochte er innewerden, daß die übrige Welt, und vornehmlich das wirkliche Deutschland, gar keine sichtbaren Anstalten traf, zu der von ihm angekündigten Umwälzung zu schreiten und daß mithin sein und seiner Freunde Tun und Treiben sich zur wirklichen Welt wie das leere Gerede zur Tat verhalte.«

Wenn die religiösen Grundsätze, welche er sich selbst mit

Mühe und Angst zurechtgelegt, nicht das Motiv zu seiner Tat waren, vielmehr nur ihn frei gemacht hatten dazu, seinen möglichen Willen, wenn er darauf fiele, geweiht, was war denn der eigentliche Antrieb? Als die Kunde von der Mordtat durch Deutschland erschallte und man erfuhr, daß Sand im deutschen Rocke gehe, daß er Mitglied der Burschenschaft sei und auf der Wartburg mitgewesen, war der erste allgemeine Gedanke, daß die Tat kein Impuls eines einzelnen, sondern das Exequatur einer großen Verbindung sei. Die deutsche, zumal die Jenaer Burschenschaft ward als die Urheberin angeklagt. Vornehmlich hierauf und auf Sands mögliche Komplizen wurde die Untersuchung gerichtet. Aber es ist zur Gewißheit ermittelt, daß er in keinem Auftrage als dem seiner eigenen Fiktion gehandelt. Es ist zur höchsten Wahrscheinlichkeit erhoben, daß er keine Mitschuldigen gehabt, und zum nächsten Grade dieser Wahrscheinlichkeit, daß er auch keinen Mitwisser hatte.

Weder hat ihn Follenius (s. u.) noch die Jenenser Burschenschaft, noch ein engerer Ausschuß gleichgesinnter Freunde zur Tat bewogen; es war seine eigene, freie Tat, und es ist nur die Frage, wie diese sich zur Zeit und zur Umgebung, in der Sand lebte, verhielt? War die Tat wie ein Blitz aus heiterm Himmel, und keiner hatte etwas Ähnliches vermutet? Oder gärte und brauste und schlich der Gedanke schon längst durch die Lebendigen, und sie erwarteten eine solche Tat wie die Juden den Messias?

Zur Ehre Deutschlands sei es gesagt, sie kam und dröhnte wie der Donnerschlag aus unumwölktem Horizonte. Die Mehrzahl erschrak. Auch die sie priesen, zitterten, daß sie sich genötigt sahen, sie zu preisen. Mehrere stimmten erst nachmals ein, weil die allgemeine Dröhnung sie mit erfaßte. Wohl hatte es vorher hie und da verlautet, es müsse etwas geschehen, aus dem Gerede müßten Taten werden; man hatte in feurigen Liedern Haß gegen die Tyrannen und ihre Knechte gesungen; wohl hatte man von Schwertern gesprochen, auch wohl von gezückten Dolchen gegen die Brust der Verräter und Zwingherren. Aber das war nur ein großer Gärungsprozeß jugendlicher Kräfte, ein natürlicher und notwendiger nach der Volksaufregung, welche die Befreiungskriege hervorgerufen. Das deutsche Volk hatte zum ersten Male seit langen Jahrhunderten wieder als solches gehandelt, es hatte seine Kräfte geprüft, gesiegt; die Jünglinge hatten mitgesprochen, gesungen, geschlagen und geblutet. Der Zauberer fehlte, der die Aufgeregten, voll des Bewußtseins ihrer Kraft und voll Verworrenheit und Unklarheit ihrer Begriffe, plötzlich zur Ruhe mit einem Zauberschlage brachte. Aber nichts stand im Wege, daß dieser Gärungsprozeß nicht auf natürlichem Wege vor sich ging, daß er die bösen Stoffe auswürfe und der abgeklärte Wein zurückbleibe. Es war an sich keine Notwendigkeit da, daß er die Fässer und Gewölbe sprenge. Die Reden wären Reden geblieben, die Lieder Lieder; es war – ein Zufall sagen wir nicht, aber ein Einzelfall, nicht notwendig bedingt von dem Vorangegangenen, daß er in blutiger Tat aufloderte.

Die deutschen Burschenschaften hatten reine Hände. Das hat sich damals aus allen Untersuchungen ergeben. Wohin später getäuschte Hoffnungen, gesteigerte Erhitzung, ungerechter Verdacht, harte Verfolgungen und das Geheimhalten, zu dem man sie zwang, einige verführt, gehört nicht hierher. Was die einzelnen Burschenschaften, die sich zu einer allgemeinen vereinigten, wollten, war rein, edel und von der Zeit geboten. Sie wollten ursprünglich nur Ordnung, Sitte, Wissenschaftlichkeit und Religion, Liebe zum Vaterland und Vereinigung aller Deutschen. Die mannigfachen Fehler, die da begangen wurden, die Einseitigkeit, in die man geriet, die Spielereien, welche dem Spotte leichte Waffen gaben, während man nur Ernst und Würde bezweckte, die Unkenntnis des alten deutschen Wesens, daß man statt der unbequemen Wahrheit ein bequemes und doch unrealisierbares Phantom als Musterbild deutschen Lebens aufstellte, alles dies hebt nicht das gewollte Gute auf und hindert uns nicht, zu bedauern, daß die Burschenschaften nicht in ihrer ursprünglich reinen Idee zur Ausführung kamen. Es ist im Studentenleben seitdem nichts Besseres zutage gekommen. Ja, was dafür erwachsen, positive und ideelle Verbindungen, hat entweder einen gefährlichen Charakter angenommen, als Verschwörung, sogar als offene Empörung oder geistige Tendenzen entwickelt, die den Staat in Verlegenheit setzen, weil er der Waffen ermangelt, um Angriffen zu widerstehen, welche, innerhalb der Schranken der Gesetze, doch seine und der christlichen Kirche innerste Grundfesten erschüttern.

Das beste Zeugnis für die Burschenschaften geben die später vielfach verfolgten engern Verbindungen selbst. Gerade ihre Mitglieder können nicht genug klagen über den Stumpfsinn, die Teilnahmlosigkeit und, wo es gelte, die Bedenklichkeiten der großen Masse, die feigen Blutes, schwer zu ihren höhern Zwecken zu bearbeiten seien. Sie betrachteten die Burschenschaften nur als willenlose Werkzeuge.

Die Existenz dieser engern Vereine ist durch die gerichtlichen Untersuchungen erwiesen. Man weiß, was sie geträumt, gedacht, gewollt. Aber indem man ihren Ideengang und ihre Phantome mit juridischer Gewißheit ermittelt hat, ist man nicht mit derselben Bestimmtheit zum Resultat darüber gediehen, inwieweit diese Träume auf dem Wege waren, Wirklichkeit, diese Gedanken Tat zu werden. Zum Urteilsspruch hat es den Gerichten, welche nach geschriebenen Gesetzen sprechen müssen, genügt, daß geheime, gesetzwidrige Verbindungen stattgefunden; daß in denselben staatsumwälzerische Dinge besprochen und gewünscht wurden; daß Lieder fanatischen Inhalts, voll Haß gegen Regierungen und gegen Fürsten, und aufrührerische Schriften unter das Volk verteilt worden; daß schriftliche Aufsätze gefunden wurden mit Plänen, die, realisiert, einen Umsturz aller bestehenden Verhältnisse zur Folge gehabt hätten; daß die Gleichgesinnten in Briefen sich ihren Haß und ihre Wünsche mitgeteilt und vor Zeugen darüber gesprochen haben usw. Die Richter mußten so sprechen, und es ist wohl niemand damals beigekommen, auch wo ihre Sprüche hoffnungsvolle Jünglinge aus ihren Lebensbahnen rissen und das Glück vieler hundert Familien zerstörten, ihnen Parteilichkeit, unnütze Härte, Gehorsam gegen höhere Winke vorzuwerfen. Aber das große unbefangene Publikum konnte damals nicht und kann heute noch weniger von seinem Standpunkte aus als eine Jury der öffentlichen Meinung diesen Urteilen beipflichten.

Ja, diese engern Vereine, diese »Unbedingten« wollten Ungeheures. Geständlich ging ihr Wille und Wunsch dahin: 1. alle deutsche Staaten zu einem einzigen Reiche zu verschmelzen; 2. dieses deutsche Reich sollte ein Freistaat mit völlig demokratischen Grundlagen und Wahlen werden; 3. sollten alle christlichen Konfessionen in diesem neuen Reiche zu einer gemeinsamen deutschen Kirche vereinigt und was nicht Christ ist, also speziell die Juden, aus diesem Reiche, wenigstens aus aller bürgerlichen Berechtigung, ausgeschlossen bleiben. – Adolf Follenius hatte »Gründzüge zu einer künftigen deutschen Reichsverfassung» geschrieben, welche das Haupt-*corpus delicti* bei allen gegen die Verbündeten geführten Untersuchungen bleibt. Wenn wir diesen Entwurf mit der möglichsten Ernsthaftigkeit betrachten und wegsehen über die erst neu zu gründende (wo?) deutsche Hauptstadt, Allerteutschen genannt, und über die vielfach durchgesprochene und erwogene Maßregel, daß alle Beamtete des Reichs gleiche Besoldung aus der großen Reichsschatzkammer erhalten sollten, der Dorfschullehrer wie der Minister, – (nur wer viel Kinder hatte, erhielt etwas mehr, wer Junggeselle blieb, weniger) – wenn wir über dies und vieles andere, was man heute kaum mehr ernsthaft lesen kann, wegsehen, so ist folgendes ungefähr der Hauptinhalt dieser Konstitution: Deutschland soll ein Reich sein. Alle Deutschen sind sich einander an Rechten völlig gleich. Vorrechte existieren nicht. Recht und Gesetz entsteht durch gleiche Abstimmung aller nach Mehrzahl. Seine gesetzgebende Gewalt übt das Volk aus durch Richter und Beamte, alle den Volksvertretern verantwortlich, seine oberaufsehende Gewalt durch Volksvertreter und deren Ausschuß. Die Glaubenslehre Christi ist zur Glaubenslehre des Reichs aufgenommen. Andere Glaubenslehren, als den Zwecken der Menschheit zuwider, werden in dem Reiche nicht geduldet. An der Spitze der gesamten Verwaltung im Reichslande (nicht etwa nach den historischen Abgrenzungen, nach Volksstämmen und Dialekten, sondern die Reichsländer werden wie die Gaue nach bestimmten Linien, höchstens Flüssen abgeteilt) steht der Landesfürst mit einem Landrate. Bei der Stelle des Fürsten ist nichts, was sie vor andern Beamtenstellen auszeichnet, weder Rang, Titel noch höhere Besoldung! – Der Fürst wird aus den Gliedern des Landrates gewählt. Auf dem Reichstage erscheinen die aus den Landesvertretern gewählten Reichsvertreter. Sie sind der Mund des Volkes. Dessen Sitte ist Gesetz im Reiche (!). In dem Reichsvertreter spricht sich das Volksrechtliche, Allmacht und Alleinmacht aus. Wie der Fürst im Reichslande steht der König im Reiche an der Spitze der Verwaltung mit dem Reichsrate. In seiner Hand vereinigen sich alle Fäden der Verwaltung. Des Königs einziger Wirkungskreis ist die Verwaltung. An Rechtsprechung, Gesetzgebung, Kriegs- und Friedensschlüssen hat der König keinen größern Anteil als jeder andere Bürger. Er muß achthaben, daß seine Landräte und Fürsten keinen Verrat am Volke begehen und sie deshalb anklagen. Klagt er nicht an, geht es ihm an den Kopf. Klagt er sie aber falsch an, geht es ihm auch an den Kopf usw.

Gesetzt, die Unmöglichkeit wäre möglich, jemand von heut entwürfe heut eine solche Konstitution. Noch mehr, er bliebe nicht beim Buchstaben auf dem Papiere, er würbe dafür Freunde, Verschworene; er wäre durch irgendeine Laune des Glücks ein Nabob und könnte Hunderte von Abenteurern und Gesindel bewaffnen mit Schießgewehr und Säbeln und er rückte aus mit offener Gewalt, um diese Verfassung zu proklamieren – würde ein Gericht in Deutschland ihn darum des Hochverrats schuldig finden? Bestraft würde er, müßte er werden, bestraft und unschädlich gemacht. Aber einen Verschwörer, der 1841 proklamierte, es gäbe keinen Unterschied zwischen den deutschen Volksstämmen, Hessen und Nassauer, Bieberich und Mainz hätten dasselbe Interesse; der da eine Republik proklamierte mit einem verantwortlichen König, und zwar einem König, dessen eigentliche und Haupteigenschaft die Verantwortlichkeit wäre, und ein Wahlreich auf solchen demokratischen Basen, daß alle Garantie für das Eigentum und die Intelligenz fortfiele; der da proklamierte, daß der Erzbischof von Köln und Professor David Strauß in dieselbe Kirche gehen und das Abendmahl nach demselben neu zu entwerfenden deutschen Ritus nehmen müßten, der endlich aus diesem christdeutschen Reiche alle Juden verbannen wollte, die Rothschilds und Börnes, einen solchen Verschwörer und Empörer würde heute jedes deutsche Gericht nicht für einen Hochverräter, sondern für einen Wahnsinnigen erklären und statt ins Gefängnis ins Irrenhaus sperren.

Vor 20 Jahren erkannten die Gerichte anders. Die Zeit, die Menschen und ihre Stimmungen waren andere. Vergebens berief sich der Verfasser und seine Freunde darauf, daß diese Entwürfe Phantasien gewesen, daß sie die Zustände, welche sie als die möglich besten für ihr Vaterland sich gedacht, als Exerzitien zur Selbstübung und zur Besprechung und Verständigung darüber niedergeschrieben. Daß, wenn sie je an die Möglichkeit gedacht, daß sie realisiert werden könnten, diese Möglichkeit in einer Zukunft gelegen, welche sie selbst nicht mehr erleben würden. Daß, wenn sie dafür zu wirken beschlossen, es nicht durch Gewalt und Umwälzungen geschehen solle, die in Deutschland nie zum Heile führten, vielmehr durch Belehrung, Überzeugung und Beispiel. Daß man nur die Jugend in der gewonnenen Überzeugung allmählich auferziehen wolle, damit, wenn sie als Männer auf die Kanzeln, Katheder und in Ämter komme, von ihr aus die Regeneration des Vaterlandes auf ordnungsmäßigem Wege erfolge.

Vergebens. Die Versammlungen, Reden, die Anwerbungen, Reisen, die ausgeteilten Lieder und Schriften erschienen nach dem Buchstaben des Gesetzes als Tatsachen. Was heute notorisch unmöglich ist, erschien, wenn nicht drohend, doch als möglich. Und fast schienen die Sprüche auch vor dem Richtstuhle der Vernunft gerechtfertigt, als Sands Mordtat erfolgte. Sie wirkte doppelt. Einmal erweckte sie die Verfolgung, dann aber, daß Flammen da vorbrachen, wo bisher nur Asche geglimmt, die sich ohne diese neue Anfachung verzehrt hätte. Alles vorher waren Phrasen, Exklamationen gewesen. Die Gleichgesinnten, Blinden, Erhitzten fühlten sich jetzt gestachelt, vielleicht beschämt durch den einen, der mehr getan als sie. Sie wetzten nicht auch ihre Dolche (bis auf die eine, unglückliche karikierte Nachahmung Lönings), aber sie entbrannten in Lobpreisungen, in erneutem Eifer für das Werk, für das einer in den Tod gegangen war.

Die engern Vereine der sogenannten Unbedingten oder Schwarzen hatten sich von Gießen aus über andere Universitätsstädte verbreitet. Ihre Entstehungs- und Entwicklungsgeschichte gehört nicht hierher. Sie bildeten sich in jener Universitätsstadt zuerst aus den vom Feldzuge heimkehrenden Studenten, welche sich weder in die bestehenden Landsmannschaften aufnehmen noch dem sogenannten »Comment« unterwerfen wollten. Sie bestanden unter verschiedenen harmlosen Namen als »Deutsche Lesegesellschaft«, »Bildungsverein«, »Ehrenspiegel«, indem ihre ursprüngliche Beschäftigung die Lektüre wissenschaftlicher und dichterischer Werke war, wobei dann die Phantasien von einem deutsch-christlichen Glückseligkeitszustande sich ausbildeten, die durch die gegenseitige Besprechung darüber, zu – wie die Angeschuldigten sagen, harmlosen Luftschlössern von einem vollkommen deutschen Staate, wie ihre Ankläger dartun, zu revolutionären Komplotten erwuchsen. Der Name »Schwarze« war wie alle Parteinamen zuerst ein Spottname, von den Gegnern wegen der schwarzen Röcke ihnen beigelegt; nachmals mochte er ein Ehrenname geworden sein, dessen sie sich selbst bedienten. Der Name der »Unbedingten« entstand erst später, als die Politik schon der Hauptgegenstand der Besprechung geworden, die Vereine sich ausgebreitet und folgende Grundsätze sich als Resultat der Verständigungen herausgestellt hatten:

1. Eine Wissenschaft ohne Leben ist weniger als ein Leben ohne Wissenschaft.

Dieser Grundsatz begründete die Verpflichtung, die

anerkannte wissenschaftliche Überzeugung ins Leben treten zu lassen, mithin im Sinn der Glaubenslehren des Vereins zu handeln.

2. Wenn der Staat nicht strafen kann und will, ist die Existenz eines dergestalt ratlosen Zustandes anzunehmen, daß das Strafrecht des einzelnen erwacht und diesem dann die Ausübung des Strafamtes zusteht.

3. Als Mittel muß derjenige gebraucht werden, welcher sich den höchsten Zweck nicht selbständig denken kann.

4. Die Würdigung einer Tat ist subjektiv. Es gibt also keine allein objektiv bösen Handlungen. Vielmehr kann auch die ihrer Wirkung nach sonst strafbare Tat durch die gute Absicht gerechtfertigt werden. Also heiligt der Zweck die Mittel.

Weder standen aber diese Grundsätze von Anbeginn fest, noch erkannten alle Mitglieder der Vereine sie in gleichem Umfange an. Jemehr aber einer davon durchdrungen war, je tätiger er in ihrem Geiste wirkte, desto mehr nahte er sich dem Ziele eines »Unbedingten«. Daher wahrscheinlich der Name. Übrigens, so anscheinend alle diese Grundsätze auf den einen Fall zutreffen, von dem wir reden, als wäre Sand nur der Guß in einer vorbereiteten Form, so steht aus der erst später erfolgten Untersuchung durchaus nicht fest, wann sie so bestimmt sich ausgebildet und zu diesem Ausdrucke gediehen, von allen anerkannt sind. Es waren früher fluktuierende Meinungen, durch die Unterhaltung ausgebildet, aber bei diesem hafteten sie so, bei jenem anders. Die Vereine bestanden ganz formlos, aufgeschrieben wurden niemals die Verhandlungen; es sind ebensowenig Spuren von Protokollen als von Eidesleistungen zum Vorschein gekommen. Die aufgefundenen Durchschriften, Lieder und Briefschaften gaben wohl Aufschluß über das erstrebte Ziel; über die Mittel dazu aber und die moralischen Grundsätze, welche die Verbündeten aufstellten, hat man nur durch die verglichenen Zeugenaussagen der einzelnen zu einem Resultate gelangen können. Es ist daher eher anzunehmen, daß sie zu jener Ausbildung und verbreitetern Annahme erst nach Sands Tat gediehen, als daß sie als bewußtes Korpus von Glaubenssatzungen schon vorher existiert hätten und Sand nur als ein gehorsamer Schüler nach aufgeschriebenen Lebensprinzipien gehandelt habe.

Wie dieser engere Verein sich in Jena, wo er unter dem Namen der »literarischen«, der »wissenschaftlichen« oder der »staatsrechtlichen Bildungsgesellschaft« erscheint, gestaltet hat, darüber ist aus den Untersuchungen nichts mit Gewißheit ermittelt; oder vielmehr es erscheint der Gewißheit nahe, daß die Gleichgesinnten hier noch weniger als in Gießen, Darmstadt, Heidelberg und Freiburg sich zu einer festen Verbindung mit bestimmten Zwecken konstituiert haben. Es war nur ein Zusammenhalten der bessern Köpfe, der energischern und ehrgeizigern Naturen, welche dieselbe Überzeugung verband. Ihre Zusammenkünfte hatten nichts Geheimes, jeder ward zugelassen, und ihre Grundsätze wurden allenfalls auf dem Markte proklamiert*. Damit ist nicht gesagt, daß sie nicht mit demselben Eifer den ideellen Tendenzen nachgehangen und gewirkt haben, was an ihnen, sie durch Lehre und Beispiel ins Leben zu setzen oder wie der Kunstausdruck war, »gestrebt, die reine Menschheit im deutschen Volke zu verherrlichen«. Hier erschien auch

* Ein Mitglied dieses Vereins schreibt unterm 26. Aug. 1818 an einen Freund: »Wir treiben vorzüglich Geschichte, Erziehung der Jugend insbesondere und des Volkes Volkstum im allgemeinen. So nehmen an diesen wissenschaftlichen Vereinen nicht bloß die teil, die wir enger zusammenstehen, sondern eben jeder, der seinen Ernst zeigt, mitzuarbeiten. Es wird auch wahrscheinlich dieser Verein Sache der Burschenschaft werden, wie es schon das Turnen worden ist. Ich glaube auch, daß es Not tut, daß sich in die Geschichte ein jeder recht hineinarbeite, denn nur in ihr, glaube ich, können wir Aufschlüsse über das Wesen unseres Volks bekommen und wie ihm zu helfen.«

Adolf Follenius Bruder, Dr. Karl Follenius, der infolge der wider ihn verhängten Untersuchungen später nach Amerika auswanderte und jüngst durch seinen Tod auf dem in Brand geratenen Dampfschiffe bei New York abermals auf traurige Weise zu europäischer Berühmtheit gedieh. Aus Gießen herübergekommen, um als Privatdozent zu lesen, war er es wohl nicht minder in der Absicht, für die Ideen des dortigen Vereins zu wirken. Der tätigen und begabten Köpfe fanden sich viele, aber eben aus ihrer bekannten und so verschiedenen Persönlichkeit, wie Karl Follenius, Witt von Döring, Haupt und Professor Fries, in dessen Hause zum Teil die Versammlungen stattfanden, ergibt sich die Vermutung, daß von einer Verschwörung nicht die Rede sein konnte. Noch weniger aber konnte es dieser Kreis sein, welcher Sand zu seiner Mordtat einen speziellen Auftrag gegeben.

So verführerisch ist der Gedanke, wenn man Sands Charakter zu jenen vier Grundsätzen der Unbedingten hält, anzunehmen, daß die schlauern Fanatiker in ihm, dem Beschränktern, den Mann gefunden, »welchen man als Mittel gebrauchen muß, weil er sich den höchsten Zweck nicht selbständig denken kann«. Aber es wäre für den schlimmsten Fall wenigstens eine Versündigung gegen ihren Verstand, wenn man Sands Tat zu »ihren Zwecken« zählen wollte. Wenn einige von ihnen nachgehends die Tat für edel erklärten und sie in Reden und Liedern rühmten, so war dies nur die Wirkung der Tat selbst, freilich eine, die nur möglich war bei dem vorangehenden aufgeregten, verschrobenen und unklaren Geisteszustande. Daß Männer wie diese sie vorher besprochen, beschlossen, den Auftrag zu ihrer Ausführung gegeben haben sollten, ja nur gebilligt, gewußt oder geahnt hätten, widerstreitet und widerstrebt der gesunden Vernunft, welche zu jeder Geschichtsperiode, auch in der fanatisiertesten, da war; und statt vermutet zu werden, fördert es den positivsten Beweis, von dem auch keine Spur vorliegt.

Sands Entschluß gehört ihm allein. Zwei Momente sind hier von Bedeutung: Sands Kenntnisse von den Verhältnissen waren durch die einseitige Richtung, welche seine Geistesbildung genommen, mehr als mangelhaft. Festgerannt auf gewisse Begriffe, war ihm das Leben fremd geblieben. Die Zeitungen, in der letztern Zeit seine Hauptlektüre, fingen freilich schon damals an, Einfluß auf die deutsche Bildung, und namentlich auf die Jugend zu üben; aber man darf die damaligen Zeitungen nicht mit den heutigen vergleichen. Werfe man diesen mit Recht alle möglichen Versündigungen und Leichtfertigkeiten vor, so ist es doch möglich, sich aus denselben über den gegenwärtigen Zustand der Dinge zu verständigen und die verschiedenen im Konflikt begriffenen Meinungen kennenzulernen. Die deutschen Zeitungen aus jener Zeit, welche überhaupt Meinungen äußerten, hatten nur eine Meinung. Die übrigen waren trockene Berichterstatter; und diese eine Meinung war die der deutschen aus dem Befreiungskriege heimgekehrten Jugend. Wo sich etwa eine Stimme dagegen erhob, wurde sie wie die Krähe unter den Vögeln verschrien und verfolgt. Aus diesen Zeitungen lernte Sand nichts, als was er schon zu wissen glaubte. Bei der Untersuchung befragt, was er denn unter Freiheit verstehe, lautete seine Antwort: 1. Nichts anderes, als was man in den Zeitungen und in den Liedern edler Dichter immer lese. 2. Daß die Klagen, die jetzt so häufig gehört würden, einmal aufhörten, namentlich die Klagen über unerschwingliche Abgaben – – – Pressezwang, über Mangel an Öffentlichkeit. 3. Darin, daß es höchstes Ziel des Staates werde – dafür zu sorgen, daß aus jedem einzelnen Menschen ein edler, freier Mensch gezogen werde, der seiner Würde sich selbst bewußt sei, zu den höchsten Geistesfreuden ungehindert gelangen könne und im Staate nicht als eine tote Maschine, sondern als ein nach eigenem Willen sich bestimmendes Wesen geachtet werde. Seine anderweitige Ausbildung mußte, wie Jarcke richtig bemerkt, bei der überwiegenden Beschäftigung mit den burschenschaftlichen Angelegenheiten zurückbleiben. Jene Forderung der Altdeutschen, daß die Zeit des Jünglings zwischen Leibesübung, dem Turnen und dem wissenschaftlichen Studium geteilt werde, war schon an sich eine zu Schaden des letztern unbillige. Wie lückenhaft und beschränkt Sands Kenntnis der deutschen Regierungsverhältnisse war, welche er reformieren wollte, stellt sich bei der Untersuchung mit schlagender Evidenz heraus, und es ist sehr wahrscheinlich, was Jarcke bemerkt, daß Sand von des verhaßten Kotzebue Schriften noch wenig oder gar nichts gelesen, als er schon ihm darum das Todesurteil gesprochen hatte.

Sand konnte nach seinen Kenntnissen zum Glauben verführt werden, daß er durch Kotzebues Ermordung eine dem Vaterland ersprießliche Tat vollführe. Aber sein nächstes subjektives Motiv war ein anderes, sein geistiger Hochmut. Trotz der christlichen Demut, die anfänglich wahr oder erheuchelt sich in seinen Tagebüchern ausspricht, glühte in ihm das Verlangen, sich auszuzeichnen. Kein Herostratus, der um eiteln Ruhm zerstört, er wollte wirken für seine Idee. Sehr bedenklich erscheinen die wiederholten Liebesversicherungen seiner Mutter in den Briefen an ihn, daß er das einzige ihrer Kinder sei, in dem der Geist lebe. Er fühlte ihn in sich leben, er dürstete danach, es zu beweisen. Jede dritte Seite seines Tagebuches liefert davor Belege. In Erlangen hatte er gewirkt. Die Burschenschaft war sein Werk. Auf der Wartburg hatte er eine Schrift ausgestreut; sie soll die

Grundlage der nachmaligen allgemeinen Burschenschaft geworden sein. Aber damit war seine Tätigkeit zu Ende. In Jena fand er lauter Gleichgesinnte, gleichfeurigen Willen, aber keinen Kampf. Noch Schlimmeres für ihn, er fand Köpfe und Talente, die ihn weit überragten, außer andern den dichterischen Feuergeist Karl Follenius, den gewandten, witzigen, zweideutigen Witt, gegen die er mit seinen geschraubten, schwülstigen Puritanerfloskeln nicht aufkam. Zum gewöhnlichen Intrigenspiel des Ehrgeizes war die Zeit vielleicht zu ehrlich, sein Sinn zu religiös und ehrenhaft. Die Tatkraft wurmte in ihm. Er hatte es zu oft sich und andern verheißen, etwas zu tun zum Heil des gemeinsamen Vaterlandes, eine leuchtende Tat, und es fand sich nichts; überall, wo er wirken wollte durch Rede oder Schrift, waren schon andere da, geschicktere, kräftigere. Da griff er in der brütenden Ruhe zu, wo sich ihm eine erste Gelegenheit zeigte, und da keine war, um ein Held zu sein, ergriff er eine, wo er wenigstens ein Märtyrer werden konnte.

Weshalb aber traf sein Dolch gerade den Lustspieldichter Kotzebue? – Weil kein anderer Gegenstand sich ihm zeigte. Die subjektive Wut gegen die Tyrannei, welche das deutsche Volk knechten sollte, durchglühte fieberhaft ihn wie seine Sinnesgenossen; aber das Objekt war nicht da, es gebrach an einem persönlichen Gegenstande, an einem recht verhaßten offenkundigen Bösewicht. Keiner der Kaiser, Könige, Fürsten, auch ihrer Minister nicht, hatte das Unglück oder Glück, daß ihm gerade allein des Volkes Notstand zugeschrieben ward. Es fehlte durchaus an einer Zielscheibe für die allgemeine Wut. In solchen Zuständen des Fanatismus sucht die tobende Menge überall ein Opfer. Oft, die Geschichte weiß davon, daß man ihm eines aus Politik zuschob, damit es seine Wut daran kühle und seine Lust büße, während die Schuldigen sich verstecken. Öfter wandte sie sich gegen die Kleinen statt gegen die Großen, gegen die Werkzeuge statt gegen die Urheber. Bei einer verhaßten Auflage werden den Zöllnern die Häuser geplündert, während die tobenden Haufen vor dem Palais des Finanzministers vorüberziehen. Diese Beispiele passen nicht buchstäblich auf den vorliegenden Fall; nur soviel ist evident, die aufgeregte subjektive Wut suchte nach einem Objekt, um sich zu entladen, und griff nach dem ersten besten, welches ihr in die Hände geriet.

August von Kotzebue hat mancherlei in seinem Leben verschuldet; aber daß ihn der Dolchstoß eines Schwärmers für Tugend, Freiheit und Vaterland treffen mußte, hatte er nicht verdient. Mit allen diesen drei Dingen hatte der leichtfertige Dichter im Leben wenig Verkehr. Wie er mit der ersteren umsprang, darüber haben die Moralisten vielfältig geklagt; die Tugend im deutschen Volke hat indessen durch seine leichtsinnige Auffassung nichts eingebüßt. Zu einem Ritter für die Freiheit war er nie berufen, obwohl er einmal in seiner Jugend während der Revolution in Paris war, dann auch in Sibirien, man weiß nicht recht warum, und später in fremdem Dienste gegen Napoleons Zwingherrschaft mit der Feder kämpfte. Dem Vaterlande hatte er schon 1806 Lebewohl gesagt und sich in russischen Dienst begeben. Es ist ungerecht, von jemand mehr zu fordern, als er zu leisten verspricht und leisten kann. Aber sein großes Glück, das ihn bis zur Stunde seines Todes begleitete (und auch in dieser noch; er starb ohne einen Laut, von zwei Dolchstößen getroffen), hatte den Neid geweckt. Wie die ästhetische Kritik einst an ihn Forderungen stellte, ohne daß er je sich anheischig gemacht, sie zu erfüllen, denn er wollte ja nichts als den Beifall des großen Publikums, so jetzt der deutsche Patriotismus. Er war ein froher, leichtsinniger, gutmütiger Lebemann. Er brauchte sehr viel Geld, um bequem zu leben, und da er keinen Überzeugungen und Ideen diente, hatte er seine Feder dem verkauft, der ihm das meiste bot. Er war ein freier Mann und hatte damit niemand verraten, es sei den für den Deutschen ein Verbrechen, daß er seinem Vaterlande den Rücken kehrt und in fremde Dienste geht. Aber an wie vielen müßte da das Rächeramt geübt werden!

Kotzebue hatte leichtfertig und leichtsinnig wie alles, auch die letzten Aufwallungen des deutschen Nationalgefühls, davon er Zeuge war, besprochen und bespöttelt. Die Art, wie er nur das Lächerliche im Treiben der Altdeutschen auffaßte und satirisch besprach, mußte die jugendlichen Gemüter, die es zu ihrer Religion gemacht, entflammen. Als Korrespondent der russischen Regierung berichtete er in sogenannten Bulletins über die deutschen Zustände, wie er sie ansah. Dies ist der ihm gemacht Hauptvorwurf. Er berichtete in übelwollendem Sinne, er verleumdete die Jugend selbst und Männer, welche sie hoch verehrte. Zumal dies letztere wird schwer vergeben, und die Waffen des Spottes verwunden am schmerzlichsten.

Der Vorwurf, daß Kotzebue ein Verräter am Vaterlande geworden, ließe sich aus einem gewissen Standpunkt verteidigen; der, daß er ein russischer Spion gewesen, ist unhaltbar. Eingebürgert in Rußland, mit einem Titel vom russischen Kaiser, mehrmals auf Missionen desselben im Ausland und von ihm besoldet, paßte auf ihn zum wenigsten nicht der Begriff Spion. Er trug, wenn auch mit keinem offiziellen diplomatischen Charakter bekleidet, seinen Charakter an der Stirn. Wer sich da täuschen ließ, dessen eigene Schuld war es. Es ist bekannt, daß die russische Regierung seit langer Zeit außer ihren Diplomaten in den zivilisierten Ländern Europas Korrespondenten unterhält, welche ihr Berichte über das literarische, industrielle, künstlerische und geistige Treiben dieser Länder abstatten müssen. Sie wählt dazu gewöhnlich Schriftsteller und Männer von Geist, welche sich auch außer den diplomatischen Sphären im gesellschaftlichen Leben umtun können, eine freie Urteilskraft besitzen und die Gabe, über das aufgefaßte geistige Leben, welches in Aktenstücken keinen Platz fände, in anschaulicher Weise zu schreiben. Ehedem unterhielten auch andere Fürsten solche Korrespondenten, und es galt für ein ehrenwertes Amt. Die Fortschritte der periodischen Presse und des öffentlichen Lebens in den meisten Staaten haben diese Korrespondenten überflüssig gemacht, indem die Fürsten dasselbe, was ihnen jene berichteten, auf billigere und umfassendere Weise in den Zeitungen lesen mögen. Ein solcher Korrespondent für die Regierung in Petersburg war Kotzebue, und was ihm vorgeworfen werden kann, ist nur die Art, mit der er berichtet hat. Es ist anerkannte Tatsache, daß die deutsche Natur ihre ethische Kraft und die Unbestechlichkeit, deren wir uns rühmen, in slawischen Ländern gegen die Einflüsse von Luft und Sitte nicht lange aufrecht erhält. Die große Zahl Familien mit deutschen Namen, welche in Rußland eingebürgert sind, gehören schon der russischen Nationalität an. Eine Ausnahme war es, wenn ein Klinger dort die unbeugsame deutsche Redlichkeit und einen männlichen Starrsinn sich erhielt, der unter dem heutigen Geschlechte auch bei uns zur Seltenheit geworden. Es wäre zu viel, an August von Kotzebue Forderungen zu stellen, die nur ein Maximilian von Klinger erfüllen konnte. Auch war es im gegenwärtigen Falle weniger eine moralische Depravation als sein ursprünglicher Leichtsinn, verbunden mit der gekränkten Eitelkeit (auf der Wartburg hatte man auch seine »Geschichte der Deutschen« verbrannt), die ihn zu jenen Ausfällen gegen den deutschen Charakter in seinem »Literarischen Wochenblatte« und zu seinen Bulletinberichten nach Rußland veranlaßten.

Eines dieser gehässigen Bulletins war durch Nachlässigkeit oder Verrat eines Abschreibers in fremde Hände gekommen und in der damaligen Oppositionszeitung abgedruckt worden. Es stellte Kotzebue vor der öffentlichen Meinung bloß, und er hatte, nach Entäußerung seines deutschen Charakters, noch nicht genug vom Diplomatischen sich angeeignet, um wenigstens vor dem Publikum mit scheinbarer Ehre zu bestehen. In Frankreich hätte man ihm ein Charivari gebracht, in England ihn vielleicht mit faulen Äpfeln beworfen oder unter eine Pumpe gezogen. Die deutsche Ehrbarkeit nahm die Sache zu ernst. Man ist seitdem besonnener geworden und weiß Verunglimpfungen der Nationalehre, wie die besagten Kotzebueschen und die berüchtigte Stourdzasche Schrift, welche jener Zeit einen uns heute kaum erklärlichen Eindruck machten, mit andern Waffen als mit dem Dolch zu begegnen; ein Beweis, daß unser Nationalgefühl seitdem eine festere Basis gewonnen hat, ohne daß nur einer jener Träume der Altdeutschen realisiert wäre.

Wann Karl Ludwig Sand zuerst den Gedanken gefaßt, das deutsche Vaterland an Kotzebue zu rächen, ist weder aus der Untersuchung ermittelt noch geht es aus seinen Tagebüchern hervor. Nur Andeutungen finden sich, einzelne elektrische Zuckungen, wie der Entschluß in ihm entstanden.

Der Gedanke an ein Märtyrertum, an ein Hingeben des Lebens für seine Ideen spukt schon sehr früh in seinen Äußerungen. Die Tell- und Winkelrieds-Bilder begleiten ihn überall. Schon aus Erlangen schrieb er an seinen Freund Cl–r: »Nach Freiheit wollen wir ringen, und also wollen wir uns nicht durch das Drohen des Todes bändigen und gängeln lassen, der ja doch die höchste Freistätte ist. Lebend wollen wir jenen knechtischen Seelen eine Pest sein, und tot wollen wir sie uns nachziehen.«

Die erste Erwähnung Kotzebues in seinen Tagebüchern findet sich unterm 28. April 1816, wo er aus Wunsiedel schreibt:

»Am Abend sah ich im Harmonietheater, wo das letzte Mal in diesem Winter gespielt wurde, die silberne Hochzeit von Kotzebue aufführen, und zwar recht schön; und ich kam dadurch auf keine bösen Gedanken.«

Nach Jarckes Meinung bezieht sich diese gleichsam entschuldigende Bemerkung darauf, daß er am Morgen desselben Tages mit seiner Familie in der frömmsten Stimmung das Abendmahl empfangen habe. Bei der Notierung dieses Faktums hatte Sand hinzugefügt: »O welche selige Zeit, die man Gott und dir, Christe, verlebt! Könnte ich in diesem Augenblicke nicht wirklich mich für edle Zwecke in den Tod geben!« – Denkbar wäre indessen auch, daß Sand schon damals einen sittlichen Widerwillen gleichwie viele Kunstfreunde einen ästhetischen wider Kotzebue empfunden und daß jene Bemerkung nur die Ausnahme von der Regel ausspräche: »Diesmal wenigstens, in diesem Stücke, hat dieser mit den Theatertränen der Tugend und des Lasters spielende Dichter mein Gefühl nicht verletzt.« Daß Sand, nach allen Zeugnissen, in Erlangen noch keinen Groll gegen Kotzebue als Verräter seines Vaterlandes gehegt, widerspräche an sich dieser Annahme noch nicht. Doch lagen ästhetische Beobachtungen dieser Art nicht in Sands Wesen, obwohl sie unter der Jugend sehr gewöhnlich waren.

Am 24. November 1817, nach dem Wartburgfeste, schreibt er in Jena, und das ist in jenem langen Zwischenraume das erste Mal, daß Kotzebues Namen in seinen Büchern sich wieder verzeichnet findet:

»Dann ward auf dem Markte die neue giftige Schimpferei von Kotzebue sehr schön vorgelesen. O welche Wut gegen uns Deutschland liebende Burschen!«*

Ein halbes Jahr später, unterm 5. Mai 1818, erscheint schon folgender bedeutungsvolle Ausspruch im Tagebuch:

»Herr, mitunter wandelte mich heute wieder eine so wehmütige Bangigkeit an; aber fester Wille, feste Beschäftigung löst alles und hilft für alles, und das Vaterland schafft Freude und Tugend; unser Gottmensch, Christus, unser Herr, er ist das Bild einer Menschlichkeit, die ewig schön und freudig sein muß. – Wenn ich sinne, so denke ich oft, es sollte doch einer mutig über sich nehmen, dem Kotzebue oder sonst einem solchen Landesverräter das Schwert ins Gekröse zu stoßen.«

In sieben Monaten war dieser erste Gedanke zum Entschluß, in zehn Monaten und achtzehn Tagen zur Tat geworden! Sand arbeitete langsam im Guten und im Bösen.

Wir rügen an dem Schillerschen Tell, daß eine Mordtat, welche der aufs äußerste gereizte Vater an dem Frevler gegen seine heiligsten Gefühle begeht, eine Mordtat, die rasch, im Affekt der gerechtesten Leidenschaften begangen, vor dem Richterstuhl menschlicher Empfindungen ihr Recht erhielte, zu einer Tat der kalten Reflexion wird. Sand handelte als ein anderer Tell; wie denn Reminiszenzen aus diesem ihn auf dem langen Wege zur Tat begleiteten und gleichsam ihm selber zur Auffrischung des wankenden Mutes dienten.

* In den eben erschienenen »Humoristischen Erinnerungen aus meinem akademischen Leben von Theodor von Kobbe« berichtet der Verfasser, der Sand mehrmals in Jena besuchte, folgenden Zug: Er wollte ihm Lebewohl sagen und fand ihn auf dem Sofa liegend: »Er schien eine Anwandlung von Pleuresie zu haben, denn er griff mit der Hand krampfhaft in die Seite und rief mir zu: ›Lebe wohl! Ich sterbe an diesem Stich in der Brust.‹« Das ereignete sich ein Jahr weniger einige Tage vor Kotzebues Ermordung.

Deutschland traf keine Anstalten zu den von der Wartburg aus verkündigten neuen Dingen. Es peinigte ihn, daß von der wirklichen Welt so gar nichts geschah, das Ideal ins Leben zu rufen, und so entstand der Drang in ihm, der schlafenden, trägen Welt ein Zeichen zum Aufstande zu geben. In seinem Innern war eine Leere, weil es in Jena nichts zu tun gab, und der Haß fand bei dieser Leere Platz. Es drängte ihn, seine Theorie an einem Gegenstande zu erproben, zugleich aber auch durch eine recht große, gewaltige, welthistorische Tat seinen Genossen, vor denen er verschwand, zu zeigen, daß mehr in ihm sei, als er auf den Lippen trage und in Worten klarmachen könne. In Jena hatte er auf ein Blättchen geschrieben, das man unter seinen Papieren fand: »Wer wird mir's glauben, daß ich den Tod leiden will, wenn ich's nicht wirklich zeige!« Dieser Spuren einer Eitelkeit, welche den Vorsatz nicht hervorgerufen, aber mit ein Hebel derselben gewesen, finden sich in seinen Papieren mehrere. Er schwelgte im Vorgefühl bei der Vorstellung, was seine Umgebung und seine Freunde zu einer solchen nicht geahnten und von ihm nicht erwarteten Tat sagen würden. Ja, er gab sich selbst ein Schauspiel auf dem Theater seiner Phantasie, indem er sich die Tat als eine vollbrachte ausmalte. So fand man unter seinen Papieren in Jena eine Federzeichnung: Vor einem gotischen Torgewölbe kniet eine Figur, einen Dolch in der Brust, mit einem andern ist am Tore ein Papier angeheftet. Sand hatte sich dabei die Jesuitenkirche in Mannheim gedacht, die er aus früherer Erinnerung kannte. Bis hierher habe er sich nach dem Morde zurückziehen, die Schrift anheften und dann fallen wollen. Diese eine Kritzelei mit der Feder »liefert nur ein einzelnes Stück aus einer ungeheuern Galerie, die Sand in seinem Innern angelegt hatte und in der er mit Entzücken zu lustwandeln pflegte«. Keiner seiner Freunde erhielt Eintritt, denn auf Überraschung war es abgesehen, und »der Hauptnerv des Planes wäre weggefallen«, wenn etwas vorher bekannt geworden.

Endlich macht Jarcke darauf aufmerksam, daß wohl auch ein örtlicher Grund dabei mitspielte, weshalb Sand gerade Kotzebue zum Opfer wählte. Seine Beobachtungsgabe der lebendigen Personen und wirklichen Verhältnisse in dem heißgeliebten Deutschland beschränkte sich auf das, was ihm zunächst in den Wurf kam. Hatte er doch im großen Berlin kaum etwas anderes bemerkt, als Jahns Heldengestalt und die Schlachtfelder in der Nähe, welche zu positiven Beobachtungen den mindesten, für die Ideenwelt aber reichen Stoff liefern. Ein fanatischer Altdeutscher hätte in jener Stadt zum Zorne wenigstens das reichste Material gefunden. Kotzebue lebte damals in Weimar, also in Jenas nächster Nähe, der Mann, auf welchen zornwütig alle seiner Partei blickten, und hier spielten die Auftritte, welche ihn den Anschuldigungen der Zeitungsschreiber aussetzten.

Am Ende des Jahres 1818 stand sein Entschluß fest. Als das Bulletin erschien, hatte er es klar, nach seinem gerichtlichen Geständnis, eingesehen, »daß so etwas geahndet werden müsse«. Der feste Entschluß zur Tat sei jedoch erst bei ihm begründet gewesen, als Kotzebue sich zum Verteidiger der v. Stourdzaschen Schrift aufwarf. Hier begegnen wir einer neuen festgewurzelten Idee, worüber weniger seine Tagebücher als seine verschiedenen Aussagen vor Gericht Auskunft geben. In jener Schrift sei beabsichtigt, Deutschland in einen Zustand zu versetzen wie nach dem westfälischen Frieden, nämlich abhängig von fremdem Einfluß, ohne Selbständigkeit, unter sich zerrissen und ohne politische Macht. Kotzebue habe wiederholt geschrieben, niemand dürfe sich unterstehen, dagegen zu schreiben, da sie die Gesinnungen des russischen Kaisers ausdrücke. Dieser

Schriftsteller sei es auch gewesen, der die Russen gleichsam in Deutschland hineingesungen. Der Zweck seiner letzteren Stücke sei immer gewesen, das gebildete europäische Leben als gering darzustellen vor der Heldennation, die jetzt käme, alles durch ihre Art zu erlösen. Was jemand gegen Baschkiren oder Kosaken gesprochen, habe er immer als eine Versündigung gegen die russische Regierung dargestellt und den Gedanken fortwährend genährt, daß Deutschland allein seine Befreiung den Russen verdanke, daß es ihm deshalb stets dankbar bleiben und alles gutheißen müsse, was von daher komme. Klar sei daher seine Absicht gewesen, die deutsche Freiheit unter die Russen zu stellen. Diesen Notstand des deutschen Landes zu heben, sich zu wahren gegen die aus Osten andringende Gefahr, habe es aber an Kraft und Willen gefehlt. Die dazu berufen gewesen, seien durch politische Rücksichten gehindert gewesen, einzuschreiten. Und deshalb sei die Verpflichtung für den einzelnen Deutschen eingetreten, was die deutschen Fürsten versäumt oder unmächtig gewesen zu tun, statt ihrer zur Rettung und zum Heil des gemeinsamen Vaterlandes zu wagen.

Dieses künstliche Raisonnement scheint sich jedoch in seiner Vollständigkeit erst nach der Tat in ihm ausgebildet zu haben. Er leitete damit eine Defension ein, welche, von der damaligen allgemeinen Stimmung getragen, selbst von seinen gerichtlichen Verteidigern, merkwürdig genug, angenommen wurde.

Sands Tagebücher gehen bis zum letzten Tage des Jahres 1818. Seine Selbstprüfung war beendet, sein Werk fest beschlossen, wie wir aus dem, was er am 31. Dezember zum Schluß eintrug, deutlich sehen, und seine übrige Zeit war den Vorbereitungen zur Tat gewidmet. Diese merkwürdige Stelle im Tagebuch lautet:

»So begehe ich den letzten Tag dieses Jahres 1818 in

ernster, feierlicher Stimmung und bin gefaßt, der letzte Christtag wird gewesen sein, den ich eben gefeiert habe. – Soll es etwas werden mit unserm Streben, soll die Sache der Menschheit aufkommen in unserm Vaterlande, soll in dieser wichtigen Zeit nicht alles wieder vergessen werden und die Begeisterung wieder aufleben im Lande, so muß der Schlechte, der Verräter und Verführer der Jugend. A. v. K., nieder – dies habe ich erkannt. – Bis ich dies ausgeführt habe, habe ich nimmer Ruhe, und was soll mich trösten, bis ich weiß, daß ich mit ehrlichem Willen mein Leben darangesetzt habe? Gott, ich bitte dich um nichts als um die rechte Lauterkeit und Mut der Seele, damit ich in jener höchsten Stunde mein Leben nicht verlasse.« –

»Schaue ich auf dich zurück, du Jahr, das mich meinem Ende nahe führte, o so liegt mir wieder in Klarheit vor das Menschenleben. O Gott! Dich habe ich noch immer im Gefühl und in der Erkenntnis, du warst und bleibst mein einziger Glaube, meine treue Hoffnung, meine höchste Liebe, so sehr ich auch freier über dich denken lernte! In mir – wurde ich der Erkenntnis klar – liegt alles; die Menschenwürde, wie sie Jesus und lehrte, faßte ich inniger auf als je. Im Gebiete meines Willens liegt alles; wenn ich das Gute, was ich in meinem Gemüte mit meiner Überzeugung erfaßt habe, mit freier Entscheidung meines schaffenden Willens erstrebe, bin ich vollendet; aber wie weit bleibe ich hinter dem idealen Zustande in meinem äußern Leben zurück! Die Trägheit, die Gewohnheit, sinnliches Wesen, Furcht, Eitelkeit und Falschheit lagern immer um unsern tätigen Willen, und die freie Seele ist mit einem Male in Gefahr, wie zu jeder andern Zeit, und kein Held ist vor ihren Stricken frei bis zu seinem Ende. Nur mit ihm tritt Gewißheit ein, ob unser Leben lauter und rein, gut oder böse war. Nie werden wir Gott schauen, bis wir durch eigene Kraft unser Wesen läutern. Nach solcher Tugend steht mein einzig Begehren. – Herr, laß mir ein Ende bescheren in kindlicher Reinheit, klar bewußt meines Heils.«

Vom 31. Dezember 1818 bis zum 9. März 1819 blieb Sand in Jena, mit den Vorbereitungen zu seiner Tat beschäftigt. Aus einem französischen Hirschfänger ließ er sich einen langen Dolch fertigen, wozu er das Modell vorher selbst in Wachs gebildet hatte. Es ist derselbe Dolch, der in Kotzebues Brust fuhr und den Sand sein »kleines Schwert« nannte. – Eines Tages kam sein Busenfreund A–s zu ihm in die Stube. Sand, der lauernd am Tische stand, läuft auf den Eintretenden zu, gibt ihm einen leichten Stoß ins Gesicht und dann, als dieser das Gesicht mit den Händen zu decken sucht, einen heftigern auf die Brust. Da A–s erstaunt fragt, was das zu bedeuten habe, antwortet ihm Sand ganz sanft: »Siehst du, so muß man es machen, wenn man einen erstechen will; erst ins Gesicht, damit er mit den Händen danach fährt, und zum Stoß in die Brust eine Blöße gibt.« Aus den Akten ergibt sich nicht mit Deutlichkeit, ob er dies Verfahren bei Kotzebues Morde angewandt hat. Jarcke scheint es überhaupt nicht als einen Akt der Vorbereitung anzusehen, sondern erblickt auch darin nur eine Regung zur Eitelkeit, den Kitzel, durch einzelne rätselhafte Handlungen die Verwunderung und Neugier der Freunde rege zu machen. Sand liebte überdies solche Polterspäße und Mummereien, weshalb seine Freunde ihm den Namen Spukmeier gaben. Der Vorfall fiel als etwas Gewohntes an ihm nicht auf.

Daß ihn während dieser Zeit der Vorbereitungen noch in Jena Zweifel überschlichen, die ihn schwankend gemacht, ergibt sich aus seinen gerichtlichen Aussagen. Er mußte den natürlichen Abscheu zur Verübung einer solchen Tat bekämpfen. Dann überkam ihn wohl auch der Gedanke, daß er zu etwas Besserm wert und geschickt sei, sowohl um seines weichen Gemütes als seiner erlangten Bildung. »Auch«, sagt er, »habe ich auf einen Dritten gewartet; denn ich hatte so gut das Recht, auf ihn zu warten, als ein Dritter auf mich. Oft habe ich gedacht, du könntest doch ruhig fortleben, wenn ein Dritter die Tat übernehme. Dieses Warten war also eigentlich ein Wunsch, daß mir ein Dritter zuvorkommen möge, übrigens kannte ich einen solchen Dritten nicht!«

Ende Februar schrieb er noch einen Brief an seine Mutter, in dem er mit der ihm möglichsten Ruhe und Klarheit ihr seinen Entschluß auseinandersetzt, nicht das Lehrfach zu ergreifen, sondern dem Predigtamt sich allein zu widmen, weil er sich nicht berufen und begabt genug fühle, in dem erstern, wie es sein muß, sich auszuzeichnen. Nach dem Zeugnis seiner Freunde war er überhaupt in den letzten Wochen vor seiner Abreise ruhig und heiter. Nach seinem eigenen Geständnis hat er »acht Tage lang weniger an die Tat gedacht und Gott gebeten, er möge sie vorübergehen lassen«. Aber bei diesen innern Kämpfen flüsterte ihm immer wieder die innere Stimme zu: »Du hast zu viel versprochen und noch nichts getan.«

Ein Zeitungsartikel, welchem zufolge Kotzebue auf dem Punkte stand, Deutschland zu verlassen, um nach Rußland zurückzukehren, rief den Entschluß wieder lebendig vor seine Seele. Zwar ergab es sich als ein falsches Gerücht, aber von nun an stand der Entschluß fest, und Sand wies alle innern Winke und Mahnungen dagegen standhaft von sich. Mit Anfang des März entwarf er mit großer Sorgfalt mehrere Schriften, die den Schlüssel zu seiner Tat für alle enthalten sollten, welchen er eine Aufklärung über dieselbe schuldig zu sein glaubte. Sand arbeitete langsam; auch im Schreiben scheint ihm die Geläufigkeit abgegangen zu sein, welche ihn als Redner schwülstig und unbeholfen machte.

Er korrigierte diese Schriften im Brouillon und fertigte alsdann die Reinschrift.

Das erste dieser Schreiben ist überschrieben: An alle die Meinigen. Es enthält einen Abschied an seine Familie, eine Rechtfertigung seiner Tat vor derselben. Gewiß für Sand die schwierigste Arbeit: vor der Seele innig geliebter Eltern den Konflikt der in ihm streitenden Pflichten und den Ausschlag, den er ihnen gegeben, zu rechtfertigen; zugleich aber ein Beleg dafür, wie fest in ihm der Gedanke geworden, daß er auch vor diesen heiligsten Rücksichten unerschüttert blieb und im Verhältnis zu seinen andern Schriften einen verhältnismäßig ruhigen und klaren Stil bewahren konnte. Der Umfang dieser Schreiben zusammengenommen ist zu groß, um sie für unsern Zweck wörtlich wiederzugeben, wir heben deshalb auch aus diesem nur die charakteristischeren Stellen heraus. Der Brief hebt an:

»Treue, ewig teure Seelen! Warum Euch den Schmerz noch lange mehren? dachte ich und schwankte, Euch hiervon zu schreiben. Aber bei plötzlicher Nachricht über meine Tat möchte Euch der harte Gram zwar leichter und schneller vorübergehen; doch die Liebestreue wäre dadurch verletzt, und ganz gebrochen kann ja der tiefe Schmerz nur dadurch werden, daß wir den ganzen Kelch von Wermut rein ausleeren und uns dabei fromm zu unserm Freunde halten, dem treuen, ewigen Vater im Himmel. Also heraus aus der umschlossenen, bangen Brust; hervor, du lange große Qual der letzten Rede, die, aufrichtiger Art, einzig den Abschiedsschmerz versüßen kann.

Euch bringt dieses Blatt des Sohnes, des Bruders letzten Gruß zurück!

Gehegt, gewünscht habe ich immer viel; es ist an der Zeit, daß ich die Träumereien lasse, und die Not unseres Vaterlandes drängt zum Handeln. – Dies ist unstreitig der höchste Jammer in unserm Erdenleben, wenn die Sache Gottes durch unsere Schuld in ihrer regen Entwicklung Stillstand nimmt; dies für uns der entehrendste Schimpf, wenn alle das Schöne, was von Tausenden kühn erstrebt wurde und wofür sich Tausende kühn geopfert haben, nun als ein Traumbild ohne bleibende Folge in trübem Mißmut wieder entschlafen, wenn die Reformation der alten, abgelebten Art jetzt auf halbem Wege verknöchern sollte. – – –

Viele der ruchlosesten Verführer treiben ungehindert bis aufs völlige Verderben unsers Volkes hin bei uns ihr Spiel. – Unter ihnen ist Kotzebue der feinste und boshafteste, das wahre Sprachwerkzeug für alles Schlechte in unserer Zeit, und seine Stimme ist recht geeignet, uns Deutschen allen Trotz und Bitterkeit gegen die ungerechtesten Anmaßungen gar zu benehmen und uns einzuwiegen in den alten, faulen Schlummer. – Er treibt täglich argen Verrat am Vaterlande und steht dennoch geschützt durch seine heuchlerischen Reden und Schmeichlerkünste und gehüllt in den Mantel eines großen Dichterruhmes trotz seiner Schlechtigkeit da, als ein Abgott für die Hälfte Deutschlands, die von ihm geblendet, gern das Gift einnimmt, das er in seinen halbrussischen Zeitschriften darreicht. – Soll nicht das ärgste Unglück über uns kommen, denn diese russischen Vorposten werden nichts Freies und Gutes aufkommen lassen oder zur Zeit der Gärung mit den Franzosen zugleich unter uns wüten; soll nicht die Geschichte unserer Tage mit ewiger Schmach behaftet sein, – so muß er nieder.

– – – Mutter, Du wirst sagen, warum habe ich einen Sohn großgezogen, den ich lieb hatte und der mich liebte, für den ich tausend Sorgen und steten Kummer litt, der durch mein Gebet empfänglich wurde für das Gute und von dem ich auf meiner müden Lebensbahn in den letzten Tagen kindliche Liebe verlangen konnte? – Warum verläßt er mich nun? – Teure Mutter, möchte nicht auch die Pflegerin irgend eines andern so klagen, wenn er für das Vaterland hinginge; und wenn es keiner tun wollte, wo bliebe das Vaterland? Weit ist auch die Klage von Dir entfernt, und Du kennst solche Reden nicht, edle Frau. – Schon einmal habe ich Deinen Ruf vernommen, und wenn keiner hervortreten wollte für die deutsche Sache, so würdest Du mich auch diesmal selbst zum Kampfe voranschicken. Noch zwei Brüder und zwei Schwestern, alle rechtschaffen und edel, habe ich vor mir; sie bleiben Euch; ich folge meiner Pflicht, und an meiner Statt werden Euch alle Jünglinge, die es redlich meinen mit dem Vaterlande, als treue Kinder zugetan sein.« Nachdem er die Teuren dem Schutze Gottes empfohlen und seinen Segen auf »die kampfrüstige Schar im deutschen Volke« herabfleht, die die Sache der reinen Menschheit auf Erden zu fördern mutig entschlossen ist, schließt er mit den Versen:

Das letzte Heil, das höchste, liegt im Schwerte,
Drück dir den Speer ins treue Herz hinein,
Der (deutschen) Freiheit eine Gasse!

Jena, Anfang März 1819

Euer in Liebe Euch ewig verbundener
Sohn und Bruder und Freund
Karl Ludwig Sand«

Um dieselbe Zeit richtete er an einen Schul- und Universitätsfreund einen Brief, in dem er es ihm zum Vorwurf macht, daß er sich hat von seinen Eltern nach Heidelberg schicken lassen, was doch nur in der Absicht geschehen sei, ihn von staatsgefährlichen Verbindungen abzubringen. In diesem Briefe heißt es: »Willst Du in Deinem künftigen Berufskreise nicht für die Einheit der Brüder und die Freiheit der Deutschen leben und dafür entweder siegen oder bis zum Tode kämpfen, so verdirbst Du Dir daraus nichts, als Deine eigene Seligkeit (!) – – – Wenn wir nicht beizeiten auf den Gedanken kommen: von jedem unter uns hängt ebensoviel ab wie von jedem andern – – wenn wir nicht den ernstlichen Entschluß fassen, nächst dem gewöhnlichen Wirken auch nach jenen höheren vaterländischen Tugenden zu streben, so wird nie werden, was zu schaffen uns auferlegt ist.«

Das dritte Schreiben, adressiert: »Meinen Freunden deutschen Sinnes in Jena, zu übergeben durch Frd. Asmis«, (welches den Hauptanlaß zur Untersuchung hinsichtlich seiner Komplizen gegeben), lautet im wesentlichen so:

»Seit ich nach und nach über die Sache des Vaterlandes in mir klarer wurde, trachtete ich, mich gegen der Welt Halbheit öffentlich zu entscheiden, und ich kann nimmer ruhen, bis der Spottbube Kotzebue durch meine Hand seinen Lohn erhalten wird. Es ist mir dieses Werk unter allen das schwerste; seit ich also die Notwendigkeit desselben erkannt hatte, war es mir eine Höllenpein, bis ich erproben konnte, ob ich diese Tat auch zu vollführen vermöchte. Nun gehe ich hin, um diese Brandfackel ins ruhige Leben zu schleudern; möge der Erfolg für unser gemeinsames Streben segensreich werden. Falle ich, so ist mein letzter Wille an Euch, daß man bei allen dergleichen Fällen für die Zukunft diejenigen, die die Gaben des Geistes, Klarheit der Rede, der handfesten Verwaltung besitzen, diejenigen, die in jeder Stunde des Lebens zum Tode für die hohe gemeinsame Sache bereit sein zu können schon bewiesen, die etwa auch schon Ansehen beim Volke erlangt haben, daß man diese dann, so sehr sie sich auch zum Kampfe hervordrängen werden, dennoch in den Hinterhalt stelle, auf daß, wenn das Land frei werden sollte, es nicht an Bildern fehle und auch gleich der rechte, vollendete Zustand geschaffen werde, daß das deutsche Volk nicht in Halbheit verknöchere.

Kann ich durchkommen, so weiß ich schon, wo ich hinfliehen werde, um zur rechten Zeit dem Vaterlande wieder dienen zu können.«

Dieser Brief klingt allerdings verdächtig, und es gehörten die Ermittlungen einer strengen Untersuchung und das Zusammenstimmen so vieler, großenteils schon im obigen niedergelegter Umstände dazu, um zu dem Resultate zu kommen, daß Sand wirklich, wie er angibt, unter »seinen Freunden deutschen Sinnes« keine bestimmte Verbindung verstand, sondern alle die in Jena, welche mit ihm dasselbe Streben und dieselbe Überzeugung teilten. In den mysteriös klingenden Anordnungen für das, was kommen wird, ist seine Phantasie der Zeit vorausgeeilt, und er sieht voraus, wie sich, durch seine Tat entzündet, das Feuer in Deutschland verbreiten wird und die Bekenner seiner Ansichten als eine tatkräftige Macht dastehen werden. Aus dem Schreiben selbst ergibt sich zugleich, daß die Tat nicht eine gemeinschaftlich beschlossene und verabredete gewesen sein konnte, indem er die Freunde dadurch erst benachrichtigte, daß sie geschehen sollte. Zudem spricht auch der Umstand, daß er dieses Schreiben unversiegelt in einem offenen Pulte in seiner Wohnung liegen ließ, dafür, daß es an keine geheime Verbindung gerichtet sein konnte. Denn wie beschränkt Sand auch in anderen Dingen dachte und zu Werke ging, so war er doch, wie sich aus der Untersuchung ergibt, aufs äußerste, bis zur Lüge, behutsam, um keinen Freund zu verraten, der seinen Ideen förderlich werden dürfte.

Das vierte Schreiben ist an die deutsche Burschenschaft zu Jena gerichtet. In demselben trägt er sein Begehren vor, aus der Verbindung entlassen zu werden, indem mehrere

Anstoß daran nehmen könnten, wenn er fürs Vaterland auf dem Rabensteine sterben sollte. Der übrigens kurze Brief ist, gegen die andern gehalten, unbedeutend. Nur zeugen die Schlußfolgerungen darin, wie schwach es mit Sands praktischer Urteilskraft bestellt war. Er will die Burschenschaft bei seiner vorhabenden Tat aus dem Spiele lassen. Aber auch dieses Schreiben blieb ruhig in seinem Pulte liegen. Eine solche einseitige Willenserklärung, die dem anderen Kontrahenten nicht bekannt wird, kann aber eine Verbindung nicht aufheben, der Austritt blieb also nur eine fingierte Handlung und, da das Schreiben erst lange nach dem Morde bekannt wurde, hinsichtlich des von ihm Bezweckten ohne Wirkung. Die Burschenschaft geriet in den Verdacht und in Verwicklungen, welche er von ihr abwenden wollte.

Für das große Publikum aber erließ er fünftens eine Proklamation, überschrieben »Todesstoß dem August von Kotzebue«, welche die eigentliche Brandfackel sein sollte, die er ins deutsche Volk schleuderte, die aber eben wirkungslos bleiben mußte, weil das große deutsche Volk weder diese Ideen begriff noch diese Sprache verstand. Wir entheben nur die wesentlicheren Stellen. Sie fängt an:

»Nur in der Tugend Einheit! – Unsere Tage fordern Entscheidung für das Gesetz, das Gott seinen Menschen flammend in die Brust geschrieben hat. Bereitet Euch, entscheidet Euch auf Leben und Tod. Offene, nackte Schandtat ist nicht der Verderber, der in unserem Blute wütet, wohl aber frißt das Laster nur um so scheußlicher unter dem Mantel der eingewöhnten heiligen Artigkeit; Falschheit vermummt sich in tausend scheinheilige Gestalten, und die Lage des Volkes sollte die Blüte sein von so vielen Aufopferungen und ist der Zustand der alten jämmerlichen Schlaffheit.«

Nachdem er dieses Bild weiter ausgemalt, heißt es: – »Ich hasse nichts mehr als die Feigheit und Faulheit der Gesinnung dieser Tage. Ein Zeichen muß ich euch dessen geben, muß mich erklären gegen diese Schlaffheit – weiß nichts Edleres zu tun, als

Den Erzknecht und das Schutzbild dieser feilen Zeit,
– Dich Verderber und Verräter meines Volkes
– August von Kotzebue – niederzustoßen.

Du, mein deutsches Volk, erhebe Dich zur hohen, sittlichen Würde der Menschheit – eine Gnadengabe hat der Mensch von Gott; sie – die höchste und einzige – ist die Gottähnlichkeit – des Menschen freier Geist und seine freie schöpferische Kraft. Mein deutsches Volk, Du hast kein eigenes, kein edleres Besitztum, sie ist Dein höchstes Gut. – Erkenne, wahre Dir diesen Glauben, diese Deine Liebe zu Gott. – Laß Dein Heiligtum nicht mehr unter die Füße treten. Der Mensch, sei er auch in den traurigsten, niedrigsten Verhältnissen geboren, ist geschaffen, ein Ebenbild Gottes zu werden. Vertraut auf die verheißene christliche Freiheit! Ehre, vertraue nur dem freien Manne. Hasse die Verräter, die Knechtsseelen, die falschen Seher, die dieses nicht wollen; hasse die feilen Dichter der Halbheit, die Prediger der Feigheit, die Söldlinge, die Dich von jedem kühnen Entschlusse abhalten, hasse, morde alle die, so sich in frevler, mutwilliger Gesinnung so sehr überheben, daß sie das Göttliche in Dir vergessen und Dich, die tolle Menge, als ein vielgegliedertes Kunstrad in ihren hochweisen Händen halten und treiben wollen. – – – – Mein deutsches Volk, gewinne Selbstvertrauen und den hohen Mut, den schon einzelne Deiner Helden in sich trugen! Dies ist der rechte Feiergeist des Lebens, daß Du das, was die heiligen Schriften des Christentums und die Vorzeit lehren, das, was Deine

Dichter singen – tust und nicht bloß es anstaunst oder es nimmst als leere Fabeln. – Bruder, das Höchste und Heiligste, was Deine Seele kennt, den Zustand einer geläuterten, gottbeseligten Menschheit, sollst Du fromm und mutig erstreben.

Ein Christus kannst du werden!«

Dann heißt es am Schluß: »Die Reformation muß vollendet werden! – Brüder, verlaßt einander nicht im Drange der Zeiten; Trägheit und Verrat straft mit Knechtschaft die Geschichte – Ihr habe sie vor Euch! – Auf, ich schaue den großen Tag der Freiheit! Auf, mein Volk, besinne Dich, ermanne, befreie Dich!«

Dieses Schreiben ist von Sand mit besonderem Fleiße ausgearbeitet worden, er hat daran die letzten drei Monate seines Aufenthalts in Jena geschrieben und den ursprünglichen Entwurf vielfach durchkorrigiert. Ursprünglich sollte es als Brief an Kotzebue übergeben werden (daß es geschehen, wollte das Gerücht auch noch lange nach seinem Tode behaupten), dann überarbeitete er es zum Aufruf an das gesamte Volk. Er fertigte mehrere Abschriften an; eine davon wollte er bei Kotzebues Ermordung benutzen. Dieses Exemplar war auf einem ganzen Foliobogen feinen Papiers, an dem unten noch ein Streifen des nämlichen Papiers angeklebt war, sauber und korrekt geschrieben. Es hatte das Ansehen einer Affiche in größerem Format, und um es mit sich fortzubringen, mußte es Sand in Briefform zusammenlegen.

Endlich fertigte Sand zugleich mit diesem »Todesstoß« noch ein Todesurteil an, welches nicht zu den Untersuchungsakten gekommen ist, dessen Inhalt er selbst aber dahin angibt: »Kotzebue sei der Verführer der deutschen Jugend und der Verderber der deutschen Geschichte gewesen, und da so viele erhabene Stimmen nicht gehört worden seien und kein schützendes Gericht finden können, so trete er im Volksgefühl gegen ihn auf, um das Gesetz des Volkes und des Reiches an ihm zu vollziehen. Dann habe er dem deutschen Volke gesagt, wenn es nicht das Schicksal der Griechen teilen wollte, welche ungeachtet der herrlichen Schlachten von Salamis und Platäa unter die Herrschaft des Philippus gekommen seien, so müsse es vorzüglich unter sich gegen den Verrat Aufsicht halten.«

Über das Schicksal und die Besorgung dieser Papiere schwebt ein großes Dunkel, welches auch die Untersuchung nicht zu beseitigen imstande war. Von Wichtigkeit war während des Prozesses die Frage, inwieweit seine Freunde Asmis und Doktor Karl Follenius die Hauptempfänger und Besorger der Schriften gewesen, ob also auch sie und inwieweit als Komplizen zu betrachen wären? Nachdem hierüber die Entscheidung in der Negative ausgefallen ist, kommt nur eine andere Frage zur Sprache, welche für den Psychologen von größerer Wichtigkeit ist als für den Kriminalisten.

Es gewinnt nämlich den Anschein, als ob Sand die Mehrzahl dieser Schriften in einer sonst unbegreiflichen Sorglosigkeit in Jena nur deshalb unverschlossen zurückgelassen, damit seine beabsichtigte Tat vor ihrer Ausführung ans Tageslicht komme und er, verraten und gehindert, dadurch der furchtbaren Pflicht, zu der er sich selbst das Wort gegeben, überhoben werde.

Der Unglückliche selbst hat darüber nichts bekannt, aber mehrere seiner Äußerungen, zusammengehalten mit den Umständen, machen es aufs höchste wahrscheinlich, daß er diese letzte Selbsttäuschung beging und, das entsetzliche Werk noch einmal einer Art Gottesurteil übergebend, die Ausführung davon abhängen ließ, ob inzwischen die Briefe gelesen und somit die Sache entdeckt oder nicht entdeckt wäre. In jenem Falle hatte er, was an ihm getan, sich mutig und würdig vor seinen Freunden gezeigt, und sein Gewissen war in doppelter Art befriedigt. Es ist gewiß, daß er über diesen Ideengang nicht zum klaren Selbstbewußtsein gediehen ist, aber die Fakta sprechen nur zu deutlich für eine Erklärung, welche allerdings dem Heroismus seiner Tat Eintrag tut, aber dem allgemein Menschlichen in seinem verfinsterten Charakter dafür sein Recht vindiziert.

Sand will drei Pakete zu besorgender Schriften gefertigt haben, wovon die zwei ersten, sein Tagebuch und andere Briefe enthaltend, richtig an seine Mutter gelangt sind. Das dritte aber habe enthalten einen Brief an seine Eltern, einen Brief an die Bamberger und zwei an die Bremer und speierische Zeitungsredaktionen, die Urschrift des »Todesstoßes« und das nur in einem Exemplar vorhandene »Todesurteil«. Dieses dritte Paket ist verschwunden, von seinem Inhalt ist nichts zum Vorschein gekommen als eine Abschrift des Briefes an die Eltern. Sand hat sich in Widersprüche darüber verwickelt, wem und wie er es zur Besorgung überlassen. Asmis und Doktor Karl Follenius bestreiten beide, es empfangen zu haben, und es ist nur Vermutung, daß einer oder beide beim ersten Schrecken nach Eröffnung des Pakets dasselbe vernichtet haben könnten, um allen Verdacht von sich abzulehnen. Ebensowenig will einer der genannten Zeitungsredaktoren ein Schreiben von Sand erhalten haben, welches, nach dessen Angabe, ungefähr folgendermaßen gelautet haben sollte: »Ich ersuche Sie, die beikommenden Sachen (Todesstoß und Todesurteil) in Ihrer Zeitung abzudrucken, aber nicht eher, als bis Sie die Nachricht erhalten, daß A. v. K. durch meine Hand gefallen sei; komme ich durch für eine andere Tat für das Vaterland, so verschweigen Sie meinen Namen.«

Mag das Schicksal dieses Pakets sein, welches es ist, so

steht soviel fest, daß Sand in seinem Pulte ein Verzeichnis seiner Schulden, welche seine Eltern bezahlen sollten, eine Verfügung, daß seine Effekten in seine Heimat geschickt werden sollten und – ! – die Schreiben an die deutsche Burschenschaft in Jena und an seine Freunde deutschen Sinnes zurückließ. Sie befanden sich in einem blauen Umschlage, der, versiegelt mit seinem Petschaft, die Aufschrift trug: »Briefe zu besorgen«. Ja, er erinnert sich nicht einmal, diese verfänglichen Schreiben in das unverschlossene Pult gelegt zu haben, er ließ sie seiner Meinung nach in dem unaufgeräumten Zimmer zurück, in der Erwartung, daß die Hausleute oder Freunde, welche Bücher zu suchen kommen möchten, sie finden und an die Vorsteher der Burschenschaft bringen dürften!

Hätte Kotzebue noch in Weimar gelebt und in einem Morgengange wäre sein Opfer erreicht gewesen, so ließ sich diese Sorglosigkeit vor der Entdeckung erklären. Aber Kotzebue wohnte in Mannheim, vierzig Meilen von Jena. Sand mußte eine große Reise dahin unternehmen und brachte auf dieser Reise, indem er unterwegs auf vielen Stationen verweilte, volle vierzehn Tage zu! Was konnte bei diesem unbegreiflichen Zaudern, nach einem so festen Entschlusse seine Absicht sein, als daß inzwischen irgend etwas einträte, was ihn der furchtbaren Arbeit enthöbe? Er selbst gesteht, »von Frankfurt aus sei er ins Zaudern gekommen, bis er sich endlich gewaltsam losgerissen und zur Ausführung der Tat bestimmt habe. Die Bangigkeit vor der Tat mit ihren Folgen habe zum Zaudern beigetragen und einen fortwährenden Kampf verursacht«.

Sand berichtete in jenen Briefen den näheren Freunden, in welcher Absicht er fortgehe. Er meldete sein Vorhaben der Burschenschaft. Er mußte annehmen, daß nach dem natürlichen Gang der Dinge bald, vielleicht schon am

Abend desselben Tages seiner Abreise, der Zweck derselben ruchbar werden würde. Was die Burschenschaft erfahren, davon mußte auch der Senat Kenntnis erhalten, und das erste, was dieser tun mußte, war, Staffetten nach Mannheim zu senden, um das Verbrechen zu verhindern.

Wie immer die Geschichte mit jenem Pakete sich verhalte, genug, auch darin hatte Sand gewissen Personen sein Vorhaben vertraut, er hatte es sogar an drei ihm persönlich völlig unbekannte Zeitungsredaktoren gemeldet. Seiner einzigen Angabe und Berechnung nach durften und mußten diese es früher erfahren, als die Tat vollführt war. Konnte er denken, daß diese drei Männer schweigen und durch ihr Schweigen sich zu Komplizen der Tat machen würden? Im Gegenteil war zu erwarten, daß wenn sie es nicht für eine grobe Mystifikation hielten (und dazu war kein Grund vorhanden), sie augenblicklich davon Anzeige machen mußten. Auch wenn der in dem Paket befindliche Brief an Sands Eltern zu rechter Zeit in deren Hände kam, war nicht alle Wahrscheinlichkeit dafür, daß sie mit Kurierpferden eilen würden, um den geliebten Sohn von einer Mordtat abzubringen, die ihn auf das Schafott bringen mußte.

Und dennoch zauderte Sand auf seiner Reise dermaßen, daß er erst am fünfzehnten Tage in Mannheim eintraf! Wir müssen Jarcke beipflichten, daß Sand nichts unterlassen habe, um sich selbst die wirkliche Ausführung einer beschlossenen Tat unmöglich zu machen! Damit ist nicht gesagt, daß sein Entschluß nicht ernsthaft gefaßt gewesen, aber »er war in der Lage eines Menschen, der sich selbst geißeln will und weit ausholt, aber vom Schmerz überwältigt, unwillkürlich die Geißel sanft niederfallen läßt. – Er spielte auf seinem inneren Privattheater den rachedürstenden Helden, der nach dem Blute des Feindes lechzt; aber in der Stille, gleichsam sich selbst die Bedeutung dessen verbergend, was er tat, ließ er jene Briefe zurück und reiste immer langsamer, je mehr er sich dem Ziele näherte«.

Aber Kotzebues tragisches Ende schien beschlossen; das Unwahrscheinliche trat ein, das scheinbar Unmögliche wurde wirklich. Vierzehn Tage und länger kam niemand in sein verlassenes Zimmer, oder es fand doch niemand die Briefe. Erst als die Estaffette aus Mannheim dem akademischen Senate die Nachricht von der Mordtat überbrachte und man von Gerichts wegen in seiner Wohnung nachsuchte, fand man die Schriften!

Am vorletzten Abend (7. März) seines Aufenthaltes in Jena hatte Sand seine Freunde zu sich geladen. Sie bemerkten keine Umwandlung an ihm. Auch am letzten Abende äußerte er nichts, was auf den Zweck seiner Reise hätte folgern lassen. Er antwortete jedem, »er gehe in die Heimat«, und lehnte die übliche Begleitung oder das Komitat seiner Genossen ab. Jedoch erinnerten sich die Freunde später, daß er mit besonderer Feierlichkeit von ihnen Abschied genommen. Bei seinen Hausleuten hatte er die Miete auf das Sommerhalbjahr verlängert, um den Verdacht abzuwenden.

Morgens um vier Uhr, am 9. März, verließ er Jena zu Fuß auf dem Wege nach Erfurt. Sein Anzug war ein schwärzlicher deutscher Rock, darunter eine rote wollene Weste und schwarze lange Tuchbeinkleider; die Füße in Schnürstiefeln, auf dem Kopf eine schwarzsamtene Kappe mit Schirm. Gewöhnlich trug er über dem dem Rocke eine blaue Bluse. In seinen Taschen war ein Kompaß in einer zinnernen Kapsel, eine Karte von Schwaben und eine vom Neckarlauf. Von Büchern führte er mit sich ein abgerissenes Stück aus dem neuen Testament, Körners Leier und Schwert und ein geschriebenes Gedicht: Abendmahlsfeier, wie Sand angab, von Friedrich Rückert, wie sich ermittelt aber von Doktor Follenius.

Auf dem Rücken trug er einen Tornister, den er jedoch nur bis Darmstadt mit sich nahm, wo er ihn einem Freunde übergab, um denselben nach Wunsiedel zu senden. Sein wichtigstes Gut, was er am sorgfältigsten zu hüten suchte, waren seine zwei Dolche. Der eine, »das kleine Schwert«, dem er vergeblich in Jena mit Scheidewasser seine Lieblingsstelle aus Körner »drück dir den Speer ins treue Herz hinein« einzuätzen versucht, sollte an einem Loche in seinem Brustlatze hängen. Doch trug er ihn, der Bequemlichkeit wegen, lieber in ein Tuch gewickelt auf dem Tornister, so lange er diesen bei sich hatte. Den kleinen Dolch, eigentlich ein großes Vorlege- oder Jagdmesser, trug er im Tornister oder in seinem linken Rockärmel, wo zu dem Behufe ein Heft angenäht war. Später steckte er ihn in die Tasche.

In Erfurt blieb Sand beim Turnlehrer S. bis zum 11., wo er nachts elf Uhr (also nach zweitägigem Aufenthalte) die Post nach Frankfurt bestieg. Mittags, während der Rast in Eisenach, überredete er die beiden Passagiere, auf die Wartburg mit ihm zu steigen und dort ihr Mittagsmahl einzunehmen. Hier schrieb er (12. März) in das Stammbuch für Studenten:

»Was sollen Euch die alten Schlafmützen schaffen? Vertraut auf Euch selbst und baut im eignen Herzen Gott und dem Vaterlande einen Altar auf! – Drück dir den Speer ins treue Herz hinein, der Freiheit eine Gasse.«

In der Nacht zum 14. gelangte er ohne weiteren Aufenthalt nach Frankfurt a. M. Hier stieg er im Schwan ab, suchte aber schon am nächsten Morgen einen Landsmann und Bekannten, W–e, ehemaligen preußischen Offizier auf, bei dem er bis zum 17. März wohnte. Er brachte diese Zeit mit älteren Bekannten, teils in Privathäusern, teils auf Spaziergängen zu. Am 17. früh reiste er weiter nach Darmstadt, fragte hier einen Studenten nach einem Wirtshause, ging aber nicht in den Darmstädter Hof, der ihm genannt wurde, sondern zum Advokaten H–. Er nahm aber bei diesem die ihm angebotene Wohnung nicht an, sondern ward von seinen Freunden bei einem Kameralpraktikanten untergebracht, »weil er hier, nach seinem Wunsche, für sich unbemerkt leben konnte«. Sein Umgang beschränkte sich auch wirklich auf vier bis fünf Befreundete, von denen zwei ihn am 22. März auf den Weg nach Mannheim begleiteten. Als der eine umgekehrt war, begleitete ihn der andere bis zu den sogenannten Bickenbacher Tannen und schnitt ihm hier, auf sein Bitten, im Walde die langen Haare ab, die ihn, wenn er später die Flucht versuchte, ja leicht kenntlich gemacht hätten. Schon um drei Uhr nachmittags machte er, nur noch sechs Stunden von Mannheim entfernt, in dem Städtchen Lorsch Rast, und akkordierte einen Wagen, der ihn, aber erst am nächsten Morgen, bis Mannheim fahren sollte.

Die Art, wie Sand diese Reise zum Morde ausführte, spricht zum Psychologen mit klarer Schrift. Zu einer Reise, die ein rüstiger Fußgänger allenfalls in sechs Tagen gemacht, wenn es ein ersehntes Ziel gilt, braucht Sand vierzehn Tage, obgleich er den größern Teil mit der Post fährt! Nach dem ersten Tagesmarsch rastet er in Erfurt schon zwei Tage. Einmal auf der Post eingeschrieben, muß er zwar in raschem Zuge bis Frankfurt. Aber hier, so nahe dem Ziele, hält er sich ohne Zweck, ohne Geschäfte, ohne dringende Notwendigkeit vier Tage auf! – In einem Tage hätte er bequem von Frankfurt aus Mannheim erreichen können; aber er verweilt abermals fünf Tage in Darmstadt, ohne einen Grund angeben zu können, als daß er sich nicht recht wohl befunden und seinem Nachdenken überlassen haben will. Nun wird er doch in einem Tage bis Mannheim gehen! Es ist der anmutigste Weg und Frühjahr. Nein, er macht in

Lorsch schon nachmittags drei Uhr Rast, und bleibt einen halben Tag, eine ganze Nacht in dem kleinen Örtchen. Auf eine Wendung seines Schicksals, auf ein sichtliches Eingreifen des Himmels wartete er hier wohl nicht mehr; es war nur die Bangigkeit, die ihn immer und immer noch einen Aufschub suchen ließ.

Endlich, die letzte bange Nacht war verstrichen, der verhängnisvolle Morgen angebrochen, er stählte die Nerven und gab ihm die Kraft. In einem gemieteten Wagen fuhr er um sechs Uhr nach Mannheim ab. Um 9½ Uhr stieg er an der Mannheimer Neckarbrücke ab, ließ sich vom Fuhrmann abstauben, gab ihm ein Trinkgeld und entließ ihn mit dem Versprechen, wenn er wieder durch Lorsch käme, ihn abermals anzunehmen.

Im Gasthofe zum Weinberg trank Sand einen Schoppen Wein. Der Wirt will durchaus keine Gemütsaufregung an ihm bemerkt haben. Er nahm dann einen Lohnbedienten, der ihn nach Kotzebues Wohnung führen sollte. Nach ein paar Schritten kehrte er indessen wieder zurück, um sich die Kleider abbürsten zu lassen und ein Halstuch umzubinden. Wie er angab, war es ihm mit offener Brust zu kalt, aber er hatte so die ganze Reise gemacht; wahrscheinlich geschah es, um bei Kotzebue leichter Zutritt zu erhalten, vielleicht auch, um sich zur Flucht vorzubereiten.

Nachdem der Lohnbediente Sand die Wohnung gezeigt, gab dieser ihm ein Trinkgeld, winkte ihm sich zu entfernen und klingelte. Kotzebue war nicht zu Hause. Die Magd, der er sich Heinrichs aus Mietau nannte, bestellte ihn auf den Nachmittag zwischen fünf und sechs Uhr wieder. Sand eilte hierauf dem Lohnbedienten nach, um sich von ihm ins Naturalienkabinett und in die Jesuitenkirche führen zu lassen. Beide aber waren verschlossen. Sand ließ sich nun in den Schloßgarten führen und den Rhein zeigen. Als er vom

Rheindamme aus den Neckarauer Wald sah, erkundigte er sich nach dessen Entfernung.

Um ein Uhr war er wieder im Gasthofe, entließ abermals den Lohnbedienten und sagte ihm, er werde abends ins Theater gehen. An der Table d'hôte saß er zwischen zwei Geistlichen vom Unterrhein und sprach mit ihnen über geschichtliche Gegenstände, über Luther und die Reformation. »Alles, was er sagte«, bekundete der eine, »war besonnen, ohne zweideutige Seiten zu berühren; doch sprach er über alle Begriffe gedehnt und mit niedergeschlagenem Blicke. Seine Außenseite bezeichnete wahrhaft philosophische Ruhe und einen Mann, der mit sich und der ganzen ihn umgebenden Welt in holdem Frieden ist.« Er aß mit gutem Appetit, aber mäßig, und trank nur einen Schoppen Wein. Auf des Wirts Frage, ob er den Herrn von Kotzebue angetroffen, antwortete er trocken: »Nein!« und sagte dem einen Geistlichen, er müsse dem Herrn von Kotzebue noch einen Besuch machen. Nur beim Schlusse der Mahlzeit will einer der Tischgäste eine große Zerstreuung an ihm bemerkt haben. Nach Tisch schrieb er sich unter dem Namen Heinrichs in das Fremdenbuch, bezahlte die Zeche, unterhielt sich noch bis gegen fünf Uhr und verlor sich dann, ohne Abschied zu nehmen.

Seine letzte Ruhe könnte doppelt erklärt werden. Als Resignation vor einer Tat, welche felsenfest als Notwendigkeit in seiner Brust geschrieben stand und für die er die Rechenschaft vor dem weltlichen Richter über sich zu nehmen und zu leiden vor ihm, was er verwirkt, entschlossen war. Auch wenn es sein Entschluß gewesen wäre, sich nach vollbrachtem Mord durch Selbstmord jenem zu entziehen, ließ sie sich als stoische Todesverachtung erklären. Aber Sand wollte nach dem Morde fliehen. Es ist dies keine Vermutung, es ist aus der Untersuchung zur Evidenz erwiesen. Er wollte sich weder den Gerichten überliefern, um den weltlichen Gesetzen zu büßen, was er gegen sie verschuldet, noch den Dolch sich in die Brust stoßen, um als freier Mann sterbend durch sich selbst die begangene Blutschuld zu rächen; er wollte vielmehr durch schleunige Flucht zu entkommen suchen, um, wie er sich in dem Briefe an die Freunde ausdrückt, zu rechter Zeit dem Vaterlande wieder dienen zu können. Auch zur Wehr wollte er sich nötigenfalls setzen, aber nur gegen Bewaffnete; denn wo er sich einmal in den Zustand des Krieges gesetzt und keine Bundesgenossen gehabt, sei das ihm Pflicht geworden. Alles das steht durch seine eigenen Aussagen fest, wie ungern auch die Bewunderer seiner Seelengröße es zu glauben sich entschließen mochten. Sand wollte morden und sein eigenes Leben sparen. Auch hatte er einige Vorbereitungen getroffen, z. B. vier Louisdor in Darmstadt in seinen Hosenträger eingenäht, daselbst seinen Ranzen zurückgelassen, das Haar sich schneiden lassen; er wollte, wie er später angibt, nach Nordamerika gehen und dort bei einer deutschen Gemeinde Prediger oder Lehrer werden. Aber weder hatte er Postpferde vors Tor bestellt noch standen Freunde in der Nähe, die ihm einen Mantel umwarfen, noch hatte er sich nach einem Schlupfwinkel umgesehen, um für den ersten Augenblick zu verschwinden, noch hatte er sich eine Reiseroute gemacht; ja er will mit sich selbst uneinig gewesen sein, ob er sich zunächst nach Frankreich oder in seine Heimat wenden wollte. Wie schlecht danach die Flucht vorbereitet war, in derselben Unklarheit und Verworrenheit wie seine übrigen Vorstellungen, liegt zutage. Es erwächst daraus die für den Psychologen unbeantwortete Frage: Was gab ihm diese letzte Ruhe, wenn nicht der Konflikt so mannigfacher aufgeregter Gefühle eine endliche momentane Stumpfheit hervorgebracht hat?

Um fünf Uhr stand er wieder vor Kotzebues Tür. Der Bediente führte ihn, ohne daß er noch einmal seinen Namen nannte, die Treppe hinauf und meldete ihn. Drei Damen, welche Frau von Kotzebue besuchen wollten, gingen auf der Teppe an ihm vorüber. Er grüßte sie höflich und der Bediente rief ihm zu: »Sie können herauf!« Das Folgende beruht allein auf Sands Äußerungen.

Der Bediente brachte einige Minuten mit Hin- und Herlaufen oder Reden zu; dann rief er ihn herein, blieb aber noch unter der Tür stehen und sprach leise nach dem Innern des Zimmers. Endlich ward er in das Wohnzimmer der Familie gelassen. Kotzebue trat aus der Tür links herein. Sand grüßte ihn und »wendete sich gegen ihn auf die Seite des Eingangs herum«. Ihm war, wie er sagt, das Schrecklichste, daß er sich verstellen mußte. Er sagte ihm, daß er ihn auf seiner Durchreise besuchen wollte. »Sie sind aus Mietau?» fragte Kotzebue. Sand hatte sich des Namens bedient, weil er nicht glaubte, daß Kotzebue ihn, wenn er sich für einen geborenen Deutschen ausgäbe, vorlassen würde; leichter würde dies unter dem Namen eines Kurländers sein. Nach einigen Hin- und Herreden trat Sand vor: »Ich rühme mich« – zog dann den Dolch aus dem linken Rockärmel – »ihrer gar nicht – hier du Verräter des Vaterlands!« und versetzte ihm einige Stiche in die linke Seite. Wieviel Stiche er ihm gegeben und welchen zuerst, weiß er nicht: »Es war geschwind geschehen.« Kotzebue hat kein Wort während des Angriffs gesprochen, sondern bloß ein Gewimmer hervorgebracht, auch als er schon sah, daß Sand mit aufgehobenem Arme auf ihn loskam. Er hielt nur die Hände vor und fiel am Eingang des Zimmers linker Hand zusammen. Den Dolch hielt Sand so, daß die Schärfe oberhalb des Daumens und der Faust war.

Der Ermordete fiel zum Sitzen zusammen. »Dann sah ich

ihm noch einmal in die Augen«, fährt Sand fort, »um zu sehen, wie es mit ihm stehe; ich wollte wissen, was mein Angriff für Folgen gehabt habe und ihm überhaupt noch einmal in das Gesicht sehen. Ich glaube, er hat noch mit den Augenwimpern gezwinkert, so daß man bald das Weiße der Augen, bald nichts sah.«

Beim Umdrehen, nachdem Kotzebue zusammengesunken, bemerkte Sand ein kleines Kind, welches während der Tat zur Tür links vom Eingange hereinsprang. Es war Alexander von Kotzebue, der vierjährige Sohn des Ermordeten, der an der offenen Türe die Mordszene mit angesehen zu haben scheint. Das Kind glaubte, wie es nachher geäußert haben soll, »der fremde Mann wolle mit seinem Vater Krieg spielen«. Es schrie auf und weckte den Mörder aus seinem Starrsinn. Es war der Bote der Nemesis, welcher der Sache eine ganz andere Wendung gab, da ohne dieses Zwischenspiel Sand wahrscheinlich aus dem Hause entkommen wäre. Des Kindes Anblick verwirrte ihn, eine Regung des Gewissens – die einzige seit dem Entschlusse bis zu seiner Hinrichtung – erwachte. Er kehrte in augenblicklichem Impulse den Dolch gegen die eigene Brust. »Sein Schreien«, sagt Sand aus, »hat mich in der Stimmung von so vermischten Gefühlen dazu bewogen, ihm gleichsam zum Ersatze, mir einen Stoß mit dem kleinen Schwert zu geben.« Der Stoß ging aber nur einige Zoll tief in die linke Brust; er zog den Stahl selbst wieder heraus, und die Wirkung war nur ein augenblicklicher Blutverlust.

Die Zeugenaussagen über den Auftritt selbst, soweit sie davon Kunde geben können, und über das Nächstfolgende stimmen im wesentlichen überein. Die geringen Umstände, über die sie voneinander abweichen, sind unerheblich und erklärt durch die allgemeine Bestürzung, von der jeder einen andern Eindruck auffaßte. Die Amme im Nebenzimmer hörte einzelne Worte des Gespräches zwischen Kotzebue und dem Fremden. Der Bediente und Kotzebues Tochter, Emmy, stürzten fast zu gleicher Zeit in das Mordzimmer. Sie hoben den Verwundeten auf. Er hatte noch so viel Kraft, sich langsam in das nächste Zimmer führen zu lassen, gab aber nur unartikulierte Töne von sich. Dort sank er vier Schritte vor der Tür zusammen und starb nach wenigen Minuten in seiner Tochter Schoß. Emmy selbst wurde bewußtlos in ein anderes Zimmer gebracht.

Der Bediente und das Fräulein von Kotzebue sagen beide aus, als sie in das Mordzimmer traten, habe ihr Herr und Vater auf der einen, auf der anderen Seite aber der Fremde ganz ausgestreckt gelegen, die rechte Hand auf der linken Brust haltend. Dies will Sand nicht zugeben; er erinnere sich durchaus, nicht auf der Erde gelegen und könne keinesfalls die rechte Hand auf der linken Brust gehalten haben, weil das kleine Schwert darin gesteckt. Möglich, daß er nicht eingestehen wollte, aus Anlaß einer so geringfügigen Wunde auf die Erde gestürzt zu sein; es ist aber ebenso wahrscheinlich, daß er nicht aller Bewegungen und Worte aus jenem furchtbaren Momente sich entsinnt. Er will mit den Personen, die zuerst hinzutraten, Worte gewechselt und ihnen etwa erklärt haben (angeblich zu ihrem Troste!), daß er kein gemeiner Mörder aus Feindschaft sei, sondern um einer Idee willen gehandelt habe! Weder die Tochter noch der Bediente wissen davon und werden auch schwerlich, wenn er dergleichen gesprochen, in ihrer Lage es gehört oder begriffen haben. Dagegen sagen beide, Sand habe sich aufgerichtet, den Dolch aus der Brust gezogen und sei ihnen »mit starken Schritten« nachgeeilt, als sie den Ermordeten ins Nebenzimmer geführt. Der Bediente habe rasch die Tür zugehalten, »denn er habe eine Bewegung daran gemerkt, als wenn etwas daran rapple«. Sand leugnet den Umstand. Es ist kaum denkbar, daß wieder ein unmotivierter Blutdurst in ihm erwacht und er dem Opfer nachgestürzt sei, um noch einmal über dasselbe herzufallen. Es wäre möglich, daß Gewissensangst ihn hingetrieben, daß er in seiner Art sich mit den Angehörigen hat verständigen, ihnen seinen Ruf aufdringen wollen, wie er nur aus Vaterlandsliebe handle usw.; aber wir müssen diese Erklärung fallen lassen, da sie durch keine positive Andeutung gehalten wird. Allein es ist ebenso möglich als wahrscheinlich, daß die Angst das Fräulein und den Bedienten etwas sehen und hören ließ, was in der Wirklichkeit nicht existierte.

Im Hause war Aufruhr und Verwirrung. Hier waren sie um den Sterbenden, dort die Anwesenden beschäftigt, Kotzebues Gattin und jüngere Tochter davon abzuhalten, daß sie zu dem Ermordeten stürzten. Sand war allein, an ihn dachte im ersten Schrecken niemand. Die drei Türen des Zimmers standen offen. Er stürzte hinaus, um zu entfliehen. Auf dem oberen Flur begegneten ihm die Köchin und das Stubenmädchen, aber sie wichen entsetzt vor seinem blutigen Dolche zurück, den er (das kleine Schwert) »in Fechterlage vor sich hielt«. Doch folgte ihm die Köchin und schrie um Hilfe, als er die Treppe hinunter war.

Zu gleicher Zeit riefen die Damen oben am Fenster hinunter: »Haltet den Mörder fest!« Die Leute auf der Straße liefen zusammen. Sand, indem er aus dem Hause trat, erkannte, daß die Flucht unmöglich geworden. Er nahm das Papier, auf welchem der »Todesstoß für August von Kotzebue« geschrieben, aus der Brusttasche des jetzt offenen Rocks, entfaltete es und überreichte dasselbe dem Kotzebueschen Bedienten, der eben aus dem Hause ging, um die Wache zu holen, mit den Worten: »Da nimm es.« Bekanntlich war seine Absicht gewesen, das Papier mit dem kleinen Dolche als ein Femezeichen an eine Tür zu heften.

Dazu fehlte ihm aber das Messer und die Zeit; jenes war ihm im Zimmer während des Mordanfalls aus der Hand gefallen; diese drängte ihn zur raschen Tat.

Er rief zu den hilferufenden Damen oben am Fenster: »Ja, ich habe es getan. So müssen alle Verräter sterben.« Später hat er die Worte wieder in Abrede gestellt. Dann wandte er sich zum Volke und redete einige Worte, die verschieden aufgefaßt sind. Er will gesagt haben: »Hoch lebe mein deutsches Vaterland und im deutschen Volke alle, die den Zustand der reinen Menschheit zu fördern streben!« – Zwei Dienstmägde aus dem Kotzebueschen Hause haben es so gehört: »Gottlob, es ist vollbracht, wer will mir etwas darauf tun (auf das Papier deutend)? Es lebe mein deutsches Vaterland; ich streite für mein Vaterland!« Die Köchin will noch als Zusatz gehört haben: »Und die ganze Universität!« sie beschied sich aber nachher dahin, daß sie sich wohl geirrt haben könne.

Dann, unangefochten von der jetzt versammelten Menge, welche in dumpfer Bestürzung anfangs nur stumm, dem unerwarteten Schauspiel zugaffend, scheint dagestanden zu haben, ließ er sich auf ein Knie nieder, murmelte die Worte: »Ich danke Dir, Gott« – vielleicht auch »für diesen Sieg« und setzte dann den Dolch an seine linke Brust, indem er ihn langsam in gerader Richtung hineinstieß, bis er festsaß. Als er die Hände losließ, sank er rechts nach vorwärts um. Jetzt erst sprang man hinzu. Ein Schustergeselle zog ihm den Dolch, der in der Brust emporstand, heraus. Eine Hebamme riß ihm die Weste auf und wusch ihm mit Essig, den man aus dem Kotzebueschen Hause gebracht, Brust und Kopf, worauf Sand wieder Zeichen des Lebens von sich gab. Jetzt erschien die Wache und er ward auf eine Tragbahre gebracht.

Was von hier ab geschehen, vom Augenblicke an, wo der

blutende Mörder unter ungeheurem Zusammenlauf von Volksmassen, welche die unbegriffene Tat in dumpfer Verwunderung anstaunten, in das große Mannheimer Hospital getragen wurde bis zum Augenblick seiner Hinrichtung, darüber ruhte lange Zeit ein tiefer Schleier des Geheimnisses. Gefangenenwärter, Ärzte, Geistliche und Richter waren zu besonderem Schweigen verpflichtet, dermaßen, daß sie jeder Erwähnung des Namens des Verbrechers vor dem Publikum sich enthalten, ja nicht einmal verraten sollten, ob er noch lebe oder schon gestorben sei. Für so wichtig erachteten die deutschen Regierungen – denn es war Angelegenheit des deutschen Bundes, der europäischen Politik geworden – den einen Fall. Daher war den Gerüchten freier Spielraum gegeben, und es bildeten sich nach der beliebigen Teilnahme der einzelnen und der Parteien Vorstellungen aus, welche, der Wahrheit schnurstracks entgegen, zum Teil noch heute angenommen sind. Obgleich die Akten später publiziert wurden, herrscht doch noch heute bei einem großen Teil selbst des gebildeten Publikums der Glaube, daß Sand nicht entfliehen wollte, sondern mit der festen Absicht, nächst Kotzebue sich selbst Deutschlands Sache zum Opfer zu bringen, zur Tat geschritten sei.

Keine von Sands Wunden war tödlich, wie man meinte. Bis zum Abend des Tages blieb er bewußtlos, der Atem war schwach, der Puls kaum fühlbar, die Lippen blau, das Gesicht todblaß, Hände und Füße kalt und steif. Jedoch hatte er sich schon gegen acht Uhr nach Einflößung etwas warmen Weins so weit erholt, daß eine Art Verhör mit ihm angestellt werden konnte. Er antwortete durch Zeichen. Auf die Frage, ob er Kotzebue ermordet habe, richtete er den Kopf in die Höhe, riß die Augen weit auf und nickte kräftig und schnell mit dem Kopfe. Dann verlangte er Papier und schrieb mit Bleistift die Worte:

»A. v. Kotzebue ist der Verführer unserer Jugend, der Schänder unserer Volksgeschichte und der russische Spion unseres Vaterlandes.« In der folgenden Nacht hatte er viel Schmerzen; er gab durch Zeichen seinen Wunsch zu verstehen, daß der Aufseher Violine oder Gitarre spielen möchte. Dann ließ er sich aus Kohlrausch deutscher Geschichte die Schlacht von Sempach vorlesen.

Das Wundfieber war am siebenten Tage behoben; nach vierzehn Tagen waren die Wunden geheilt. Aber es hatte sich in der linken Brusthöhle ein Extravasat gebildet. Die Heilung konnte nur durch eine Operation bewirkt werden. Unterhalb beider Wunden, zwischen der sechsten und siebenten Rippe, wurden die Hautmuskeln anderthalb Zoll lang quer durchschnitten, dann durch das Rippenfell eine Öffnung gemacht und aus dieser anderthalb Pfund halbgeronnenes Blut entleert. Dies geschah am 8. April; aber da die Lunge verletzt war, ergoß sich täglich daraus eine bedeutende Menge Eiter, er mußte täglich zweimal verbunden werden und konnte geraume Zeit auch das Bett gar nicht oder nur auf Augenblicke verlassen. Sand litt daran bis zu seiner Hinrichtung. Daß es ihm nur einen Atemzug bei der Operation gekostet, um sich selbst zu töten, gehört zu den unerwiesenen Gerüchten, dagegen hatte er feierlich gelobt, nicht ferner Hand an sich zu legen, weshalb man ihm auch die leichten Handfesseln abgenommen, die ihm nach der Arretierung angelegt worden, um ihn daran zu hindern, die Wunden aufzureißen. Er zeigte überhaupt keine Neigung mehr, zu sterben, vergaß nie die Stunde, wo er Arznei nehmen mußte und erbat sich vom Arzte die genauesten Verhaltungsmaßregeln hinsichtlich der Bewegung und Diät. Ja, er verabscheute später den versuchten Selbstmord als eine feige Tat, und es war diese Tat allein, welche er sich vorwarf. Gewissermaßen zur Wiederherstellung seiner Ehre in diesem

Punkte bat er den Arzt, »daß es bekanntgemacht werde, wie er sich freiwillig der Operation unterworfen und sie mit Mut bestanden habe«.

Seine Gemütsstimmung war in den ersten Tagen nach der Tat aufgeregt, später ruhig und ernst. Als ihm angekündigt wurde, daß er größerer Sicherheit wegen aus dem Hospital ins Zuchthaus gebracht werden müsse, vergoß er Tränen; schämte sich aber bald der, wie er sagte, unmännlichen Regung. Sein Betragen war, wie man es von einem Inquisiten aus den gebildeten Ständen erwarten darf. Er stellte keine Forderungen, nahm mit vielem Dank die mannigfachen Erleichterungen und Beweise von Teilnahme an, die ihm von seinen Richtern und Wächtern, aber auch zum Teil durch diese vom Publikum erwiesen wurden, und bedauerte, daß er jenen so viel Mühe mache und Zeit raube. Man verschonte ihn mit Ketten und wies ihm im Zuchthause ein bequemes, von den andern Sträflingen abgesondertes Zimmer an; doch ward er, wie sich versteht, mit der größten Strenge bewacht, und es scheinen ihm während seiner ganzen Haft keine anderen Mitteilungen zugekommen zu sein, als welche durch die Hände seiner Richter gingen.

Die weitläufige Geschichte der gegen ihn geführten Untersuchung, zu der eine eigne Kommission in Mannheim eingesetzt wurde, liegt außerhalb unserer Aufgabe, da sie in ihren wesentlichen Resultaten schon in unserer Erzählung niedergelegt ist. Anfänglich ließ man Sand seine langen Antworten zu Protokoll diktieren, um desto buchstäblichere Aussagen von ihm zu bekommen. Alle diese Diktate sind in dem schwülstigen Stile, den er sich angeeignet. Als dies Verfahren die Untersuchung bedeutend verzögerte und er sich später selbst zu sehr davon ermüdet erklärte, ging man in das gewöhnliche Verfahren über.

Der Tatbestand des zunächst vorliegenden Verbrechens war ohne Schwierigkeit festgestellt. Kotzebue war schon gestorben, als die Ärzte herbeieilten. Er hatte drei Wunden erhalten. Eine im Gesichte war nicht von Bedeutung, die andere in der Mitte der Brust hatte die Lunge nur oberflächlich verletzt und wurde nicht für tödlich erkannt. Die dritte, auf der linken Brustseite, hatte den gemeinschaftlichen Stamm der Lungenarterien durchschnitten, das Herz blutleer gemacht, die Verzweigungen der Luftröhre mit ausgetretenem Blute angefüllt und dadurch den Tod absolut herbeigeführt. Der Stoß mußte, nach dem ärztlichen Gutachten, mit großer Gewalt geführt worden sein, da er, nachdem er Rock, Weste, zwei Hemden und eine wollene Unterjacke durchdrungen und die knöchernen Teile der Rippe durchschnitten, noch mehrere Zoll tief in die Brusthöhle eingedrungen war.

Die Untersuchung richtete sich zunächst, da Sand hinsichtlich des vorliegenden Mordes und seiner Motive die bestimmtesten und bejahendsten Antworten gab, auf die Ermittlung seiner möglichen Komplizen. Daß man keine auffand, ist schon gesagt. Wo das Verbrechen in die sogenannten hochverräterischen Umtriebe, die durch ganz Deutschland gesucht wurden, überging, trat die inzwischen von seiten des Bundestags errichtete Zentral-Untersuchungskommission in Mainz als Richterin auf.

Aber während man von seiten der Richter nichts unversucht ließ, ihn zum Geständnis seiner Mitwissenden oder Teilnehmer zu bringen, operierte Sand in unrühmlicher Weise dagegen, indem er nicht allein mit dem Bekenntnis der Wahrheit zurückhielt, sondern sich offenbare Lügen erlaubte, die ihm später dargetan oder die er, durch sich selbst überführt, endlich bekennen mußte. Das geschah nicht, um sein eignes Faktum zu bestreiten oder vor dem

Richter ein milderes Licht darauf zu werfen, sondern meistens im Glauben, seiner Sache zu dienen und diejenigen, von denen er das meiste dafür erwartete, vor Nachforschungen zu sichern. So ist endlich ermittelt, daß er zu seiner Reise nach Mannheim von Doktor Karl Follenius zwanzig Gulden Silbergeld geliehen erhalten. Nach mancherlei Umschweigen fand er sich gedrängt, seinen Busenfreund Asmis als Darleiher zu nennen. Dieser wurde darauf in die Untersuchung verwickelt, leugnete standhaft den Umstand und bat Sand in den rührendsten Briefen, von diesem unwahren Vorgeben abzustehen und nicht ihm, dem Unschuldigen, dadurch in seiner theologischen Laufbahn hinderlich zu werden. Vergebens der Brief, vergebens die Vorstellungen der Richter, daß er einen armen Freund, der inzwischen auch arretiert worden, dadurch unglücklich mache; er blieb bei seiner Behauptung und fügte noch nähere Details hinzu, die sich sämtlich als falsch und erlogen ergaben. Er mußte selbst später die Lüge einräumen und anerkennen, daß er das Geld von Follenius erhalten. Seine Entschuldigung war, daß Asmis als Student weniger dadurch impliziert werde als Follenius, welcher schon Privatdozent war. Ähnliche Widersprüche, welche oft zu schroffen komplizierten Lügen anwuchsen, treten noch mehrere bei der Untersuchung heraus; ja es gewann den Anschein, »als habe er es sich zum System gemacht, die Wahrheit zu verhehlen, sobald er davon irgendeinen Nachteil für das System seiner politischen Ideen fürchtete«. Zur Beurteilung seiner Strafbarkeit war dies von keiner Erheblichkeit, hinsichtlich seiner verdächtigten Freunde blieb es glücklicherweise ohne Folgen, aber bei der Beurteilung seines Charakters hätten diese Umstände, wären sie bekannt geworden, wohl dazu beigetragen, den Glorienschein seines Märtyrertums früher verbleichen zu lassen. Zuweilen, wenn er seinen Tod nahe glaubte, suchte er sich, dieser Unwahrheiten wegen, vor sich selbst und seinen Richtern zu entschuldigen. Aber die geschraubten, bombastischen Erklärungen, welche er dabei abgibt, »es habe ihm am meisten vor ihm selbst im Innersten leid getan, und es sei ihm zur peinlichen Qual gewesen, daß er teils aus Mangel der Erkenntnis des bestehenden Gerichtswesens, teils aus zu großer Rücksichtnahme auf irdisches und menschliches Wesen, einige Male bei außer seinem Raume liegenden Fragen sich habe verleiten lassen, seinen Charakter zu trüben, anstatt ohne Furcht zu resignieren für die ewige Wahrheit. Es sei dieses für ihn zur größten Qual geworden, aber er bereue es auch öffentlich von ganzem Herzen, um diesen Flecken von seiner Ehre, wo möglich, zu tilgen«, – diese Erklärungen tragen wieder zu sehr den Charakter des Gemachten, eines neuen Schauspiels, welches er vor sich und anderen spielt, an sich, um für wirkliche Ergüsse der Reue zu gelten, die ihn von jenem Augenblicke an, wo Kotzebues Kind an der Türe erschien, nicht wieder besuchte.

Sand ist während der ganzen Untersuchung und bis zu seiner Hinrichtung nicht ein einziges Mal aus der Rolle gefallen, welche er vor sich selbst spielte. In starrer Selbsttäuschung verharrte er dabei, den Mord als eine Pflicht gegen sein deutsches Vaterland, als eine tugendhafte und gottgefällige Handlung zu betrachten. In dieser Überzeugung starb er nach vierzehn Monaten, ohne daß weder Richter, Geistliche, Freunde noch die Briefe seiner Eltern andere Gefühle in ihm zu erwecken imstande gewesen. Zuweilen kam es ihm bei, politische Diatriben gegen die Fürsten Deutschlands zu Protokoll zu diktieren, die nur zu deutlich verrieten, wie wenig er mit dem wirklichen Zustande seines Vaterlandes vertraut war. Im Februar des folgenden Jahres (1820) fiel es ihm auch plötzlich ein, gegen das Gericht, welches die Untersuchung führte, zu protestieren. In einem äußerst schwülstigen Dokumente erklärte er, »als junger Deutscher und Bekenner Christi« könne er sich nicht einem Gerichte unterwerfen, das nicht nach volkstümlichem Gesetze, lediglich um des Guten an sich willen, verwaltet werde. Sein Verbrechen bestehe einzig und allein darin, daß er den jetzt Gewalthabenden als einzelner, ohne sich mit ihrer überschwenglichen Macht messen zu können, entgegengetreten sei. Da nun hier der Anschein der Pflege der ewigen Gerechtigkeit zunichte sei, trete gegen ihn mit aller seiner Macht und mit voller Gültigkeit das Kriegsrecht, das Recht des Stärkeren ein, dem er sich in allem geduldig unterwerfe. Er erkenne alle Maximen der Politik als gegen sich erlaubt, da er, als ein Feind der alten Ordnung und im Begriffe, sie umzustürzen, von seinen offenen Feinden ergriffen sei; nur müsse ihn niemand dadurch zum Toren machen wollen, daß man von ihm »unbestechliche Pflichttreue« fordere, die nur von einem Gericht, welches das gesamte Volk vorstellt, billig gefordert werden könne!

So war auch seine eigne Defension: »Er habe die Tat für das Höchste des Vaterlandes getan, dessen sich trotz der vielen Anklagen niemand angenommen habe. Insofern glaube er sich gerechtfertigt und straflos, weil er getan, was andere Gerichte nicht getan und in den Zeitverhältnissen nicht hätten tun können.« Diese Ansicht suchte er zu wiederholten Malen zu verteidigen. Kotzebue habe sich ihm als »der ergrimmteste Feind« für Deutschland gegenübergestellt. Es sei ein Zustand der äußersten Not gewesen. Da die Regierungen nicht helfen konnten aus politischen Rücksichten vor Rußland, sei es die heilige Pflicht jedes einzelnen geworden, der Willen und Kraft gehabt, sich in den Kampf einzulassen.

Als man aber in ihn drang, sich über den durch Kotzebue

verursachten Notstand des deutschen Volkes und seiner selbst deutlicher auszulassen, gab er allen Ernstes folgende Antwort:

»Kotzebue habe durch seine Schriften sein (Sands) Privatleben so sehr verbittert, daß er ihm mehr als einmal körperlich getötet habe. Das Vaterland habe er verspottet und verraten, und es sei unmöglich gewesen, etwas durch Schriften gegen ihn zu tun (!), weil alle die weibischen Wesen in Deutschland mit ihm geweint und ihn angebetet hätten! Er habe so viel Anhang gehabt, daß ein einzelner nicht daran habe denken können, solch einen Mann mit der Feder zu besiegen; (!) wenn er also seinen Unfug forttreibe, so könne sich der einzelne in diesem Zustande der Not nicht anders helfen als mit Aufopferung seines Lebens.«

Nicht glücklicher waren seine gerichtlichen Verteidiger. Wie wenig Sand die Rechtsverhältnisse kannte, ging aus seinem Antrage hervor, daß man in den Zeitungen diejenigen auffordere, die ihn verteidigen wollten! Man kann seinem Biographen nur beistimmen, daß die ganze Verteidigung sich darauf hätte beschränken müssen, dem Angeschuldigten das Leben zu retten, was nicht außer dem Bereich der Möglichkeit gelegen hätte. Sie forderten zu viel: völlige Lossprechung von aller Strafe, weil seine Tat ein Irrtum gewesen, eine fortgesetzte Dialektik des Begriffs, den er von dem Getöteten, von der Vaterlandsgefahr und von seinen eigenen Pflichten gehabt, weil das Bewußtsein der Strafbarkeit seiner Handlung in ihm absolut nicht vorhanden gewesen, weil er in der festen Überzeugung gehandelt und dabei verblieben sei, er tue kein Unrecht, weil endlich sein System ohne Gefahr für die Folgen sei, indem seine Lehre ohne Anhänger mit ihm selbst dereinst zu Grabe gehen müsse.

Jarcke würde in seiner Verteidigungsschrift nur nach den

Milderungsgründen gesucht haben, welche die Todesstrafe ausschlössen. Er würde ausgeführt haben, daß der Irrtum des Inquisiten zwar seine Schuld, aber zur größeren Hälfte der schlechten Lehre zur Last falle, die der Inquisit im guten Glauben in sich aufgenommen und deren bloße Konsequenz die unglückliche Tat sei. Was Weisere geduldet, das zu prüfen und zu verwerfen, dürfe man von einem unerfahrenen Jüngling von sehr mäßigen Naturgaben nicht verlangen, um so weniger, da Schulen und Universitäten, wo diese Lehre vorgetragen worden, heutzutage Staatsanstalten geworden. – Die deutschen Schulen und Universitäten zu verteidigen – wenn sie einer Verteidigung bedürfte! – ist nicht unsere Aufgabe; aber wir sind der Meinung, auch diese Defension hätte dem Unglücklichen nichts gefrommt.

Die Erkenntnis des Richters nimmt die Tat für eine durchaus freie Handlung des Inquisiten an, indem keine Spur von Wahnsinn sich finde. Die Ansichten hierüber könnten geteilt sein; daß aber ein solcher Wahnsinn vor dem menschlichen Gesetze strafbar bleibt, daß, wenn auch nur betrachtet vom Standpunkte der Notwehr, eine fixe Idee, die zum Blutvergießen und Meuchelmorde führt, um des Wohls der Gesellschaft willen wieder durch Blut gesühnt werden müsse, unterliegt wohl vor niemandem einem Zweifel, als der etwa überhaupt die Todesstrafe aus einem philosophischen Prinzip verbannen will. Aber es könnte befremden, daß keine Stimme, nicht unter den Defensoren und Richtern, sondern unter denen, welche die höchste Bestätigung des Urteils vortrugen, auf die Umwandlung einer Strafe angetragen hat, welche dem Unglücklichen das erstrebte Märtyrertum zugestand. Wenn man die Stimmung erwägt, welche sich nach der Tat verbreitete, lag diese Rücksicht nahe. Es waren freilich nur konvulsivische Zuckungen von kurzem Atem. Der Erfolg hat gelehrt, daß die Rücksicht nicht nötig war. Welch ein Gedanke und furchtbarer Spuk in die Gegenwart: ein begnadigter Sand, der heute noch, ein 46jähriger Mann, sein verfehltes Leben auf einer Festung fristete!

Nach der Badener Verfassung erstatten die Hofgerichte in Kriminalsachen, wenn die gesetzliche Strafe zehnjähriges Zuchthaus erreicht, nur ein Gutachten an das Oberhofgericht. Dieses spricht das Urteil. Alle zwölf Stimmen des begutachtenden Gerichts gingen auf Enthauptung. Auf die Frage, ob ein Antrag auf Begnadigung zu stellen sei, übergingen fünf einen solchen stillschweigend, zwei wollten die Beurteilung dem urteilenden Richter überlassen, drei verneinten, nur zwei bejahten die Frage, indem Gründe vorhanden seien, die Todesstrafe im Wege der Gnade zu umgehen.

Unterm 5. Mai 1820 fällte das Oberhofgericht sein Urteil dahin, »daß Inquisit Karl Ludwig Sand aus Wunsiedel des an dem kaiserlich-russischen Staatsrat von Kotzebue verübten Meuchelmordes für schuldig und geständig zu erklären, daher derselbe – ihm zur gerechten Strafe, anderen aber zum abschreckenden Beispiele – mit dem Schwerte vom Leben zum Tode zu bringen sei« usw.

Am 17. Mai wurde dieses vom Großherzog von Baden bestätigte Urteil Sand publiziert. Sein Gesundheitszustand hatte sich so gebessert, daß er das Bett schon auf mehrere Stunden verlassen und sitzend in seinem Zimmer essen konnte. Ja auch der Appetit war ihm zurückgekehrt, und er genoß mit Vergnügen kleine Näschereien und Konfitüren, welche ihm von teilnehmenden Seelen, und eingemachte Früchte aus der Heimat, die ihm von seinen Eltern zugeschickt wurden. Das Urteil hörte er ruhig an und diktierte zu Protokoll, es erscheine ihm diese Stunde und der verehrliche Richter mit der endlichen Entscheidung willkommen;

in der Kraft seines Gottes wolle er sich fassen; denn er habe schon oft und deutlich an den Tag gegeben, daß unter menschlichen Leiden ihm keines diesem gleich dünke, als das ist »zu leben, ohne dem Vaterlande und den höchsten Zwecken der Menschheit leben zu können; er sterbe gern, wo er nicht in seiner Liebe wirken dürfe für die Idee, wo er nicht könne frei sein. – – Er nähre die Hoffnung, durch seinen Tod denjenigen zu genügen, die er, die ihn hassen, und wiederum die zu befriedigen, mit denen er die Gesinnung teile und deren Liebe mit seiner Erdenseligkeit eins sei. Willkommen erscheine ihm der Tod, da er noch die nötigen Kräfte in sich fühle, um mit Gottes Kraft so sterben zu können, wie man solle.«

Es existieren aus der letzteren Zeit seiner Gefangenschaft einige Briefe an seine Eltern, welche für den Kriminalprozeß zwar unerheblich, doch wichtig sind zur Schilderung seines Charakters und zum Beleg dafür, wie die natürlichen Gefühle noch dann und wann hell in dem Unglücklichen auffachten und sich in einer einfachen Sprache Luft machten. Folgendes ist Sands letzter Brief:

Aus meinem Patmos. Neujahr 1820 16/1

Teure Eltern und Geschwister!

In der Mitte Septembers vorigen Jahres wurden mir durch die großherzogliche Spezial-Untersuchungskommission mit der Ihnen schon gepriesenen menschenfreundlichen Gesinnung Ihre werten Briefe vom Ende August und Anfang September eingehändigt, und sie hatten die zaubervolle Kraft, mich ganz in den Kreis Ihrer Herzen zu versetzen und mich mit Freude völlig zu überschütten.

Sie, teurer Vater, schreiben mir an Ihrem 67. Geburtstage und segnen mich mit dem Ergusse Ihrer vollsten, reinsten Liebe, und Sie, teure Mutter, lassen sich sogar herab zu Versicherungen der Fortdauer Ihrer von mir schon jederzeit unwankbar geglaubten mütterlichen Gesinnungen gegen mich, und so erhielt ich Ihrer beider Segen, der in meiner gegenwärtigen Lage wohltätiger als alles, auf mich einwirken muß; ich wurde mit der segenvollsten Liebe und Freude reichlich genährt, und dafür danke ich Ihnen, teuerste Eltern, mit der kindlichen Ergebenheit, die mir, nach Gebühr des Sohnes, mein Herz nie vorzuschreiben aufhören wird. Aber wie ich also das mir so unendlich teure Verhältnis zu Ihnen lebendig vor meine Seele führe, so vermag ich auch nicht zu verschweigen, daß ich durch einige Ausdrücke Ihrer über alles innigen Liebe, die sich frei über alle Rücksicht auf Verhältnisse hinweg erhebt, als Sohn in einen zaghaften Zustand versetzt werden mußte.

Auch Ihr, teurer Schwager und teure Schwester, versichert mich Eurer ununterbrochenen, innigen Liebe. Ihr scheint nach dem Schreck, den ich plötzlich über Euch alle brachte, noch nicht recht zu wissen, was Ihr aus mir machen sollt; ich fühle mich daher in der innigsten Ergebenheit eines Bruders voll nie ersterbendem Danke gedrungen, Euch zu sagen, daß Eure durch viele Jahre hindurch so reichlich durch die Tat bekräftigte Liebe mehr ausweist für das Beständnis wahrer geschwisterlicher Gesinnung zwischen uns – sobald ich auf meiner Seite nur deren wert befunden werde – als alle möglichen, auch die zärtlichsten Versicherungen in Worten.

Und Du, guter Bruder, wollest gern mit der teuern Mutter an die Fluten des Rheins geeilt sein, hierher, wo das rechte geistige Verhältnis zwischen uns beiden uns aufgegangen ist, wo wir durch gleiche Gesinnung nach außen auch zu den innigsten Brüdern geworden sind, – Du seiest wirklich hier gewesen, muß ich Dir sagen, meine ich, wenn ich auf die reiche Quelle brüderlicher Tröstungen und Aufmunterung schaue, die mir in Deinem treuen, zarten Briefe zuteil wurde.

Und Du, gute Schwägerin, wie Du Dich gleich bei dem ersten Bekanntwerden mit so vieler Zärtlichkeit als liebende Schwester zu uns stelltest, so erkenne ich auch in jetziger Zeit die Fortdauer dieses schönen Verhältnisses aus diesem Deinem frommen und liebevollen Briefe. Deine gottergebenen Tröstungen erquicken mich in innerster Seele, aber auch Dir kann ich nicht verhehlen, daß Du in der Ausspendung Deiner Achtung und Deines Lobes zu freigebig warst. Ich wurde dadurch, wie billig, vor meinen inneren Richter gestellt, der mir den ganzen Umfang aller meiner Schwächen im Spiegel sehen ließ.

Du, gute Julie, möchtest weiter nichts als das, was mir zu tragen auferlegt ist, mir abnehmen können, und Du versicherst mich, wie ich es ja von Euch allen weiß, daß Du es gern für mich tragen wolltest, und daran erkenne ich Dich ganz und auch besonders das Verhältnis, in dem wir miteinander aufgewachsen sind. Ach, ich sage Dir, unter Gottes Schutz wird es mir gar leicht, weit leichter, als ich erwarten konnte, das zu bestehen, was mir zugefallen ist. Aber womit soll ich, indem ich Dir danke, Dich trösten für diese notwendigerweise abschlägliche Antwort? – Du kannst ja frei zu Gottes Altar treten usw.

So habet denn alle den herzlichen Dank, daß Ihr mein Herz so sehr erfreut habt. – Ich will jetzt, da ich aus diesen stärkenden Briefen ersehen habe, daß ich als der verlorene Sohn besonderer Gegenstand Ihrer Liebe und Güte geworden bin, auch mit möglichem Fleiße Ihnen meinen geistigen und körperlichen Zustand schildern und bitte Gott, er möge diesen Worten mit seiner Kraft beistehen, daß sie, als eine gemäße Gegengabe gegen diese Ihre Briefe, Ihnen zu mehr Beruhigung mögen gereichen können.

Hart gegen Glück und Unglück der Erde, wissen Sie schon von mir, lebe ich seit den letzten Jahren der reinen geistigen Freude, und ich muß bekennen, daß mich jener heilige Urquell alles Guten auch geschickt gemacht hat, diese suchen zu können und sie auch wirklich in reichlichem Maße zu finden. – Gott ist mir immer noch nahe, wie jemals; ich finde in ihm, diesem ewigen Urgrund des Seins aller Dinge, in unserem heiligen Vater, Trost und Stärke und einen unwankbaren Freund voll der heiligsten Liebe, der mich überall hinbegleiten wird, wo ich der Aufrichtung bedarf. Hätte er mir freilich fern werden, hätte ich ihn aus den Augen verlieren können, so müßte ich jetzt höchst unselig sein und in verderblichem Zustande mich befinden; aber so macht er mich, den Schwachen, stark zu allem, was noch über mich kommen mag. – Was ich sonst als heilig verehrte, wonach ich mich sehnte, wonach ich in innigem Streben erglühte, das ist auch jetzt nicht anders geworden; höchst unselig würde ich mich befinden, wenn ich schauen müßte, daß mein Herz Trugbildern ergeben und in leere Scheingestalten verwickelt gewesen wäre. So möge denn Einsicht rücksichtlich dieser Urbilder unserer Vernunft und die reine Liebe zu diesen Schutzengeln unseres menschlichen Geistes bis an mein Ende immer mehr in mir erwachsen, damit sie mich um so williger in die Ewigkeit hinüber begleiten mögen! In Begeisterung und christlich ergebener Demut führe ich mein stilles Leben, und es wird mir auch häufig jene höhere Heimsuchung zuteil, in der ich zeitlebens den Himmel auf Erden verehre – ich vermag mich recht oft in andächtigem Gebete zum Höchsten und Heiligen aufzuschwingen – meine Krankheit ließ mir immer so viel Ruhe zu, daß ich mit ernsten Gegenständen des Wissens, mit schönen Teilen meiner Gottesgelehrtheit und der Geschichte anhaltend mich beschäftigen konnte, und wenn ein heftigerer

Krankheitszustand diese Beschäftigung auch auf einige Zeit unterbrach, so verfiel ich doch nie in Langeweile, denn Bilder aus vergangener Zeit und ein forschender Glaube sowie die alles göttlich ahnende Liebe waren reich und stark genug in mir, um mich auch hier nicht aus meinem irdischen Himmel hinausfallen zu lassen. – Ich würde, nach meinen Grundsätzen, in der Lage, in welche ich mich selbst versetzte, nie für meine Bequemlichkeit haben sprechen und für Gegenstände derselben bitten können; aber demohngeachtet wurde ich durch nie genug anzuerkennende Menschenfreundlichkeit und durch die Liebe, die allenthalben trägt, duldet und unterstützt, von allen Seiten, mit denen mich die Fremde, in die ich hinausgestoßen, in Berührung setzte, in allem Betreff mit so viel Güte überhäuft, daß Wünsche, die ich selbst nicht im geheimen Innersten meines Herzens für meine Krankenpflege zu hegen gewagt haben würde, häufig noch übertroffen wurden. – Der körperliche Schmerz war nie so überwältigend für mich, daß ich nicht dabei in innerer Erhebung hätte für mich sprechen können: der Bettel! Und ich mag ihn nicht in Vergleichung setzen mit jenem Seelenschmerz, den wir im Gefühle unserer Schwächen, unserer Schuld so tief einschneidend empfinden, wiewohl jener auch immer schon wieder zur ewigen, geistigen Freude sich überneigt. Nur selten griff dieser Schmerz nach meinem Bewußtsein, Geschwulst und Entzündung nahmen nie sehr überhand, und das Fieber war immer mäßig. Ob ich gleich seit drei Vierteljahren immer auf dem Rücken liege, ohne mich aufrichten zu können, und obgleich unmittelbar von der Stelle des Herzens mehr denn vierzig Maß Eiter ausliefen, so habe ich mich doch noch nicht aufgelegen und die Krankheit fraß noch nicht so sehr um sich, daß sie abscheuerregend und sehr eklig wäre; – dies verdanke ich sowohl der vortrefflichen Pflege als dem gesunden Blute, das ich von Ihnen ererbt habe.

So fehlte es mir denn nicht an den mannigfaltigsten und nachdrücklichsten Aufmunterungen zum Guten. So hatte ich alle Ursache an meinem Geburtstage – ach! nicht der Stunde meiner Geburt zu fluchen! – sondern mit heiterer Beschauung dieser Welt, Gott und Ihnen, teuerste Eltern, für mein Dasein zu danken. Den 18. Oktober feierte ich in stiller Ergebung in den heiligen Willen Gottes; an Weihnachten suchte ich mich in die Stimmung gottergebener Kinder zu versetzten, und der Jahreswechsel brachte mir den neuen Zeitabschnitt, dessen Inhalt sich mit Gottes Hilfe ebenso zur geistigen Freude kehren wird, wie das vergangene Jahr. Und mit diesem Wunsche, dem einzigen, wende ich mich denn auch zu Ihnen, beste Eltern, und zu Euch, geliebteste Geschwister, und zu den Eurigen und bitte, daß uns die Welt durch diese stetige höhere Freude täglich neu werden und daß wir alle unser Leben so wahrhaft beseligt bis ans Ende führen mögen; denn dies ist die göttliche Bestimmung unseres Erdendaseins, und ich wage es kühn gegen jeden Angriff zu verteidigen, daß wir schon hier jene reine Freude des Jenseits vorkosten und finden sollen, daß uns schon hier der Vorgeschmack des Himmels werde! –

Ein fünfundzwanzigstes Neujahr kann ich nicht hoffen noch wiederkehren zu sehen; – möge denn mein obiges Gebet erfüllt werden und Sie durch diesen treuen Abriß meines seitherigen Lebens zu mehr Beruhigung gelangen; mögen diese Worte mir auch dazu dienen, mich Ihrer aller unauflöslichen Liebe als nicht entartet und unwürdig darzustellen und mir vielmehr jene für alle Ewigkeit zu sichern! So zum Himmel flehend, will ich verharren, bis der Tod mich abruft.

In diesen Tagen erhielt ich auch Ihren lieben Brief, teure

Mutter, vom 2. Dezember v. J., und die großherzogliche Kommission hatte die Gewogenheit, mir auch den Brief des guten Bruders, der diesem beigelegt war, lesen zu lassen. Sie geben mir die frohe Nachricht von Ihrer aller völligem Wohlsein, und Sie schicken mir eingemachte Früchte aus der geliebten Heimat. Ich danke Ihnen hierfür von ganzem Herzen. Was mir das Liebste hierbei ist, nämlich, daß Sie im Sommer und Winter mit gleicher Liebe für mich sorgen, daß Sie und die gute Julie mit sorglichem Sinne sie selbst in der Heimat pflückten und zubereiteten, diesem bleibenden Genusse überlasse ich mich mit ganzer Seele.

Über den neu angelangten kleinen Vetter mich herzlich freuend und die guten Eltern und Großeltern darum fröhlich begrüßend, versetze ich mich zu seiner Taufe in jene geliebte Gemeinde, wo ich ihm als christlichem Mitbruder meine Liebe entgegenbringe und alle Segnungen des Himmels auf ihn herabflehe.

Die großherzogliche Kommission nicht zu häufig zu beschweren, werden wir diesen Briefwechsel wohl abbrechen müssen, und ich schließe daher in kindlicher Ergebenheit und brüderlicher Treue ewig verharrend

Ihr Sie innig liebender Karl Ludwig Sand

Vom Tage der Publikation an wurde der Zuchthausverwaltung die Erlaubnis erteilt, rechtliche Personen, welche Sand selbst zu sprechen wünschte, zu ihm zu lassen, namentlich Geistliche, und sonst billigen Wünschen des Verurteilten zu begegnen. Dieselbe Ruhe und Festigkeit, welche sein letzter Brief an die Eltern atmet, verließ ihn nicht während dieser Tage und zeigte sich bei den Unterhaltungen, die er mit verschiedenen pflog.

Was uns davon überliefert ist, scheint freilich von Bewunderern des unglücklichen Jünglings niedergeschrieben, die seine letzten Momente gern ins hellste Licht zu setzen bemüht waren; doch tragen diese Mitteilungen den Stempel der Wahrheit und sind von reinem Interesse, das es uns zur Pflicht macht, sie nicht zu übergehen.

In dem (Stuttgart 1821) herausgegebenen »Nachtrag zur ausführlichen Darstellung von Karl Ludwig Sands letzten Tagen und Augenblicken« findet sich ein Bericht über ein Gespräch Sands mit einem jungen Künstler und Handwerker. Der Zuchthausverwalter Kieser, welcher Sand mit besonderer Zuneigung behandelt zu haben scheint, und die Neigung wurde erwidert, führt ihm morgens um sieben Uhr einen jungen Künstler zu, der ihn zu malen wünschte. Sand hieß den letzteren freundlich willkommen als Freund seines treuesten Freundes, er glaubte ihn schon öfters aus dem Fenster im Garten des Verwalters gesehen zu haben. Der Gefangene hatte einen frischen Blumenstrauß vor sich. Kieser bemerkte, daß nun bald auch die Rosen wieder da wären, »sie blühen und verwelken«. Sand nahm den Gegenstand auf: »Ich habe neulich Gelegenheit gehabt, Betrachtungen darüber anzustellen, wie in der Natur das Schöne vergehen muß, wenn es sich zeigen und entfalten will. Kloster (der Oberzuchtmeister) brachte mir eine Rose, eine sogenannte Monatrose. Die war so schön. – Ich war in ihrem Anblick recht erfreut. Die Nacht darauf war kalt und daher etwas Feuer im Ofen. Da sah ich die Rose völlig aufgegangen. Sie sah schwächlich aus und kam mir in ihrer blassen Schönheit wie eine erst entbundene Mutter vor. In ihrer Mitte war ein weißer Streif, vom Biß eines Wurms verursacht.«

Das Frühstück unterbrach hier die Unterhaltung. Sand trank, liegend auf dem Bette, drei kleine Tassen Kaffee mit Wohlbehagen und noch eine Schale Milch. Der Künstler nahm währenddessen Sands Gesicht scharf ins Auge und bemerkte, daß das Porträt des Malers Mosbrucker Sand zwar in den Formen ähnlich aufgefaßt habe, doch sei es kleinlich und ohne Ausdruck. Sand erklärte, er sei damals noch sehr krank gewesen: »Ich meine, wenn ich mir hier ein Urteil erlauben darf, er hat mich zu studentenmäßig aufgefaßt, und den Arm so im Rock (den Dolch ziehend) – dies sagte mir nicht zu.« Nachdem noch einige Worte über Malerei gewechselt waren, äußerte Sand: »Unsere größte Glückseligkeit ist eben diese Ruhe, die wir hier in der Unruhe finden. Ich kann daher auch diejenigen nicht leiden, welche diesen Drang nicht haben, die sich an nichts stoßen, denen alles recht ist. Der Mensch muß etwas liebgewinnen. Was er einmal als recht und gut erkannt hat, muß er als sein Höchstes sich erwählen und festhalten; daß er unter keinem Verhältnis davon lasse, muß er bereit sein, seinem höchsten, heiligsten Gute jedes Opfer zu bringen. Dieses kann nur die Liebe. Die Liebe muß lebendig in uns sein, und diese Liebe kann selbst rein bei denjenigen sein und bleiben, die sonst mit manchen menschlichen Flecken behaftet sind. – – – Mir gefallen die, welche dasjenige, was sie einmal liebgewannen, beharrlich verfolgen und die man so gewöhnlich die Unruhigen nennt. Auch ich bin von Jugend auf daran gewöhnt worden, um der Wahrheit mich zu stoßen.«

Er äußerte darauf seine Hoffnung, daß bald wieder eine eigentliche deutsche Bildnerei entstehen werde, die nicht heidnische Götter noch französische Freiheitsgöttinnen sich zum Ziele stellen werde, sondern deutsche Helden, Hermann, die Nibelungen. In Granit müßten die deutschen Bildner arbeiten oder in Eisen gießen, wie er in Berlin Kunstwerke davon gesehen, die den schönsten Silberarbeiten gleichkämen. Die teuren Marmorblöcke möchten Italien verbleiben; auch sollten die Künstler sich nicht eigensinnig zu teure Preise bezahlen lassen.

Als darauf der Hofprediger Katz ins Zimmer trat und ihn fragte, mit welchen Gefühlen er erwacht, antwortete Sand: »Ich erwachte mit den Gesinnungen, als wäre es der letzte Morgen meines Lebens, wie ich es auch gestern schon tat, und fühlte mich ruhig und gestärkt. Nur meine Wunde war beim Erwachen etwas ausgelaufen, und während des Waschens fror mich so sehr, daß ich sagen muß, körperlich nicht ganz gut erwacht zu sein. Doch habe ich es wieder recht lebhaft empfunden, daß die Kraft der Seele auch den Körper stärkt und ihn aufrichtet.« – Herr Katz fragte ihn, ob er keinen Haß gegen die Härte des Gesetzes und die Richter, als Organe desselben, empfinde? – »Ich weiß nicht«, entgegnete Sand, »war es in der Nacht oder diesen Morgen, daß wieder das freundliche Bild vor meine Seele trat, daß die Notwendigkeit zuletzt den freien Willen der Vernunft innig vereinigt und nur einen und denselben Weg mit ihr geht.« Inzwischen wurde ein junger Mann gemeldet, der Sand zu sprechen wünsche. Es war ein Schuhmachergesell aus Wunsiedel, ein ehemaliger Schulkamerad Sands, namens Bietenfried. Sand freute sich, denn es sei ein gutgearteter Mensch gewesen. Er reichte dem Eintretenden die Hand und sagte: »Grüß dich Gott, lieber Bietenfried. Sei herzlich willkommen. Ich kenne dich noch; es freut mich, daß du meiner gedenkst.« Bietenfried fragte: »Wie geht es dir, Sand?« – »Mir geht es gut. Wie geht es denn dir?« – Bietenfried: »Auch gut, wenn es dir gut geht.« Sand hub wieder an: »Wir sind aus einer schönen Gegend, die ist der natürliche Mittelpunkt des lieben Vaterlandes. Unserem Urgebirge entströmen viele schiffbare Flüsse nach allen Richtungen desselben; es ist der Vaterlandsaltar, auf den man jedes Opfer gern legen muß. Freue dich dessen, wenn du zurückkehrst ins Urgebirge, und trage auch du zum Wohle des Vaterlandes bei, was du kannst und wenn's auch noch so wenig wäre.

Soll das Ganze gut werden, so muß jeder einzelne es sein und nach Kräften dazu beitragen. Und nun lebe wohl, recht herzlich wohl.« – »Du auch«, sprach Bietenfried. Sand reichte ihm die Hand und wandte sich dann wieder zum Künstler. »Wir sind unterbrochen worden, und ich rede so gern von der Kunst. In ihr zeigt sich der Sinn des Volks, und ich hoffe mit Zuversicht, daß es im Vaterland besser und so werden wird, daß unsere neue Bildnerei eigen und groß sich zeigen kann. Das Gute, was gesät ist, geht nicht verloren, und kommt es auch jetzt noch nicht zur Reife, so ist die Zeit seiner nicht wert; aber wir wollen ein besseres Vertrauen zu ihm haben. Auch das Turnen läßt vieles für die Jugend hoffen. Die Gebrauchskraft, wie Jahn sie nennt, wird dadurch entwickelt, und gibt es, wie er sich ausdrückt, auch jetzt in Deutschland allenthalben Großigkeiten, aber doch noch keine selbständige Größe, so wird doch die Hilfe Gottes auch kommen und dann unsere Kunst groß werden.« Da bat der Geistliche, Sand möge sich nicht zu sehr anstrengen; der Künstler, dessen Hand in der des Gefangenen geruht, wollte aufbrechen. »Wenn wir Menschen treffen«, schloß Sand mit tiefer innerer Bewegung, »die unsere Gesinnungen verstehen und teilen, so bekommen wir sie lieb; und sich seine Gefühle wechselseitig zu äußern, ist ja ein so seltenes Glück (es entflossen ihm dabei Tränen). Wir haben es gefühlt und drücken uns die Hände, und dies sei zum Abschied unser Lebewohl.«

Dies ist freilich ein anderer Sand, als wir ihn aus den Protokollen kennen, und die Bearbeitung durch Freundeshände ist augenfällig. Zum Schluß unserer Darstellung war es aber Pflicht, auch solche Zeugen für ihn sprechen zu lassen.

Der badische Oberst von Holzungen, welcher Sand mit verhaftet hatte, besuchte ihn und fragte, ob er ihn noch kenne? Sand erkannte ihn und wußte sich noch aller Umstände zu erinnern. Als die Rede auf den Tod kam, dem er so jung entgegengehe, äußerte er: »Es ist nur der Unterschied zwischen Ihnen und mir, daß ich für meine Meinung sterbe, Sie aber, wenn Sie den Tod finden, für eine fremde.«

Es fehlte nicht an teilnehmenden Zuschriften. Eine suchte ihn in den wärmsten und rührendsten Ausdrücken zur christlichen Reue über seine Übertretung des Gebotes Gottes zu ermahnen. Er erkannte nur den guten Willen des Schreibers und legte den Brief mit dem Ausruf »Finsterling!« fort. Einem anderen Manne, der ihn fragte, ob er jetzt das begangene Unrecht einsehe und Reue empfinde, antwortete er: »Ich habe ein Jahr vorher darüber nachgedacht und seitdem wieder vierzehn Monate, und meine Ansicht hat sich um nichts geändert.«

Sand hatte gewünscht, den Scharfrichter vorher zu sprechen. Widmann aus Heidelberg kam am 19. in Mannheim an. Als er in Sands Zimmer trat und der Zuchthausverwalter, welcher neben ihm am Bette saß, ihm den Namen des Eintretenden nannte, soll sich Sands Gesicht plötzlich erheitert haben. Er richtete sich auf, faßte den Scharfrichter bei der Hand, ließ ihn neben sich setzen und hielt ihm während der ganzen Unterhaltung die Hand. Oft drückte er sie herzlich. Widmann war niedergeschlagen und konnte seine tiefe Bewegung nicht unterdrücken. Sand mußte ihn ermutigen. Überwältigt von dem Auftritt, wußte er nachher wenig davon zu erzählen. Nur erinnerte er sich, daß Sand unter anderem gesagt habe: »Bleiben Sie nur standhaft; an mir soll es nicht fehlen. Ich werde nicht zucken. Und wenn auch zwei oder drei Hiebe erforderlich sind, so sollen sie darum die Fassung nicht verlieren.« Auch bat er ihn, sich Zeit zu nehmen, und fragte, wie er sich verhalten sollte und dankte ihm im voraus für seine Mühe: »Denn nachher«, soll er hinzugesetzt haben, »werde ich Ihnen nicht mehr danken können.« Wenn es wahr ist, der einzige Hauch von Humor in seinem puritanisch erstarrten Gemüte.

Am Morgen des 18. Mai ließ er seine langen dunkelbraunen Haare ordnen und den ganzen Körper waschen. Er bemerkte dabei, daß es die Völker des Altertums auch so gemacht hätten, ehe sie ins Treffen gingen. Nach dem Zeugnis seiner Freunde blieb er in diesen letzten Tagen ruhig und sanft, freundlich und ermutigend gegen jedermann. Nicht als der Trostbedürftige erschien er, sondern als der Trostgebende für alle, die schluchzend und weinend von ihm schieden.

Die Begleitung durch einen Geistlichen auf den Richtplatz hatte er schon früher entschieden abgelehnt, weil er darin eine Entwürdigung der Religion erblicke. Dagegen unterhielt er sich mit drei Geistlichen am Abend des 19. über Religionsgegenstände. Der eine derselben, der mehrere Stunden bei ihm blieb, nahm ihm, im Auftrag, das Versprechen ab, nicht zum Volke zu reden. Sand versprach es, indem er hinzusetzte, wenn er auch wolle, würde seine Stimme doch zu schwach sein. Er legte sich an diesem Abend erst nach elf Uhr zur Ruhe und schlief so fest, daß er vor vier Uhr geweckt werden mußte. Das Verbinden der Wunde schmerzte ihn sehr, doch blieb er frisch und frühstückte, wie gewöhnlich, mit sichtbarer Eßlust. Um vier Uhr kamen die drei Geistlichen wieder, und man eröffnete ihm, daß die Hinrichtung statt um elf Uhr wegen des gefürchteten Volksandranges schon um fünf Uhr vor sich gehen solle, falls er dazu vorbereitet sei. »Das bin ich in diesem Augenblicke«, erwiderte Sand. Er nutzte die übrige Zeit, sich mit den Geistlichen zu unterhalten, und bat sie, leise mit ihm zu beten. Nachdem dies geschehen, sprach er Körners Worte: »Alles Irdische ist vollendet und das Himmlische geht auf.«

Am 20. Mai, am Sonnabend vor dem Pfingstfest, war der Tag der Hinrichtung. Zum Richtplatz war eine Wiese vor dem Heidelberger Tore erwählt. Das Schafott, welches man dort errichtet, war fünf bis sechs Fuß hoch. Aber die Nachricht von dem bevorstehenden Ereignis hatte sich sehr schnell verbreitet, daß eine Menschenmasse von allen Seiten, auch viel Studenten aus Heidelberg (in der Burschenschaft hatte man sich verabredet, in stiller Trauer daheim zu bleiben), nach Mannheim strömte. Die meisten übernachteten auf den Dörfern. Zur Vermeidung jeder möglichen unruhigen Bewegung hatte man deshalb die Hinrichtungsstunde beeilt. Von den Studenten kamen daher die meisten erst an, nachdem das blutige Schauspiel schon geschlossen war. Auch waren alle möglichen Vorsichtsmaßregeln durch Verstärkung der Gefängniswachen getroffen, das Militär aus 1200 Mann Infanterie bestehend, umgab im Karree das Schafott, 350 Mann Kavallerie wurden zur Eskorte aus dem Gefängnis verwandt und selbst ein Detachement Artillerie stand unter Waffen.

Von den gebildeten Bewohnern Mannheims, welche eine während des Prozesses vielfach an den Tag gelegte und auch später noch lange ausdauernde Teilnahme für Sand bezeigt, ließ sich niemand außer seinem Hause sehen. Viele hatten sogar die Stadt verlassen. Dennoch wimmelten die Straßen von Neugierigen und Patrouillen; aber es ging alles ruhig ab. Noch ward am Morgen selbst eine Stunde lang am Schafott gehämmert. Als es fertig, erschien der Scharfrichter mit seinen Helfern, alle schwarz gekleidet; er trug über dem Rocke einen Schanzläufer von Biber, das Richtschwert darunter. Die Henkersknechte sollen auf dem Blutgerüste ihr Frühstück verzehrt und ihre Pfeifen geraucht haben!

Im verschlossenen Hofe des Zuchthauses ward Sand in eine niedrige offene Chaise gehoben, die man zu diesem

Zwecke hatte kaufen müssen, indem in ganz Mannheim niemand seinen Wagen dazu hergeben wollte. Er grüßte ringsumherschauend und stillschweigend die Züchtlinge, die an den Fenstern lagen und weinten. Sie sollen während der Untersuchung, wenn sie an seinem Fenster vorübergeführt wurden, ihre Ketten in die Höhe gehoben haben, um ihn nicht durch das Klirren zu beunruhigen. Als das Hoftor aufging und die versammelte Menge den Verurteilten erblickte, soll ein lautes Schluchzen allgemein geworden sein. Sand bat darauf den Oberzuchtmeister, der auf seine Bitte neben ihm saß, wenn er etwas Schwächliches an ihm bemerke, ihm seinen Namen zuzurufen.

Der Richtplatz war kaum 800 Schritte vom Gefängnis entfernt. Der Zug ging langsam. Zu Seiten der Chaise gingen zwei Zuchtmeister mit Trauerflören. Ein zweiter Wagen mit Stadtbeamten folgte. Die Glocken wurden nicht geläutet. Nur einzelne Stimmen »Sand, lebe wohl!« unterbrachen die allgemeine Stille. Es hatte geregnet, die Luft war kalt. Sand war zu schwach, um aufrecht sitzen zu bleiben. Er saß, halb zurückgelehnt, im Arm des Oberzuchtmeisters. Sein Gesicht war leidend, die Stirn offen und frei. Die Züge waren interessant, ohne schön zu sein. Alles Jugendliche war daraus fort. Er trug nicht, wie fast allerorten gedruckt ist, einen schwarzen altdeutschen Rock, sondern einen dunkelgrünen Überrock, weißleinene Beinkleider und Schnürstiefel. Der Kopf war unbedeckt. Auf die Schultern zweier Zuchtmeister gelehnt, bestieg Sand das Blutgerüst. Er blickte noch einmal nach Mannheim und auf das versammelte Volk zurück, dann einmal, so schien es, auf die Natur im Frühlingskleide, ein Schauspiel, das ihm vierzehn Monate verschlossen geblieben war. Nach der aktenmäßigen Darstellung hat Sand überall nichts zum Publikum gesprochen. Nach den Berichten seiner Freunde fing er mit lauter Stimme an zu sprechen: »Ich sterbe im Vertrauen auf Gott« – als ihn jemand unterbrach: ›Sand, was haben sie versprochen!‹ worauf er schwieg, die Rechte feierlich wie zum Schwur in die Höhe hob und leise fortfuhr: »Ich nehme Gott zum Zeugen, daß ich für Deutschlands Freiheit sterbe.« Es wäre, laut dem Freundesberichte, bei diesen Worten gewesen, wo er das festgeballte Taschentuch mit einiger Heftigkeit auf die Erde warf. Nach dem kommissarischen Berichte »wendete sich der Verurteilte, oben angelangt, im Kreise umher, warf dann das in der Hand gehaltene Sacktuch kräftig zu Boden, hob die rechte Hand in die Höhe, als wenn er einen Eid schwöre, richtete zugleich den Blick gen Himmel und ließ sich dann gegen den Richtstuhl führen, wo er auf ausdrückliches Verlangen bis zur Vorbereitung zur Hinrichtung stehen blieb«. Wenn jener Versuch zu reden, nicht vorgefallen, erschiene dieses Benehmen unerklärt, wie es denn auch in jener Zeit mancherlei Auslegungen erdulden mußte. Einige glaubten, Sand habe noch auf plötzliche Begnadigung gehofft; andere, die sich von der Vorstellung einer ausgedehnten Verschwörung nicht trennen konnten, daß er auf plötzliche Hilfe seiner Freunde, auf Studenten mit gezückten Hiebern gewartet, die aufs Schafott springen, ihn losreißen und nach einem Kahn führen, der am Rheinufer bereitlag usw. Der Unmut, sich getäuscht zu sehen, habe jene Bewegungen des Zorns hervorgerufen, die mit seinem sonstigen Benehmen so wenig stimmen.

Nach dem kommissarischen Berichte sprach Sand für sich nur folgende Worte mit kaum hörbarer Stimme: »Gott gibt mir in meinem Tode viel Freudigkeit – es ist vollbracht – ich sterbe in der Gnade meines Gottes.« Nachdem der Aktuar das Todesurteil mit lauter Stimme vorgelesen, wurden dem Delinquenten die Hände und der Leib an den Pfahl festgebunden. Er bat dabei leise die Scharfrichterknechte, ihn nicht so fest zu binden, weil ihn die Wunde schmerze. Man band ihm darauf die Hände statt auf der Brust auf dem Schoße, weil sie ihm dort das Atmen erschwerten. Auch bat er, die Binde vor den Augen so zu schieben, daß ihm das Licht nicht ganz entzogen werde. Als er eine Schere am Nacken fühlte, bat er, ihm das Haar zu lassen. Der Nachrichter flüsterte ihm zu, es sei für seine Mutter bestimmt. Sand nickte dazu. Man schnitt ihm nur wenige Haare ab und band die übrigen in die Höhe.

Schon der erste Hieb war tödlich. Der Kopf wurde vom Rumpfe getrennt; nur blieb derselbe an einigen Fleischteilen des Vorderhalses haften. Übrigens geschah die Hinrichtung in der größten Ordnung. Feierlicher Ernst und tiefes Schweigen herrschten umher. Nur im Augenblick des Kopfabschlagens selbst durchzuckte unwillkürlich das Mitleid die Versammelten.

Aber kaum daß es geschehen, so drängten, nach den Berichten seiner Freunde, alle Umstehenden an das Gerüst. Das Blut ward mit Tüchern aufgewischt, der Richtstuhl, durch einen Knaben vom Schafott geworfen, zerschlagen und in kleinen Stücken verteilt, und wer davon nichts habhaft werden konnte, schnitt sich wenigstens einen blutigen Splitter vom Gerüst ab. Nach anderen (s. die Schrift »Nachtrag zur ausführlichen usw.«) hatte ein Gutsbesitzer den ganzen Stuhl käuflich vom Scharfrichter an sich gebracht. Dies wird aber dahin berichtigt, daß der Gutsbesitzer den Stuhl vom Scharfrichter geschenkt erhalten und ihn selbst vom Schafott bis auf sein Landgut, 1 ½ Stunden von Heidelberg, getragen habe. Auch mit einzelnen Haaren soll Handel getrieben worden sein, doch protestiert der Scharfrichter dagegen, etwas verkauft zu haben; vielmehr scheint es, daß Spekulanten vorrätiges Haar, als von Sand herrührend, an den Mann gebracht haben.

Körper und Haupt wurden sofort in den Sarg getan, den man auf der Stelle zunagelte. Nachdem derselbe unter militärischer Eskorte wieder ins Zuchthaus zurückgebracht und zwei Stunden vorher noch einmal vom Oberzuchtmeister untersucht worden, um sich über die Identität des Leichnams zu versichern, wurde er nachts um elf Uhr in einer Ecke des benachbarten lutherischen Kirchhofs (wo auch Kotzebue ruht) unter Begleitung mehrerer Personen nach den gewöhnlichen Gebeten eingesenkt. Das Grab aber ward sofort mit dem ausgehobenen Rasen wieder überdeckt und eben gemacht. Ein Wachtposten sollte dort stehen, bis der Verwesungsprozeß erfolgt wäre. Nach anderen war es derselbe Posten, welcher das Zuchthaus bewacht. Er sei aber so gestellt worden, daß nur die niedrige Kirchhofsmauer ihn von der Grabstätte des Mörders trennte. Der Platz soll nicht schwer zu finden sein, wenn man links vom Eingangstor die Mauer bis zur Ecke verfolgt. Die übrigen Gräber sind entfernt. Ein Pflaumenstämmchen grünte (1821) rechts nach unten hin vom Grabe. Wein rankte sich an der Mauer auf. Der Platz war mit ewigem Klee und Vergißmeinnicht eingesät. Mannheims Einwohner wallfahrteten häufig dahin, und des Morgens fand man oft Blumen und Trauerweiden daraufgestreut. Das Volk habe, – schreiben die Freunde 1821 – die Wiese, worauf die Hinrichtung erfolgte, Sands Himmelfahrtswiesel genannt.

Die Nachricht von Sands Hinrichtung kam dem größeren Publikum ganz unerwartet. Die allgemein verbreiteten Nachrichten über seinen Gesundheitszustand hatten glauben lassen, daß es nicht der Schärfe des Schwertes bedürfe, um sein verwirktes Leben zu enden. Auch selbst unter den strenger die Tat Beurteilenden meinten viele, es wäre menschlich und klug gewesen, dem Gerichte Gottes, welches so sichtbar herannahte, nicht durch den Arm der weltlichen Gerechtigkeit vorzugreifen.

Anders dachten die Freunde Sands, welche das Zünden der Brandfackel, die er in das alte Sein geschleudert, erst von seiner öffentlichen Hinrichtung erwarteten. Die Fackel erlöschte. Im gesunden Sinne der deutschen Nation war kein Brandstoff für dieses Feuer vorhanden. Statt zu zünden, bewirkte die Tat einen Niederschlag; statt des Fortschritts trat die Reaktion ein. Die Aufregung zeigte sich mehr als eine sentimentale Wehmut, die keine Taten erzeugt, die nur an den vorhandenen zehrt.

Seine Haare und seine Bildnisse wurden verkauft. Des liebäugelnden Götzendienstes gab es mancherlei. Ein damals berühmter Landschaftsmaler gefiel sich, Wiesenlandschaften mit zerstörten gotischen Domen zu malen, vor deren letztem Altare ein Jüngling mit langem Haar und deutschem Rocke seinen Dolch niederlegt. Ein anderer Künstler hatte aus schwarzem Marmor und Alabaster ein Epitaphium ihm zu Ehren gemeißelt. Auch Gedichte und Balladen fehlten nicht. In einer wird erzählt, daß der Nachrichter zu Heidelberg sich in einem Gartenhause von schlichtem Holze Tisch, Bänke und Schränke gezimmert zur Erinnerung an Sand. Sie sind von dem Gerüste, auf dem Sand geblutet.

Die Studentenwelt von 1819 fühlte sich allerdings elektrisch getroffen. Einer aus ihren Kreisen, einer, den sie im Leben gering geachtet, hatte es hingegeben als Opfer für Freiheit und Vaterland. Scham und Bewunderung stachelten sich gegenseitig auf, aber es blieb bei Worten und Liedern. Was einer schrieb: »Ein Beispiel mußte gegeben werden, wie Jesus einst, daß der Mensch für seine Überzeugung sterben kann«, das dachten viele. Aber umsonst schrieben sie sich, einer dem andern: »Sand hat edel gehandelt und groß, und es stände gut um uns, wenn nur recht viele da wären, wie unser redlicher treuer Sand.« Die Vielen blieben zu Haus, glücklicherweise; es stand nicht ein einziger auf. Denn Lönigs widerwärtiger Mordangriff wurde von allen als eine Karikatur der Sandschen Tat mit Abscheu von sich gewiesen. – Da heißt es in einem der Briefe, welche die Untersuchungen ans Licht gefördert: »Sands Tat ist keine leere Schwärmerei. Ihre Folgen sind unabsehbar und ungeheuer, und der Weltgeist, der im ewigen Fortschreiten begriffen ist, wird sie zum Guten wenden.« Und Tausende riefen wohl mit dem Schreiben: »Sie ist ein großes Zeichen dessen, was kommen wird und kommen muß.« Und wohl mancher mag dasselbe gedacht haben, was jener schrieb: »Ein Diener ist abgefahren, herrlich vorangeritten den anderen. So wird die ganze Brut abfahren aus dem deutschen Lande, – – – endlich werden sich doch Schwerter finden, überall die Wurzeln auszuschneiden und ein gewaltiger Sturm vor der Sonne her wird darüber hinfliegen und reinigen, bis die Stunde kommt.«

Der erwartete »Sturm« blieb aus, der »Weltgeist« zauderte lange, »diese Tat zum Guten zu wenden«. Schon schreibt einer der eifrigsten Bewunderer an seine Eltern, sie könnten fest überzeugt sein, daß er »nichts in der Leidenschaft unternehme, was verderblich sein und (ihn) wohl gar gereuen könnte«. Am wenigsten werde er jetzt eine ähnliche wie Sands Tat vollbringen; denn dies würde durchaus schlecht wirken, indem es Sands Tat herabsetzte und das gewirkte Gute vernichten würde. Die Leute würden sagen: Seht den Affen! –

Wo der Fanatismus schon solchen vernünftigen Rücksichten Platz macht, ist er nicht mehr gefährlich. Es war eine neue schöne Brücke der Selbsttäuschung: man wollte dem einen die Glorie des Märtyrertums durch Nachfolge nicht verkleinern. Hätte man nach dem alten Sprichwort, das sogar verlangt, einem geschlagenen Feinde goldene Brücken zu bauen, diese Brücke, die er sich selbst baute, nicht abgebrochen, hätte man dem gesunden Sinne der deutschen Nation vertraut, bei der – in allen Zeiten hat sich's bewährt, – der Spuk des Fanatismus nicht lange andauert, wenn man ihn sich selbst überläßt, es wäre viel Unheil vermieden worden. Die am bewußtesten bestimmte Zwecke verfolgten, erkannten sehr bald, daß die wirklichen Deutschen für ihre Chimären nicht zu gewinnen waren; sie wanderten mißvergnügt aus und suchten in Amerika ein neues Vaterland. Die übrigen, in welchen Reihen suchen wir heute die Altdeutschen, die Liberalen von 1819! Es wäre von großem Interesse, ihre Namen auf einem Blatte zu lesen der Freunde und Bewunderer Sands, der Verfolgten und Eingekerkerten, und dagegen übergeschrieben ihren heutigen Sand, ihre heutige Wirksamkeit. Freilich wäre es nur ein neuer Beleg der uralten Wahrheit von den Gegensätzen, zu oft in Sprichwörtern niedergelegt, daß die Feder sich scheut, das hundertfältig Ausgesprochene noch einmal zu wiederholen.

»Die Folgen von Sands Tat sind unabsehbar und ungeheuer«, schrieb prophetisch jener Student. Sie waren es, und wir übersehen sie erst heute – zweiundzwanzig Jahre haben sie gehaftet auf der deutschen Presse, auf unseren Universitäten, auf dem Nationalsinn und der Begeisterung der deutschen Jugend. Die Saat des Nationalstolzes, der ideellen Begeisterung für Deutschlands Freiheit und Größe, freilich mit Unkraut unterwachsen, aber üppig wuchernd auf den blutgetränkten Schlachtfeldern aus den Befreiungskriegen, wurde durch die Karlsbader Beschlüsse zu Boden gedrückt. Diese Beschlüsse waren die nächste Folge von Sands Tat. Die Jugend wurde mit rauhem Arme aus dem

Reiche der Träume fortgewiesen, zur Unterwürfigkeit unter die Wirklichkeit und die bestehenden Verhältnisse. Sie ist diesen Winken gefolgt. Sie träumte bald nicht mehr von Deutschlands Größe und Einheit, vom Purismus der Sprache, von unversöhnlichem Franzosenhasse, sie lernte lächeln über ihren Traum, der die Juden aus dem christlichdeutschen Reiche verweisen wollte, und die begeisternde Idee vom großen deutschen Dome, in welchem alle Bekenner Christi, Katholiken und Protestanten, das Abendmahl nach demselben deutschen Ritus nehmen würden und nehmen sollten, wich anderen Ideen, welche die Notwendigkeit einer Kirche allüberall in Zweifel stellen. Statt der Burschenschaft, welche in allen Deutschen einen Sinn erwecken wollte, sah man es gern, daß der Mecklenburger und der Bayer, der Hesse und der Sachse ihre besonderen Sinne und Eigenheiten auch auf den Universitäten pflegten. Sands Tat und was ihr folgte, war eine Explosion; sie reinigte die Luft von einem trüben Nebel, in dem die deutsche Eiche krüppelhaft aufgeschossen wäre; aber das Bewußtsein, was darauf eintrat, war nüchtern und unbehaglich wie das Erwachen nach einem Rausche. Hingewiesen auf die Materie, auf den Egoismus, ward die Schwärmerei für Tugend, Religion und Vaterland zur Schwärmerei für Begriffe, die einen materiellen Hintergrund haben. Das fanatische, religiössittliche Element konnten die Zwangsmaßregeln vernichten, aber nicht den einmal gewecken Sinn, die Teilnahme des Volks an einem freieren Staatsleben. Nicht phantastisch und lächerlich mehr, er trat oft undeutsch und in gefährlichen Regungen, aber mit einem Bewußtsein und einer Bestimmtheit hervor, gegen die keine äußeren Maßregeln fruchten. Da erschienen Momente in unserer Geschichte, wo man die sittlich-religiöse Begeisterung des unglücklichen Mörders wieder zurückwünschte, jenes Gottvertrauen, das sich nicht machen läßt, aber mit Umsicht geleitet, unvergängliche Früchte trägt. Ja, Momente sind erschienen, wo man viel darum gegeben, jene nun zersplitterte und in Weltbürgersinn übergegangene deutsch-volkstümliche Begeisterung wieder zurückzurufen; und man war hocherfreut, als ein unbedeutendes Lied vom »freien deutschen Rheine« einen Abglanz von dem Zauber wirkte, welcher die Herzen der ganzen deutschen Jugend von selbst damals durchzuckte.

Dies über die Stimmung und die Motive; über die Tat selbst ist jetzt kaum mehr eine geteilte Ansicht. Wenn ein ausgezeichneter Mann sie, in der ersten Aufregung, ein schönes Zeichen der Zeit nannte, würde er diesen Ausspruch, den er in den Trostbrief an eine tieferschütterte Mutter niederlegte, heute, im Zustande der ruhigen Betrachtung, schwerlich wiederholen. Das heutige Urteil des deutschen Publikums dürfte in Varnhagen von Enses Epigramm ausgedrückt sein:

Grausam häufet ein höhnend Geschick hier Schrecken des Wahnes;
Dich Unglücklichen trieb falscher Gestirne Beruf!
Irr und bejammernswert hat alles hier sich gestaltet,
Tat, Zweck, Mittel, Erfolg, fremdes und eigenes Los.

DIE ERMORDUNG DES FUALDES

1817

In der kleinen Stadt Rhodez, im Westen von den Cevennen gelegen und bespült vom Flusse Aveyron, lebte der ehemalige Advokat und öffentliche Ankläger bei den Assisen im Departement des Aveyron, Fualdes. Ein bejahrter Mann, hatte er sich von den Geschäften zurückgezogen, und obwohl in Ansehen und weitverbreiteten Familienverbindungen, waren doch seine Vermögensumstände, wie sich später ergab, zerrüttet. Er hatte im Jahre 1816 eine Domäne, welche er besaß, verkauft und scheint nur die vollständige Belegung der Kaufgelder abgewartet zu haben, um sich irgendwo anders zur Ruhe zu setzen und von seiner Pension zu leben.

Zu seinem nächsten Umgange gehörten zwei seiner Verwandten, Männer von Ansehen und weit verzweigten Familienverbindungen in der Provinz. Der eine, Joseph Jausion, de Veynac genannt, war Geldwechsler zu Rhodez, der andere, Bernard Charles Bastide Grammont, Gutsbesitzer in der Nähe der Stadt. Jener, 48 Jahre alt, selbst klein und häßlich von Gestalt, hatte Bastides Schwester zur Gattin, eine Frau von ausgezeichneter Schönheit. Bastide war um einige Jahre jünger und von schöner, ungemein kräftiger und hoher Gestalt. Er war verheiratet mit einer geborenen de Palagret, hatte aber keine Kinder. Beide Frauen genossen des besten Rufes und galten für sehr liebenswürdig. Ebenso Madame Galtier, Bastides zweite Schwester und Jausions Schwägerin. Beide Männer waren entschiedene und eifrige Royalisten; Jausion war während der Revolution in Lyon nur durch ein Mißverständnis der Guillotine entgangen. Sie gehörten einer gehaßten und damals gefürchteten Partei an. Was über ihren Charakter und ihre Moralität von den Zeugen ausgesagt wird, muß man in einem von der heftigsten Parteisucht erschütterten Lande nur mit der äußersten Vorsicht aufnehmen, doch konnte man gegen beider Lebenswandel nur zwei tatsächliche Umstände vorbringen. Gegen den Wechsler Jausion war der Verdacht erhoben, einmal mit der Frau eines anderen im vertrauten Umgange gelebt zu haben und derselben behilflich gewesen zu sein, das mit ihr erzeugte Kind aus der Welt zu schaffen. Er war zur Untersuchung gezogen, aber das Urteil hatte »Nicht schuldig!« gelautet, und Fualdes selbst, der damals als öffentlicher Ankläger gegen Jausion auftrat, war nichtsdestoweniger sein Freund geblieben. Einige meinten, Fualdes habe ihm durchgeholfen. Bastide sollte einst seinem eigenen Vater die Pistole auf die Brust gesetzt haben; aber der Vorwurf ist nicht erwiesen; im Gegenteil stand er mit allen den Seinen in der innigsten Verbindung, wie der Verlauf des Prozesses sattsam erweist. Sein Vater überlebte noch den traurigen Ausgang des Sohnes.

Fualdes hatte am 19. März 1817 den Rest der Kaufgelder vom Käufer seines Gutes, dem Präsidenten de Seguret, empfangen, aber in Papieren und auf sich selbst gezogenen Wechseln, welche de Seguret akzeptiert hatte. Ihm war es darum zu tun, warum, erhellt nicht, die Papiere noch an dem Tage zu Geld zu machen. Bastide und Jausion bemühten sich deshalb, aber es war ihnen nur möglich gewesen, einen Teil zu realisieren, den Rest erhielt Fualdes zurück. Am Abende dieses Tages waren zwei bekannte Herren bei Fualdes. Dieser erklärte ihnen im Gespräch, daß er nur bis acht Uhr verweilen könne. Als es acht Uhr schlug, sagte er: »Ich habe Geschäfte und muß Sie verlassen.« Er ging in seine Stube, kam mit etwas zurück, was er unterm linken

Arme hielt, nahm den Stock und ging aus. Er kam nicht zurück. Am folgenden Morgen um sechs Uhr fand die Frau eines Schneiders im Aveyron, nahe bei einer Mühle, einen toten Mann. Es war Fualdes. Als sie die Leiche aus dem Wasser zog, entdeckte man sogleich eine Wunde am Halse, und zwar einen 3½ Zoll langen Schnitt in die Kehle, der entweder von einem Messer oder einem schlechten Rasierzeug herrührte. Der große Blutverlust und die sofortige Einlassung von Luft in die Brust mußte, nach dem Urteil der Ärzte, unmittelbar den Tod zur Folge gehabt haben. Fualdes war nicht ertrunken; auch beraubt schien er nur insoweit, daß seine Taschen bis auf ein Schnupftuch leer waren; sonst war er vollkommen bekleidet. Seinen Stock hatte man schon am Abend des vorigen Tages (19.) um 8½ Uhr in der Straße des Hebdomadiers gefunden.

Mit Windesschnelle hatte sich die Nachricht durch die Stadt verbreitet. Alles drängte sich, die Leiche zu sehen, alle voll Bestürzung, Aufregung. Auf die erste Kunde eilte Jausion mit seiner Frau und Madame Galtier, seiner Schwägerin, beide, wie gesagt, Bastides Schwestern, in Fualdes Haus und erbrach hier in Gegenwart des Bedienten und den genannten Frauen Fualdes Schreibtisch. Er durchsuchte alle Fächer und Schriften; daß er etwas davon genommen, hat der Bediente nicht gesehen.

Als Bastide als Zeuge vernommen werden sollte, fand ihn der Huissier erst nachmittags zwei Uhr auf seinem Gute Le Morne, welches eine Meile von der Stadt gelegen ist. Von dem Huissier will Bastide die erste Nachricht von der Mordtat erhalten haben.

Diese Umstände allein stehen unzweifelhaft fest. Die Stadt Rhodez, die Umgegend, die Provinz und endlich ganz Frankreich erschöpften sich in Vermutungen, welche bei der Leidenschaftlichkeit, mit der man die Sache auffaßte, bald zu Urteilssprüchen wurden. Die Möglichkeit, daß Fualdes sich selbst ums Leben gebracht, mußte abgewiesen werden. Die Art der Wunde an sich ließ nicht auf Selbstmord schließen; es war aber noch schwerer, zu erklären, wie jemand, nachdem er sich auf kaum auszuführende Weise in den Hals geschnitten, sich hätte noch ins Wasser werfen sollen, ohne daß man das Instrument, Blut- oder andere Spuren am Ufer gefunden. Auch sprechen die Art und Weise, wie er sich aus seinem Hause entfernt, der Verlust des Stockes in der benachbarten Straße und viele andere Umstände dagegen. Desgleichen mußte eine zweite Annahme, daß es Privatrache oder politische Rache gegen einen ehemaligen Ankläger gewesen, daß die Parteiwut der royalistischen und katholischen Fanatiker gegen den protestantischen liberalen Beamten aus der Kaiserzeit zu einer Mordtat ausgebrochen sei, aus Mangel an Beweisen und gegen die Verdachtsgründe, welche einen Mord aus Eigennutz, einen Raubmord, andeuteten, zurücktreten.

Dies wußte und glaubte ganz Rhodez schon am Tage darauf, am nächstfolgenden nannte es die Mörder und wußte am vierten, fünften ihre Komplizen und die Umstände der Mordtat, die mit jedem folgenden Tage an Teilnehmern und grauenhaften Details anwuchs. So bildete sich, zuerst im Gerücht, dann im Laufe des langwierigen Prozesses, der durch die ganze Welt besprochen und erläutert wurde, allmählich folgende Erzählung.

Bastide und Jausion (oder Jaussion) standen in vielfachem Geschäfts- und Geldverkehr mit Fualdes. Der erstere war sein Schuldner. Fualdes drängte ihn um Bezahlung der angeblich 10 000 Francs betragenden Schuldsumme. Bastide antwortete ihm abends fünf Uhr an dem verhängnisvollen 19. März: »Glaubt Ihr, hintergangen zu werden? Ich werde Mittel suchen, Euch heute abend noch zu befriedigen.« Was Bastide mit dieser Befriedigung meinte, ergibt die Tat, welche drei Stunden später erfolgte. Er war mit seinem Schwager Jausion im Einverständnis; sie wollten beide ihre Glücksumstände durch die des alten Fualdes, durch seinen Tod, eine vorangegangene Erpressung und dann Beraubung verbessern. Zu diesem Zwecke verabredete Bastide mit Fualdes eine Zusammenkunft, wo sie das Wechselgeschäft regulieren wollten. Ob, wie in der Anklage angedeutet ist, in dem verdächtigen Bancalschen Hause, welches Bastide oft betreten haben soll, wird doch nicht mit Sicherheit behauptet, da es mit der anderen Angabe, daß man Fualdes in dasselbe mit Gewalt geschleppt habe, nicht gut stimmt.

Nach acht Uhr abends verließ Fualdes sein Haus, mit etwas unter dem linken Arm und unter dem Oberrock wahrscheinlich seine Mappe mit Papieren. Fualdes Haus berührte mit der Hinterseite die Hintergebäude der Straße des Hebdomadiers; gerade auf seines stieß das Veresche Haus, in welchem unter anderen Inliegern die Familie Bancal wohnte. Es wird der Kürze wegen das Bancalsche Haus genannt. In demselben hatten verschiedene kleine, bedürftige und verdächtige Leute ihr Quartier. Es hatte den wohlverdienten Ruf jener verfallenen und dumpfen Häuser, in deren dunkle, feuchte Winkel sich das Unglück und das Verbrechen zurückzieht, über deren Schwelle anständige Leute aber ungern treten. Früher besaß es ein Schlächter; auf dem Hofe wurden Schweine gehalten. Im Erdgeschoß wohnten die Bancalschen Eheleute, der ehemalige Soldat Colard mit seiner Konkubine Anne Benoit, ein Freudenmädchen Bedos, genannt de Pertout, oben ein alter Spanier Saavedra und seine Gattin, politische Flüchtlinge, die in Frankreich Schutz gesucht. In dem angrenzenden Hause wohnte der Arbeitsmann Missonier, ein bis zum Stumpfsinn beschränkter Mensch.

Bancals Haus war als ein Gelegenheitshaus berüchtigt. Wir finden hier ein- und ausgehend gemeine Soldaten, Tambours, Contrebandiers, verdächtige Mädchen; aber es wird auch von Damen aus der Stadt mit Schleiern und Federhüten und von Herren aus den höhern Ständen besucht, oder man glaubte wenigstens letzteres. Bancals eigene Wohnung bestand nur aus einem Gemache, welches zugleich als Schlaf-, Wohnzimmer und Küche diente. Ein kleines Cabinet stand damit in Verbindung.

In dieses Haus wollte man Fualdes entweder locken oder mit Gewalt ziehen. Hier sollte er die Wechsel, die er von Seguret empfangen, *in blanco* dossieren oder was man sonst von ihm wollte, und dann sich seiner entledigen.

Um dahin zu gelangen, mußte Fualdes durch die kleine Quergasse de l'Ambrague; von wo diese in die Rue des Hebdomadiers auslief, waren nur wenige Schritte bis zu Bancals Hause. Die Verbrecher und ihre Gehilfen waren umher wohlpostiert. In der Nähe von Fualdes Haus stand der erste Posten, der, als er ihn kommen sah, sogleich in der Quergasse verschwand. An allen Ecken und am Mordhause standen gleichfalls Aufpasser. An einem Torwege kauerte auch eine weibliche Schildwacht, die Anne Benoit gewesen sein soll. Man hat Geflüster, Anrufen, Räuspern und verschiedene Zeichen gehört. Um mögliches Geschrei und Lärmen zu ersticken, waren in der Straße zwei Leiermänner aufgestellt, welche von acht Uhr ab eine Stunde hindurch unaufhörlich auf ihrer Drehorgel spielen mußten. Sie sind bei der Untersuchung, welche sonst an Zeugen Überfluß hat, nicht zu ermitteln gewesen.

Kaum daß Fualdes die Straße Hebdomadier betreten, wird er an der Ecke angefallen und geknebelt; von wieviel

Personen, hat niemand ausgesagt. Hier aber muß er den Stock verloren haben; denn man fand diesen schon um 8½ daselbst. Das Tuch, das man ihm in den Mund gesteckt, findet man, zum Knebel zusammengerungen, auch auf der Straße, und zwar schon um neun Uhr. Es gehörte Anne Benoit. Trotz des Knebels ward einiges unterdrücktes Gestöhn laut. Zeugen haben einen Menschen um diese Stunde in dieser Straße fortschleppen gesehen; sie glaubten aber, es sei ein Mädchen, das Männer mit Gewalt fortführten, und ließen es gehen. Bei den zweiten Assisen von Alby konjekturierte der Präsident, daß es mit dem Mädchen doch seine Richtigkeit gehabt, und zwar daß Anne Benoit sich scheinbar habe von den Mordgehilfen fortschleppen lassen, um der Sache einen Anstrich zu geben, der in der Ordnung war und um den sich niemand zu kümmern hatte.

Fualdes ward in das Bancalsche Haus und in die Wohnstube der Bancalschen Eheleute geschleppt, und jenes Haus, welches sonst immer offen stand, war an diesem Abend verschlossen.

Hier, und zwar in Bancals Küche, deren Fenster vorn auf die Straße hinausgingen, waren viele Leute, und zwar die sonderbarste Gesellschaft versammelt. Nach einigen Aussagen wurde von der Bancal ein Abendimbiß gekocht, Hühner, Kalbfleisch und Reis, und es ward gut getrunken. Ein oder zwei Tambours kamen etwas vor acht Uhr herein, aber die Gesichter der Wirte oder die Mädchen und Damen oder die fremden Herren gefielen ihnen nicht. Sie glaubten »zu genieren« und gingen wieder fort. Die Bancal brachte ihre Kinder oder nur ihre Tochter Magdalena oben in die Dachkammer zum Schlafen, damit sie nicht Zeugin von dem werde, was hier vorgehen sollte.

Zwischen 8½ und neun Uhr sitzt an dem Tische in der Küche der alte Fualdes, und eine Anzahl Männer oder auch

Frauen stehen um ihn. Darunter sind nach den letzten und vollständigsten Zeugenaussagen die Haupthandelnden: der Gutsbesitzer Bastide, sein Schwager Jausion, sein jüngerer Bruder Louis Bastide, seine Neffen, die Notare Yence d'Istournet und Bessières-Veynac und ein René; vielleicht auch noch ein unbekannter Tabakhändler in blauem Rocke. Alle diese sind im Bancalschen Hause versammelt, um Fualdes zur Ausstellung oder Zession von Wechseln zu zwingen und ihn dann ums Leben zu bringen. Außerdem finden sich daselbst mehrere untergeordnete Personen, wie der Wirt Bancal und sein Weib, der Soldat Colard und seine Geliebte Anne Benoit, wie man zuletzt aus den Zeugen herauspreßte, auch der Contrebandier Bach oder Bax. Alle diese waren den Mördern aber noch nicht genug zur Ausführung ihres Werkes, und sie riefen aus einer Kneipe oder von der Straße noch dazu den Arbeitsmann Missionier und den Herumtreiber Bousquier. Möglich, daß man noch mehr Zeugen und Helfershelfer hatte, möglich auch, daß ein Teil davon erst nach dem eigentlichen Morde eintrat. Das Zeichen für die Eintretenden waren drei Schläge an die Haustür; dann öffnete die alte Bancal.

Jausion hatte ein Portefeuille von Maroquin in Händen. Fualdes unterschrieb ungefähr zwölf bis fünfzehn Wechsel oder auf der Rückseite, quer, eine Zession *in blanco*, die Jausion in die gedachte Mappe legte. Als die Wechsel fertig waren, erklärte Bastide dem Fualdes, daß er sterben müsse. Fualdes erhob sich, beschwor und flehte, ob denn jemand glauben sollte, daß seine nächsten Verwandten und Freunde unter seinen Mördern wären! Umsonst. Man ergreift ihn. Keiner von den vielen Anwesenden, der sich seiner annimmt, der nur ein Wort zu seinen Gunsten einlegt. Der starke Bastide legt ihn auf den Tisch, nicht ohne heftigen Widerstand. Der alte Herr war ein sehr böser Mann, sagt ein

Kind aus. Sogar warf er in seiner ungestümen Verteidigung den Tisch selbst um, nachdem man ihn darauf gelegt. Nach einer anderen Notiz hatte man vorher zwei Brote, die Bastide der Bancal geschenkt, von der Tafel fortnehmen müssen.

Der alte Mann bat wenigstens flehentlich, daß man ihm einen Augenblick Zeit lasse, sich mit dem Himmel zu versöhnen; Bastide antwortete ihm: »Versöhne dich mit dem Teufel.«

Colard und Bancal hielten ihm die Beine, andere Arme und Kopf; ob sie ihn auch dabei geknebelt, bleibt ungewiß. Ein lahmer Herr leuchtete mit dem Lichte. Dann gab ihm Jausion den ersten Stich. Nach diesem Stiche wäre der Unglückliche noch einmal aufgesprungen, und bei dieser Gelegenheit war es, wo er den Tisch umwarf. Fualdes lief bis zur Tür, wo der Zeuge und Mitteilnehmer Bach stand. Bastide gab dem Bach (nach dessen Aussage) mit der einen Hand eine Ohrfeige, weil Bach keine Bewegung gemacht hatte, den Fliehenden zurückzuhalten, mit der anderen Hand ergriff er diesen aufs neue und schleppte ihn auf den Tisch zurück. Doch soll beim Herunterspringen der Tisch umgestürzt und dabei ein Bein abgebrochen sein. Man hätte dann zwei Bänke zusammengestellt und das Opfer daraufgelegt. Jetzt erfolgte der eigentliche Mord. Bastide stieß das Messer – ein Fleischer- oder ein Brotmesser (als jemand Bancals Tochter später ein Stück Brot abschneiden wollte, schrie sie auf, daß er es nicht mit dem Messer tue, womit der alte Mann geschlachtet worden) mehrmals in Fualdes Kehle. Der stieß nur Seufzer und ersticktes Schreien aus. Nach einer Aussage hat auch Missonier mitgeschlachtet und dem Opfer den Rest gegeben. In einem Gefäße fing die Bancal oder die Anne Benoit das Blut, was vom Tische floß, auf. Dieses Blut wurde zum Teil den Schweinen zum Saufen vorgesetzt. Das Schwein, welches von dem Menschenblute gesoffen, soll darauf krepiert sein. So ist das Blut verschwunden; was auf den Dielen blieb, scheuerte die Bancal nachmals fort. Bei Bancal fand man später ausgewaschene Blutspuren auf der Weste, in der Tasche ein blutbeflecktes Papier; in Bousquiers Wohnung noch später etwas blutbeflecktes Leinenzeug und ein Paar blutbespritzte Schuhe. Als Fualdes verröchelte, rief einer der Mörder in frechem Hohne: »Fualdes soll nun nicht mehr – « daß der alte Mann sich noch zu nächtlichem Rendezvous einstellte, ist in Verhandlungen angedeutet.

In Fualdes Taschen fand man fünf Francs und mehrere Sousstücke. Diese erhielt Frau Bancal mit den Worten: »Nehmt das; wir töten den Mann nicht um seines Geldes willen.« Man fand auch einen Schlüssel. Den gab man einem der Herren vom Lande (Bastide) mit den Worten: »Geh und bemächtige dich aller der Sachen.« Die Bancal hatte auch Lust zu dem feinen Hemd des Toten, das wie ein Chorhemd aussähe, aber man litt nicht, daß sie es ihm auszog. Dafür erhielt sie einen Ring von Fualdes Finger, mußte ihn jedoch am Tage darauf gegen sechs Francs Entschädigung wieder herausgeben.

Aus dem Bisherigen geht schon hervor, daß unter der Mördergesellschaft im Bancalschen Hause zwei dem Stande und den Interessen nach verschiedene und völlig getrennte Parteien sich befanden. Die einen taten es für sich, zu ihren Privatzwecken; die anderen als gedungene Helfershelfer. Diese, Colard, Bach, Bousquier, Missonier, die drei letzteren Leute aus der Hefe des Volks, verkehrten in der Schnaps- und Weinkneipe der Rose Feral, wo es Gelegenheit zum Verdienst dieser und jener Art gab. Es wurden alte Kriegstaten und Plünderungen besprochen, auch wohl neue Unternehmungen der Art verabredet und Bestellungen deshalb erwartet. Bach war als Contrebandier nach Rhodez gekommen und suchte nach Aufträgen, die er alsbald fand. Er ward mit Bousquier zusammen engagiert, einen Ballen Tabak in der Nacht zu tragen. Auf diese Weise kam er in das Bancalsche Haus, so auch die anderen; nur daß es sich darum streitet, ob sie vor oder nach der Tat gekommen, ob sie ein lebendiges Opfer oder eine Leiche gefunden, ob sie beim Morde mit zugegriffen oder nur den eingewickelten Körper auf ihre Schultern geladen haben. Die eigentliche Teilnahme bei derAbkehlung streiten die später Geständigen, auch als die Erzählung schon so fertig und ausgebildet war, als sie hier wiedererzählt wird, nach Möglichkeit ab; dagegen haben sie die Leiche, in ein Bettuch gewickelt und mit daumdicken Stricken umschlungen, auf dem Tische liegend gesehen.

Die hier genannten Herren und Männer, so viel ihrer erschienen, überflüssig sollte man meinen, um einen alten Mann zu einigen Federzügen zu zwingen, ihn abzuschlachten und dann fortzuschaffen, sind doch noch keine geschlossene Zahl. Die Mutmaßungen und die Aussagen einzelner Zeugen verwickelten noch mehrere in das Komplott. Aber außerdem waren auch noch Frauen dabei. Außer der alten Bancal, vielleicht ihrer Tochter Magdalena und der Anne Benoit befanden sich in der Küche oder im Nebenkabinett noch eine, zwei; ein Kind will sogar bis sieben Frauen im ganzen gesehen haben! Die eine war blond, die andere etwas älter und größer; sie waren verschleiert oder trugen Federhüte. In Bancals Hause bei Nachtzeit gesehen zu werden, war für Damen und Mädchen, welche einigermaßen auf Anstand hielten, nichts Ehrenvolles. Die Bezichtigten wehrten sich gegen die Zumutung, der böse Wille und der Mutwille zog Frauen heran, die der Sache, auch nach dem allgemeinen Glauben in Rhodez, ganz fremd waren. So wurde eine Engländerin, die in der Stadt lebte, eine Miß Gipson, genannt. Sie war die einzige Dame, welche grüne Federn trug, und es war die Rede von einer Dame mit grünen Federn auf dem Hute. Madame Manson war, trotz ihres anfänglich hartnäckigen Schweigens, am wahrscheinlichsten zugegen; nach einer Annahme verschleiert, nach ihrer eigenen in Herrenkleidung, und zwar in blauen Pantalons. Sie wußte aber statt ihrer ein junges Mädchen, Rose Pierret, vorzuschieben. Auch eine hübsche Nähterin, Charlotte Arlabosse, mit welcher Bastide eine Liebschaft hatte, wurde nicht allein bezichtigt, sondern eben dieses verdächtigen Verhältnisses wegen mit angeklagt und verhaftet.

Daß diese geheimnisvollen Damen oder die eine Dame am Morde beteiligt gewesen, wird nicht durchaus behauptet. Sie waren oder war in Bancals Hause aus anderen Ursachen. Sie waren oder war, als hier andere Dinge vorfielen, als um die sie gekommen, sehr erschreckt. Man half ihnen aus dem Fenster in den Hof, oder sie versteckten sich in die Kammer und wollten von hier aus durch das Fenster entfliehen. Sie wurden entdeckt. Bastide zog sie heraus – die Manson an den blauen Pantalons – er wollte sie umbringen. Sie schrie: »Ich bin kein Mann.« Das Umbringen verhinderten die anderen. Bach will der Lebensretter eines Frauenzimmers gewesen sein. Andere schieben diese edle Tat auf Jausion; er habe zu Bastide geäußert: »Was sollen wir mit der zweiten Leiche anfangen? Die eine macht uns schon Not genug.« Die mysteriöse Dame mußte einen furchtbaren Eid schwören, nichts zu entdecken, und war gerettet.

Aber auch selbst diese so vergrößerte Gesellschaft war noch nicht groß genug. Es bedurfte noch mehrerer Zeugen der Mordtat. Bancals kleine Tochter, Magdalena, hatte sich aus Furcht oder Kälte aus der Bodenkammer wieder in die

Küche geschlichen und in das Himmelbett gelegt. Nach der Anklageakte waren es sogar mehrere Kinder, die im Bette lagen; vielleicht außer Magdalenen ihr kleiner Bruder Alexis. Durch die halboffenen Vorhänge oder durch ein Loch derselben ward sie Zuschauerin aller Vorfälle während und nach der Mordtat. Hier sah das Kind (eine Privataussage nach dem ersten Verdikt) wie »der fremde Herr sich hat an den Tisch setzen müssen, wie man ihm gesagt, er solle Wechsel schreiben und dann sterben«. Die Mörder beginnen in ihrer blinden Mordwut die unbegreifliche Unvorsichtigkeit, die Vorhänge nicht aufzuschlagen. Erst nachdem er die fremde Dame im Kabinett entdeckt, sah Bastide auch im Bett nach. Magdalena stellte sich, als ob sie schliefe. Da betastete er sie zweimal und sagte dann zur alten Bancal, sie möge sehen, daß sie ihr Kind loswürde. Diese versprach es um vierhundert Francs. Am anderen Morgen wurde das Kind von der Mutter aufs Feld geschickt, wo der Vater gerade ein tiefes Loch gegraben. Sie glaubte, er würde sie hineinwerfen, aber Bancal umarmte sie weinend und sprach: »Geh, sei immer ein gutes Kind.«

Nach einer Meinung war man in Verlegenheit, was mit der Leiche anfangen. Man wollte sie zuerst in die Kammer werfen, dabei wäre die Dame entdeckt worden; dann auf verstohlene Weise in des Toten eigenes Haus zurückschaffen und ein Rasiermesser danebenlegen. Dies ward nicht als tunlich befunden; auch widerspricht es allen Vorbereitungen, welche, wie wir wissen, bereits fertig waren. Nicht zur Ermordung, sondern zur Fortschaffung des toten Fualdes waren der Contrebandier und die anderen Kerle aus der Kneipe von Rose Feral herbeigerufen und deshalb war er in ein Laken gewickelt und mit dicken Stricken umschnürt worden.

Als Bach und Bouquier (nämlich nach jenes früherer

Aussage) erfuhren, daß es nicht Tabak, sondern einen Toten gelte, wollten sie entfliehen, aber Bastide fuhr mit grimmigen Drohungen auf sie los. Auch mit Jausion war er nicht zufrieden und schalt ihn, daß er nichts tue. Den gedungenen Helfern ward nochmals augenblicklicher Tod angedroht, wenn sie ein Wort verrieten. Jausion und Bastide hielten jeder eine Flinte im Arm. Bach erhielt für seine Teilnahme etwa zwanzig Francs ausgezahlt. Den Helfern war außerdem schon früher manches andere vorteilhafte Geschäft in Aussicht gestellt, z. B. die Plünderung des Hauses eines reichen Eigentümers in Rhodez.

Gegen zehn Uhr brach man mit der Leiche auf. Sie ward auf zwei Stangen gelegt. Colard und Bancal trugen vorn, Bach und Bousquier hinten. Bastide, der größte und stärkste unter ihnen, schritt mit einer Doppelflinte, die er, die Mündung zur Erde, unterm Arme trug, voran. Hinterher ging Jausion, auch mit einer Flinte bewaffnet, und neben ihm Missonier. In dieser Ordnung marschierend, durchkreuzten sie, nicht auf dem nächsten Wege zum Flusse, die Stadt. An einem Garten setzten sie ihre Last einen Augenblick nieder. Hier ging jemand, wie es schien, ohne sie zu bemerken, vorüber und stieß dabei einen Fluch aus. Alsdann luden sie wieder auf, mußten aber bald die bisherige Ordnung aufgeben, denn die Wege zwischen den einsamen Gartenmauern, welche nach dem Aveyron hinabführten, wurden zu schmal und abschüssig für zwei Mann nebeneinander. Von nun ab trugen Bancal und Colard allein die Leiche. Unten am Flusse angekommen, gingen sie entweder noch einhundertfünfzig Schritte weiter am Ufer fort oder blieben gleich, wo sie ihn erreichten, stehen, um ihr Geschäft abzutun. Der Leichnam ward losgewickelt und ins Wasser geworfen. Bastide und Jausion legten nun noch einmal mit vorgehaltenem Gewehr den Teilnehmern das tiefste Stillschweigen bei Todesstrafe auf, und alle trennten sich in der Nacht.

Am folgenden Tage hat die Bancal noch einen der von Fualdes »der Länge und der Quere nach« geschriebenen Wechsel auf Stempelpapier in der Küche gefunden. Da er aber mit Blut befleckt gewesen, hatte sie es für dienlicher gehalten, ihn zu verbrennen.

Früh am 20., etwa in der achten Morgenstunde, betrat Jausion auf die schon angegebene Weise mit Frau und Schwägerin das Haus des Fualdes. Er erbrach in der Stube des zweiten Stockwerks einen Aufsatz, öffnete darauf in der Bibliothek mit einem Beile die Schublade eines Schreibtisches, wo Fualdes sein Geld, sein großes Taschenbuch und seine Tagebücher aufbewahrte, und nahm mehrere weg, unter anderem ein oder zwei Beutel mit Geld. Zu einem Bedienten sagte er dabei: »Wir haben dies Geld genommen, sprich nicht davon.« Fualdes kleines Taschenbuch, worin er seine Wechsel, und das große, in Maroquin eingebunden mit Schloß, in welchem er die Rechnungen über ausgestellte und empfangene Wechsel bewahrte, fehlten im Nachlaß. Auch eine Urkunde, welche Jausion am 19. März zwischen fünf und sechs Uhr abends an Fualdes übergeben haben will, war nicht zu finden. Die zwölf von de Seguret akzeptierten Wechsel im Betrage von 20 000 Francs mit einem *in blanco* Indossament von Fualdes Hand, die sich in Jausions Besitz befanden, können von ihm bei diesem Einbruch genommen worden sein, wenn sie ihm nicht schon am Mordabend vorher von Fualdes erzwungenerweise geschrieben und zugestellt sind.

Doch trifft die Schuld dieses Einbruchs und dieser Beraubung Jausion nicht allein. Bald nach ihm, also am frühen Morgen des 20., traf auch Bastide in Rhodez und in Fualdes Wohnung ein. Er machte sich schon verdächtig, als er fragte, ob Fualdes zu Hause sei, da doch bereits die ganze Stadt von seiner Ermordung wußte, worüber das Dienstmädchen in Tränen ausbrach, dann aber betrat er Fualdes Zimmer, durchsuchte einige Behälter, eine Schublade und half unaufgefordert ein Bett zurechtmachen, wobei ein Schlüssel unterm Kopfkissen wie zufällig herausfiel, derselbe Schlüssel des Schreibtisches, den Fualdes stets bei sich trug, und derselbe Schlüssel, den man Bastide am Mordabend aus den Taschen des Ermordeten zugestellt hatte.

Dies die Geschichte des ganzen Vorganges, wie er in der Stadt Rhodez in der Provinz in Frankreich geglaubt wurde, von dem die Zeugen, die Geschworenen, die Richter, zum Teil die Angeschuldigten selbst überzeugt waren, daß er sich so verhalte. Dies die Kette von Fakten, auf welche zwei Richtersprüche, zwei Kassationserkenntnisse, drei Hinrichtungen und mehrere andere Verdammungen zu Brandmal und Kettenstrafe sich begründeten. Dies eine Geschichte von Fakten und Vermutungen, wie sie nicht vom Anfang an da war, sondern erst im Verlauf eines Prozesses entstand und anwuchs, der das ungeheuerste Aufsehen erregte und in dem jeder, der nur im entferntesten damit in Berührung kam, sich gedrungen fühlte, sein Scherflein von Vermutungen, Schlüssen, Indizien hinzuzutun, um das lückenhafte Gebäude – was anfänglich nur eine große Lücke war, zu füllen, zu stützen, auszubilden und zu schmücken.

Das Gerücht bezeichnete sogleich Bancals Haus als den Ort, wo Fualdes seinen Tod gefunden. Bancal und sein Weib wurden sofort verhaftet. Die Hausuntersuchung ergab nichts. Die Dielen waren gescheuert. Man machte dem Polizeikommissar Constant Vorwürfe, daß er nachlässig, sogar daß er im Interesse der angesehenen Familien der

Angeschuldigten pflichtwidrig untersucht habe. Er wurde abgesetzt, später verhaftet und endlich selbst als Mitschuldiger der Mordtat angeklagt.

Am 24. März ward Bousquier gefangengesetzt, am 25. Bastide, darauf die übrigen Gehilfen des Mordes, am 7. April erst Jausion. Am 29. Juli erhielt Madame Manson die erste Ladung vor Gericht. Während der Untersuchung starb Bancal im Gefängnis, nicht ohne Verdacht, sich durch ein aus Urin und Rost von Nägeln notdürftig präpariertes Gift selbst das Leben genommen zu haben. Er starb, ohne zu gestehen.

Im August wurden die Assisen zu Rhodez über folgende Personen als Angeschuldigte, den Fualdes ermordet zu haben, eröffnet: Witwe Bancal, deren Tochter Marianne Bancal, Bastide Grammont, Jean Baptiste Colard, François Bach, Anne Benoit, Jean Bousquier, Joseph Jausion, seine Frau Victoire geborene Bastide und deren Schwägerin, Francisca Galtier geborene Bastide. Der Sohn des Ermordeten, der junge Fualdes, der die Rechtswissenschaft in Paris studierte, betrieb und unterstützte die öffentliche Anklage, indem er zugleich seine Zivilansprüche wegen des Einbruchs und auch Entschädigung wegen des Geraubten geltend machte.

Alle Angeklagten leugneten die Tat bis auf Bousquier, der als Zeuge und Angeklagter zugleich auftrat.

Am 12. September sprachen die Geschworenen fast einstimmig das schuldig aus über Bastide, Jausion, Bach und Colard als Urheber des Mordes; über die Bancal als Gehilfin mit Vorbedacht; über Missonier und Anne Benoit als Gehilfen ohne Vorbedacht; über Bousquier als des Hineinwerfens der Leiche in den Fluß. Jausion und Bastide wurden zugleich als des Diebstahls, jedoch ohne Einbruch, schuldig erklärt; Madame Jausion als Gehilfin, jedoch ohne Kenntnis der Sache. Madame Galtier und Marianne Bancal wurden freigesprochen.

Infolge dieses Verdikts wurden Bastide, Jausion, Bach, Colard und die Bancal zum Tode verurteilt, Missonier und Anne Benoit zu ewiger Zwangsarbeit, Bousquier zu zwei Jahren Gefängnishaft. Die Manson wurde wegen falschen Zeugnisses in Haft genommen und vor Gericht gestellt.

Der Kassationshof hob am 10. Oktober, auf Berufung der Angeklagten, das Erkenntnis auf und verwies die Sache vor die Assisen zu Alby. Die Aufregung, welche dieser dem Publikum und den Richtern gleich unerwartete Spruch veranlaßte, war außerordentlich. Wer nicht entschieden zur Gegenpartei gehörte, war von der Wahrheit der Erzählung, von der Schuld der Angeklagten überzeugt. Man sah in dem Ausspruch des Kassationshofes nur einen Versuch, die royalistischen Verbrecher von der wohlverdienten Strafe loszumachen. Das Volk drohte, die Gefangenen nicht fortzulassen, wie man früher sogar die Richter bedroht haben soll, wenn sie die Täter freisprächen. Es bedurfte militärischer Demonstrationen, um bei der Abführung das empörte Volk ruhig zu halten. Um es zu beschwichtigen, legte man dem Hauptverbrecher Bastide eine Kette um den Hals.

Die Assisen zu Alby begannen am 26. März 1818. Zu den Angeklagten aus den vorigen Assisen kamen noch (da inzwischen der Mitangeschuldigte Bach ein Bekenntnis abgelegt hatte) Louis Bastide und des ältern Bastide Neffen, Bessières de Veynac und Yence d'Istournet, welche verhaftet wurden. Doch ward gegen sie eine besondere Untersuchung geführt, und dem Antrage des Hauptangeklagten, daß die neue Untersuchung wider sie bis dahin verschoben werde, daß die gegen die neu Angeklagten erledigt sei, ward nicht nachgegeben.

Bei diesem zweiten Prozesse trat ein neuer Zeuge auf,

welcher nicht zu den Angeschuldigten gehörte; dann (3. April) brach die Manson ihr rätselhaftes Schweigen, und außer Bach fand sich auch die Bancal (13. April) bewogen, zu bekennen und gegen ihre Mitangeschuldigten zu denunzieren.

Die Besorgnis des Publikums, daß die neuen Geschworenen zu Alby, unter denen sich sehr aristokratische und royalistische Namen befinden, zugunsten der Verbrecher gestimmt sein würden, war falsch. Sie erkannten am 4. Mai für schuldig: Bastide und Jausion des Mordes mit Vorbedacht und des Diebstahls mit Einbruch; Colard mitschuldig des Mordes mit Vorbedacht, desgleichen Bach und die Bancal; Anne Benoit mitschuldig des Mordes ohne Vorbedacht; Missonier nicht schuldig des Mordes, aber mitschuldig beim Forttragen der Leiche; Bach, Colard, Bastide und Jausion schuldig des Wegtragens der Leiche; die Manson unschuldig.

Das Gericht verurteilte darauf Bastide, Jausion, Colard, Bach und die Bancal zum Tode, Anne Benoit zum Brandmal und ewiger Zwangsarbeit, Missonier zu 2 Jahren Gefängnis und 50 Francs Strafe. – Bach wurde der Gnade des Königs empfohlen.

Die Verurteilten legten Kassation ein. Auf Antrag des Berichterstatters Olivier, der die Ansicht aussprach, man müsse einem Prozesse ein Ende machen, dessen lange Dauer schon so viel Ärgernis verbreitet habe, ward die Kassation verworfen. Die öffentliche Stimme, welche sich im Publikum, in den Zeitungen und, irren wir nicht, selbst in der Deputiertenkammer aussprach, beschuldigte die Regierung, daß sie Prozeß und Hinrichtung verzögere, weil die Täter zu den eifrigsten royalistischen Familien in Südfrankreich gehörten. Am 3. Juni ward darauf zur vorläufigen Hinrichtung eines Teils der Verurteilten geschritten.

Das Blut dreier Opfer ist geflossen, von den übrigen Angeschuldigten schmachten einige vielleicht noch in Ketten, die Mehrzahl derselben steht, der Wahrscheinlichkeit nach, schon vor dem ewigen Richter, und noch ruht ein undurchdringliches Dunkel über einer Mordtat, welche vor den Augen der Welt und anscheinend mit ihrer Zustimmung gerichtet wurde. Aber die Gerichteten beteuerten laut und feierlich und noch im letzten Augenblick, als das Beil schon über ihren Häuptern schwebte, ihre Unschuld, und der gegen sie geführte Beweis würde vor deutschen Richterstühlen schwerlich zu ihrem Todesurteile ausgereicht haben. Der oft angerufene Engel, der in diese Dunkelheit Licht, in diese Verworrenheit Ordnung bringe, ist weder während des Prozesses noch in den 23 Jahren, die seitdem verflossen sind, erschienen.

Frankreich und die ganze Welt nahm an, daß ein wenn nicht vollständig genügendes, doch ein gerechtes Urteil gefällt worden. Vielfache Schriften haben den Prozeß zum Gegenstande. Wie eine Fonksche gab es eine Fualdessche Literatur. Die Mordtat ist als ein Melodram »Das Schloß Paluzzi« vom Französischen aus über alle Theater gegangen, auch in Deutschland wurde ein Bühnenstück davon geschrieben, und wie Geschworene und Richter sie beurteilt, ist die Geschichte in unsere Kompendien und Lexika übergegangen. – Nur eine Stimme erhob sich vor zehn Jahren für die Verurteilten, um die Ungerechtigkeit des Urteils darzutun, die Ehrenrettung der gefallenen Opfer herzustellen; es war die Stimme eines Deutschen. Die Schrift heißt »Fualdes angebliche Ermordung oder nähere Beleuchtung des merkwürdigsten Kriminalfalls unseres Jahrhunderts durch Peter von Kobbe. Celle 1831.«

Der späte Verteidiger sucht aus den Akten darzustellen, daß nicht weniger als der ganze Tatbestand des Verbrechens fehle, daß weder mit Bestimmtheit ermittelt sei, daß Fualdes überhaupt von fremder Hand ermordet sei, noch weniger aber, wenn es der Fall, daß es in Bancals Hause unter diesen Umständen und von diesen Personen geschehen sein könne. Er beweist, daß die Zeugenaussagen, die ganze Beweisführung voll schlagender Widersprüche, daß die gravierenden Zeugen selbst im höchsten Grade verdächtig seien; er bemüht sich, darzustellen, wie die Untersuchung, entweder von Parteihaß oder fanatischer Überzeugung geleitet, ungerecht und von allen beteiligten Richtern und Magistratspersonen mit dem bestimmten Vorurteil der Schuld der Beklagten geführt sei; daß die höchsten Richter die Geschworenen selbst zu induzieren, die Defensoren abzuschrecken und einzuschüchtern gewußt und versucht endlich den Beweis zu führen, auf welchem Wege die ganze Fabel entstanden sei.

Es hält gewiß nicht schwer, in einer großen Anzahl Verdikte der Geschworenengerichte nicht allein Verstöße gegen das formelle Recht, sondern auch gegen das Urteil unserer Vernunft und unseres Gefühls ausfindig zu machen. Wenn wir aber vom Gesichtspunkte unseres Rechtsgefühls aus gegen die Juryurteile mißtrauisch sind, so dürfen wir auch nicht ohne Mißtrauen die Urteile unserer Juristen betrachten, wo ihre aus dem formellen Recht gewonnene Ansicht mit dem aus der menschlichen Überzeugung hervorgegangenen der Jury nicht stimmen will. Dieselbe vorgefaßte Meinung, welche die Geschworenen in einzelnen Fällen von der Wahrheit abführt, verführt unsere Juristen im allgemeinen zum Argwohn gegen alle Geschworenenaussprüche, woran unsere juridische Literatur an Beispielen keinen Mangel hat. Nach dem Begriff des Geschworenengerichts aber, wo die Wahrheit nicht aus geschriebenen Akten, sondern aus dem unmittelbaren Eindruck der lebendigen Wirklichkeit geschöpft wird, ist ein Urteil, was nicht aus den Verhandlungen selbst, aus Aug und Ohr auf Zeugen, Kläger, Verklagte, aus der persönlichen Kenntnis der Personen, der örtlichen Verhältnisse hervorgeht, keines. Denn was von den Verhandlungen der Schrift anvertraut, was nicht so wie es ist, sondern wie es der Nachschreiber auffaßt, unter Einwirkungen der Drucker, Zeitungsredakteure, vielleicht gar einer Zensur gedruckt wird, ist immer ein schwacher Abdruck der lebendigen, öffentlichen Darstellung, die ihre mannigfachen Täuschungen haben mag, aber Täuschungen, die in der Öffentlichkeit auch ihr Gegengift finden. Was nach dem Buchstaben der Mitteilung dem Leser wahr erscheint, ist dem Geschworenen vielleicht Täuschung, der dem Sprechenden ins Auge sieht; und was uns als Täuschung erscheint, erkennt der Geschworene vielleicht für wahr, weil er die Unbeholfenheit, Angst und doch innere Treue des Zeugen ins Auge faßt. Nach der Bedeutung der Geschworenengerichte existieren nicht und können nicht existieren, was wir Akten nennen, legalisierte Dokumente, bleibende Buchstaben, nach denen der Gelehrte in der fernen Universitätsstadt und ein Richter in später Zeit mit eben der ausreichenden Gewißheit im Stande sein müssen, ein Urteil zu fällen, als die Richter, vor deren Person die Personen der Angeschuldigten und Zeugen sprechen, erscheinen und sich geben, wie sie sind. Ein Geschworenengericht und die Verhandlungen vor demselben sind eine Erscheinung, die verschwindet, sobald das Verdikt gefunden. Dieses allein bleibt, auf dieses allein kann rekurriert werden, nicht auf jene. Wo es aber keine Akten gibt, sondern nur inoffizielle Aufnotierungen des Gesprochenen und Verhandelten, wo den zweifelhaften Buchstaben der belebende Geist längst verlassen, wie läßt sich da überhaupt ein Urteil finden, was sich selbst genügt, und wie eins, das ein unter anderen Umständen gefundenes bessern oder gar mit Rechten umstoßen soll!

Dies als Regel. Aber wie es Zeiten der Aufregung gibt, wo gewisse geistige Strömungen so allmächtig sind, daß Vernunft und Verstand des einzelnen dagegen nicht aufkommen und das richtige Urteil erst einer späteren Zeit vorbehalten bleibt, so mag auch die richtige Würdigung manches Kriminalfalls erst der Folgezeit überlassen bleiben, wo Aufregung und Parteiwut sich gelegt haben. Wir sehen dies bei Sands Mordtat. Anders ist es freilich in der vorliegenden. Es streitet sich nicht um die Motive, sondern um eine Tat und Täterschaft; aber religiöse und politische Aufregung und südfranzösisches Blut sind im Spiel. Die Restauration in Frankreich hatte gesiegt. Die katholische und legitimistische Partei im Süden, stark und erbittert, erlaubte sich vielfache Unterdrückungen, Aufreizungen gegen die Liberalen, die ehemaligen Anhänger des Kaisertums und gegen die Reformierten, welche während der Revolution ihrer alten, unter Blut und Greuel der Dragonaden verlorenen Rechte sich wieder angeeignet und unter Napoleons Herrschaft bestätigt erhalten hatten. Es braucht nicht an alle die Machinationen der damaligen Ultra, der Jesuiten und ihrer Mission erinnert zu werden, welche im südlichen Frankreich mehr Zündstoff als im Norden fanden. Es geschahen arge Dinge, und noch ärger waren die Befürchungen. Daß die wütenden Royalisten von einer Ausrottung der Liberalen, die Jesuiten von der der Protestanten wenigstens träumten und die Gegener es wußten und glaubten oder fürchteten, ist ein Faktum, ohne welches die Julirevolution nicht möglich wäre.

Fualdes ward ermordet gefunden. Fualdes, ein Protestant, ein Liberaler, ein ehemaliger abgesetzter Beamter des Kaiserreichs. Ein dumpfes Gerücht lief um von Drohungen, schon längst ausgesprochen gegen das Leben des ehemaligen öffentlichen Anklägers. Eine Tat der Rache, eine Verschwörung gegen ihn als Parteimann lag zugrunde, der Eigennutz hatte nur den Funken in die bereite Mine geworfen. Eine ganze Reihe von Verbündeten, alle einer bestimmten feindlichen, drohenden, übermächtig und übermütig gewordenen Partei angehörig, standen angeklagt da vor dem Volksglauben. Man hatte Beispiele, daß die Gerechtigkeit zauderte, wo die Verbrecher der herrschenden Partei angehörten. Die erhitzten Gemüter vergrößerten das Schreckbild; sie boten alle Kräfte auf, die Gerechtigkeit in Harnisch zu bringen und die von panischem Schrecken ergriffene Einbildungskraft des Volkes zur öffentlichen Anklägerin zu stacheln. Der alte Fall des Jean Calas trat in schrecklicher Erinnerung wieder auf, und es galt gegen den Fanatismus der Katholiken, diesmal nicht einen Unschuldigen zu retten, sondern die Mörder eines Unschuldigen der Gerechtigkeit zu denunzieren und diese in ihrer strengen Pflichtübung zu überwachen. Die Erhitzung teilte sich mit, die Entrüstung nährte den Glauben, und eine skeptische Kritik erschien bei dem Zustande der Volksaufregung bald als Verrat, als Versuch, die bluttriefenden Mörder der wohlverdienten Strafe zu entziehen.

In dieser Aufregung von Furcht und Haß wurde die Untersuchung geführt. Publikum, Zeugen, Geschworene, Richter und Behörden glaubten an die Tat und an die Täterschaft, und in diesem allgemeinen Glauben wurde denunziert, inquiriert, wurden die Zeugen abgehört und das Urteil gesprochen. Da erscheint es nicht allein zulässig, es erscheint als eine Ehrenpflicht, auf die vorhandenen Überlieferungen gestützt, die vollendete Sache noch einmal von einem parteilosen Standpunkte einer neuen Prüfung zu unterwerfen.

Die Geschichte von der Ermordung, wie wir sie mitteilten, strotzt von Unwahrscheinlichkeiten. Kein einzelner hat sie so erzählt; es ist das Kompositum der Ansichten, Vermutungen und Schlüsse der Ankläger, Zeugen und Richter. Ja wäre jedes einzelne Faktum darin wirklich von zwei unverdächtigen Zeugen bekundet, wir müßten unseren Verstand gefangengeben, um alles zu glauben; so sich und der gesunden Vernunft widersprechend, stehen die Tatsachen nebeneinander und sich gegenüber.

In Bastides und Jausions vereintem Interesse soll es gelegen haben, Fualdes ums Leben zu bringen. Um einen alten, schwachen Mann zu ermorden, bedarf es dazu einer Verschwörung von so vielen Personen? Und wenn? Läßt sich eine ungeschicktere Art denken, als ihn auf offener Straße, zu einer Stunde, wo noch nicht vollkommenes Nachtdunkel eintrat, zu ergreifen, zu knebeln und in ein verdächtiges Haus zu schleppen? Dies Haus war in schlechtem Zustande. Der Fußboden der Wohnung über Bancals Wohnung so verwittert und morsch, daß man durch die Bretterspalten bis in die Bancalsche Küche, ja auf den Tisch sehen konnte, wo Fualdes geschlachtet worden; und doch wollen die Spanier, welche oben wohnten, nichts von dem Lärmen, den die Ermordung notwendigerweise verursachen mußte, gehört haben. Die Hebdomadierstraße war so eng, daß kaum ein Karren hindurchkonnte, die Häuser gegenüber stark bewohnt, und aus den Fenstern derselben konnte man in Bancals Küche sehen. Die Mörder und der Ermordete sahen sich fast in täglichem Umgange; bot sich da keine günstigere Gelegenheit, ihn heimlich, ohne Zeugen, aus dem Wege zu schaffen? Bastide sagt, wenn er wollte, er hätte ihn täglich auf der Jagd erschießen, im Wald, auf den Wegen töten und verscharren können. Gesetzt aber, es galt vorher die Erpressung seiner Unterschriften, gab es da für so mächtige Familien als die der Verklagten keine verschwiegeneren Orte, keine listigere Vorbereitung? Ist es möglich, daß Männer von Stand, Vermögen, Bildung, gesetzt daß sie ein so großes Komplott geschlossen, es auf eine solche mehr als grobe Weise ausführen!

Mit dem allergeringsten Grade von Besinnung und Urteilsfähigkeit mußten sie sich sagen, daß zu einer Tat dieser Art die möglichst wenigen Gehilfen schon gefährliche Zeugen sind. Stattdessen ziehen sie eine Zahl von Helfershelfern zu, deren Charaktere und gemeine Gesinnung ihnen gar keine Bürgschaft gewährt: Bordellwirte, alte Frauen, verdächtige Mädchen, Contrebandiers, Herumtreiber, Gesindel, das wohl Lust zu solchen Taten von selbst hat, sie einmal um geringen Lohn begeht und schweigt, aber dann, wie man aus hundert Kriminalgeschichten weiß, für das Leben durch ein furchtbarer, lästiger Mahner bleibt, ein Vampyr, der das Blut der Schuldbewußten langsam aussaugt. Wohl lassen oft große Verbrecher die Tat durch gemeine Leute ausführen, aber sie wissen sich dann geschickt hinter der Gardine zu verbergen und behalten reine Hände. Wo hat man aber je gehört, daß sie selbst und allein handeln, die Hände beflecken und sich in jenen verdächtigen Gehilfen nur Zuschauer bitten, die gelegentlich etwa zugreifen und nur gelegentlich nachher helfen sollen? Waren die zwei, der starke Bastide und Jausion, oder ihre zwei, drei oder vier Verwandten nicht genug zum Morde? Genügten zur Hilfeleistung, wenn sie es nicht waren, nicht die Bancalschen Eheleute? Mußten sie noch eine Weibsperson und fünf verdächtige Kerle aus den Kneipen und von der Straße aufgreifen?

Welche Vorbereitungen setzt die Tat voraus? Das Besprechen und Entwerfen des Planes unter den vielen Haupttätern, – darunter keiner, der Bedenken hegt; die Anwerbung der Herumtreiber und Mädchen, darunter eines Menschen (Bach), der erst vor kurzem in die Stadt gekommen; der strategische Plan, wie man Fualdes auf der Straße ergreife (es war Markt in Rhodez und die Straße Hebdomadier zwar eng, aber sehr begangen); die Postierung zweier Leiermänner usw. Und mit welcher Unvorsichtigkeit begeht man ein so gewagtes Unternehmen? Leiermänner machen freilich Lärm, der ein Geschrei übertönen mag, sie ziehen aber auch Menschen auf die Straßen und an die Fenster. Man hat das Haus nicht vorher von Verdächtigen gesäubert. Eine Dame läßt man im Nebenkabinett sich verstecken, Kinder im verhangenen Bett in derselben Stube schlafen, ohne nur einmal vorher die Gardinen aufzuheben. Warum schlachtet man gerade das Opfer, da das ausströmende Blut notwendigerweise Inkonvenienzen herbeiführen und Blutflecke hinterlassen mußte? So viele starke Männer konnten mit Leichtigkeit den alten Mann erwürgen, vielleicht mit der bloßen Hand, so daß nicht einmal eine Strangulationsmarke geblieben wäre. Will man aber sein Blut fließen sehen, weshalb ihn erst auf den Tisch, weshalb wiederholt auf den Tisch legen, da es doch einfacher war, ihm, nachdem er ausgeschrieben, von hinten einen Stoß ins Genick zu geben? Kann ein so mordgieriger Mann wie Bastide im Augenblick, wo ihm das Opfer aus den Händen laufen will, die Ruhe behalten, einem anderen, der es aufzugreifen zögert, eine Ohrfeige zu geben?

Die Zahl der kleinen Unwahrscheinlichkeiten ist groß. Wenn Fualdes beim Hereinschleppen geknebelt war, riß etwa schon auf der Straße der Knebel, warum schrie er dann nicht? Oder brachte man ihn geknebelt bis ins Haus, warum warf man alsdann das Tuch, das ein Knebel sein sollte, wieder auf die Straße? Ist es wahrscheinlich, daß man dem Mörder um eine so geringe Summe wie etwa 20 Francs, wie der am besten bezahlte Bach erhalten haben will, dingt? Ist es wahrscheinlich, daß die Haupttäter sich, wie die späteren Zeugen bekunden, mit Namen untereinander gerufen haben? Ist es wahrscheinlich, daß die Mörder einen der Wechsel, die Fualdes hat schreiben müssen und um die er ermordet worden, aus Nachlässigkeit auf dem Boden liegenließen?

Waren Bastide und Jausion so leichtsinnige, unbesonnene Menschen, um auf so unbegreiflich plumpe Weise ihr Ziel zu erstreben? Oder trieb sie ein fanatisch blinder Haß? Von letzterem ist nichts erwiesen. Jausion war ein Wechsler. Geschäftsmänner, die mit Geld handeln, pflegen mit großer Vorsicht zu Werke zu gehen. Bastides beide Neffen waren Notare! Bastide selbst, ein roher, wilder Mensch, verriet während des ganzen Prozesses die äußerste Besonnenheit und Kaltblütigkeit, mit einem natürlichen Verstande verteidigte er sich und wußte mit bitterem Spott die Widersprüche der Zeugen aufzudecken.

Nach dem ärztlichen Befunde war es eine Wunde, mit einem stumpfen Messer beigebracht, an der Fualdes verblutet ist. Nach der Erzählung sollen mehrere zugestoßen oder zugeschnitten haben! Dies letztere wurde geglaubt.

Die Tat war geschehen, die Leiche lag da. Wenn man sie auf geschickte Weise hätte in das Fualdessche Haus zurückschaffen können, wäre Vernunft und Überlegung bei der Sache. Aber wenn man sie in den Fluß werfen wollte, was bedurfte es solcher furchtbaren, verräterischen Anstalten? Hätten nicht die Schultern eines starken Contrebandiers ausgereicht, um den Körper eines alten Mannes, in einen Sack gesteckt, aufzuladen? Es wäre in Stille und Verschwiegenheit abgetan gewesen. Zur Sicherheit hätten die anderen in einiger Entfernung davon einhergehen können. Stattdessen wird ein romanhafter Leichenzug angeordnet. Vier Männer tragen den Leichnam auf ihren Schultern, indem sie noch eine besondere Bahre von zwei langen Stangen dazu bereiten; ein großer Mann schreitet mit einer Doppelflinte voraus, ein anderer folgt mit einer Flinte und noch einer mit einem Stocke bewaffnet. So schreiten sie auf einem großen Umwege (der sich freilich erklären ließe) durch die Stadt nach dem Flusse. Kaum läßt sich etwas erdenken, was der Sache ein gefährlicheres und verdächtigeres Ansehen hat geben können. Denkbar freilich, daß sie einen Zug Contrebandiers fingieren wollen; aber war das nicht gerade das Mittel, einen Angriff und Entdeckung anzuziehen? Aber es war ein furchtbares Bild für die Einbildungskraft und korrespondierte mit der Abschlachtung auf dem Tische und dem Auffangen des Blutes in einem Kübel!

Die Tat ist vollbracht, die Leiche gefunden, eine himmelschreiende Mordtat wird vermutet. Was lag näher, als daß die Mörder nun alles vermieden, was auf sie den Verdacht lenken konnte? Stattdessen stürmt am frühen Morgen Jausion in Fualdes Haus, erbricht dessen Schreibtisch und durchsucht seine Papiere. Dies ist erwiesen und eingestanden (nachdem Jausion beim ersten Verhör aus Angst es geleugnet), auch eingestanden, daß Jausion zum Bedienten gesagt, er möge es der bekümmerten Witwe verschweigen. Die Tat an sich war entweder eine unerlaubte Selbshilfe oder doch ein eigenmächtiges, aufs äußerste unvorsichtiges Verfahren. Aber Jausions Erklärung ist an sich nicht unwahrscheinlich. Er, der mit Fualdes im nächsten Geldverkehr stand, hört, daß er ermordet und beraubt sei; er stürzt deshalb in sein Zimmer, um sich zu überzeugen, zu sehen, was fehlt, was vielleicht geschehen muß, um weiteren Verlusten vorzubeugen. – Die andere Geschichte von Bastides Einbruch ins Haus, von dem Schlüssel, der aus dem Bett gefallen und daß auch er die Läden durchwühlt und Papiere fortgenommen, ist in unserem Sinne nicht erwiesen. Bastide will erst am Nachmittag des 20. März in die Stadt und in das Haus gekommen sein, und auch die Frage an die Dienstmagd, ob Fualdes zu Hause sei, soll auf einem Mißverständnis beruhen.

Wenn zwei am Abend vorher einen dritten ermordet, wenn sie ihm Wechsel abgepreßt haben, werden sie dann noch am nächsten Morgen in sein Haus brechen, um den Raub vollständig zu machen und seine Papiere und Gelder ihm fortzunehmen? Vielleicht wenn es gemeine Raubmörder sind, denen die erste Beute nicht genügt, die sich dann aus dem Staube machen wollen, obwohl auch diese gescheiter handelten, wenn sie in der Nacht einbrächen statt am Morgen, wo die ganze Stadt schon auf den Beinen ist und erfüllt von der gräßlichen Nachricht. Aber angesessene und angesehene Bürger dürften, zumal nach solchem Blutrausch, zu einiger Furcht und Besinnung erwacht sein, um dem schreienden Verdacht durch eine neue, nicht zu verbergende Gewalttat nicht frische Nahrung zu geben. Zuerst ein Raubmord und dann am hellen Tage noch ein Einbruch erscheint doch als zu viel!

Die Möglichkeit bleibt freilich nicht ausgeschlossen, daß Jausion gerade durch diese offenkundige Gewalttat und daß er sie in Gegenwart zweier Damen und eines Bedienten beging, den Verdacht von sich hat abwälzen wollen, daß er an der finsteren Tat könne teilgenommen haben. Aber die Berechnung ist sehr fein, zu fein für jemand, der so plump die Schlächterszene im Bancalschen Hause veranstalt hat.

Bei den vielen Dunkelheiten im Prozesse erscheinen die Geld- und Geschäftsverhältnisse zwischen Mörder und Ermordeten und somit das nächste Motiv zur Tat am allerdunkelsten. Nach dem was uns davon mitgeteilt worden, ist es nicht erwiesen, daß Jausion und Bastide den Fualdes betrogen und beraubt haben, noch daß sie nach dem Stande ihrer

Geldverbindungen sich von ihm so gedrängt und gedrückt fühlten, um darin das Motiv ihrer Mordtat zu finden. Nach der Meinung des Publikums hatte Jausion seinen Kredit durch Fualdes Darlehen sehr erweitert, Bastide aber sei diesem 10 000 Francs schuldig gewesen. Es konsterniert aber nur, daß Fualdes, als er starb, statt wohlhabend zu sein, ein Bettler war. Daß er es allein durch die Mordtat, durch die Unterschrift der Wechsel und den Einbruch in seine Schreiblade geworden, hätte erwiesen werden müssen. Es ist nicht geschehen.

Fualdes Journale, sein Portefeuille und die Gegenscheine fehlten; er war nach Angabe des Advokaten seines Sohnes um 100 000 Francs verschuldet, von denen er mit 45 000 Francs Jausion und dessen Kommittenten verhaftet war. Aber ist es zur Evidenz erwiesen, daß Jausion und Bastide die Bücher und Journale verschwinden lassen? Es sind von seiten der Familie einige schlechte Bücher, wie der Faublas, die sich im Nachlaß fanden, beiseite gebracht und verbrannt worden, was Freunde der Madame Fualdes verwarfen. Der Staatsanwalt widersetzte sich, was die Angeklagten forderten, der gleichzeitigen Verhandlungen des Zivilinteresses mit dem Kriminalverfahren als einer *question totalement étrangère à l'objet de l'accusation.* »Was gehen uns jetzt Handlungsbücher oder Papiere an, die nach Gutdünken verfertigt sein können, nachdem Fualdes Register und Bücher alle fehlen?« Jausions Bücher sollten nach dem Bericht der Kommissare (bei den zweiten Assisen) falsch sein. Jausion behauptete dagegen, die Siegel seiner Handelsbücher wären verletzt, somit könne von anderer Seite her eine Fälschung erfolgt sein. Der Staatsanwalt räumte ein, daß man die Wiederversiegelung nach den ersten Assisen unterlassen, weil man nicht geglaubt, daß das Urteil kassiert werden würde. Jausion hatte faktisch Papiere in Händen, wonach

Fualdes ihm bedeutende Summen schuldig war; aber Fualdes Erben behaupteten, man habe beim Einbruch bereits verfallene und zurückgegebene Papiere entwendet und wiederhergestellt. Die namhaften Summen, welche Jausion in Wechseln, ausgestellt von Fualdes, in Händen gehabt, seien nicht sein Eigentum gewesen, sondern ihm nur zum Schein zediert worden, entweder damit er als Fualdes Mandator die Gelder einziehe oder, wie angegeben, um seinem Geschäfte mehr Kredit durch diesen bedeutenden Geldverkehr zu verschaffen. Zu Fualdes Sicherheit habe ihm Jausion für diese zedierten Wechsel ebensoviele Gegenscheine ausstellen müssen; und um diese Gegenscheine wieder in seine Hände zu bekommen, sei es geschehen, daß er am Morgen in Fualdes Haus den Einbruch unternommen. Erst bei den zweiten Assisen von Alby kam es zur Sprache, daß Fualdes alle diese Wechsel erst vor der Ermordung hat schreiben müssen. Wenn sich die Mörder aber alles schreiben lassen, was sie verlangten, hatten sie dann noch nötig, Fualdes in seinem Hause zu bestehlen?

Gewiß ist nur, daß Jausion von den Kaufgeldern, welche Fualdes durch den Präsidenten de Seguret erhalten, für 12 000 Francs in Händen hatte und diese am 19. März 1817 auf der *place de cité* von Fualdes erhalten haben will. Fualdes Erben bestreiten letzteres. Die in *blanco* geschehene Zession der Wechsel könne höchstens (wenn sie auf rechtliche Weise erfolgt wäre) als ein Geschäftsauftrag an Jausion, nicht aber als Eigentumsübertragung betrachtet werden.

Gewiß ist aber auch, daß Bastide an demselben Tage in Fualdes Auftrag 10 000 Francs Papiere zu Geld machen sollte. Es gelang ihm nur mit 2000 Francs, die er bei Julien Bastide unterbrachte. Die übrigen Papiere erhielt Fualdes noch am 19. von Bastide zurück, sie fanden sich in jenes Nachlaß. Wenn Bastide ihn ermorden und am folgenden

Tage bestehlen wollte, hätte er diese Prozedur nicht nötig gehabt.

Fualdes Sohn machte Ansprüche auf Restitution von 20 000 und Zahlung von 64 824 Francs, welche, mit den 12 831 Francs, die man bar oder in Papierem im Nachlaß gefunden, eine Summe von 97 655 Francs oder den Betrag der ganzen Passivmasse ausmachten, welche allein (?) durch den Diebstahl und die Betrügereien der Verklagten entstanden wäre. Die Verurteilten replizierten durch ihre Sachwalter: die Schuldenmasse sei noch gar nicht gehörig ausgemittelt; sie betrage höchstens 60 000 Francs; daß Fualdes diese Schulden wirklich selbst kontrahiert habe, sei erwiesen; die 20 000 Francs wären seit Dezember 1816 erweislich Jausions Eigentum geworden; endlich müsse der junge Fualdes positiv dartun, daß die schlechten Umstände, in denen sein Vater gestorben, durch die Entwendung der Verurteilten veranlaßt wären, und er könne sonst keine Forderung aufstellen, außer etwa eine Entschädigungsklage wegen des Mordes, d. h., daß er das Blut seines Vaters bezahlt verlange! – Der junge Fualdes erklärte aber, daß er das Geld nur verlange, um die Gläubiger seines Vaters zu befriedigen. Das Gericht entschied: es liege hier eine reine Entschädigungsklage vor und verurteilte die sechs Mörder des Fualdes als solche zur solidarischen Zahlung von 60 000 Francs.

Die Assisen interessierten diese verwickelten Geldangelegenheiten wenig, ihre Aufmerksamkeit war mit den Indizien der eigentlichen Mordtat zu sehr beschäftigt; noch weniger interessierten die Rechnungen aber die Nachschreiber; und das Urteil des Gerichts, welches nur auf eine Geldentschädigung wegen des Mordes erkannte, brach die Sache kurz ab, ohne mehr Licht in die dunkle Sache oder über die Motive der Tat zu bringen: Dennoch bleibt als Resultat auf Jausion ein Verdacht haften, den er ebensowenig zu widerlegen gewußt, als seine Gegner vermocht, ihn zum positiven Beweis zu steigern.

Herr v. Kobbe hat sich die Aufgabe gestellt, eine Geschichte davon zu schreiben, wie aus den ersten Verdachtsgründen durch das eingeschlagene Verfahren die geglaubte Erzählung sich ausbildete, wie sie allmählich wuchs und, aus sich selbst fortzeugend, sich gliederte und verschlang und Wurzeln zurückschlug, bis das Märchen als eine kompakte Waffe bei Publikum, Richtern, Geschworenen und ihren Verteidigern selbst zur festen Überzeugung wurde, dergestalt, daß niemand mehr daran zu rütteln wagte und nur jeder Beteiligte sich für seine Person herauszuziehen und davon loszumachen versuchte.

Fualdes war ermordet. Bestürzung und Entsetzen sind allgemein. Man sucht nach einem Täter, nach dem Ort der Tat. Schon am 20. März hieß es, er ist in Bancals Hause ermordet worden. Schon am 21. nannte man Bastide als Täter. Schon am 23. wußte man, daß Fualdes auf einen Tisch gelegt, dort mit einem stumpfen Messer abgekehlt worden und daß Bastide ihm das Beten verwehrt habe. – Wer verfolgt die Geschichte eines Gerüchts bis auf seine Quellen! Hierüber bleibt auch der neue Defensor uns Rechenschaft schuldig. Bancals Haus war berüchtigt als ein Haus, wo alles Schlechte sich zutragen mag. In der Nähe davon wurde Fualdes Stock gefunden. Bastide mag gehaßt, gefürchtet gewesen sein. Ein Professor, Bignet, der ihn in einem Kaufladen gesehen, erklärte zu einem Kollegen, als sie Bastide am 19. begegneten, »der Mann habe eine sehr abschreckende Miene«, und er habe sich eines unwillkürlichen Schauders nicht erwehren können, worauf Bastide freilich spöttisch erwiderte, er wünsche dem Departement Glück, welches solche Physiognomen zu Professoren habe. Ein Gerücht entsteht oft aus einem Worte. Hätte der Arzt vielleicht beim Leichenbefunde die Äußerung fallen lassen, »eine Wunde, als hätten sie ihn förmlich geschlachtet!« Ein Zeuge an der Tür hört es halb und trägt es weiter. Der Arzt selbst hat es gesagt! Im Volke heißt es nach einer Stunde, »sie haben ihn förmlich abgeschlachtet«. Das ist eine aus der Luft gegriffene Vermutung, aber viele allgemein geglaubten Gerüchte haben keine bessere Begründung.

War Bancals Haus verdächtigt, so waren es auch dessen Inwohner, Leute an und für sich verdächtiger Art. Jemand äußerte zu Colard: »Die Mordtat soll ja in euerem Hause geschehen sein.« Colard antwortete, er wisse nichts davon, er hätte mit Missonier und anderen bei Rose Feral an dem Abend getrunken. Er habe zwei Gewehre, und hätte er Lärm gehört, wäre er gekommen und hätte gerettet. Man forschte nach, wer bei Rose Feral getrunken, und kam, nachdem Anne Benoit schon durch ihre Wohnung im Bancalschen Hause und ihr Verhältnis zu Colard schwer verdächtigt war, auf Bach und Bousquier. Ein Tuch, das Annen gehörte, war auf der Straße gefunden worden, das war der Knebel; Colards beide Gewehre waren das Material, um den Leichenzug zu bewaffnen.

Am Tage, als Fualdes begraben wurde, erzählte Bousquier, »daß ihn in der Nacht der Ermordung jemand in einem blauen Rocke mit einem starken Ballen beladen und ihn gut dafür bezahlt habe; auch habe dieser jemand ihn dreimal rufen lassen«. Ein Dritter, der es hörte, rief aus: »In dem Ballen könnte wohl Fualdes gesteckt haben.« Möglich, daß diese Äußerung dem Prozesse die Wendung gegeben, welche er genommen.

Bousquier ward darauf (24. März) verhaftet; es lag noch kein anderer Grund vor. Die paar blutigen Lumpen wurden erst nach der Verhaftung unter seiner Kellertreppe gefunden. Bousquier war ein schon wegen Betrügerei bestrafter

Mensch. Er wußte anfänglich nichts, ward darauf ins strengste Gefängnis geführt und der Gefangenenwärter Canitrot machte einige Versuche, ihn zum Geständnis zu bringen. »Redet frisch zu; man muß die Herren nicht ennuyieren; ihr werdet eine böse Nacht zu überstehen haben.« Am anderen Morgen ließ ihm Canitrot durch einen anderen Gefangenen die Gesetzstelle vorlesen, wonach derjenige, welcher gezwungen gewesen, einem Verbrechen beizuwohnen, mit zwei Jahren Gefängnis davonkomme. Darauf bekannte Bousquier vor dem Richter, als er aber zur Hauptsache kam, fiel er ohnmächtig nieder. Nachdem er sich erholt und alles ausgesagt, »kam er mit frohem Gesichte, wie von einer Hochzeit, zurück«.

Der Inhalt seiner Aussage war, daß er von Bach bestellt, um Tabak zu tragen, in Bancals Haus gekommen. Dort habe er die Bancals, Colard, Missonier, Anne Benoit und ein anderes Mädchen, die er nicht kannte, gefunden; außerdem zwei Herren, Bastide war der eine, den anderen nannte ihm Bach nicht. Auf dem Tische lag ein großes Paket. Als er erfahren, daß es ein Toter sei, habe er weglaufen wollen. Hierauf folgt die Todesdrohung und die vollständige Geschichte des Leichenkondukts bis zum Aveyron, wie sie in der Erzählung enthalten ist.

Dies ist das Hauptzeugnis, auf dem die ganze Untersuchung beruht. Bousquier soll vor dem Instruktionsrichter fünfmal verschiedene Aussagen getan, mit dem Gefangenen, der ihm die Gesetzstelle vorlas, vielfach verkehrt und anfangs auch den jungen Bessières-Veynac als Teilnehmer genannt, dies aber wieder zurückgenommen haben, als man ihn belehrt, daß dieser ein unwiderlegliches Alibi dartun könne. Inwiefern man nach diesen Ermittlungen glauben darf, daß er die Rolle des Hamacher (aus dem Fonkschen Prozesse) gespielt, ist nicht zu erweisen. Jedenfalls ist das

Zeugnis eines schon wegen Betrugs gestraften Herumtreibers, der der Beihilfe zur Tat geständig, sich durch sein Zeugnis von der Strafe zum Teil freimachen will, ein sehr verdächtiges.

Zu gleicher Zeit hieß es, die Bancalschen Kinder wissen um die Tat, sie waren Augenzeugen, sie haben es gegen mehrere ausgesagt. Diese Kinder (die zehn- bis zwölfjährige Tochter Magdalene wird eigentlich nur als Sprecherin genannt, die anderen waren jünger), nach der Verhaftung ihrer Eltern am 25. März ins Hospizium gebracht, konnten natürlich nicht als Zeugen vor die Assisen gestellt werden. Am 24. März vom Instruktionsrichter befragt, hatte Magdalene vorgegeben, nichts zu wissen. Was die Geschworenen von diesen Kindern erfuhren, beschränkte sich auf die Aussagen dritter, auch vierter Personen, welche von den Kindern dies und jenes gehört haben wollten. Da hatte Magdalene gegen den einen gesagt, »ihre Mutter könne niemand nennen, da sie nur den einen reichen Herrn (Jausion) gekannt habe«. Gegen andere, »sie hätte Fualdes in ihrem Hause ermorden sehen, man hätte ihn auf einen Tisch gelegt und ihrer Mutter Geld gegeben. Der Herr wäre ein recht böser (*mechant*) Mann gewesen; er habe sich viel gerührt und der Tisch wäre umgestoßen; das Blut hätte man aufgefangen und den Schweinen gegeben.« Aber der Ökonom des Hospizes hatte geständlich Magdalenen und ihrem dreijährigen Bruder nach dieser Aussage einen Sou gegeben. – Madame Manson erfuhr im August bei einem Besuch im Hospiz von den drei Kindern die Geschichte von den zwei Broten, die auf dem Tisch gelegen und daß dieser umgestürzt sei, auch daß Fualdes um Zeit zur Buße gefleht habe, Bastide aber geantwortet habe, das kannst du beim Teufel tun. – In der zweiten Assise sagt eine Marianne Marty aus, Magdalene habe ihr die Ermordung, der sie zugesehen, erzählt. Jausion habe den ersten Stich geführt, da habe Bastide ihm gesagt: Geh weg, du machst es nicht recht. Von dieser Marianne kommt auch die Geschichte vom Schauder beim Brotschneiden. – Magdalene kannte auch Madame Manson (deren Bousquier nicht erwähnt; die Manson aber hatte die Kinder im Hospiz besucht); nach ihrer Aussage gegen einen Herrn Bertrandy war die Manson schon im Hause eingetreten, als sie *en famille* gegessen hätten.

Das Zeugnis von Kindern gegen ihre Eltern wäre von großer Bedeutung, aber die Aussagen von unerwachsenen Kindern, die ohne ausgebildete Urteilskraft aussagen, was man wünscht, daß sie sagen sollen, ist ohne Bedeutung. Stände fest, daß Magdalene alles, was sie gesagt haben soll, von vornherein, freiwillig, ohne daß es ihr von anderen vorgesprochen worden, ausgesagt hätte, so wäre es für die moralische Überzeugung ein gewichtiges Zeugnis. Aber die Kinder wiederholten nur, was ganz Rhodez glaubte, was der allgemeine, alleinige Gegenstand jeder Unterhaltung war. Sie sagten es nicht frei heraus, sie wurden ausgefragt, und wie man fragte, antworteten sie. Wenn man Erwachsenen Dinge einreden kann, die sie nicht selbst erlebt, bis zur eigenen Überzeugung, wieviel leichter Kindern, die da ringsum sich Erwachsene und Respektspersonen von dem Glauben derer erfüllt sehen, die geschmeichelt, beschenkt werden, wenn sie aussagen, was diese wollen, und vielleicht Bestrafung fürchten, wenn sie anders sprächen. Scheut sich schon ein Erwachsener, etwas zurückzunehmen, was er in der Übereilung, aus falschen Schlüssen einmal ausgesprochen, wo soll das Kind den freien Willen herbekommen, wenn ihm ja etwas von Überzeugung käme, daß es nicht recht gesprochen, es zu widerrufen? Immer fester und fester wurde ihnen ihre erste Aussage eingeredet, und sie erweiterte sich, je mehr sie Aufmunterung erhielten und ihre

Eitelkeit durch die ihnen geschenkte Aufmerksamkeit sich geschmeichelt fand. Da wußte Magdalene dann endlich (nach dem ersten Geschworenenurteil) über alles Bescheid zu geben, was am Mordabend sollte geschehen sein, wie sie ins Bett geschlichen, wie der Herr hereingezogen worden, wie zwei Damen dabeigewesen waren, die eine mit einem weißen Hut und grünen Federn; wie man die Damen aus dem Fenster gelassen, den Herrn an den Tisch setzen und Wechsel schreiben und dann sterben lassen; wie zuerst Jausion, dann Bastide, endlich Missonier zugestoßen habe; vom Füßehalten, vom Kübel, den Anne gehalten und worin Mutter das Blut aufgefangen, von der hereingeschleppten Madame Manson usw.

Daß viele Widersprüche in diesen Aussagen vorkommen, will nichts bedeuten, wo das ganze Fundament schwankt und wankt und die Anführung von Wechselschreiben zur Evidenz dartut, daß das zwölfjährige Mädchen aus dem niedrigsten Volk, die nichts von *lettre de change* wissen konnte, nur was man ihr vorgesagt, nachplappert. Ja es ist erwiesen, daß man diese Kinder heillos mißbrauchte. Bei den vielen Besuchen, die sie erhielten (man hat sie auch in Kupfer gestochen), richtete man Magdalene ab, von der Dame mit grünen Federn zu sprechen, um die erwähnte Miß Gipson in Verlegenheit zu setzen!*

Die Anklageakte zu Rhodez ist aus den Aussagen Bousquiers und der Bancalschen Kinder und Zuziehung der Schlüsse und Reden einzelner Zeugen zusammengesetzt. Von diesen bekundet einer, daß er Fualdes nach acht Uhr in

* Was auf solche Kinderreden zu geben sei, davon kann sich jeder überzeugen, ruft der deutsche Verteidiger. Er nehme das erste beste Kind vor, und es wird ihm gelingen, von diesem jede beliebige Mordgeschichte auszufragen. Wie leicht es sei, auch bei Erwachsenen durch dreiste Fragen sonderbare Geständnisse zutage zu fördern, führt er ein interessantes Beispiel aus der englischen Kriminalistik an, welches wir als Anhang zu diesem Fall folgen lassen.

die Straße de l'Ambrague einbiegen gesehen und daß ihm ein Mann oder eine Frau eiligst gefolgt sei. Ein anderer sah vor Missoniers Hause Leute, die sich Zeichen gaben. Eine Frau sah um die Zeit in der Rue des Hebdomanier zwei Menschen unbeweglich stehen; eine andere sah einen Menschen gehockt und hörte die Leier spielen. Eine Schneidersfrau sah mehrere Leute, die etwas zogen, glaubte aber, es sei ein Mädchen. Der Schneider Brost hörte Geflüster und sah Leute etwas in Bancals Haus ziehen. Françoise Garrigon, ein wegen Kindermord und Diebstahl im Gefängnis sitzendes Frauenzimmer, will von der Bancal im Kerker die ganze Geschichte der Ermordung gehört haben. Daher die Geschichte vom Knebel, vom stumpfen Messer, vom Hemde, das wie ein Chorhemd gewesen, vom abgenommenen Ringe, vom Schlüssel, der an Bastide gegeben worden, von dem Gelde, das man aus Fualdes Taschen geholt usw. Diese verdächtige Zeugin bekundete übrigens bei den zweiten Assisen von Alby, daß die Bancal trotzdem gesagt, »ihr Herz sei so rein wie der Tag«.

Ein Antoine Alboui behauptet, daß Bastide (am 23. März) ihm gesagt, er sei Fualdes 10 000 Francs schuldig. Bastide bestreitet es und will nur 130 Francs schuldig gewesen sein. Eine Frau hörte ihn am 19. auf der Straße zu Fualdes sagen: »Fehlt nicht um acht Uhr.« Das in der Erzählung oben angeführte Gespräch, wonach Fualdes zu Bastide gesagt: »So also hältst du mir Wort!« dieser aber antwortete: »Sei ruhig, heut abend nach acht Uhr werde ich dir Rechnung machen« soll ein Maurer gehört haben, der nicht mehr aufzufinden war. Vor den Assisen von Alby bekundete ein Louis Brasotte, Bastide habe zu Fualdes abends fünf Uhr gesagt: »In drei Stunden werden wir unsere Rechnung abmachen.« Eine Catharina Massola hatte am 19. Februar neben Bastide gesehen und jener sagte: »Denkt daran, was ich Euch heute nachmittag gesagt«, dieser erwiderte: »Fehlt nur nicht, ich werde um acht Uhr, spätestens ein Viertel nach acht dort sein.« Ein Lacombe erinnerte sich erst bei den zweiten Assisen, daß Fualdes zu Bastide am 19. an der Kirche gesagt: »Sie zwingen mich aufs äußerste.«

Über den Leichenkondukt nach dem Aveyron bekundet nur ein Herr Albene, daß er eine Masse von Schatten gesehen, die im Finstern gingen und ihm Furcht einflößten. Am Constansschen Garten hätten sie haltgemacht. Er habe einen derben Fluch ausgestoßen (?) und sich aus dem Staube gemacht. Am anderen Morgen habe ihm sein Bedienter gesagt, Bessières-Veynac sei darunter gewesen. (Derselbe, der später sein Alibi nachwies). – Bancal starb im Gefängnis, ohne etwas von der Mordszene in seinem Hause wissen zu wollen, und doch soll er gesagt haben, er wisse, daß Bastide der Täter sei und es seien deren noch mehrere.

Auf Grund dieser Aussagen, nämlich der Mitschuldigen, Bousqiers, das Gerede der Bancalschen Kinder und die teilweise damit übereinstimmenden und sie bekräftigenden Niederlegungen der letzteren Zeugen, unter denen eine Todesverbrecherin vom Hörensagen die Mordtat bekundet, wurde das schuldig von den ersten Geschworenen ausgesprochen; denn die Aussagen der Manson konnten hier noch nicht in Betracht kommen, da sie, was sie außergerichtlich geäußert, vor Gericht zurücknahm und den Geschworenen nichts als die Ursache ihrer Krämpfe, Ohnmachten und Verzuckungen zu erraten gab.

Wir sahen, wie ganz unerwartet die Kassation des ersten Urteils kam, welche Aufregung sie veranlaßte. Man bot seitens der Ankläger, der Behörden, der Richter, des Publikums alles auf, um die Beweise gegen Angeklagte, von deren Schuld man überzeugt war, so zu verstärken, daß ein zweites schuldig nicht ausbleibe, daß dies zweite Urteil nicht abermals wegen eines Formmangels kassiert werden könne.

Bousquier war nicht weniger graviert als die übrigen Mordgehilfen, und dennoch, weil er als Angeber auftrat, war er mit zwei Jahr Gefängnis davongekommen. Welche Lockung für die zum Tode Verurteilten, seinem Beispiel zu folgen! Bach, der bisher trotzig geleugnet, fiel zuerst ab. Vom 4. März 1818 ab bekannte er in verschiedenen Verhören, wie er angeworben, Tabak zu tragen, in das Bancalsche Haus von Bousquier geführt worden; dort Bastide, Jausion, Missonier, die Bancals und Colard, außerdem aber zwei jüngere Frauenzimmer gefunden; wie aus dem Ballen Tabak eine Leiche geworden; wie, als er mit Bousquier entfliehen wollen, Bastide ihm ein Gewehr auf die Brust gesetzt und gedroht habe: »Wenn du dich rührst, bist du des Todes«; wie er Jausion gescholten: »Du tust nichts«, worauf dieser geantwortet: »Was soll ich tun, Du tust ja genug«; wie der Tote auf dem Tische gelegen in Leinen gewickelt, mit Stricken umwunden; wie darauf der Leichenzug in angegebener Ordnung vor sich gegangen usw. Auch der Herr, der einen Fluch ausstieß, als sie im Winkel ruhten, fehlte nicht. – Später wußte er (was man gern gegen Bastide herausbekommen hätte), daß das eine Mädchen, die hübsche Nähterin Charlotte Arlabosse, Bastides Vertraute gewesen und daß Bancal schon am Tage darauf ihm nochmals Verschwiegenheit mit dem Versprechen anempfohlen, daß in nächster Woche noch ein hübscher Coup in einem Nachbarhause zu machen sei. – Noch später wußte er, daß in Bancals Küche außer den Genannten noch ein Tabakhändler, der ihn engagiert, Bessières-Veynac, und ein gewisser René gewesen. Bastide habe sogar laut gefragt: »Wo ist mein Neffe Bessières?« Auch die Geschichte vom Schlüssel und Ringe kam ihm später ins Gedächtnis.

Bach wiederholte vor den Geschworenen diese Eröffnungen am 30. März, anfangs mit sehr schwacher Stimme, dann mit steigender Dreistigkeit. Bastide erwiderte darauf verächtlich, ob er sich gegen einen Elenden verantworten müsse, der sich für 20 Francs hergibt, einen Menschen zu töten? Doch fragte er ihn, ob man die Leiche gleich bei der Ankunft am Flusse in denselben geworfen habe. Bach bejahte es, wohingegen Bousquier erzählt hatte, daß man zuvor gegen 150 Schritte am Ufer fortgegangen wäre. Bastide erklärte höhnisch, daß er nur habe zeigen wollen, wie zwei Lügen selten übereinkämen.

Bach hatte im ganzen nur wiederholt, was schon Bousquier ausgesagt, mit Einverwebung dessen, was inzwischen ermittelt worden oder geglaubt wurde. Indessen hatte einer der Richter, der Rat Pinaud, den Mut, wiederholt auf die Unglaublichkeit und Absurdität der Depositionen aufmerksam zu machen, was Anlaß gab, den Bach noch schärfer zu inquirieren und ihn zu neuen Angaben aufzumuntern. Was er bisher geboten, war schon etwas schimmlige Ware, und er konnte nicht denselben Preis wie Bousquier dafür erwarten, wenn er nicht etwas Frisches dazugab.

So legte er denn am 22. April eine Aussage ab, die vollständig alles summierte, was man aus dem Gerücht und durch die Bancalschen Kinder zu wissen glaubte und wissen wollte. Nur einzelnes Pikantes, was Furcht und Schrecken vor einer ausgebreiteten, furchtbaren Verschwörung beim Publikum anregen mußte, wurde auf geschickte Weise hinzugefügt.

Am 18. März hätten ihn Yence d'Istournet, Bessières-Veynac, Louis Bastide (des Hauptmörders Bruder) und jener René auf der Straße beiseite gerufen und ihm vorgeschlagen, am Abend desselben Tages bei der Plünderung eines Hauses behilflich zu sein, wofür man ihm 1200 Francs versprochen. Das Haus gehörte einem Herrn de France, wahrscheinlich einem Liberalen, der bei den Verhandlungen zugegen war, und das ganze beiläufige Manœuvre (aus der Plünderung ist nichts geworden) schien nur darauf berechnet, die Parteiverschwörung zu konstatieren und den Schrecken der ruhigen Bürger zu vergrößern. Nachdem sich Bach dazu nicht geneigt zeigte, aber versprochen hatte, zu schweigen, habe ihn der Tabakhändler von der Rose Feral ins Bancalsche Haus geholt. Hier nun sieht er bestimmt Bastide, dessen Bruder Louis Bastide, Yence d'Istournet, Bessières-Veynac, René, Bancal, Colard und die drei Weiber. Fualdes saß auf dem Stuhl, mußte zwölf bis fünfzehn Wechsel schreiben, Jausion steckte sie in das Portefeuille von Marroquin. Dann folgt die ganze vollständige Erzählung von dem auf den Tisch legen, der Bitte des Fualdes, der Antwort Bastides, der Ohrfeige, die Bach von diesem erhalten, dem Abschlachten (*Bastide plonge à plusieurs reprises dans la gorge de Fualdès*), dem Blutauffangen durch die Bancal, der Entdeckung der Manson, ihrer Rettung durch ihn und Jausion usw.

Diese Aussage war insofern sehr geschickt abgelegt, als durch dieselbe mehrere neue Personen impliziert wurden, wodurch eine neue Untersuchung und ein Aufschub der Todesstrafe, wenigstens für Bach selbst, notwendig wurde; man bedurfte seiner als Zeugen. Im übrigen hatte er den Glauben des Publikums für sich, denn er bekundete nicht mehr, als was alle schon wußten und was selbst in den inzwischen erschienenen Memoiren der Manson bereits abgedruckt war.

Bachs dadurch gewonnene Aussichten lockten endlich auch die alte Bancal zum Geständnis. Noch am 28. März 1818 hatte sie erklärt, sie verstünde nicht, was man von ihr wolle. Selbst als Jausion sie nach der ersten Verurteilung aufgefordert, sie solle rein heraus die Wahrheit sagen, blieb sie dabei. Im Gefängnis soll sie wohl zu Anne Benoit geäußert haben, sie möchte wohl bekennen, aber sie wolle nur nicht den Herrn Jausion mit hineinbringen. Jausions Familie soll ihr eine ansehnliche Pension, wie der Staatsanwalt behauptete, versprochen haben. Ihr Geständnis, weit bedingter als das der Männer, kam mit schwacher Stimme heraus.

An jenem Abend hatten sechs Männer den Fualdes in ihr Haus geschleppt. Nach Versicherung ihres Mannes sei ein Neffe des Bastide dabeigewesen; auch Bach und Colard. Letzterer sei aber nur eine Viertelstunde in der Küche geblieben. »Wohin hat man mich geführt?« habe er ausgerufen. Fualdes habe gesagt: »Was habe ich euch getan?« Einer der Mörder hätte zu ihm gesprochen: »Bete zu Gott!« dann wäre ihr schlimm geworden, einer hätte sie endlich hinausgelassen, und auf der Treppe fiel sie ohne Bewußtsein nieder. Sie hat weder Missonier noch Anne Benoit bemerkt, aber ein Mädchen aus La Roquette (Charlotte Arlebosse). Von ihrem Kinde Magdalene habe sie nachher gehört, daß man den Herrn wie ein Schwein geschlachtet habe. Sie wollte weder das Blut aufgefangen noch Geld oder Ring erhalten haben, erinnerte sich aber, fünf Tage später, daß Fualdes hat einige Schriften unterzeichnen müssen »der Länge und der Quer« nach. Dann habe sie am Tag darauf einen dieser Wechsel auf Stempelpapier gefunden, weil er aber mit Blut befleckt gewesen, habe sie ihn verbrannt. – Mehr wollte sie durchaus nicht bekennen, verfiel darauf in ein stumpfsinniges Schweigen und äußerte, was sie noch wisse, nur ihrem Beichtvater vertrauen zu wollen.

Bancals Kinder, Bousquier, Bach, die alte Bancal waren ungültige oder durch Mitschuld verdächtigte Zeugen. Alles verlangte wenigstens nach einem vollgültigen unverdächtigen. Den schien der Himmel in Madame Manson zu senden. Vier Monate nach dem Mord hieß es plötzlich durch Rhodez, die mysteriöse Dame, die in Bancals Hause war, ist gefunden; es ist Clarissa Manson, die Tochter des Präsidenten Enjalran. Sie selber hat es eingestanden!

Madame Manson, eine Dame von damals 32 Jahren, und wie aus ihren Memoiren hervorgeht, von ebenso überspannter phantastischer Sinnesart als von freien Sitten, die der Ehe- oder Witwenstand in Südfrankreich erlaubt, dabei heiter, gesprächig, neugierig und mit dem Witz ausgestattet, der nach allem Interessanten hascht und gern, was es auch koste, sich selbst interessant zu machen sucht* – Madame Manson ließ am 25. Juli 1817 gegen einen Offizier, der neben ihr im Theater saß, Winke fallen, daß sie jene mysteriöse Dame, die ganz Rhodez Kopfbrechen

* Der Herausgeber ihrer Memoiren, die schon im Jahre des Mordes (1817) erschienen, teilt Folgendes über ihre Lebensumstände mit: »Clarisse Enjalran ist geboren zu Rhodez im Jahre 1785. Sie wurde fast ununterbrochen auf dem Lande erzogen, auf dem alten Schlosse Perrié, das ihr Vater beim Ausbruch der Revolution vom Herrn von Bonald kaufte. In ihrer Kindheit genoß sie, bei den politischen Stürmen, keinen Unterricht. Diese Abgeschiedenheit und die sie umgebende Natur begünstigten ihre Anlage zur Schwärmerei, und dadurch entwickelte sich bei ihr ein Hang zum Romanhaften. Clarisse war mit einem seltenen Geiste, vieler Feinheit und großer Reizbarkeit geboren; früh schon suchte sie etwas, das dem Bedürfnisse ihres Herzens genügen möchte. Sie liebte ihre Eltern, vorzüglich ihre Mutter, mit einer Art Leidenschaftlichkeit. In den Gefahren, die ihren Vater während der stürmischen Anarchie bedrohten, zeigte sie an der Seite ihrer hochherzigen Mutter eine heldenmütige Entsagung. Sie soll in ihren jüngern Jahren eine Neigung auf einen Gegenstand geworfen haben, der unter dem Stande und den Glücksumständen ihrer Familie gewesen ist. Sie heiratete Herrn Manson, einen Offizier, aus Gehorsam gegen ihren Vater, und diese Verbindung war nicht glücklich. Nach Verlauf von drei Monaten trennten sich die jungen Eheleute. Der Gatte ging nach Spanien und überließ sie einer Freiheit, auf die sie doch nicht unter dem Schutze ihrer Mutter Verzicht leisten durfte. Sie war dadurch den Gefahren der Welt und ihrem Gerede ausgesetzt, und es konnte daher nicht fehlen, daß sie in Rhodez auf eine kleinstädtische Weise beredet wurde. Madame Manson gab wirklich mehr wie andere Veranlassung zu nachteiligen Mißdeutungen; sie hatte Eigenheiten, denn sie ragte vor den übrigen hervor, und ihr zwangloser Charakter erweckte ihr Feinde. Nach dem Feldzuge in Spanien kam ihr Gatte zu ihr zurück; aber bald trennten sich beide aufs neue. Herr Manson ließ ihr sein Verlangen andeuten, daß sie bei ihm wohnen sollte;

machte, wohl kennen dürfe. Der galante Offizier, welcher Madame Manson mit seinen Liebesanträgen belästigte, aber, wie sie wenigstens angibt, stets von ihr auf eine mehr oder minder feine Art seiner Aufdringlichkeit, Häßlichkeit und Trunksucht wegen zurückgewiesen worden – der Offizier erwiderte, er möge nicht glauben, daß sie es selbst sei, da sie, als völlig frei, es nicht nötig habe, im Bancalschen Hause sich Rendezvous zu geben; sie habe es bequemer bei sich zu Hause. Madame Manson lachte und machte dazwischen ernste Mienen. Herr Clemendot, der Offizier, ging in der Meinung nach Hause, er kenne nun die mysteriöse Dame, ja er wollte selbst haben, sie hätte es mit positiven Worten gegen ihn eingestanden. Er verschwieg seine Ansicht nicht im Gespräch mit seinen Kameraden. Die Aussage ward bekannt, der Offizier und Madame Manson wurden vor den Richter geladen. Letztere behauptete, die ganze Sache sei ein Spaß. Herr Clemendot sei betrunken in ihr Zimmer gedrungen, und auf seine Fragen hätte sie ihn mit diesem Spaße abgefertigt. Ihren Memoiren zufolge erscheint eine solche Abfertigung als wohl durch die Umstände motiviert. Die Manson hatte den Glauben, die my-

aber sie befand sich bei ihrer nachsichtsvollen Trösterin, sie weigerte sich zu gehorchen und erklärte dies schriftlich, aufgebracht, daß sich ein Gerichtsdiener in eheliche Zwistigkeiten mische. Doch wurde sie durch zartere Beweggründe anderen Sinnes, und bald darauf wurde der Gatte, mit dem sie zusammenzuleben sich geweigert hatte, auf eine geheimnisvolle Art in das Schloß geführt, dort verborgen und durch die Sorge seiner Gattin gepflegt. Sie fand in diesem geheimnisvollen Verhältnisse etwas sehr Anziehendes. Der Mann als Liebhaber wurde entdeckt, man glaubte, eine Aussöhnung würde leicht sein, aber die Trennung von ihrer Mutter würde ihr zu schwer geworden sein, und der Gatte ward nochmals aufgeopfert. Madame Manson wußte ihn zu entfernen; doch unter dem Vorwande, zuweilen in das Dorf zu gehen, um fromme Werke zu verrichten, traf sie mit ihm im Gehölz zusammen. Sie wurde Mutter, und nach dieser Zeit änderte sich ihr ganzes Leben. Dies war aber nicht der Fall mit ihrem Schicksal. Ihr Gatte erhielt eine Anstellung viele Meilen von Rhodez entfernt. Sie blieb sich allein überlassen und erhielt nur ein kleines, sehr unregelmäßig gezahltes Jahrgehalt.

steriöse Dame zu kennen, weil ihre Bekannte und Freundin Demoiselle Pierret ihr die Umstände mit einer Genauigkeit erzählt, daß sie sich überzeugt hielt, diese selbst sei dabei zugegen gewesen.

Aber die Behörden wollten nicht Spaß, sondern Ernst. Der Präfekt, der Präsident, ihr eigener Vater und andere drangen in sie zu bekennen; man setzte ihr furchtbar zu, man folterte ihre Nerven, indem man sie nachts in das Bancalsche Haus führte, und am 2. August hatte man ihr folgendes Bekenntnis erpreßt: Sie sei am Abend des 19. durch die Rue des Hebdomadiers gegangen. Mehrere Personen kamen; aus Furcht flüchtete sie ins erste offene Haus (Bancals soll an dem Abend verschlossen gewesen sein)! Man führte sie in ein Kabinett und sagte: »Sei still!« Bald nachher kam jemand und führte sie eiligst weg, nach den *place de cité*. Hier sagte er: »Kennst du mich? Hast du nichts gesehen?« Sie verneinte. »Geh«, sagte er und stieß sie weg. Nachher traf sie denselben noch einmal auf der Straße. »Ich bin nicht unter den Mördern«, sprach er. »Ich traf Sie und rettete Sie. Aber wie kamen Sie in dies Haus? Schwören Sie mir, davon zu schweigen.« Sie versprach es und kam erst frühmorgens in ihr Haus. – Auch habe sie bald nachher einen Brief erhalten des Inhalts: in Bancals Hause wäre ein Frauenzimmer gewesen, die ihren Namen angenommen. Käme es zur Sprache, möchte sie nicht leugnen; sie habe nichts zu befürchten, sondern nur zu hoffen. Wenn sie Schulden hätte, wollte man diese bezahlen.

Bald darauf schrieb aber die Manson an den Präfekten (Grafen d'Estournel) einen kläglichen Brief, worin sie alles zurücknahm, ihn beschwor, Mitleid mit ihr zu haben und sie nicht vollends wahnsinnig zu machen. Es heißt darin: »Erinnern Sie sich der Mühe, die Sie gehabt haben, von mir das zu erpressen, was Sie die Wahrheit nennen, erinnern Sie sich aller der Umstände, die meinen vorgeblichen Geständnissen vorausgegangen sind, aller mir gemachten Drohungen. Finden Sie denn, daß meine Aussage das Gepräge der Wahrscheinlichkeit an sich trägt? – – Alle Geständnisse, die ich gemacht, sind nur durch Gewalt und durch Furcht erpreßt worden, Veranlassung zu einem Mord zu geben. – Ein Fieber, Mangel an Schlaf und Nahrung, Verzweiflung raubte mir die Besinnung; ich habe Dinge gesagt, deren ich mich nicht einmal mehr erinnern kann.«

Obgleich ihr eigener Vater, der Präsident Enjalran, sie beschwor, ihn und die Familie nicht ins Unglück zu stürzen, erklärte sie vor den Assisen, nie im Bancalschen Hause gewesen zu sein und keinen der Angeschuldigten zu kennen. Aber ihr Benehmen leitete die Geschworenen irre. Sie fiel in Ohnmacht und rief beim Erwachen: »Schafft mir die Mörder fort!« Bastiden warf sie Blicke des Abscheus zu, auch Jausion blickte sie mit Furcht und Mitleid an. Das Publikum glaubte nicht an ihre verneinende, sondern an ihre bejahende Aussage. Man flüsterte sich zu von dem furchtbaren Eid, den sie am Leichnam des Fualdes hat schwören müssen, die Mörder nicht zu verraten.

Auch sie ward nun in Anklagestand versetzt und verhaftet. Um sich vor der Welt zu rechtfertigen, schrieb sie ihre Memoiren, die in kurzer Zeit sechs Auflagen erlebten. Nach diesen war sie am Abend des 19. ruhig in ihrer Wohnung bei der Familie Pal und verbrachte mit derselben eine lustige Nacht. Am Tage darauf bemerkten ihre Wirte, sie wären miteinander so ausgelassen gewesen, und wahrscheinlich sei um dieselbe Stunde der arme Fualdes umgebracht worden! Dennoch scheuten sich die Pals, vor Gericht mit bestimmten Worten zu bekunden, daß die Manson gerade an dem Abend bei ihnen war; – sie fürchteten sich, behauptet die Manson, weil es heißen könne, sie hielten es mit den Angeklagten! Wer den Eid gewissenhaft nimmt, wird immer anstehen, nach vielen Monaten etwas zu beschwören, was nur in seiner Erinnerung lebt und wobei so viele Selbsttäuschung mit unterlaufen kann wie in der Bestimmung von gewissen Stunden, wo ein Ereignis sich zutrug. Der Vater, die Angehörigen der Manson, in ihrem Eifer, sie zum Geständnis zu bringen, wollten sie sogar einmal magnetisieren, damit man die Wahrheit von ihr erführe. Mit solchem fanatischen Eifer wurde in dieser Sache nach Beweisen für die allgemeine Meinung umhergesucht, daß selbst die heiligsten Familienbande dagegen schwach waren und ruhige Bürger sich scheuten, ihr eigenes Zeugnis von der Wahrheit abzulegen, wenn es von dem allgemeinen Glauben abwich.

»Ich frage mich oft, ob ganz Rhodez von Sinnen ist oder ob ich den Verstand verloren habe; dann trifft es sich zuweilen, daß ich mich in die Rolle des Ichs bei Bancal setze«, heißt es in diesen Memoiren. Damals hatten Rhodez, Frankreich und das ganze Publikum zur Bezeichnung dieser Memoiren nur ein Bonmot: es waren die Memoiren der Madame *Mensonge* (Lüge). Aber welche Motive hatte die Manson, jetzt im Schutz ihrer Familie, der Behörden, der öffentlichen Meinung, der Richter, die in ihr den Engel sahen, der Licht in das Dunkel bringen sollte, nicht dieser Engel sein zu wollen und etwas zu verschweigen, was sie wußte? Unter diesen Umständen mußte die Furcht vor den Verschworenen in den Hintergrund treten, unter diesen Umständen war der schon gebrochene Eid gelöst. Einmal, freilich gepreßt durch Angst und Kreuz- und Querfragen und im Mutwillen der Verzweiflung – hatte sie zugestanden, im Bancalschen Hause gewesen zu sein; also war die weibliche Scheu, die sie davon hatte zurückschrecken können, gelöst. Das Publikum glaubte es und hielt sie für fähig, das Haus zu besuchen. Dem verdächtigen Besuch einen anderen Schein zu geben, blieb ihr immer unbenommen; danach fragte das Gericht nicht. Also dies konnte nun nicht mehr der Grund des Leugnens sein. Sie sagte nichts aus, weil sie nichts wußte. Aber das Publikum wollte durchaus, daß sie etwas wisse, selbst ihre Familie, ihr eigener Vater (er fürchtete für sein Amt), daß sie bekennen solle, die Richter wollten sie durchaus zum Engel machen, und weil sie es nicht werden wollte, sperrte man sie ein, um ihr den Prozeß wegen falschen Zeugnisses zu machen.

Welche Lockungen, welche Verführungen für ein schwaches Weib, mehr auszusagen, als sie wußte; um so mehr, als sie, eben wie alle anderen, an die ganze Mordgeschichte und Jausions Täterschaft selbst glaubte. Wenn sie also wie Bach und Bousquier bekannte, so bekannte sie, ihrer Meinung nach, nur die lautere Wahrheit. Sie glaubte an die verschleierte Dame, die Zeuge der Tat gewesen und ihren Namen angenommen habe, und – schob zuvörderst Rose Pierret vor, diese sei bei Bancals gewesen. Rose leugnete aber sehr trocken, und es ließ sich ihr nicht mehr nachweisen, als daß sie die gräßliche Fabel so gut wie jedes Kind in Rhodez wußte und wiedererzählt hatte. – Vor den Assisen von Alby löste sich nun plötzlich die Zunge der viel Gequälten, der arg Verleumdeten, der siebenmonatlichen Gefangenen um deswillen, weil sie nicht aussagen wollte, was man von ihr verlangte, und bald darauf trat das dramatische Impromptu ein, welches der Sache in den Augen der Geschworenen den Ausschlag gab.

Schon in der Sitzung vom 30. März 1818 nahm Madame Manson ihr altes Bekenntnis, welches sie vor dem Präfekten, Grafen d'Istournet, gemacht, wieder auf, und sagte aus: »Am 19. März abends 8¾ Uhr ging ich auf der Straße Hebdomadiers, hörte Lärmen, trat in ein Haus, das offen stand. Jemand stieß mich in ein Cabinet. Ich hörte wieder

Lärmen und fiel in Ohnmacht. Als ich wieder zu mir kam, kam mir es vor, als schleppe mich jemand mit Gewalt fort. Ich hörte reden, konnte aber die Stimmen nicht unterscheiden. (Hier fiel sie in Ohnmacht, sammelte sich aber wieder.) Ich hörte Stöhnen, dumpfes Geschrei, ich hörte Blut stromweise in eine Wanne fließen. Ich zitterte für mein Leben, wollte ein Fenster öffnen, stieß mich; es erfolgte ein Blutsturz (??), eine Ohnmacht. Bald nachher kam jemand zu mir ins Cabinet, führte mich auf die Straße, auf den Markt – usw., ganz wie die frühere außergerichtliche Aussage lautete. Sie gestand ferner, sie sei in Mannskleidern gewesen, habe blaue Pantalons getragen, die sie nachher verbrannt, weil sie mit dem Blute, das sie verloren, bespritzt gewesen. Auf die Frage, wie sie denn hätte hören können, daß Blut in die Wanne geflossen sei, erwiderte sie, sie habe aus dem Stöhnen geschlossen, daß man jemandem die Kehle abschneide. Als der Generalprokurator sie auf die weiteren Fragen in Schutz nahm und andeutete, man wisse, warum sie schweige, beteuerte sie: sie habe keinen Eid geleistet.

Bastide, eine herbe, rohe, aber stolze Natur, ermüdet durch das Hin- und Hergerede, die konvulsivischen Zukkungen und das Augenverdrehen der Manson, schalt sie in der Sitzung vom 3. April eine Närrin: sie solle endlich reden, geradeheraus sprechen, denn durch ihr Schweigen schade sie ihm mehr als das andere Gesindel durch seine Lügen. Die Manson glühte vor Zorn, schob die beiden Gendarmen, die sie zurückhalten wollten, fort und fragte ihn mit einem Zornblick: »Kennen sie mich, Bastide?« Er antwortete: »Nein!« Sie stampfte nun mit dem Fuße auf und rief: »Elender, du hast mich ermorden wollen.« Das Publikum applaudierte. Endlich war das Wort der Wahrheit gesprochen; aber die es gesprochen, war wieder in Ohnmacht gesunken. Als sie sich erholte und man sie beschwor, fortzufahren, erklärte sie, sie könne nicht. Die Sitzung mußte aufgehoben werden, aber vergebens bemühte man sich in den folgenden vom 4., 6. und 7. April klarere, zusammenhängendere Bekenntnisse von ihr zu erlangen. Hatte sie einen Eid geschworen, so hatte sie ihn doch schon gebrochen. Diese Wirkung war für die Geschworenen da. Sie antwortete wie ein verschämtes Mädchen, sie wisse nicht; – es sei möglich; – sie wolle nicht widersprechen. Ein deutliches Ja kam nicht heraus. – Am 7. räumte sie zwar ein, Bastide sei der Mörder, es wären ihrer aber noch zwei. Die Bancal wollte sie nicht kennen, diese aber auch die Manson nicht. In derselben Sitzung gestand sie auch ein (in direktem Widerspruch mit der Beteuerung vom 30. März; also schon nach acht Tagen eine andere Überzeugung!), sie habe halbtot vor dem Leichnam doch einen Eid abgeleistet. – Bastide selbst verlangte, da sie nun einmal gesprochen, sollte sie weiterreden. Er fragte, was sie in Bancals Haus geführt habe? Sie erklärte, sie habe irgend jemand nachspüren wollen. Als Bastide in sie drang, nähere Umstände anzugeben, fand der Präsident diese Zudringlichkeit undelikat und rief ihm unwillig zu: »Zum dritten Male hat sie Euch schon gesagt, daß Ihr sie habt ermorden wollen.« Umsonst bat Jausion: »Ich beschwöre Sie, Madame Manson, nicht um meinetwillen – für mich hat der Tod nichts Furchtbares – aber ich beschwöre Sie für mein Weib, für meine Kinder; reden Sie, mein Leben ist in Ihrer Hand. Von Ihnen hängt es ab, mich zu retten oder mich aufs Blutgerüst zu bringen.« Die Manson schwieg. Sie erklärte auf das Andringen von allen Seiten, sie könne überhaupt eine Unterhaltung über den nämlichen Gegenstand nicht lange fortführen. Der Rat Pinaud redete sie zwar an, sie möge nicht glauben, daß sie ihre Aussagen nach Gutdünken machen und verschweigen könne, was sie wolle; aber der

Präsident nahm für sie das Wort: Madame Manson habe gesagt, daß sie eine Überzeugung habe, deren Gründe sie nicht näher darlegen könne! – Man war so zufrieden, daß man nur ein bestimmtes Wort aus ihrem Munde hatte, und war doch auch nicht sicher, ob sie bei näherem Bedenken es nicht wieder zurücknehmen würde. »Ich habe schon genug gesagt«, damit entschuldigte Madame Manson ihre Weigerung und hatte doch schon mehr als zuviel gesagt, selbst im Sinne derer, welche an die ganze Fabel glaubten. Denn ihr Schweigen, worin man Großmut und Eidestreue erblickte, vollendete nicht allein Bastides, sondern auch Jausions Unglück, den sie angeblich retten wollte.

Wäre das Zeugnis der Manson in Alby auch noch positiver ausgefallen, hätte sie sich erhoben und bestimmt gesprochen: »Ich war in Bancals Hause, ich war Zeugin des Mordes, du, Bastide, warst es, der das Messer in Fualdes Kehle stieß«, würde es vollgültig sein aus dem Munde derselben Person, welche in Rhodez an den Präfekten geschrieben hatte: »In dem Heiligtume der Gerechtigkeit, vor ihren ehrwürdigen Dienern, vor Gott, der mich hört und mich richten wird, will ich die Wahrheit kundtun. Ich erkläre, daß meine erste Aussage (die ableugnende) einzig und allein gültig ist. Alle Geständnisse, die ich gemacht habe, sind mir durch Gewalt und durch die Furcht erpreßt worden, Veranlassung zu einen Morde zu geben. Womit hat man mich nicht bedroht.« – Dies schrieb sie in der Ruhe; jene dunkeln Bekenntnisse stieß sie aus in nervöser Exaltation durch Gefängnis, Verdacht, Drohungen, mitten in den Schrecken eines Assisengerichts und unter Mördern, deren Ketten um das geängstigte Weib klirrten. Was hat mehr Glaubwürdigkeit? Ihre Memoiren sind gewiß kein Evangelium; für den Richter aber ein unschätzbares Zeugnis dafür, was er von der Glaubwürdigkeit dieser Frau zu halten hat, die aus Angst und Konsequenz der Plaisanterie aus einer Lüge sich in die andere stürzt und sie gleich darauf wieder eingestehen muß; die, um loszukommen aus dem Gerede, eine andere, nicht nahe Bekannte, ein junges unverheiratetes Mädchen ins Gerede bringt; die, um selbst des Verdachts ledig zu werden, ihn auf Rose Pierret wälzte! Auch Frauen von sittlicherem Charakter könnten sich auf Fragen, wie sie an die Manson getan wurden, aus weiblicher Scheu in Lügen verwickeln; wieviel mehr eine von so leichtfertigem und zugleich so aufgeregtem Geiste, die, nicht schön, um ihres Geistes willen gefeiert wurde und in einem Spiele von Intrigen sich gefiel, die sie sogar von ihrer eigenen Familie entfernten. Vom moralischen Standpunkte aus erscheint sie unter allen Zeugen in diesem Prozesse nicht als die schlechteste, aber als die verdächtigste, denn selbst was sie glaubt, erscheint als das Resultat von Selbsttäuschung; Affekt, Voreingenommenheit, Sinnenspiel und einem erwiesenen Krankheitszustand.

Dennoch muß hier vorausgeschickt werden, daß sie auch in ihrer Verteidigungsrede bei den letzten Aussagen verblieb und sich darin gefiel, ihre schrecklichen Seelenqualen bei der Mordszene auszumalen und zu versichern, daß alle nachherigen Verfolgungen gegen die Gefühle in jener Nacht auf ihr Gemüt von unbedeutender Wirkung gewesen. Wie sie aber, bei diesen folternden Erinnerungen, die sie nach jeder Rede in Ohnmacht fallen ließen, doch imstande gewesen, ihre Memoiren mit all dem tändelnden Geschwätz als willkommene Lektüre für die Boudoirs zu schreiben, ein Buch, worin sie alle und jede Mitwisserschaft ableugnete, hat sie den Geschworenen nicht gesagt und auch uns ist es ein Rätsel geblieben.

Dies also die fünf Hauptzeugnisse, worauf das Schuldig in zwei Assisen ausgesprochen ward. Das Gerede von Kindern, durch Hörensagen berichtet, die bestimmten Aussagen dreier Mitangeklagten, an und für sich verdächtiger Leute, die durch ein Geständnis sich von der Todesstrafe loskaufen wollten, und die dunkeln, zweifelhaften Andeutungen und die Aussagen voller Widersprüche und Widerrufe einer Dame, welche sich aus unglücklichem Kitzel in etwas hineingeredet hatte und dann hineininquiriert wurde, aus dem sie nicht die Kraft besaß, sich wieder freizumachen, und die endlich, um sich von der Anklage des Meineids loszumachen, in ein Bekenntnis stürzte, welches mit einem durch die Folter erpreßten nur zu viel Ähnlichkeit hat.*

Aber diese verdächtigen Zeugnisse wurden durch unzählige andere Zeugenaussagen über Nebenumstände bestätigt. Gegen 300 Personen, in dem langen Kriminalprozesse vernommen, haben Unglaubliches bekundet. Ihr Gedächtnis war so stark, daß sie der geringfügigsten Dinge, die man von einem zum anderen Tag vergißt, nach Monaten und Jahren sich auf Tag, Stunde und Minute entsannen. Sie sahen und erkannten durch Nacht und Nebel Menschen, ihre Gesichtszüge und die Farbe ihrer Kleidungsstücke. Sie hörten durch dicke Mauern Reden, Geflüster, Seufzer. So bekundete der Müllerbursche Theron (ein sonst unverdächtiger Zeuge), aber erst vor den Assisen von Alby, nachdem die Fabel schon vollständig ausgebildet im Publikum kursierte, also auch die Schilderung des Leichenkondukts, daß er diesen Leichenzug am 19. nachts, als er beim Fischen im Aveyron beschäftigt gewesen, belauscht habe. Die Umstände, wie er sie bekundet, weichen in ihren Details auch um kein Haarbreit von dem allgemein Geglaubten ab. In

* Wie die Phantasie in der Fualdesschen Mordgeschichte mitspielte, davon berichteten die Zeitungen noch ein Beispiel: Ein junges, der Sache und den Verhältnissen ganz fremdes Mädchen ward über das Lesen der Prozeßverhandlungen und die ewigen Gespräche davon wahnsinnig. Sie hielt sich für die Manson und beschwor einen jeden, den sie sah, sie sei nicht in Bancals Hause gewesen.

dunkler Nacht sah Theron den Zug, erkannte voran Bastide mit der Flinte, an den zwei Stangen vorn Bancal und Colard tragend, hinten Bach; auch Jausion erkannte er, obgleich derselbe, nach des Müllers Aussage, das Gesicht verbunden getragen; selbst die Leiche, die doch sorgfältig in ein Tuch eingewickelt war! – Noch merkwürdiger aber als Theron sah, hat der Bettler Jean Laville, der in Missoniers Stall zu schlafen pflegte, gehört. Zuerst hörte er einen Orgelspieler auf der Straße, dann Lärmen und Schreien. Später hörte er, wie vier Leute in der Straße beschwert gingen, gleich Leuten, die ein Faß trügen; auch hörte er, daß zwei andere hintenan gingen!

Angenommen, der deutsche Verteidiger der Verklagten habe seine Sache siegreich vor dem Richterstuhl der Vernunft durchgeführt, die Mordszene in Bancals Hause sei nur eine Fabel, wären deshalb alle diese Personen wissentlich falsche Zeugen? Gewiß nicht. Es obwaltete hier ebensoviel Selbsttäuschung als Leidenschaftlichkeit.

Alle Welt glaubte, war durchdrungen von der Wahrheit des grauenvollen Mordes. Jeder fühlte sich gedrängt, was an ihm, zur Entdeckung der schändlichen Mörder zu tun. Diese allgemeine Entrüstung war, wie wir sehen, so mächtig, so herrschend, daß achtbare Leute Bedenken trugen, für die Angeklagten zu zeugen, aus Furcht, für Komplizen, für Begünstiger der blutigen Verschwörung, der man einen politischen Hintergrund gegeben, zu gelten. Die Defensoren, welche dem Publikum Voreingenommenheit vorwarfen, wurden gerügt. Der Advokat von Romiguières, der geäußert, des jungen Fualdes Forderung auf Schadenersatz sei der Schlüssel zum Rätsel, die Angeklagten würden weniger verfolgt werden, wenn sie minder reich wären – mußte Abbitte tun und wagte nicht mehr in den zweiten Assisen seinen Klienten Bastide zu verteidigen. Die Gerichtspräsidenten sprachen von dem Faktum als von etwas unwiderlegbar Dargetanem, und es handle sich nur um die Mehr- oder Minderschuld der einzelnen. Was Wunder, wenn bei der leichten Erregbarkeit der Provençalen die Phantasie mitspielte und Traumvorstellungen ihnen zur Wirklichkeit wurden. Unwillkürlich werden wir an jene Auftritte in den benachbarten Cevennen erinnert, die, um hundert Jahre früher sich ereignend, Tieck zu seinem Gemälde »Der Aufruhr in den Cevennen« den reichen Stoff boten. Wie dort eine moralische Dröhnung durch die ganze Bevölkerung ging und in allen Winkeln Propheten und Hellseher hervorrief, so rief sie hier Zeugen auf, die mit bestem Wissen Dinge bekundeten, die sie kaum gesehen und gehört haben konnten. Das Schema war gegeben, auf allen Gassen bekannt. Was in der Erinnerung jedes einzelnen dazu stimmte, hielt er für Pflicht, in sich zu einem Zeugnis auszubilden, bis er selbst daran glaubte und es auch eines vor dem Gericht wurde.

Freilich traten auch Gegenzeugen auf, aber sie wurden vorweg als verdächtig, als mit im Komplotte beargwöhnt, und man verfuhr gegen sie mit äußerster Strenge und Vorsicht. So hatte die Spanierin Donna Saavedra, welche über Bancals wohnte, nichts von Lärmen an dem Abend gehört. Aber weil sie außergerichtlich zu anderen Spaniern es einmal gesagt, wurden über diesen Umstand viele Zeugen vernommen. (Doch bezeugte die Saavedra allerdings, daß die Bancal ihr Kind an jenem Abend in die Dachkammer zum Schlafen geschickt, worüber sie sich gewundert, da es sonst nicht geschah und es an dem Tage kalt war.) Die Marie Bedos im Bancalschen Hause hatte kein anderes Geräusch als das der Leiermänner gehört.

Bastide behauptete, sein Alibi von dem Mordabende beweisen zu können. Schon um 6¼ Uhr am 19. sei er aus

Rhodez fortgeritten, habe bei seiner Familie in Gros übernachtet, am Morgen auf seiner Domäne La Morne verkehrt (auch mit der niedlichen Charlotte Arlebosse, die er zu einem Rendezvous auf das Feld bestellt), und erst nach Mittag, auf Mahnung des Huissiers, der ihm die Mordnachricht überbrachte, sei er von dort nach Rhodez zurückgeeilt und habe sich in das Haus des unglücklichen Ermordeten begeben. Richter und Geschworene schenkten aber den Zeugen, welche ihn in der Stadt gesehen haben wollten, den Vorzug vor denen, welche ihn außer der Stadt sahen; aus dem Grunde, weil diese zum größeren Teil zu seinen Verwandten und Dienstleuten gehörten oder sonst als verdächtigt von Richtern und Geschworenen betrachtet wurden.

Einer (Jean Marti) sah ihn um 6½ Uhr auf dem Wege nach Gros, einen Flintenschuß von der Stadt. Ein anderer (Anton Ayrel) glaubte ihn zu jener Zeit drei Viertelmeilen von Rhodez erkannt zu haben. In Gros kam er zwischen sieben und acht Uhr an, aß mit seiner Familie zu Abend, war besonders heiter, schlief beim Feuer ein und darauf zu Nacht in demselben Zimmer mit seiner Frau. Dies bezeugt Madame Varnhos, seine Schwägerin; im Nebenzimmer schlafend, hatte sie die Tür zum Schlafzimmer der Eheleute offengelassen und will Bastide während der Nacht mit seiner Frau sprechen gehört haben. Madame Varnhos wurde aber wegen ihrer nahen Verwandtschaft kaum zum Zeugnis zugelassen. Sie klagt in ihrer Aussage, daß sie an dem Tage leider keine Freunde bei sich gehabt, sie daher sich allein auf ihre Leute berufen könnte. Aber ihr Schwager sei unschuldig wie die Engel im Himmel! – Seine Magd, Denise Urlabosse, sagt aus, er sei um 7½ Uhr in Gros angekommen und habe mit seiner Frau und Schwägerin gegessen. Sie selbst hätte dabei aufgewartet, dann das Bett gemacht, und um zehn Uhr hätte sich Bastide schlafen gelegt. Bastides Diener, Anton Riviere, tat dieselbe Aussage. Daß am frühen Morgen des nächsten Tages (20.) mehrere Zeugen Bastiden auf seinem nahegelegenen Gute La Morne ankommen gesehen, konnte von keinem Gegengewichte gegen die wider ihn streitenden Indizien sein, da es möglich gewesen wäre, daß er auf geradem oder auf Umwege auch von Rhodez dahin geritten sei. Der unverdächtige Gerichtsbote sah ihn am Mittag des 20. auf dem Felde von La Morne und berichtet über den Schreck, den die Todesnachricht ihm verursachte, auch daß er sogleich die Meinung ausgesprochen, Fualdes sei nicht um politischer Ansichten, sondern um seines Geldes willen ermordet, was freilich nicht das Alibi für die Nacht bewies, aber doch soweit für Bastide spricht, daß sein Einbruch in Fualdes Haus am Morgen des 20. noch unwahrscheinlicher wird. Zwar nahmen nach allen diesen ihm günstigen Aussagen einige an, daß er am Abend des 19. wirklich aus Rhodez weggeritten sei; aber die dunkle Rede eines Dieners, daß seine (Bastides) graue Stute, wenn sie sprechen könnte, aus jener Nacht von sauern Ritten reden würde, nährte den Glauben, daß jenes Wegreiten nur scheinbar gewesen und er wieder zum Morde heimlich zurückgekehrt wäre. Mehrere Zeugen, die das Alibi bekundeten, wurden sofort aus keinem anderen Grund verhaftet, als weil sie die erwiesene Unwahrheit bezeugen wollten, und die arme Charlotte Arlebosse kam deshalb sogar in den Verdacht der Mitschuld und ward gleichfalls ins Gefängnis gesetzt. Wenn die reichen und angesehenen Familien der Bastide und Jausion, was nicht zu leugnen, das Ihrige getan, um Zeugen zu gewinnen, so taten die Gerichte dafür noch mehr, um die Zeugen, die für sie sprechen wollten, abzuschrecken.

Auch Jausion bekundete durch seine drei Dienstboten, daß er den Abend in seiner Familie verbracht; auch für

Colard und für Anne Benoit traten Zeugen auf, die das Alibi wenigstens wahrscheinlich machten. Aber die Scharen der belastenden Zeugen kamen wie ein überwältigender Strom, gegen den sich für den einzelnen nicht schwimmen läßt.

Als das größte Unglück für die Angeklagten erklärt P. v. Kobbe, daß sie selbst die Meinung des Volks völlig teilten. Auch sie waren überzeugt: Fualdes sei ermordet worden in Bancals Hause, und die Täter standen vor den Schranken des Richterstuhls. Nur das wußte jeder, er selbst sei unschuldig. Bei diesem allgemeinen *sauve qui peut* fiel es auch keinem einzigen, weder den Angeklagten, noch den Verteidigern ein, den Tatbestand selbst, die Mordszene im Bancalschen Hause anzufechten, und so entstand denn ein sehr unglückliches Verteidigungssystem, indem die nicht erwiesenen Hauptpunkte dadurch eingeräumt wurden.

Bousquier, der erste Ankläger, scheint wirklich nicht daran gezweifelt zu haben, daß er Schuldige bezichtige: »Ihr seid es«, warf er bei den zweiten Assisen den Angeklagten vor, »um die ich in den bösen Handel verwickelt bin; ohne euch wäre ich jetzt nicht seit einem Jahre verhindert, meinen Kindern das Brot zu verdienen.« – Und doch widerrief Bousquier auf seinem Sterbebette seine ganze Aussage und erklärte die Hingerichteten für unschuldig!

Bancal, der im Gefängnis starb, war von Bastides Schuld überzeugt. Er äußerte, dieser sei einer der Mörder, die anderen würde man auch noch kriegen, aber er selbst war gar nicht dabei beteiligt. Er sprach nur aus, was alle heute meinten.

Ob die Bancal am Ende die Geschichte vom Morde in ihrem Hause wirklich geglaubt, steht dahin. Als sie später freigesprochen wurde, rief sie vergnügt aus: »Hätte ich nicht gesprochen, so wäre ich tot.«

Jausion glaubte zuerst, daß Colard die Tat begangen.

Fualdes habe möglicherweise mit Anne Benoit ein Rendezvous gehabt und der Mord sei eine Tat der Eifersucht. Vor den Assisen rief er einmal aus: »Könnte ich wohl meinen Schwager beschuldigen!« Also auch er mußte in Augenblicken den allgemeinen Verdacht geteilt haben.

Missonier, ein Mensch, der eine viehische Dummheit an den Tag legte, erscheint durch das viele Inquirieren so verstumpft und verdumpft, daß er zuletzt selbst nicht mehr wußte, ob er bei der Ermordung gewesen oder nicht. Gewöhnlich lachte er laut auf, wenn von seiner Anwesenheit beim Morde die Rede war. Als ihn aber zu Alby der Präsident anredete: »Ihr seid also nicht bei Bancal gewesen?« antwortete er: »Ich glaube eigentlich, daß ich dort nicht gewesen bin.« Ein andermal antwortete er: »Herr Präsident, wenn es Ihnen Vergnügen macht, so will ich sagen, daß ich dort gewesen bin.« Der Präsident erklärte, er wolle nur die Wahrheit, worauf Missonier erwiderte: »Nun, wenn Sie die Wahrheit wollen, so muß ich sagen, daß ich nicht dagewesen bin.« Zu seinem Advokaten sagte Missonier in Alby: »Was haben die Herren denn für ein Vergnügen daran, uns immer zu richten? Erst im vorigen Jahre haben sie uns gerichtet, und nun soll es schon wieder geschehen.« Als sein Sachwalter forderte, ihm Notizen behufs seiner Verteidigung mitzuteilen, sagte er: »Haben Sie nicht Stempelpapier; damit können Sie mich ja verteidigen.«

Anne Benoit glaubte an den Mord, meinte aber, bei Bancals könnte es nicht geschehen sein, es müsse wohl in einem Garten vor der Stadt sich zugetragen haben.

Auch Colard glaubte bis an seinen Tod aufs bestimmteste, daß Bastide der Mörder sei. Als sein Advokat aber in ihn drang, er müsse reden oder nichts verhindere das traurigste Schicksal, antwortete er: »Sie sagen, ich muß sterben oder Sachen sagen, die ich nicht weiß; wohlan, mein Kopf falle auf dem Schafott, und meine Zunge solle dann nachrufen: »Ich bin unschuldig.« Sein eigenes Schicksal hatte er mit einer Art Fassung angehört, aber er schien aufs äußerste empört, daß seine unschuldige Geliebte, Anne Benoit, um ein Verbrechen leiden solle, von dem ihre Seele nichts wisse.

Bastide hatte niemanden angeschuldigt. Von Anfang bis Ende scheint er mit klarem Verstand die Sache angeschaut zu haben und drückte durch kalten Spott die tiefste Verachtung vor dem Märchen aus, in dem man ihn die Hauptrolle spielen ließ. Oft lachte er bei Aussagen auf, die er für unverschämte Lügen erklärte, und fertigte mit bitterer Satire die Zeugen ab. Als die Bancal anfing zu gestehen, äußerte er, da es so spät geschehen, hätte er auch erwartet, daß das alte Weib noch mit mehr Umständen niederkommen würde. Nur wenn man seinen Neffen erwähnte, geriet er in Zorn. Rauh und schroff, aber nicht klug war sein Benehmen vor den Geschworenen. Die Manson beschuldigte er, sie verfolge ihn, weil er ihre Verheiratung mit einem seiner Verwandten gehindert, und einer anderen Zeugin gegen ihn hielt er vor, wie des Himmels Hand schwer auf ihr laste und erinnerte sie an einen fürchterlichen Todesfall ihres Kindes. – Bastides Verteidigungsrede vor den letzten Assisen, die er, nachdem sein Advokat sich gedrungen sah, ihn zu verlassen, selbst ablas (niedergeschrieben soll er sie nicht haben, obwohl es seine Gedanken waren), ist ein Meisterstück einer körnigen und schlagenden Beredsamkeit, wie sie nur tiefe Entrüstung einem Verletzten selbst eingibt; und doch ruft er auch die Kunst zu Hilfe, um die künstlich aufgetürmten Beweise zu unterminieren und in sich zusammenstürzen zu lassen: »Die Mauern der Kerker sprechen nicht«, ruft er. »Einst aber werden sie reden, und sie werden die angezettelten Heimlichkeiten nennen, die man anwendete, um diese Elenden dahin zu bringen, aus der Lüge die schimpfliche Schutzwehr ihres Lebens zu machen. Bousquiers glückliches Beispiel hat ihnen den Mut gegeben.« Seine Verteidigung schließt so: »Und warum denn dieser rätselhafte Mord? Fualdes war nicht mein Feind, und sein Tod scheint das Werk einer schweren Rache zu sein. Er war nicht mein Gläubiger, vielmehr lieh er täglich die kleinsten Summen von mir und meinem Kredit. Wenn Habsucht einen sonst ordentlichen, mäßigen und arbeitsamen Mann irregeleitet, wenn sie meinen Arm bewaffnet hätte, würde ich dann wohl mich gegen einen mittellosen Greis gewendet haben? Würde ich die Hilfe aller dieser verworfenen, unnützen und gefährlichen Genossen angerufen haben, würde ich mein Opfer in eine besuchte Straße, in ein öffentliches Haus gelockt haben, ich, der Fualdes täglich bei sich zu Tische sah und dem er mit Sicherheit in das Dickicht der Wälder folgte? Will man ein Opfer, man nehme mich, aber man vermenge mich nicht mit diesen Menschen. Sie sind schuldig ohne mich, oder ich bin schuldig ohne sie. – Vor allen Dingen, man verwickle nicht tugendhafte Verwandte in mein Unglück. Meine Familie, die immer auf dem Lande lebte, die ganz die Sitte und die Einfachheit des Landlebens übt, wird dargestellt wie ein Herd der Intrige, wie eine Höhle des Lasters. – Die Meinigen weinen und erliegen. Drei derselben sind in der Blüte ihrer Tage gestorben, als Opfer ihrer Liebe zu mir; drei seufzten im Kerker, als Opfer des Unsterns, der mich verfolgt. Das sind die Ränke gewesen, die sie übten. – Urteilt, ob ich, in dieses Meer von Unglück gestürzt, noch Liebe zum Leben haben kann. Ich rufe den Gott, der mich besser kennt als die Menschen, den Gott, der mir diese Stärke der Seele gegeben hat, welche meine Feinde nicht begreifen können. Ich will nur die Rettung meiner Ehre. Die Fesseln, welche man meiner Verteidigung angelegt hat, ein Gefängnis von dreizehn Monaten, eine unmenschliche Behandlung, die Weigerung, zwei nicht zu trennende Verhandlungen zu verbinden, Furcht, die man vielen eingeflößt hat, welche ich als Zeugen aufrufen konnte, alles dies hat mich waffenlos meinen Verfolgern überliefert. – – Soll ich noch weiter die Ungerechtigkeit der Menschen erfahren, so berufe ich mich auf die Zukunft. Sie wird auf mein Grab schreiben: »Bastide starb unschuldig.«

Noch spricht eine Negative zugunsten der Angeklagten. Wäre der Mord in Bancals Hause eine Wahrheit, welche Vorbereitungen setzt er voraus, welches Komplott! Gegen zwölf Menschen sind der Teilnahme bezichtigt, der Ausführung und Beihilfe durch (verdächtige oder falsche) Zeugen überführt. Aber von den 300 Zeugen bekundet auch keiner etwas von der notwendigerweise vorausgegangenen Verabredung und Verschwörung. Wo eine ganze Stadt und die Umgegend ihre Sinne über das Maß anstrengten, um Unglaubliches zu bezeugen, wo Behörden, Richter, das Publikum alle Mittel aufboten, ließ sich von dem Komplotte selbst auch keine Spur finden. Daß Bastide in einem Kaffeehaus mit zwei der Helfershelfer ein paar Tage vorher gesprochen, ist weder erwiesen noch, wenn es wäre, ein Umstand von Bedeutung. Zu solchem Vorhaben würde er wohl einen andern Ort erwählt haben. Aber im Gegenteil leuchtet aus allen Verhandlungen, aus dem Gesamtresumé derselben hervor, daß die Bezichtigten isoliert voneinander standen, jeder zeiht den andern oder die andern der Schuld und will nur selbst unschuldig sein. War ein Zusammenhang da, so war er ein lockerer. Eine der gräßlichsten, mit unsinnigen Präparaten ausgeführte Mordtat wäre also mit einem Leichtsinn und einer Vorbereitung begangen, die ihresgleichen sucht und von angesehenen Männern in reifen Jahren und voller Verstandeskraft, von Bürgern, die, begütert und geachtet, nicht für ihre eigenen, sondern auch für die Ehre und den Frieden ihrer großen Familien zu sorgen hatten. Im Feuer der Parteileidenschaft sind wohl schon gräßlichere Verbrechen und noch weniger motiviert, begangen worden, aber noch keins unter so unsinnigen Konjunkturen, wo die Aussicht auf Verrat die allernächste sein mußte.

Am 4. Juni 1818, abends elf Uhr, erhielt der königliche Prokurator in Alby durch eine Stafette die Nachricht, daß das Kassationsurteil verworfen und daß sofort zur einstweiligen Hinrichtung von Bastide, Jausion und Colard geschritten werden solle. Am anderen Morgen wurden die drei, mit schweren Ketten belastet, die Hände auf dem Rücken gebunden, vorgeführt. Noch wußten sie nicht ihr endliches Schicksal. Jausion bewies, als es verlesen wurde, mehr Ruhe und Gelassenheit, als man erwartet. Bastide war über die Nähe seines Todes erschüttert; alle Verwegenheit, aller Gleichmut waren (sagen die Zeitungsberichte) auf einmal verschwunden. Colard weinte bitterlich, beteuerte seine Unschuld und sprach nur von seiner teuren Anne Benoit.

Alle drei wurden in besondere Kerker gebracht. Die Zusprüche des Geistlichen schienen wenig zu fruchten. Umsonst sprach auch der Gerichtsrat Pagan ihnen zu, bei der unwiderruflichen Bestimmung ihren Tod und ihr Gewissen durch ein Bekenntnis zu erleichtern. Jausion erklärte, er sterbe unschuldig, er protestiere vor Gott und Menschen gegen den ungerechten Richterspruch. Dasselbe taten Bastide und Colard.

Die Exekution erfolgte in Ruhe und Ordnung, doch unter starker militärischer Bedeckung. Um 4½ Uhr wurden die Verurteilten auf Henkerskarren nach dem Schafott gefahren. Geistliche saßen ihnen zur Seite. Colard schien alles Bewußtsein verloren zu haben. Sein Kopf schwankte hin und her und fiel willenlos auf Brust und Schultern. Jausion lehnte sich unbeweglich auf ein Kruzifix.

Bastide soll beim Besteigen des Schafotts einen dumpfen Schrei ausgestoßen haben. Sein Aussehen war furchtbar: das Gesicht totenblaß, seine Farbe gelb und hager; die Brust bedeckte ein langer schwarzer Bart. Umsonst versuchten die Geistlichen auf dem Wege noch alle Gründe der Religion, um den Verurteilten den Weg zur Ewigkeit durch ein Geständnis zu erleichtern. Alle drei beteuerten nach wie vor ihre Unschuld.

Jausion bestieg zuerst das Schafott. Ehe er seinen Kopf auf den Block legte, beschwor er noch einmal Himmel und Menschen, man müsse doch den Behauptungen eines Sterbenden Glauben beimessen! Sein letztes Wort war: er sterbe unschuldig, einst komme der Tag, wo man seine Kinder nicht mehr beschuldigen werde, die Söhne eines Mörders zu sein.

Colard folgte ihm. Noch vor dem Block rief er, Bastide sei die Ursache seines Verderbens; aber er kümmerte sich nur und weinte um seine Anne Benoit.

Bastide verzagte völlig beim Anblick der Guillotine. (Doch lassen ihn andere Zeitungsberichte in dumpfer Resignation hinaufsteigen.) Seine Kräfte schienen ihn zu verlassen. Er wäre rücklings niedergefallen, hätte man ihn nicht unterstützt. Man schleifte ihn die schwarze Treppe hinauf. Nachdem er wieder zu sich gekommen, lallte er erschöpft: »Was wird meine Familie sagen!« Die ganze Hinrichtung dauerte nur wenige Minuten.

Um zehn Uhr wurde Anne Benoit an den Pranger ausgestellt, gebrandmarkt und abgeführt. Trotz ihres anrüchigen Lebenswandels scheint sie ein sehr liebliches Mädchen gewesen zu sein, deren Verhältnis zu Colard durch die Innigkeit und Treue, mit der einer am andern hing, für sie sprach. Sie sehnte sich nur danach, mit ihrem Colard zu sterben.

Bach wurde zu zwanzig Jahren Gefängnis verurteilt, später begnadigt, die Hinrichtung der Bancal aber verschoben, da sie in dem neuen Prozeß gegen die anderen Angeklagten zeugen sollte. – Bastides Bruder befiel bald nach der Hinrichtung seiner Verwandten ein unheilbarer Wahnsinn.

Gegen die durch Bachs Aussage neu Bezichtigten: Bastides Neffen, die Notare Yence D'Istournet, Bessières Veynac, den Polizeikommissar Constans u. a. wurde die Untersuchung vor den Assisen von Toulouse geführt.

Hier wiederholte die Manson die Aussagen, welche sie infolge der Assisen von Alby von der Anschuldigung des Meineids befreiten. Alles, was in den Assisen von Alby als konvulsivische Zuckungen herausgeplatzt, was ihr durch die Tortur des Verhörs erpreßt war, wiederholte sie hier in behaglicher Breite: eine Geschichterzählung, von der sie nun nicht mehr abweichen konnte, ohne allen Glauben zu verlieren und sich aufs neue der Anklage des Meineids auszusetzen. Das große Publikum triumphierte. Also war die Geschichte, wie sie geglaubt wurde, Wahrheit. Die Manson hatte sie freiwillig in aller Umständlichkeit erzählt. Sie wollte Yence als den Mann erkannt haben, der ihr auf der Straße vor dem Bancalschen Hause begegnet sei. Bessières Veynac sei bei ihm gewesen. Beide waren mehr oder minder beteiligte Zeugen des Mordes. Auch Bach erkannte beide für Mitanwesende beim Morde. Die Bancal wollte von Bessières in der Küche mit dem Stock geschlagen sein. Aber Bessières-Veynac tat ein unwiderlegbares Alibi dar, und die Geschworenen von Toulouse erklärten am 12. Januar 1819 einstimmig die Angeklagten für unschuldig. – Wo blieb die Wahrheit der Aussage der Manson? Sie scheiterte in diesem Prozesse an einem glücklich durchgeführten Alibibeweise. – Doch beriefen sich die Verwandten der Gerichteten vergebens auf dieses günstige Urteil, um eine Revision des

Prozesses zur Herstellung des Andenkens des Hingerichteten zu erlangen. Merkwürdig ist, daß die Bancal nach diesem Urteil wiederholt erklärte: Yence und Bessières wären doch beim Morde gewesen!

Die Ermordung des Fualdes ist und bleibt einer der dunkelsten Kriminalfälle, die in neueren Zeiten sich ereignet. Die Prozesse La Roncière, Fonk und Lafarge, auch an Dunkelheiten reich, kommen doch gegen ihn an Widersprüchen und Verwicklungen nicht auf. Jede neue Untersuchung, statt das Dunkel aufzuhellen, bringt neue Widersprüche hinein, eine größere Verworrenheit hervor. Daß ein Mord begangen, eine romanhafte Fabel, wie es dabei herging, sich ausbildet und geglaubt wird, und daß die Täterschaft Unschuldigen zugeschrieben und anscheinend bewiesen wird, kam vor. Aber daß fast ein Dutzend einzelner Täter genannt, bezichtigt, scheinbar überführt worden, daß fast jeder der Komplizen von der Schuld der anderen überzeugt ist, auch gegen sie zeugt, während er Himmel und Erde im Angesicht der Ewigkeit für seine eigene Unschuld anruft; daß dabei keine Motive des Mordes erwiesen und ebensowenig ein vorausgegangenes Komplott nur wahrscheinlich gemacht ist, und endlich ein Urteil, welches auf lauter Widersprüchen fußt (denn die zu Toulouse freigesprochenen Yence und Bessières sind durch die Bach, Bancal und Manson so schwer graviert wie die Hingerichteten) und doch vor aller Welt für gerecht galt, das ist wohl einzig in seiner Art.

Die Widersprüche zu erklären und Licht in das Dunkel zu bringen, müssen wir nach menschlichen Ansichten aufgeben, nachdem dreiundzwanzig Jahre darüber verstrichen sind und die Mehrzahl der Beteiligten nicht mehr lebt. Was von dem Untersuchungsrichter zu Rhodez versäumt wurde, könnte auch heute kein Richter mit aller Machtbefugnis an Ort und Stelle nachholen. Wir finden keine Ermittlung darüber, wie Fualdes Stock gefunden worden, wo sein Ring und Portefeuille geblieben, keine Nachforschungen nach dem Messer, ob Bousquier wirklich und für wen er Contrebande getragen? Möglich, daß man aus Rücksichten gerade darüber die Untersuchungen unterließ. Ebensowenig wissen wir, in der Ferne und Fremde, mit positiver Gewißheit vom Charakter und den übrigen Lebensverhältnissen des Fualdes, Bastide, Jausion. Was uns aus den Gerichtsverhandlungen darüber zugekommen, ist durch Parteiwut oder Teilnahme gefärbt. Auch die Winke, daß Fualdes auf andere Weise könnte umgekommen sein, wurden nicht weiter verfolgt, weil man beim frühen und festen Glauben an die Schlachtszene im Bancalschen Hause dies für überflüssig hielt. Ein gewisser Capely soll verschiedenen Leuten gesagt haben, daß man Fualdes schon seit sechs Monaten nachstelle. Aber Capely war verschwunden. Auch die Vermutung, daß er bei einem verliebten Abenteuer umgekommen sei, ist schon erwähnt. Auch ging ein Gerede, daß er von den Freimaurern, deren Geheimnisse er verraten, ermordet worden sei; etwas nach den damaligen Verhältnissen in Südfrankreich nicht absolut Abzuweisendes, sobald wir nicht an unsere, sondern an die Freimaurer denken, wie sie in den romanischen Staaten überall eine stark politische Färbung annehmen. Man erinnere sich der mehrfachen Femeurteile, welche in Italien und der Provence gegen abtrünnige Carbonari mit dem Dolche vollzogen wurden! Einem Gerüchte nach gehörte Fualdes einer geheimen politischen Verbindung an, die er zu verlassen im Begriff stand. Die diese Meinung aufstellten (sie fand sich auch im *Journal des débats* ausgesprochen), wollen deshalb weder Bastide noch Jausion aus dem Spiele lassen; im Gegenteil meinen sie, daß unter dieser Voraussetzung der nachmalige Einbruch und das Durchwühlen der Fualdesschen Papiere sich am besten erklären lasse. Man habe die Schriften fortgenommen, welche von der geheimen Verbindung Zeugnis ablegten. Aber alle diese Spuren verlassen uns. Wie soll ein Fremder sie wieder auffinden! Das Licht, welches unser Verteidiger des Andenkens der Hingerichteten von der negativen Seite in die Sache bringt, ist ein trostloses. Ist seine Annahme wahr, so ist gar kein Fundament der Bestrafung, gar keine Schuld vorhanden, und der himmelschreiendste Justizmord ist gegen viele Unglückliche, gegen ganze Familien, ihren Wohlstand und ihre Ehre verübt; Jean Calas Mord ist dagegen geringfügig. Der Gedanke an die Möglichkeit, daß so viele ohne die geringste Verschuldung durch ein grauenvolles Lügengewebe und das Zusammentreten zufälliger Umstände ins Verderben gerissen, in Ketten und auf das Schafott gebracht, daß das Leben, der Wohlstand, der Ruf ihrer Familien zerstört werden könne, und das in einem Lande der Freiheit und der Gesetze, zerreißt das Herz und umdüstert unseren Glauben; ja es drängt den unnatürlichen Wunsch hervor, daß die Fabel doch wahr, die Gerichteten wirklich die Mörder seien. Die moralische Schuldenlast wäre minder schwer.

Ohne eigene Meinung nur ein strenger Berichterstatter von Fakta zu sein, die doch nicht eigentlich Fakta, sondern nur wieder subjektive Überzeugung davon sind, ist wohl nicht möglich. Wir haben uns hauptsächlich der Ansicht des deutschen Verteidigers zugeneigt, ohne, aus Mangel untrüglicher, feststehender Momente, eine andere Prüfung anlegen zu können, als die nach dem Überlieferten Gefühl und Vernunft eingeben. Seine Darstellung ist, mit deutschem Fleiße gearbeitet, eine der umfassendsten und hat in sich alle Hauptaussagen der sogenannten Akten aufgenommen, aber deshalb ist sie noch keine erschöpfende, keine, die nicht noch den Gegenbeweis zuließe. Alles kommt am Ende darauf an, welche Glaubwürdigkeit man der Manson beimißt. Sie ist, im Sinne des Gesetzes, die einzige unverdächtige Zeugin. Inwiefern sie es vor der individuellen Überzeugung des einzelnen ist, ist eine andere Frage. Wer davon in sich die Überzeugung gewinnen kann, daß unter ihren vielfältigen, sich widersprechenden Aussagen die letzte mehr Glaubwürdigkeit hat als die erste, bei der sie Gott zum Zeugen anruft, der mag den ganzen Prozeß aus dem entgegengesetzten Gesichtspunkte mit derselben Wahrhaftigkeit, als Herr v. Kobbe, sich konstruieren. Wir schreiben unter unsere Urteile »Von Rechts wegen!« Der Türke unter seine Erkenntnisse »Gott weiß es besser.« Wir geben ihm zu: die Geschichte der Mordtat ist mehr als unwahrscheinlich; sie streift ans Unmögliche. Aber wenn sie nur ein Roman ist, steht deshalb, wie er folgert, die Unschuld der Verurteilten fest, sind sie ohne allen Grund angeklagt, verdammt, gerichtet? Wir sehen diesen Grund freilich nicht. Aber die Geschworenen, das können wir annehmen und müssen es, haben mehr gesehen, als wir sahen, und Dinge gewußt, die uns unbekannt geblieben. In unserem Sinne ist die erste Instruktion äußerst mangelhaft geführt, aber die Bewohner der kleinen Stadt Rhodez, die Richter in dieser Sache, bemerkten diese Lücken nicht; sie kannten die Verhältnisse, die Menschen, ihren Charakter und ihren Ruf. Es wäre ein noch merkwürdigeres Übereinstimmen des Publikums, der Behörden, der Gerichtspersonen, der Geschworenen als das Komplott der Verbrecher selbst. Alle diese waren von der Täterschaft überzeugt und verdammten. Läßt sich annehmen, daß nur Parteihaß in dem Blutgerichte gesprochen hat? Läßt sich annehmen, daß zwei Geschworenengerichte in zwei verschiedenen Städten von derselben Blindheit befangen, Unschuldige aus politischer Leidenschaft zum Tode verurteilten? Um so unwahrscheinlicher, als gerade in diesem Süden Frankreichs die royalistische Partei die vorherrschende war, als sich annehmen läßt, daß man, wenigstens bei den zweiten Assisen, alles aufgeboten haben wird, um vorurteilsfreie, der liberalen Partei nicht blindlings ergebene Personen zu Geschworenen zu bestellen. Auch haben die Angeschuldigten gegen deren Person keinen Protest eingelegt. Und die Präfekten, die Präsidenten, Gerichtsräte, königlichen Prokuratoren, was sollte sie, deren Stellung zum großen Teil von der Gunst des Hofes abhing, zu einer, dem Verteidiger auffallenden Parteilichkeit gegen die royalistischen Verbrecher antreiben? Eher durfte man das Gegenteil erwarten. Und leuchtet nicht aus den Präzedenzien hervor, daß diese politische Spannung gar nicht so groß gewesen sein kann, da Fualdes in täglichem Familienverkehr mit Bastide und Jausion und ihren Angehörigen lebte?

Den Wechsler Jausion soll die öffentliche Meinung später für unschuldig, wenigstens am Morde, erklärt haben. Bastides Schuld ward nach wie vor allgemein geglaubt. Seine Ruhe, sein kalter Spott, sein stolzes Benehmen während des ganzen Prozesses, ja auch sein höhnisches Auflachen bei den Depositionen der Zeugen können für seine Unschuld sprechen. Aber wäre nicht auch denkbar, daß dieser Spott und diese Ruhe nur der unsinnigen Fabel galt, die man ersonnen, ihn zu verderben? Er wäre der Mörder gewesen, aber nur nicht auf diese alberne und ungeschickte Weise, nicht in einem Komplott, gegen das sein Verstand und sein Stolz sich sträubten? Vielleicht der Exekutor eines Femeurteils, aber nicht ein gemeiner Raubmörder, Betrüger und Dieb. Denken läßt sich ein völlig anderer Hergang, und wir wissen nicht, was die Geschworenen gedacht, wovon sie eine Überzeugung in ihrer Brust trugen. Andeutungen schlimmer Verhältnisse, sittlicher Zerwürfnisse finden sich genug: diese Rendezvous bejahrter Männer, Ehegatten, Väter, des Ermordeten und der Mörder, dies Bancalsche Haus, betreten auch von Personen der höheren Stände, dieser Verkehr mit Contrebandiers, diese Geständnisse der Manson. Die Geschworenen wußten mehr, als uns nur angedeutet wird. Bastides Benehmen auf dem Schafott stimmt nicht zu dem während des Prozesses. So mag vielleicht ein Unschuldiger, der bis auf den letzten Augenblick vertraut, seine Unschuld werde an den Tag kommen, wenn das Richtbeil ihn anstarrt, vernichtet sein, alle Fassung verlieren und selbst den Trost der Religion von sich weisen, weil sein Glaube an die Vorsehung erschüttert ist, die ihn unschuldig verderben läßt. Aber so kann auch die stolzeste Haltung eines Verbrechers zusammensinken, wenn er sieht, daß sein Verstand und seine Ruhe, auf die er vertraut, nicht ausreichen und er dem Gerichte Gottes und der Menschen unterliegt. Auch da mag ein so Zerschmetterter noch schweigen, wenn nicht aus Stolz, aus Rücksicht für die Ehre seiner Familie.

Madame Manson starb 1825 in Versailles. Es ist nicht bekannt, daß sie vor ihrem Tode nähere Aufklärungen gegeben oder Geständnisse gemacht. Was sollte sie auch aussagen, was widerrufen? War sie nur das leichtfertige Weib, die die Lust, interessant zu scheinen, und die die Verwicklung der Umstände grausam verstrickt hatten, dann hatte sie lange genug gekämpft, ehe sie sich von einer schweren Anklage durch eine Unwahrheit rettete. Auch da umging sie noch das klare Geständnis, welches man verlangte, und gab zuerst nicht mehr, als was durchaus notwendig war, um sich selbst zu retten. Möglich, daß sie auch das nicht getan, wenn sie nicht, wie alle, fest an die stereotype Geschichte geglaubt hätte. Möglich, daß nur Bastides Hohn in jener berühmten

Sitzung sie zu dem verderblichen Ausspruch stachelte. Möglich, daß die Rolle als lichtbringender Engel, in die man sie gestoßen, auch ihrer Eitelkeit schmeichelte, daß sie sich nun inspiriert fühlte, das Verbrechen und die Verbrecher zu denunzieren. Es war auch gewiß eine interessante Rolle, die durch einen Eid gebundene, unschuldige Mitwisserin zu spielen, auf deren Aussprüche die Welt wie auf Orakel lauschte. In diesem Sinne fühlte sie sich gehoben, nach dem zweiten Verdikt den Geschworenen zu versichern: sie könnten sich beruhigen, sie hätten ein gerechtes Urteil gesprochen. Das konnte auch jede andere Frau sagen, die wie Madame Manson von der Wirklichkeit der Mordtat überzeugt war. Und wenn diese Überzeugung später einer anderen gewichen, wenn das Bewußtsein, Unschuldige aufs Schafott gebracht zu haben, sie überkommen hätte, welcher Motive, welcher heroischen Anstrengungen hätte es bedurft, das zu bekennen? Die Opfer, die einmal geblutet, konnte sie nicht mehr lebendig machen, und mit dem Bekenntnis, daß sie gelogen, hätte sie sich selbst vernichtet; die Anklage des falschen Zeugnisses wäre mit verdoppelter, furchtbarer Last auf ihr Haupt gefallen.

In diesem Jahre (1841) berichteten Zeitungsnachrichten, daß man in einem Garten zu Rhodez zwei Gerippe gefunden, daneben einen Leierkasten. So schien noch einmal der Schleier über der vergessenen Tat sich zu lüften. Es hätte, wenn es wahr gewesen, nur das Märchen noch vergrößert. Um eine Leiche in den Aveyron zu werfen, bedurfte es des bewaffneten Leichenzugs; aber zwei Leiermänner schlug man ohne Umstände auf den Kopf und begrub sie, wo es war. Um den alten Fualdes aus der Welt zu schaffen, Veranstaltungen wie zu einer Pulververschwörung, zwei Leiermänner aber ließ man verschwinden, ohne daß ein Hahn darum gekräht. Die Zeitungsnachricht hat sich als falsch erwiesen.

Der Pariser Leichtsinn pfropfte auf die grauenvolle Tragödie ein Possenspiel. Spekulanten boten der Manson große Summen, wenn sie sich in Paris zeigen wolle. Als dies fehlschlug, engagierte ein Cafetier die auch berühmt gewordene Rosa Pierret als Limonadiere in seinem Garten (angeblich um 30 000 Francs für drei Monate, unbeschadet anderer Emolumente und Vorteile!); und der Tag, wo sie zuerst auftrat, wurde als eine große Festlichkeit angekündigt. Die Spekulation soll aber auf die Dauer nicht eingeschlagen sein. Die Pariser fanden ihre Erwartungen von Roses Schönheit nicht befriedigt. Eine Persiflage war es wohl nur, als ein besonderes Cabinet von Wachsfiguren, die Mordszene in Bancals Hause darstellend, angekündigt wurde. Bousquier sollte dabei als Angestellter erscheinen in derselben Kleidung, in der er beim Morde gewesen, und Personen und Umstände den Besuchern erklären. Die angekündigten Memoiren der Amme der Madame Manson sind nicht erschienen; ebensowenig die der Rose Pierret und des Adjutanten Clemendot.

DAS HAUS DER FRAU WEB

1753

Als Anhang zu »Fualdes Ermordung«

Ein junges Mädchen namens Elisabeth Canning war im Jahre 1753 plötzlich aus dem Hause ihrer Verwandten in London, ohne daß man eine Ursache wußte, verschwunden. Nach vier Wochen kam sie zurück, abgemagert, entstellt und mit abgerissenen Kleidern. Mein Gott, hieß es, wo bist du gewesen? Wie kommst du zurück? Was ist dir begegnet? – »Ach, Tante«, war die Antwort, »ich ging durch Moorfields, um mich nach Hause zu begeben, da wurde ich von zwei starken Kerlen überfallen, zur Erde geworfen und nachdem mir Gewalt angetan war, in ein Haus, zehn Meilen von London, gebracht.« – Tante und Nachbarn begannen aufs jämmerlichste zu weinen. – »Ach, liebes Kind«, sagte die Tante, ist es nicht zu der schändlichen Frau Web, daß man dich hingebracht hat, denn das ist gerade zehn Meilen von hier?« – »Jawohl, Tante, zur Frau Web.« – »Ja, das große Haus rechter Hand.« – Die Nachbarfrauen bezeichneten Frau Web näher, und die Canning gestand, daß die Beschreibung völlig richtig sei. Eine von ihnen sagt, daß man die ganze Nacht hindurch bei dieser Frau spiele und daß dies Haus eine wahre Mördergrube für die Jugend sei. – »Ach, eine wahre Mördergrube«, antwortete die Canning. – »Es geschehen dort entsetzliche Dinge«, sagt eine andere Nachbarin. »Diese beiden Kerle, welche Vettern der Frau Web sind, machen sich ein Geschäft daraus, auf der Landstraße umherzugehen und alle jungen Mädchen aufzugreifen, deren sie habhaft werden können.

Dann lassen sie sie bei Wasser und Brot fasten, bis die armen Dinger sich gezwungen sehen, den schändlichen Spielern sich hinzugeben, die in das Haus kommen. Ach sprich, Kind, hat man dich nicht auch bei Wasser und Brot gesetzt, liebe Nichte?« – »Ja, liebe Tante.« – Man fragt weiter, ob diese beiden Kerle es nicht gerade so mit ihr gemacht hätten, und sie gesteht alles mit vielen Umständen, wie man sie mißhandelt und wie man ihr gedroht habe.

Tante und alle Nachbarn erneuern ihr Geschrei und Wehklagen.

Ein alter Gönner der Familie, Herr Adamson, macht sich sogleich auf den Weg nach dem Wohnorte der Frau Web. Er sieht einen kleinen Hinterstall des Hauses. Hier muß Elise Canning eingesperrt gewesen sein. Sie räumt es ein. Allgemeines Mitleid und Entsetzen regt sich; ersteres wächst besonders, als das Mädchen ihre Gestalt und Schönheit wiedergewinnt. Herr Adamson gibt im Namen der mißhandelten Unschuld eine Klage beim Sheriff ein, infolge welcher Frau Web mit allen ihren Hausgenossen verhaftet wird. Der Sheriff läßt eine Magd des Hauses kommen und sucht sie mit sanften Worten zum Geständnis zu bringen. Die Magd versteht anfangs kein Wort von den an sie gerichteten Reden; als aber der Sheriff ihr sagt, mit der Justiz sei nicht zu spaßen und sie würde unfehlbar gehenkt werden, wenn sie nicht gestehen wolle, da bekommt man alles von der Person zu wissen, was man wissen will. Die Jury versammelt sich, und neun Personen werden zum Galgen verurteilt. – Die Zeit der Hinrichtung naht, als ein Journal, welches die Verhandlungen aufgenommen hat, dem Philosophen Ramsay in die Hände fällt. Er liest den Prozeß und findet ihn absurd vom Anfang bis zum Ende. Empört über den Hergang, macht er sich daran, eine Schrift zu schreiben, in welcher er als ersten Grundsatz den aufstellte, daß das erste

Erfordernis bei Geschworenen sei, gesunden Menschenverstand zu haben. – Die Schrift machte Aufsehen, man untersuchte aufs neue und fand, daß die Canning in ihrer Abwesenheit ein Wochenbett abgemacht hatte.

Dieser interessante Kriminalfall kam bei Gelegenheit des Prozesses gegen Jean Calas zur Sprache; in Ermangelung der Aktenstücke gaben wir ihn nur in dem mitgeteilten Résumé als Anhang zu dem vorigen.

DIE ERMORDUNG DES PATERS THOMAS IN DAMASCUS

1840

Dieser berühmte Kriminalfall, der drei Weltteile in Bewegung setzte, selbst in die orientalische Frage hineinspielte, den uralten Haß gegen die Juden wieder anfachte und im Augenblick, wo ihre Emanzipation fast in allen europäischen Ländern zur Sprache kam, Fragen zur Erörterung brachte, die in die Märchenwelt des Mittelalters begraben schienen, ist von so neuem Datum und zur Zeit noch so wenig kritisch durchsichtet, ja nur unparteiisch beleuchtet, daß wir anstehen würden, ihn schon jetzt in unsere Sammlung aufzunehmen, wenn nicht vorauszusehen wäre, daß eine wirkliche Untersuchung und Kritik bei den Verhältnissen des Orients niemals erwartet werden darf. Wir halten uns daher gerechtfertigt, wenn wir das, was von dem dunklen Falle und dem grausamen Prozesse bekannt ist, schon jetzt zusammenfassen und darin dem glaubwürdigen Berichterstatter folgen, welcher, ein deutscher Reisender, bald nach dem Morde in Damascus war. Wir meinen den »Verfasser der Cartons« (Herrn v. Heilbronner), der in seiner jüngsten Reisebeschreibung »Morgenland und Abendland« den Judenmord in Damascus nach den möglichst authentischen Mitteilungen erzählt hat. Seine Erzählung ist unter den bekannt gewordenen diejenige, welche die einzelnen Facta noch in einer möglichst historischen Reihenfolge aufführt; sie stimmt in allem Wesentlichen mit der Hauptquelle überein, dem Bericht des österreichischen Konsuls Merlato, mit dem Aufsatz des Missionars Wildon Pieritz und den besseren Korrespondenzberichten in den deutschen, französischen und englischen Zeitungen wie auch mit dem, was in den Reden der Deputierten und Parlamentsmitglieder zu Paris und London darüber zur Öffentlichkeit gekommen. Jener Bericht des österreichischen Konsuls ist vielfach angegriffen worden. Französischerseits hat man ihn als einen Parteibericht verdächtigt; aber, an und für sich betrachtet, mit der klaren und einfachen Sprache aufrichtiger Überzeugung geschrieben, hat er seitdem an beweisender Kraft gewonnen, da die vom damaligen französischen Conseilpräsidenten Thiers verheißene Mitteilung der Untersuchungsakten des französischen Konsulats in Damascus, welche den österreichischen Konsul widerlegen sollte, weder erschienen ist, noch, aus leicht erklärlichen Gründen, jemals erscheinen durfte. Das Buch »Damascia usw. von C. H. Löwenstein, Rödelheim 1840« ist von Wert, weil es sämtliche Aktenstücke aufgenommen hat; im übrigen von einer Parteileidenschaftlichkeit diktiert, welche eine klare Auffassung der faktischen Verhältnisse unmöglich macht. An unsere auf diese zu ganz anderen Zwecken geschriebenen Mitteilungen basierte Geschichtserzählung darf man nicht die Ansprüche eines aus deutschen Aktenstücken referierten Kriminalprozesses stellen. Es ist ein orientalischer Kriminalprozeß, in den europäische Leidenschaftlichkeit, Nationalhaß, Habsucht des Despotismus und andere Motive hineinspuken und den die vielfach gefärbten Korrespondenzberichte der deutschen, französichen und englichen Zeitungen noch verworrener gemacht haben; ein Prozeß, der durch keine Untersuchung, nicht durch ein Definitivurteil, sondern durch einen Machtspruch geschlichtet ist, dessen Motive wir nicht in der Gerechtigkeit, sondern in der Politik, vielleicht auch im angewandten Gelde zu suchen haben.

Noch ein anderer Umstand veranlaßt uns, diesem Mordfall schon in unserem ersten Bande eine Stelle zu geben, es ist die Verwandtschaft der mit kunstreichem Unsinn ausgebildeten und geglaubten Fabel von der Abschlachtung des Paters Thomas mit der des Fualdes. Ebenso unwahrscheinliche Motive, eine ebenso unglaubliche Verschwörung angesehener und reicher Leute hier wie dort; dieselben verdächtigen Zeugen, die zur Anschuldigung gepreßt wurden durch die Aussicht, von der eigenen Bestrafung dadurch loszukommen; derselbe Leichtsinn, dieselbe Wut, zu glauben und zu zeugen, und als Resultat dieselben Greuel und dieselbe Dunkelheit über den wirklichen Hergang.

Die lateinischen Klöster in Syrien, der terra santa nach der römischen Nomenklatur, unter Roms unmittelbarer Oberherrschaft stehend und von daher zu gewissen Zeiten rekrutiert, zeichnen sich in mehrfacher Beziehung vor den katholischen Klöstern des Abendlandes aus. Nicht durch Pflege der Wissenschaften, aber durch praktische Tätigkeit und die strenggeübten Pflichten der Gastfreundschaft gegen Pilger und Reisende. Sie sind die einzigen Wirtshäuser für die reisenden Abendländer und nehmen diese, ohne nach ihren kirchlichen Bekenntnissen zu fragen, gastlich auf. Zugleich ist fast ein jeder Mönch bis zu den Oberen hinauf ein Handwerker oder treibt eine Kunst, welche seinem Kloster von Nutzen sein kann.

Im lateinischen Kloster zu Damascus lebte der Pater Thomas, ein Kapuzinermönch aus Sardinien. Er betrieb seit 35 Jahren eine medizinische Praxis in der Stadt und impfte besonders die Pocken. Letzteres Geschäft hatte ihn bei groß und klein durch ganz Damascus wohlbekannt, aber auch wohlhabend gemacht. Er sammelte dabei ein Vermögen, das die Regeln der Ordensdisziplin überstieg, war aber keineswegs freigebig. Dagegen war seine Sprache frei und schonungslos, sein Betragen keck und anmaßend, sein Wandel nicht ohne Makel, denn er war mitunter unmäßig, und sein Wissen hätte vor keiner medizinischen Fakultät Europas standgehalten. Er war nicht beliebt.

Am 5. Februar 1840 verschwand Pater Thomas, zugleich mit ihm sein junger, kräftiger Diener und beständiger Begleiter. Sein Geld und was er besessen, fand man unberührt.

Die Sache erregte großes Aufsehen. Frankreich ist von alters her der Schirmherr der terra santa, und die katholischen Christen stehen unter seinem Schutze. Der französische Konsul, der Graf Ratti-Menton, hielt es für seine Pflicht, die Untersuchung wegen des verschwundenen Mönchs einzuleiten.

Pater Thomas war in das Judenquartier gegangen. Mehrere Israeliten sagten das selbst aus. Keiner fand sich, der ihn herausgehen gesehen. Also mußte er im Judenviertel verschwunden, umgekommen, ermordet sein, und zwar von den Bewohnern des Viertels, den Juden selbst. Diese vorgefaßte Meinung wurzelte so fest und früh zur Überzeugung wie die Fabel, daß Fualdes in Bancals Hause umgebracht worden, und man versäumte jede andere Nachforschung; man suchte vielmehr nur nach den näheren Umständen, wie er dort ermordet worden und wer die eigentlichen Täter gewesen?

Nach dem Bericht des österreichischen Konsuls hatte sich zwar ermittelt, daß Thomas und sein Bedienter auf dem sehr besuchten Platz Hassan-Pascha einen heftigen Streit gehabt, wobei es sogar zur Schlägerei kam, und zwar mit Mohammedanern der niedrigsten Klasse und des gemeinsten Gesindels. Aber es blieb unbeachtet, und man unterließ jede Nachforschung in den anderen Stadtvierteln.

Graf Ratti-Menton forderte vom Gouverneur von Syrien, Sheriff Pascha, daß man alle Mittel zur Entdeckung der Mörder zu seiner Verfügung stelle. Vom österreichischen Konsul aber erbat er das Recht, Haussuchungen bei den Hebräern anzustellen, welche österreichische Untertanen wären. Beides ward zugestanden, und die Untersuchungen begannen mit Eifer.

Da meldete sich Mohammed el Telli, ein gemeiner Türke, der wegen Staatsschulden im Gefängnis saß. Wenn der französische Konsul ihn freizumachen verspreche, wolle er die Mörder wohl entdecken. Mohammed erhielt seine Freiheit und denunzierte Haus um Haus als verdächtig. Graf Ratti-Menton untersuchte selbst an der Spitze von Soldaten und Handwerkern und unter ungeheurem Zulauf des Pöbels, der volle Nahrung für seine rohe Lust und seinen alten Haß gegen die zum Teil sehr reichen Juden dabei fand.

Ein jüdischer Barbier, Negrin, gehörte zu den zuerst Denunzierten und gefänglich Eingezogenen. Er verwickelte sich in seinen Aussagen, leugnete aber durchaus, etwas von einem Morde zu wissen. Drei Tage bestürmte man ihn vergeblich im französischen Konsulate, die Wahrheit zu gestehen; dann lieferte man ihn den ägyptischen Behörden aus. Zweimal wurde er hier aufs heftigste gepeitscht, dann die Tortur am Kopfe ihm angelegt. Währenddessen besuchte ihn Mohammed el Telli und strengte sich freundschaftlich an, wie der Gefangenenwärter Canitrot (s. Fualdes), ihn zu einem Geständnis zu bewegen. Es wirkte.

Der Barbier gab folgende Fabel von sich. Ob sie zuerst aus seinem Munde kam oder als ein schon im Umgang befindliches Gerücht nur von ihm ausgebildet wurde, wird uns nicht gesagt: Am 5. Februar abends rief ihn ein Diener des David Arari in dessen Haus. Er findet den Hausherrn mit sechs anderen israelitischen Kaufherren und Rabbinern, nämlich außer David auch Joseph, Aaron und Isaak

Arari, Mussa Abul Afia, Moses Salonati (Mussa Salonichi nennt ihn v. Heilbronner) und Joseph Laniado. In einer Ecke des Zimmers lag oder lehnte an der Wand, gebunden an Händen und Füßen und mit verstopftem Munde, der Pater Thomas. Die Kaufherren fordern ihn auf, den Pater in ihrer Gegenwart zu ermorden. Der Barbier als ein rechtschaffener Mann lehnt die Zumutung mit Abscheu von sich. Sie entlassen ihn darauf, nachdem sie sein Schweigen durch 600 Piaster (noch nicht 40 Taler) erkauft haben.

Sofort ließ das Gouvernement den David Arari und die sechs Kaufleute und Rabbiner, welche die reichsten der ganzen Damaszener Judenschaft waren, verhaften. Sie sollen gestehen, aber beteuern mit den heiligsten Schwüren ihre Unschuld. Man fängt mit der Bastonade an. Aber da man bedachte, daß die meisten schon hochbejahrt waren und leicht bei den ersten Stockschlägen erliegen dürften, so versuchte man andere Qualen. Man ließ die alten Leute sechsunddreißig Stunden aufrechtstehen, ohne ihnen Schlaf zu gönnen. Sie blieben beim Leugnen. Dann ließ man einige peitschen; aber beim zwanzigsten Hiebe sanken sie ohnmächtig nieder. Der französische Konsul glaubte, man habe nicht ordentlich gegeißelt (berichtet der österreichische Konsul), und man geißelte aufs neue; aber sie erklärten fortwährend, sie seien unschuldig.

Inzwischen ward auch David Araris Diener, Murad el Fallat, eingefangen, derselbe, welcher den Barbier bestellt haben sollte. Auch er leugnet. Aber man verfährt schärfer mit ihm. Er erhält die fürchterlichsten Hiebe, während man auf den schwarzblauen, zerrissenen Leib kaltes Wasser gießt, um die Schmerzen zu steigern. Infolge derselben gesteht er, den Barbier auf Geheiß seines Herrn geholt zu haben.

Man wollte aber mehr wissen. Man droht ihm mit einer

neuen Bastonade und verspricht ihm Straflosigkeit, wenn er bekenne. So bekennt er denn alles, was der Barbier ausgesagt und noch mehr. Er selbst und der Barbier hätten zusammen auf Geheiß der sieben reichen Herren den Pater umgebracht; er und der Barbier hätten darauf den Leichnam zerhackt, die Knochen und Hirnschale gebrochen und diese blutigen Stücke in eine entfernte Wasserleitung geworfen. Der Barbier, unter den nämlichen Androhungen und Versprechungen, bekannte sich zu der erweiterten Geschichte.

Graf Ratti-Menton untersuchte auf der Stelle die angegebene Wasserleitung, wobei der Diener und der Barbier führen mußten. Beide waren aber so zerschlagen, daß sie nicht stehen, nicht gehen konnten und gefahren werden mußten. Man fand dort unter anderen Dingen wirklich einige Gebeine, die Reste eines Baretts oder einer Kutte. Ein ärztliches Gutachten erklärte, daß darunter Menschenknochen wären. Sie wurden sofort für die des Pater Thomas angenommen und später unter den üblichen Exsequien im Hospiz der Kapuziner beigesetzt.

David Araris Diener, Murad el Fallat, hatte aber auch bekannt, daß man des Paters Blut in ein kupfernes Gefäß (nach dem österreichischen Bericht in ein kristallenes) gesammelt (Fualdes Blut ward in einem hölzernen Kübel aufgefangen) und zu religiösen Zwecken in Flaschen abgezogen habe. Im Volke erwachte darauf der uralte Aberglaube, daß die Juden zu Ostern Christenblut trinken oder sich desselben zu ihrem ungesäuerten Brote bedienen. Zugleich verbreitete sich das Gerücht, der junge reiche Hebräer Picciotto (der eine sehr schöne Frau hat) habe eine dieser Flaschen seinem Oheim übersandt, der österreichischer Generalkonsul in Aleppo ist.

Die sieben Kaufleute wurden vor die abgewaschenen

Gebeine geführt. Der Schauder, der sie ergreifen und zum Geständnis der Wahrheit bringen sollte, blieb aus. Sie beteuerten fortwährend ihre Unschuld. Von den mit der feinsten Grausamkeit raffinierten Torturqualen, welche man nunmehr gegen sie anwandte, haben die Zeitungen Entsetzliches berichtet. Man gab Bastonaden zu 900 Streichen (den alten Leuten?), man brannte die Genitalien mit glühendem Eisen; man zog glühendes Eisen durch das Fleisch und zog dann so lange an dem anderen Ende, bis der Unglückliche und das Fleisch zugleich zur Erde stürzten. Der deutsche Reisende berichtet, daß den ersten der Unglücklichen, welcher bekannte, unter den anderen Martern, das Festhalten mehrerer Stunden hindurch in eiskaltem Wasser zum Geständnis brachte, daß alles wahr sei, wessen man sie beschuldigt. Den anderen sechs sei endlich durch die Hippopotamuspeitsche dasselbe Bekenntnis herausgepeitscht worden.

Der Missionar Pieritz klassifiziert die Torturen folgendermaßen. Die Juden wurden:

1. gepeitscht;

2. in große Gefäße kalten Wassers getaucht;

3. mittels einer Maschine gepreßt, daß die Augen aus den Höhlen traten;

4. an den Genitalien gezerrt, gezwickt, gedreht, daß sie vor Schmerz fast wahnsinnig wurden.

5. Sie mußten drei volle Tage aufrecht stehen; nicht einmal an die Mauer sich zu lehnen, ward ihnen erlaubt. Fielen sie vor Mattigkeit um, so stachelten sie die Schildwachen mit den Bajonetten auf.

6. Sie wurden bei den Ohren in einem weiten Hofe herumgezogen, bis das Blut floß.

7. Man steckte Dornen an die Finger und Zehen zwischen Fleisch und Nägel.

8. Man sengte ihnen den Bart ab, daß die Haut mit verbrannte.

9. Man hielt Lichter unter ihre Nasen, so daß die Flamme in die Nasenlöcher stieg.

Der französische Konsul war aber mit dem Bekenntnis nicht zufrieden. Er wollte durchaus auch das in Flaschen gefüllte Blut selbst zurückhaben. Von den sieben sagte jeder aus, er habe es einem anderen seiner Mitschuldigen übergeben. (Nach dem deutschen Reisenden wollten sie vom Blute nichts wissen.) Der letzte, Mussa Abul Afia, hielt die fortgesetzten grausamen Qualen nicht mehr aus und konnte doch auch das Blut nicht ausliefern. Er erklärte, Muselman werden zu wollen. Man nahm dies zwar an, hörte aber mit dem Peitschen nicht auf, und um einen zu nennen, gab der gräßlich Gequälte den Oberrabbiner Jacob Antibi an als denjenigen, dem er das Blut übergeben hätte. Der Rabbiner ward sofort eingezogen, gegeißelt und gefoltert, aber von dem Blute wußte er nichts.

Merkwürdig bleibt das Geständnis, welches der unglückliche Mussa Abul Afia zu Papier gab. Es bestätigt aber nicht mehr als eine alte Erfahrung, daß man durch Martern jedes Bekenntnis und wie man es wünscht, aus einem Unschuldigen herauspressen kann. Es lautet so:

»Man gebietet mir, zu sagen, was ich von der an Pater Thomas begangenen Mordtat weiß und warum ich zum muselmanischen Glauben übergegangen bin; es ist daher meine Pflicht, die Wahrheit zu sagen. Jacob von Antab, Oberrabbiner, hat mir ungefähr vierzehn Tage vor dem Ereignisse gesagt: Ihr wißt, daß wir zufolge der Religion Blut nötig haben; ich bin schon mit David Arari übereingekommen, um dessen in dem Hause eines der unsrigen zu erhalten, Ihr müßt da zugegen sein und mir das Blut bringen. Ich antwortete, daß ich nicht die Kraft hätte, Blut fließen zu sehen; worauf mir der Oberrabbiner entgegnete: Ihr könnt ja außen vor dem Opferzimmer warten. Ihr werdet daselbst Moses Selanikli und Jussuf Linaro finden. Ich antwortete: Ja! Den 10. des jüdischen Monats Achach, anderthalb Stunden vor Sonnenuntergang, als ich mich nach der Synagoge begab, begegnete mir David Arari: Kommt mit mir nach Hause, man hat Eurer nötig. Ich antwortete: Ich will meine Gebete verrichten, alsdann komme ich. – Nein, kommt jetzt! – Ich folgte. – Pater Thomas, sagte er mir alsdann, ist bei mir; diesen Abend opfere ich ihn; habt keine Furcht! Wir gingen ins Haus. Man befand sich in einem Zimmer mit neuen Möbeln. Der Pater Thomas lag gebunden in der Mitte der Anwesenden. Nach Sonnenuntergang begab man sich in ein Zimmer ohne Möbel, und David fing an, dem Mönch die Kehle abzuschneiden. Aaron und Isaak Arari gaben ihm den Rest. Das Blut wurde zuerst in einem Kübel aufgefangen, sodann in eine Bouteille gegossen. Man sagte alsdann, daß man es zum Oberrabbiner Jakob bringen müsse. Ich nahm die Flasche und begab mich zum Oberrabbiner, der in dem Hof auf mich wartete. Als er mich eintreten sah, begab er sich in sein Cabinet, wohin ich ihm folgte. Hier ist, was ihr verlangt habt; nehmt es. Er nahm die Bouteille und stellte sie hinter ein Bücherbrett. Ich ging alsdann nach Hause. Ich habe vergessen zu sagen, daß, als ich das Haus Araris verließ, der Leichnam noch unberührt war. Ich hatte David und seinem Bruder gesagt, daß sie ihr Schlachtopfer schlecht gewählt hätten, daß, da Pater Thomas Priester und ein sehr bekannter Mann wäre, sein Verschwinden große Nachsuchungen veranlassen würde. Sie antworteten mir: Niemand kann etwas davon erfahren; die Kleider werden verbrannt, der Körper in Stücke zerhauen und durch unsere Leute nach und nach in den Ablaufkanal des Quartiers geworfen. Das, was man das erste

Mal nicht fortbringen kann, bleibt in einem Versteck der heimlichen Treppe; seid ohne Sorge! Was den Bedienten des Pater Thomas anbelangt, Gott weiß es, daß es mir ganz unbekannt ist, was aus ihm geworden. – Den Mittwoch darauf, vormittags, begegnete ich David, Isaak und Joseph Arari vor der Bude des Bakals (Krämers). Isaak fragte David, wie alles abgelaufen. David antwortete: Alles ist beendigt; bekümmert Euch um nichts. Da sie anfingen, heimlich zusammen zu sprechen, so entfernte ich mich, weil ich mit den Großen unter den Juden nicht viel Umgang hatte und die Araris zu den Großen gehören. Was das Blut anbelangt, so ist es den Juden zur Verfertigung ihres Osterbrotes notwendig. Die Juden sind wegen gleicher Taten schon mehrmals angeklagt worden, auch deshalb vor Gericht erschienen. Sie haben ein Buch namens Serir Hadurut*, welches von dem Blute handelt. Heute, da das Licht des Islamismus über mich gekommen, begebe ich mich unter den Schutz und die Nachsicht derjenigen, welche die Gewalt in Händen haben.

Mohammed Muselmani.«

Da das Blut nicht aufzutreiben war, wollte man wenigstens noch mehr Schuldige finden. Der Bousquier oder Bach (s. Fualdes) oder, wenn man will, der Hamacher des Prozesses, der Diener David Araris, fand sich willig, anzugeben, was man verlangte: Nachdem der Pater umgebracht, gestand er, zum reichen Israeliten Marad Farhi geschickt zu sein, um den aufzufordern, daß er auch den Domestiken in eben der Art ermorden solle, wie sie den Pater ermordet hatten. Diesen Auftrag richtete er aus; bei der Bestellung war der junge Isaak de Picciotto zugegen. Am folgenden Tage sei nun der letztere mit vier anderen Juden, Marad Farhi, Meir

*Ein solches Buch soll gar nicht existieren.

und Assan Farhi und Aaron Stamboli, sämtlich Personen von Ansehen, zu seinem Herrn, dem David Arari, gekommen und hätten ihm angezeigt, daß sie auch den Diener im Hause des Meir Farhi geschlachtet. Später bekannte Murad el Fallat, daß dieser Mord an dem christlichen Diener in Araris eigenem Hause vollzogen worden; wie es denn auch in diesem Prozesse an Widersprüchen nicht fehlt.

Der junge Picciotto, als Sohn eines früheren österreichischen Generalkonsuls in Aleppo, stand unter dem Schutze des österreichischen Konsuls und ward demnächst auf Antrag des Grafen Ratti Menton im kaiserlichen Konsulatsgebäude in Haft gesetzt und inquiriert. Er leugnete aufs entschiedenste jede Teilnahme an dem möglichen Verbrechen und bewies sein Albibi zur Zeit der Missetat zum großen Teil durch das Zeugnis eines Europäers, des Engländers George Macson, den er am Abend des 5. Februar in Gesellschaft seiner Frau besucht hatte. Aber Araris Diener erweiterte jetzt seine Deposition. Wie er beim Morde des Paters zugegen und mittätig war, erklärte er, jetzt, auch beim Abschlachten des Dieners mitgeholfen zuhaben. Auch dieser sei gebunden und abermals von sieben Individuen geschlachtet worden, nämlich außer den oben genannten vier und dem jungen Picciotto von Jacob Abul Afia und Joseph Menachem Farhi. Isaak de Picciotto benahm sich in den Verhören vor Sheriff Pascha durchaus standhaft und wies die Einmengung des französischen Konsuls mit einer Würde ab, die allein schon Bürgschaft für seine Unschuld zu bieten schien.

Von jetzt an erhielt der ärgerliche Vorfall auch eine diplomatische Beimischung. Man forderte Picciottos Auslieferung, um ihn vor Gericht zu stellen, d. h., durch Peitschenhiebe, Wasserbäder und Martern zum Geständnis zu bringen. Der österreichische Konsul hatte eine schwierige Stellung. Er stand allein gegenüber der fanatisierten christlichen, der erbitterten mohammedanischen Volksmenge, dem ägyptischen Gouvernement und dem französischen Konsulate. Aber er weigerte sich standhaft, den Picciotto herauszugeben, weil dies gegen die Staatsverträge zwischen Österreich und der Pforte streite. Die Aufregung wandte sich jetzt gegen den Konsul selbst, man verdächtigte ihn als Juden und war geneigt, ihn als einen Mitschuldigen zu betrachten. Sein Haus ward von Spionen umlagert, man belauerte, wer aus- und einging, und das abscheulichste Angeberwesen fand statt.

Man glaubte oder wollte absolut an die ganze scheußliche Fabel glauben, und jedermann in Damascus gab sich daher Mühe, etwas zuzutragen gleichwie in Rhodez zum Märchen von der Schlächterei in Bancals Hause. Wie man in Frankreich die Manson hatte magnetisieren wollen, nahm man hier zu den Sehern oder Nekromanten seine Zuflucht. Auch die Hellseher und Propheten sahen nichts, außer was alle Kinder auf der Gasse schon wußten, oder von Privatbosheit oder Neid geleitet, wiesen sie auf Häuser, welche durchsucht, auf Personen, welche verhaftet werden sollten. Nun wollte man von den unschuldigen Kindern ein Geständnis erpressen, was von den Erwachsenen nicht zu erlangen war. Es klingt unglaublich: 33 Israelitenkinder (nach dem österreichischen Berichte sogar 63!) im Alter von vier bis zehn Jahren wurden den Armen ihrer Eltern entrissen, ins Gefängnis gesperrt und 30 Tage darin verschlossen. Sollten sie ihre Eltern angeben oder die Eltern, um ihrer Kinder willen, sich selbst?

Gegen die Zeugen, welche zugunsten der Angeklagten sprachen, verfuhr man mit ähnlicher Voreingenommenheit wie gegen die, welche im Fualdesschen Prozesse Bastides Alibi dartun wollten; aber statt des Verhafts wegen möglichen falschen Zeugnisses und Meineides wurde sofort zur Bestrafung des als konsumiert angenommenen Verbrechens mit orientalischer Barbarei geschritten. Farach Katasch und Isaak Javoh wollten den Pater Thomas am Abend des 5. Februar außerhalb des Judenviertels gesehen haben. Der letzte sagte sogar aus, er habe mit dem Diener auf dem Wege nach Salachia, eine halbe Stunde vor dem Judenviertel, Zwiesprache gehalten. Beide wurden verhaftet, Isaak Javoh der Folter übergeben. Er starb auf derselben. Dies nach dem Bericht des evangelischen Missionars Wildon Pieritz.

Als ein armer Knabe in seiner Unschuld vorgab, daß er den Pater Thomas und seinen Diener in einer Straße außerhalb des Judenviertels gesehen, wurde er so furchtbar geschlagen, daß er vierundzwanzig Stunden darauf den Geist aufgab. Dies nach v. Heilbronner. Wahrscheinlich ist dieser Fall identisch mit der Angabe in dem Berichte des österreichischen Konsuls: »Ein junger Hebräer, welcher sich unterstand, auszusagen, er habe den Pater anderswo gesehen, wurde so sehr mit Ruten gepeitscht, daß er vierundzwanzig Stunden darauf im Kerker starb.« Über diesen Jüngling berichtet der Brief eines Israeliten aus Beirut: »Ein Jude weihte sich darauf dem Märtyrertume für die Heiligkeit des hochgebenedeiten Namens. Er trat zum Gouverneur und sprach zu ihm: »Was ist das für Gerechtigkeit, welche du ausübst, und dies alles ist Verleumdung; denn was das Blut zu den Osterbroten anbelangt, so ist es allen Regierungen bekannt, daß es nur Lüge und Verleumdung ist. Wendest du mir aber ein, daß der Barbier, der es eingestanden, ein Jude ist, so antworte ich dir: dieser hatte keinen freien Willen; denn er hat bloß wegen der Streiche und der schweren und bitteren Leiden also geredet. Vielleicht haben Christen oder Türken jenen Priester ermordet; ferne sei es daher, daß du

Rache ausüben wollest an den Israeliten.« – Nachdem er so geredet, sprachen der gedachte Gouverneur und der Dragoman des französischen Konsuls, namens Baudin, zu ihm: »Du willst die Schuld dieses Mordes auf Türken und Christen wälzen! Sicherlich weißt du, wer den Priester und seinen Diener ermordet hat!« – Alsbald gebot jener, daß man ihn zu Tode geißle und foltere. Man geißelte ihn auf das grausamste und furchtbarste unter allen Arten von Martern, während man ihn stets aufforderte, die Wahrheit zu sagen. Aber alle seine Worte waren: »Höre, Israel, Jehova ist unser Gott, Jehova ist einig.« Bei dem Worte einig gab er den Geist auf.« – Ob dieser hebräische Jüngling auch mit dem Isaak Javoh des Wildon Pieritz identisch ist, läßt sich aus den mangelhaften Mitteilungen nicht entnehmen.

Da der zweite Mord, der an dem Diener verübte, nach der einen Angabe im Hause des Meir Farhi begangen sein sollte, ließ Graf Ratti Menton die Wasserleitung in der Nähe desselben aufbrechen. Die Bäche und Ströme des Antilibanon, an dessen Fuße Damascus und seine reiche Ebene liegt, versehen nämlich die Stadt mit einer großen Menge Wassers, welches teils in offenen, teils in übermauerten Kanälen durch die Straßen fließt und die Kaskaden und Fontänen der öffentlichen Orte und der maurischen Höfe speist. Jedes Haus der Stadt hat eine solche Wasserleitung wenigstens in der Nähe. In der an Meir Farhis Hause fand der Konsul wirklich einen Haufen Gebeine, eine ungestalte Fleischmasse, die man für ein Stück Leber erkannte, und einen halben Schuh (nach dem österreichischen Berichte eine Leibbinde). Diesen halben Schuh oder die Leibbinde, die mindestens 30 Tage im Wasser gelegen haben mußte, erkannte der Bruder des vermißten Dieners für die seines Bruders! Der ganze Fund ward wohlverpackt in das französische Konsulat gebracht; bei genauerer Prüfung ergab sich indessen, daß die verdächtigen Gebeine Schafsknochen waren.*

Die Judenhäuser waren sämtlich durchsucht, und man hatte nichts gefunden. Nunmehr kamen auch die Christenhäuser an die Reihe, welche unter österreichischem Schutze standen. Das eines angesehenen österreichischen Kaufmanns namens Airub wurde nachts überfallen, und der Graf Ratti Menton drang an der Spitze von zwanzig Regierungsbirren bis in die Schlafgemächer der erschreckten Frauen – ein im Orient unerhörter Frevel – um versteckte Juden zu suchen.

Die angegebenen Mörder des Dieners ließen sich nicht finden. Sie waren mit der Mehrzahl der angesehenen Israeliten aus der Stadt geflohen. Man ließ eine förmliche Treibjagd auf sie los und fand sie durch Torturen, die man ihren Familienmitgliedern auferlegte. Die Gefängnisse widerhallten vom Geschrei der Unglücklichen, und (sagt der deutsche Reisende) die Feder versagt den Dienst in Schilderung der Qualen, die man ihnen auferlegte, um Geständnisse zu erpressen. Die Frau des Meir Farhi schleppte man samt ihrem Kinde ins Gefängnis. – Man bastonierte das Kind. – Beim dreihundertsten Streiche brach das Herz der Mutter; sie verriet den Aufenthalts ihres Gatten. Dieser ward ergriffen. Die Hippopotamuspeitsche schwebte über ihm, und eingedenk des Schicksals seiner Vorgänger bekannte er sich sogleich als schuldig. Assan Farhi, der in seinem Verstecke endlich ergriffen worden, ward eine Woche durch im französischen Konsulate festgehalten, dann der türkischen Justiz übergeben. Bastonade und Tortur überzeugten ihn von seiner Schuld, er bekannte, fand aber später Mittel, in

*Dr. Massari, Leibarzt des Sheriff Pascha, und Dr. Rinaldo, bürgerlicher Arzt, hatten auf ihr Gewissen sie für Menschenknochen erklärt. Der gelehrte Dr. Yograsse aber entschied, daß es Tierknochen seien.

einem Briefe an den Pascha von Ägypten seine Unschuld zu beteuern.

Die Geschichte der Verfolgungen und Greuel gegen die einzelnen genau zu verfolgen, ist unmöglich. Die Einzelfälle werden von den verschiedenen Berichterstattern verschieden erzählt, ohne genaue Zeitbestimmung, und man wird leicht verführt, ein und dasselbe Faktum für zwei oder mehrere anzunehmen, weil Namen, Bezeichnungen und Schattierungen schwanken. Der sechzigjährige Pförtner des Judenviertels erhielt die Bastonade und starb um kein anderes Verbrchen, als weil er von dem Morde und den Mördern nichts gesehen hatte. Wahrscheinlich derselbe jüdische Hüter, der, nach Pieritz, an den Kanal gestellt worden und an demselben keinen der Angeklagten bemerkt haben wollte, deshalb auf die Folter gebracht, qualvoll endete.

Während dies vorging, wurde in den sieben Kaufleuten, die den Pater selbst geschlachtet haben sollten, das Gefühl ihrer Unschuld mächtiger als alle Furcht und Rücksichten. Sie nahmen ihre Geständnisse zurück. Vergebens schwang man von neuem die Peitsche und drohte und wandte neue Torturen an; sie blieben dabei. Zwei von den sieben, David Arari war achtzig Jahre alt, Joseph Laniado nicht viel jünger, erlagen den erlittenen Martern. Laniado hatte noch nachträglich sein Alibi beweisen wollen; aber ehe die beiden Zeugen, christliche Kaufleute aus Khasbin, nach Damascus kamen, hatte der Dulder den Geist aufgegeben. Da drang der französische Konsul darauf, daß die anderen als überwiesene Verbrecher enthauptet würden. Es erinnert an jene vorläufig verfügte Hinrichtung der drei Mörder des Fualdes, die, während der Prozeß gegen die übrigen Komplizen noch im Gange war, verfügt wurde, aus dem Grunde, weil der langwierige Prozeß schon zu viel Ärgernis veranlaßt habe! – Man schickte an Ibrahim Pascha in Marasch nach Verhaltensbefehlen.

So standen die Sachen, als der deutsche Berichterstatter in Damascus ankam. Verwirrung, Aufregung, fanatische Erhitzung unter allen Volksklassen. Das Elend und der Druck der ägyptischen Herrschaft, der drohende orientalische Krieg, die Pest, die sich ringsum zeigte, die Quarantänen, die allen Handel vernichteten, traten in den Hintergrund gegen die Mordgeschichte und die Judenverfolgungen. Ein unerhörter Fall, die moslemische Bevölkerung in Wut und Haß wegen eines ermordeten Christen, und der Konsul einer christlichen Macht, des Volks, welches an der Spitze der europäischen Intelligenz zu stehen meint, an der Spitze dieses fanatisierten Pöbels und durch seinen blinden Verfolgungseifer es immer mehr aufregend!

Die Lage der Juden in Damascus wurde von Tag zu Tage schwieriger. Der alte Haß, der Neid wegen ihrer Reichtümer, die Lust zur Vergeltung für Druck und Wucher aus älteren Zeiten wachten auf und erhielten Waffen in die Hand geliefert. Die Verfolgungen nahmen täglich zu; von einem gesetzlichen Verfahren konnte nicht mehr die Rede sein. Der Denunziant Mohammed el Telli war freigelassen, weil er die Juden angegeben. Der Barbier, obgleich geständig selbst der Beihilfe beim Morde, war für straflos erklärt, weil er die anderen Juden bezichtigte. Welche Aufforderung für das Gesindel zu den lästerlichsten Angaben, denn sie gingen unbestraft aus, wurden wohl gar belohnt, wenn sie gehässige und reiche Israeliten denunzierten. Ibrahim Paschas Regierung hatte hierbei nichts im Auge als die lockenden Konfiskationen des jüdischen Vermögens. Eine ganze Rotte schlechten Gesindels fischte im Trüben, die einen um Geld zu erwerben, andere um für eigene Verbrechen Gnade zu erhalten, die meisten aber, um einen lang genährten

Privathaß zu befriedigen. Wer sich ähnlicher Judenverfolgungen in unserem aufgeklärten Weltteile erinnert, sagt Herr v. Heilbronner, kann sich vorstellen, welchen Charakter sie in einem Lande annehmen mußten, wo alle Stände in gleich großer Ignoranz sich befinden und Glaube und Aberglaube sich dunkel vermengen.

Graf Ratti Menton handelte, auch seine Gegner nehmen es an, in gutem, aber mit demselben blinden, vorgefaßten Glauben wie die Richter des Bastide. Indem er die Gewaltmittel einer barbarischen Justiz hervorrief, verkannte er seine Mission als Repräsentant einer christlichen Macht, er verstieß gegen die Konsularvorrechte einer anderen Macht im Orient, indem er deren Schutzbefohlene von den Ortsgerichten wollte aburteilen lassen. Und als französischer Konsul ließ er sich zu vorschnellen, unbegreiflichen Handlungen hinreißen, um den glänzenden Namen eines Beschützers der Christenheit zu erwerben. Verfolgungen und Greuel der Art gegen einzelne und gegen ganze Klassen sind im Orient nichts Unerhörtes, sie gehören zum Wesen desselben, der Fatalitätsglaube des Orientalen lehrt sie als Schickung hinnehmen; aber daß sie hier einen Anstrich europäischer Justizpflege erhielten, macht sie für unser Gefühl empörend. Daß Mehemet Ali die Mamelucken hinterlistig überfallen und erschießen, Tausende von Nubiern zu Tode martern, ganze Dorfschaften niedersäbeln ließ um einer geringfügigen Tat eines einzelnen, vielleicht auch nur um eines Verdachts willen, hören wir mit Schaudern, aber nicht mit Entrüstung an. Es war ein Paschagericht; der Wille des Mächtigen entschied. Hier aber hatte man den Schein eines Gerichtes und einer prüfenden Gerechtigkeit beliebt, und diesen Schein lieh die blinde Eingenommenheit des französischen Konsuls der ungerechten Sache.

Ihn trifft daher mit Recht der Hauptvorwurf. Auf ihn hat

sich der volle Haß der Juden aller Weltteile, als auf einen anderen Haman, entladen, was zur Vorsicht bei Beurteilung der Anschuldigungen wider ihn auffordert. Dennoch sind diese schwer und haben in bekanntgewordenen früheren Lebensereignissen des Grafen einigen Grund. Er soll zweimal als französischer Konsul in Sizilien Bankrott gemacht haben und aus Tiflis wegen eines so ärgerlichen Lebenswandels entfernt worden sein, daß selbst die russische Regierung darauf bei der französischen es anzutragen, sich genötigt gesehen. Dennoch wurde er aufs lebhafteste von verschiedenen Korrespondenten und Zeitungen verteidigt (zumal den legitimistisch-jesuitischen); seine eigene Regierung ließ ihn, der Denunziationen ungeachtet, nicht fallen. Thiers trat mit einem unerwarteten Eifer als sein Verteidiger auf. Einzelne Berichte rühmen auch seine in dieser Sache bewiesene Uneigennützigkeit; daß er, wenn er hier den ungeheueren Geschenken der Juden die Hand geöffnet, sich hätte bereichern können; daß hier nur reiner Eifer ihn geleitet und sein Unglück sei allein die Erinnerung an alte Sünden! Auch mögen wir den vielfachen Berichten Glauben schenken, wonach die reicheren Israeliten nichts versäumten, um Zeugen für sich zu gewinnen, und daß sie auch ihrerseits durch Intrigen gegen den Sturm laviert; wer verdenkt es ihnen bei der Gefahr und unter dieser Obrigkeit! Auch mag böse Schuld aus älteren Zeiten auf ihnen lasten, sie mögen Verfolgungen verdient haben, weil sie einst Verfolger, Denunzianten und Blutsauger waren. Alles das aber rechtfertigt weder noch entschuldigt es den blinden Eifer des Konsuls eines zivilisierten Staates, der nicht als Fiskal, sondern als Repräsentant der Würde desselben hingestellt war. Ein Mord an einem christlichen Priester verübt, wenn er auch unbestraft blieb, war ein geringeres Übel als diese grausame, unter dem Namen des Gesetzes vorgenommene Judenverfolgung, auch selbst dann, wenn unter den vielen Gestraften zufällig der wirkliche Straffällige war. Die türkischen und ägyptischen Obrigkeiten trifft der Vorwurf nicht. Sie handelten nach ihrer Natur und ihrem Interesse.

Der französische Konsul hatte übrigens in seinen Untergebenen bereitwillige Diener seines Verfolgungseifers, den ehemaligen Konsularagenten, jetzigen Bureauchef im französichen Konsulate, Baudin, einen aus Aleppo gebürtigen François Salins, der gelegentlich als Dolmetscher, Aufreger, Spion, auch als Sbirre diente; den Pater Tusti, einen französischen Lazaristen, der bei dieser Veranlassung (berichtet der österreichische Konsul), »an den Juden den Tod seines göttlichen Meisters, der ihnen doch verziehen hat, rächen zu wollen schien«. Auch vergalt ein christlicher Araber, Schibli Ayub, ein schlechtes Subjekt, aber wegen seiner Kunst im Denunzieren wohlaufgenommen im französischen Konsulate, den Juden frühere Beleidigungen, indem er den Spürhund, Angeber und Zuträger machte.

Was noch von Untersuchungsprozeduren später vorkam, widerstreitet allen Begriffen, welche wir von einem Justizverfahren haben. Nachdem man die zahllosen Angeschuldigten aufs Blut gepeitscht, gemartet, getötet, kommt es den Richtern bei, nach dem Motiv der Tat zu forschen. Es heißt, nach einer alten Tradition, daß die Juden ihre Oster-Matze mit Christenblut vermischten. Es heißt, daß dies im Talmud stehe. Man sperrt, nach der Tradition von den siebzig Bibelübersetzern, verschiedene Schriftgelehrte abgesondert ein und läßt sie aus dem Talmud oder der arabischen Übersetzung desselben übersetzen, um zu erfahren, ob diese gräßlichen Vorschriften darin enthalten, ob sie es sind, die zu dem Morde angereizt haben. Damascus um die Zeit, zitternd unter den Trabanten Ibrahims, von der Pest infiziert, unter dem Angstgeheule der gefolterten Juden und dem Jubelgeheul des Pöbels, war wohl der geeignete Ort zu wissenschaftlichen Untersuchungen! Wie sollte hier das zwölf Folianten starke, den meisten Juden selbst unzugängliche Werk, dunkel auch seinen Erklärern, durchforscht werden? Man stieß wohl auf Anreizungen zum Haß gegen Andersglaubende, aber auf kein positives Angebot, welches etwas Ähnliches als den Genuß von Christenblut anempfiehlt.

Dagegen versäumte man, wie schon oben gesagt, indem man von vornherein die Tat der Juden für gewiß nahm, zu rechter Zeit die anderen Spuren über das Verschwinden des Pater Thomas zu verfolgen; ganz wie in Rhodez, wo man nur den Spuren, die auf das Haus des Bancal leiteten, nachging. Der erwähnte Missionar, Wildon Pieritz, dessen Glaubwürdigkeit von den fanatischen Anklägern nur deshalb angegriffen wird, weil er ein jüdischer Konvertit sei, sagt in Übereinstimmung mit dem österreichischen Konsul aus, daß der Pater Thomas zwei bis drei Tage vor seinem Verschwinden einen sehr heftigen Wortwechsel mit einem türkischen Maultiertreiber hatte, »der sogar schwur, der Priester solle von keiner anderen Hand als seiner sterben«. Dieser Wortwechsel wurde so lebhaft, daß der Diener des Paters intervenieren zu müssen glaubte. Er faßte den Muselman so kräftig an der Gurgel, daß das Blut herabfloß. Zu gleicher Zeit verfluchte der Pater Thomas den Muselman und seine Religion. Dieses Betragen brachte alle Türken auf, unter anderen auch einen Kaufmann Abu Yekhyeh el Kaphar, der, nachdem die Erzählung von dem Verschwinden des Pater Thomas verbreitet worden, sich erhängte. Dies aus dem Bericht des Pieritz, datiert Alexandrien 14. Mai 1840 im Journal de Smyrne. Der Jurist müßte nach den Quellen dieser Aussage des Pieritz fragen. Wie die jüdischen Zeugen für das Alibi des Ermordeteten abgeschreckt wurden, ist oben angeführt.

Selbst unter den Mohammedanern machte man dem französischen Konsul den Vorwurf, daß er von der in türkischen Ländern gewöhnlichen Gerichtsprozedur auffallend abgewichen sei. Man rügte viele Übereilungen und daß er auf die Hinrichtung von Gefangenen drang, deren Schuld noch nicht bewiesen war. Geachtete Türken mißbilligten es, daß dieser wichtige Rechtsfall, der die Moral eines ganzen umherirrenden Volkes implizierte, durch einen willkürlich gebildeten, administrativen Rechtsrat entschieden werden solle. Als Herr von Heilbronner Damascus verließ, versichert er, daß die Unschuld der Juden von allen rechtlichgesinnten, unbefangenen Einwohnern bereits anerkannt gewesen sei; nur der französische Konsul beharrte in Anklage und Verfolgung.

Der österreichische Konsul schwebte in der ersten Zeit der Aufregung sogar in Lebensgefahr wegen der Festigkeit, mit welcher er die Untertanen und Schutzbefohlenen seines Kaisers verteidigte. Zum Glück war Herr Merlato ein alter Soldat – er hatte mit Auszeichnung früher als Marineoffizier gedient – und trotzte mit Unerschrockenheit den Angriffen seines Kollegen und der Wut der christlichen und mohammedanischen Bevölkerung. Er gab weder den jungen Picciotto heraus, noch ließ er von seinen unermüdlichen Bestrebungen ab, den Qualen der übrigen Juden, was an ihm, Einhalt zu tun. Endlich gewann er auch die Konsuln der anderen Mächte, mit Ausnahme des französischen, für seine Ansicht; sie bildeten eine Art Conseil, das, in Opposition mit dem Grafen Ratti Menton, den Verfolgungen zu steuern suchte. Die Peitschenhiebe und Torturen hörten nun auf. Merlato bewirkte die Befreiung mehrerer Angeklagten, für deren Unschuld sich die öffentliche Stimme am meisten aussprach. Es blieben am Ende nur noch die Brüder Arari, der mutige Mussa Salonichi und der unglückliche Renegat Abul Afia, von den des Mordes am Pater Beschuldigten in Haft. Von den angeblichen Mördern des Dieners waren nur die Brüder Farhi noch im Gefängnis.

In dieser Lage befand sich die Angelegenheit, als die Nachricht davon in verworrenen Berichten nach Europa kam. Die Juden in allen Ländern erhoben sich in einem Aufschrei des Entsetzens. Seit Jahrhunderten zeigten sich zum ersten Male die weit Versprengten, in Sitte und Glauben vielfach Getrennten als eine Nation. Doppelte Anstrengungen wurden gemacht in Wien, Leipzig, Paris, London, fast in allen großen Städten, einmal um das Publikum von der Absurdität der Anklage, von der Unmöglichkeit des Faktums zu überzeugen, dann die Mächte zum Einschreiten zugunsten der leidenden Stammgenossen zu bewegen. In jener Beziehung ging der Nationaleifer zu weit. Man behauptete die absolute Unmöglichkeit der Tat, man machte den Glauben daran und den Zeitungen es sogar zum Vorwurf, daß sie die Nachricht aufgenommen hatten! Man bestritt die Möglichkeit, daß der Talmud Gebote der Art enthalte. Dagegen behaupteten andere, daß die europäischen Ausgaben des Talmud mehrere grauenhafte Dogmen und Vorschriften nicht aufgenommen hätten, welche in den ursprünglichen orientalischen noch enthalten seien.

Wenn man hierüber zu keinem Resultate kam, so war die Verwendung bei den Mächten desto erfolgreicher. Zwar blitzte der Antrag, deshalb in der französischen Deputiertenkammer gemacht, ab, indem der damalige Conseilpräsident Thiers sich hinter diplomatische Schanzen zurückzog; vielleicht, weil bei der Verwicklung der orientalischen Frage es ihm wichtiger schien, den französischen Konsul in Ehren zu lassen, als die Sache unschuldig Verfolgter, die Frankreich nichts angingen, mit Opfer und Anstrengungen zu verfechten. Zwar war auch im englischen Parlament das Resultat der Debatten deshalb kein positives. Aber mit Ausnahme des französischen schritten die Konsuln sämtlicher Mächte in Alexandrien bei Mehemet Ali zugunsten der Juden von Damascus ein. Sie beantragten in Gemeinschaft eine neue, gründliche Untersuchung. Nur der französische Generalkonsul, Herr Cochelet, weigerte sich, an diesem Antrage teilzunehmen. Wirksamer noch handelten die Juden in Europa selbst, indem sie, aus eigenen Kräften, eine diplomatische Ambassade nach dem Orient schickten. Unter Vermittlung des Hauses Rothschild reisten aus London Sir Moses Montefiore, aus Paris der bekannte Advokat Cremieux mit bedeutendem Gefolge nach Alexandrien, und ihren Bemühungen gelang es, den Vizekönig, wie es heißt, von der Unschuld der Damascener zu überzeugen. Er schlug den Prozeß durch sein Machtwort nieder, und alle, die sich noch in den Gefängnissen befanden, wurden auf freien Fuß gesetzt.

Wenn die so arger Greuel bezichtigen Juden keine Gründe für die Reinheit ihrer Satzungen und die Unschuld ihrer Brüder hätten als die Entscheidung Mehemet Alis, so bleibe für begründete Zweifel noch ein weiter Spielraum. Zwar macht Herr von Heilbronner darauf aufmerksam, daß Mehemet Ali, so entschieden damals abhängig vom französischen Einflusse, nur von den unwiderlegbarsten Zeugnissen für die Unschuld der Juden überwunden und zum Entschluß könne gebracht worden sein, sich gegen diesen seinen einzigen europäischen Protektor aufzulehnen. Aber die Gründe, welche das Haus Rothschild bei einem alten Kaufmann, dessen Habsucht notorisch ist, vorbringen konnte, mochten in dieser Sache, wo doch Frankreich nur ein sekundär politisches Interesse hatte, schlagender und selbst unwiderstehlicher sein als die Verteidigungsrede des gewandten Advokaten Cremieux. Mehemet Ali ist keine französische Jury; es hat von einer Untersuchung, welche er zur Erforschung der Wahrheit und Beruhigung seines eigenen Gewissens etwa anstellen ließ, nichts verlautet. Auch erklärte der französische Generalkonsul Cochelet sich gegen die Herren Cremieux und Sir Moses Montefiore: daß an eine Revision des Prozesses nicht zu denken wäre, da Frankreich mit all seinem Einflusse dagegen opponieren würde. Dagegen erfolgte endlich auf Betreiben der beiden Abgesandten, doch nach unermeßlichen Schwierigkeiten, das Machtwort, welches, den Damascener Juden Freiheit und Ruhe gewährend (Herr Cochelet hatte dafür Gnade und Loslassung in das Dekret einzuschwärzen gesucht), die Sache so türkisch beendete, wie sie türkisch angefangen und weitergeführt war.

So unvollständig und zweifelhaft alle diese Mitteilungen sind und ungenügend, daß ein deutsches Kriminalgericht auf Grund derselben Recht sprechen könnte, so erhellt aus dem gegebenen doch so viel, daß zur Verurteilung nicht weniger fehlt als: 1. der Beweis des Tatbestandes, 2. der Täterschaft und 3. des Motives der Tat.

Der Leichnam des Pater Thomas mit den Wundmalen, die den Tod herbeigeführt hätten, ist nicht gefunden worden. Gebeine hat man aufgetrieben, die aber auch jedem anderen gemordeten oder gestorbenen Menschen angehört haben können. Ja, die Vermutung ist nicht ausgeschlossen, daß, wie die des Dieners von einem Schafe herrührten, auch diese feierlich bestatteten die eines anderen Tieres waren.

Aber gesetzt, er war ermordet worden und es sind seine wahrhaften Gebeine, die Täterschaft der Angeklagten wird in unseren Augen durch nichts erwiesen als durch die Aussagen gemarterter Zeugen, die um den Lohn ihrer eigenen

Freilassung aussagten, was man verlangte. Die Geständnisse der Angeschuldigten, unter Peitschenhieben und Torturqualen erpreßt, sind ohne alles Gewicht und überdies nachmals widerrufen.

Endlich ist kein Motiv zur Greueltat ermittelt. Der Gedanke an einen Raubmord ist ausgeschlossen. Es bleibt nur die Möglichkeit eines Mordes aus persönlicher Rachsucht oder religiösem Fanatismus übrig. Da in Hinsicht des ersteren gar keine Andeutungen vorliegen, so dreht sich die ganze Vermutung um den letzteren. Absolut unmöglich in unseren Zeiten, wie die Verteidiger der Juden behaupten wollen, sind solche Exzesse des Fanatismus nicht. Die jüdischen Schriftsteller handelten nicht im Interesse ihrer Sache, daß sie den Vorgang aus der Reihe der möglichen Handlungen streichen wollten. Und mit derselben Leidenschaftlichkeit wie sie diesen Prinzipsatz verfochten, klagten und klagen sie noch jetzt die europäischen Mächte an, welche sich nicht sofort zu diplomatischem Einschreiten bewogen fühlen. Schreiten die Staaten untereinander um jeden Akt der Barbarei, der in einem derselben begangen wird, diplomatisch ein; haben sie eine Verpflichtung, ja nur ein Recht dazu? Wären sie aber gar auch verpflichtet, wegen aller Verfolgungsgreuel im Orient zu intervenieren, wo sollte das enden? Die jüdischen Schriftsteller klagen über Teilnahmlosigkeit im christlichen Europa. Sie haben es selbst versehen, da ihre Forderungen an Teilnahme das Maß überschritten. Vielfache Greuel geschahen uns näher, ebenso unglaubliche im neunzehnten Jahrhundert, und doch wahr, und wir mußten sie geschehen lassen. Wenn wir auch nicht an die politischen Mordszenen in Belgien (Löwen) oder Barcelona, an den in Madrid vom Volke in Stücke gerissenen Quesado erinnern, so denke man doch an die Kreuzigungen der Momiers in der Schweiz, an den Wahnglauben des Pöbels allerorten, wo die Cholera ausbrach, und die entsetzlichen Greuel, die von ihm in gutem Glauben verübt wurden. Wenn der christliche Fanatismus und der des Aberglaubens in zivilisierten europäischen Ländern in unserem Jahrhundert solchen blutigen Wahnsinn zuließ, was sollte den Aberglauben des Orients davon abhalten, wenn wirklich ein religiöser Spuk solche Greuel als Gott wohlgefällig darstellte? Wir kennen nicht die Bildungsstufe, auf welcher die Hebräer in Damascus sich befinden, ob ihr Reichtum die europäische Aufklärung angelockt, oder ob er nur den dumpfen Bigottismus und Aberglauben nährte. Wir wissen nicht, ob der Graf Ratti Menton oder Herr Merlato die dortigen Juden besser kannte? Doch spricht sich ein glaubhafter und berühmter Zeuge, Professor G. H. von Schubert, dahin aus, daß er jenes grauenhafte Märchen in vollem Widerspruch mit den Sitten der Juden, wie er sie im Orient kennengelernt, halte. Auch der Reisende Delaborde rühmte in der französischen Kammer den Charakter der Damascener Juden. Wir wissen nicht, ob der Umstand, daß die östereichische Regierung einige dieser Hebräer zu ihren diplomatischen Repräsentanten erwählte und daß sie europäische Bälle veranstalten (die schöne junge Frau des Picciotto wollte einen Ball geben, wenn ihr Mann loskäme!), absolut die Möglichkeit ausschließen, daß sie nach Christenblut lüstern sein können. Der negative Beweis, daß der Talmud keine derartigen Vorschriften enthält, ist nicht geführt, aber noch weniger der Gegenbeweis. Die berühmtesten Religionslehrer der Juden haben dagegen protestiert, Moses Mendelssohn schwört, bei allem, was ihm heilig, daß er nie einen solchen Gebrauch unter dem Volke Israel gesehen, daß dieses nie so etwas für eine gesetzmäßige Vorschrift gehalten, noch eine solche Ruchlosigkeit ausgeübt oder versucht. Die jüdischen Wortführer behaupten, daß das Mosaische Gebot: »Du sollst kein Blut essen, denn das Blut ist das Leben«, von den strengen Juden so weit ausgedehnt wird, daß, wenn in einem Ei nur ein Blutstropfen sich findet, sie es als Nahrung verwerfen. Wenn man mit den Zähnen einen Bissen zerkaue und das Zahnfleisch hat eine Blutspur daran gelassen, so dürfe er nicht heruntergeschluckt werden. Ferner werde bei der starren Orthodoxie der morgenländischen Juden die Vernachlässigung der geringsten Observanz als eine schwere Sünde betrachtet, und also sei hier gerade das Aufkommen einer so schändlichen Lehrmeinung rein unmöglich. Doch gesetzt, die Juden bedürften des Christenblutes zu ihren Osterkuchen, wieviel Christen müßten sie in der Stille, in den vielen Jahrhunderten abgeschlachtet haben, wo wir nichts davon hörten, um sich ihr nötiges Bedürfnis zu verschaffen! Der Juden sollen gegenwärtig fünf Millionen über die Erdkugel verbreitet sein! Oder wäre es denkbar, daß sie so lange dieses Blutes sich enthielten, etwa nur dann und wann, wo es verstohlenerweise ging, davon naschend, wie kamen gerade die Juden von Damascus und im Jahr 1840 auf die Versuchung! War es ihr Reichtum, der lüstern machte nach dem Unerlaubten, nach dem so lange Versagten? Irgendeinige Hinweise hätte doch jede Untersuchung, wo sieben und mehr Menschen unter den Foltern alles gestanden, was man wollte, liefern müssen. Und wenn ein Christenopfer Anno 1840 gerade zur Lust des Damascener Juden fallen mußte, weshalb wählten sie den Pater Thomas? Wir wollen unerwähnt lassen, daß jugendliches Blut bei allen Opfern dem eines alten abgelebten Mannes vorgezogen wird, daß Christenkinder leichter geraubt werden und verschwinden können; aber weshalb wählten sie gerade einen angesehenen Mann, der in ganz Damascus bekannt, in allen Häusern als Arzt gesehen war und dessen Verschwinden notwendigerweise auffallen und

Nachforschungen veranlassen mußte? Endlich ward der Pater am 5. Februar abgeschlachtet. Ostern fiel aber erst auf den 18. April; das Osterbrot hätte daher mit zweieinhalb Monate altem, verfaultem und verdorbenem Blute gebacken werden müssen.

Es ist nichts erwiesen (nach dem, was uns vorliegt), nicht Tat, nicht Täterschaft, nicht Motive; aber gesetzt, die Tat wäre doch wahr, der Fanatismus, der sie erzeugte, könnte nicht furchtbarer durch Urteil und Recht gestraft werden, als er durch den türkischen Prozeß und seine Schrecken gestraft ist. »Welche Unmenschlichkeiten sich in den acht Monaten zusammendrängten«, sagt Herr von Heilbronner, »wird wohl niemals ganz bekannt werden. Erröten müssen wir aber bei dem Gedanken, daß Europäer sie begünstigten, sie hervorriefen und sie selbst zu steigern suchten.«

JAMES HIND, DER ROYALISTISCHE STRASSENRÄUBER

1652

Alt-England war von je die eigentliche Heimat der großartigen Räuber, welche eine vergangene Romanepoche, fälschlich und ohne Fundament nach Italien versetzt. Die Volkserinnerung in England feiert das Andenken jener kühnen Wegelagerer und freien Söhne der Wälder mit besonderer Vorliebe und dichtet diesen Lieblingen gern Züge verwegenenen Mutes, hochherziger Gesinnung und überraschenden Witzes an. Die Helden der alten Balladen, die Robin Hood und seine Gesellen, gehören freilich zum großen Teil mehr der Romantik an als der Geschichte. Aber auch seit diese eintritt, wird das Feld nicht leer von kühnen Gesellen, die, selbst wenn sie den Kriminalgerichten verfielen und auf dem Galgen endeten, doch großen, ja ewigen Ruhm im Volke ernteten; denn die Bänkelsänger singen noch heute auf den Straßen die Taten der verwegenen und galanten Wegelagerer.

Zu den berühmteren und den Lieblingsfiguren der englischen Kriminalität gehört der Captain James Hind, ein Straßenräuber, wie er sein soll. Zwar nicht mehr aus der romantischen Zeit, sondern aus einer stark politisch gefärbten, nahm er, als Mann der Zeit, von dieser Färbung an und glaubte als Räuber einer großen Idee zu dienen, die ihn bis zu seinem Tode nicht verließ. Dabei war er, im englischen Sinne, ein Gentleman und verband mit seinem Geschäfte diejenige Ritterlichkeit, Humanität und den Frohsinn, welche Räuber besitzen müssen, um Volkslieblinge zu werden.

James Hind war der einzige Sohn eines Sattlers zu Chipping Nortin in Oxfordshire, eines wegen seiner außerordentlichen Rechtlichkeit in der ganzen Umgegend geachteten Mannes, außerdem in religiösen Grundsätzen von puritanischer Strenge.

Der Vater wollte ihm eine seinen Fähigkeiten entsprechende Erziehung geben. Er schickte ihn in die Schule, wo er bis zum fünfzehnten Jahre blieb und lesen, schreiben und auch genug rechnen lernte, um einem Hausstande vorzustehen. Aber seine Fähigkeiten schlugen nach einer anderen Richtung aus, als es der Vater wünschte. Er hatte ihn nach dem Schulbesuch bei einem Schlachter in die Lehre gegeben; das rohe Wesen und die grausamen Behandlung des Meisters ließen den Knaben aber nur zwei Jahre dort aushalten. Mit siebzehn Jahren entlief er aus der Lehre und machte sich getrosten Mutes nach London, wo dem Mutigen immer das Glück lacht. Vorher hatte James noch einen Brief an die Mutter geschrieben, in dem er ihr seine trauige Lage herzbrechenderweise vorstellte, seinen Entschluß zu rechtfertigen suchte und sie ersuchte, ihm etwas Geld nach London zu schicken, damit er sich dort einen neuen Meister suchen könne.

Die Mutter, aufs äußerste von den Leiden ihres einzigen Kindes gerührt, scharrte, was sie vermochte, von ihren Ersparnissen zusammen und schickte es nach London. War es dies Geld, was ihn verführte? Es wird uns nicht gesagt, wie der Übergang vom Guten zum Bösen erfolgte. Von den Eigenschaften des Vaters hatte James wenigstens nicht die puritanische Sittenstrenge geerbt; oder es war die Strenge des Vaters, welche in dem Sohn die frivole Lustigkeit als Opposition hervorrief. Er jagte in der großen Stadt allen den Vergnügungen nach, welche vor der herben Puritanerherrschaft in die Winkel sich verbargen.

Eines Nachts finden wir ihn im Hause einer gefälligen Frau, die am Abend vorher die Tasche eines jungen Bürgers wider dessen Willen um fünf Guineen leichter gemacht hatte. Statt der Guineen entdeckte man bei der Frau beim Nachsuchen James Hind, und er ward mit ihr sofort auf die Wache gebracht. Die Frau wanderte am Morgen ins Gefängnis von Newgate; den jungen Burschen ließ man frei. Aber diese Nacht war für sein Schicksal entscheidend. Auf der Wache lernte er einen Straßendieb, damals von großem Namen, kennen, Thomas Allen, der in derselben Nacht auf den Verdacht eines begangenen Diebstahls eingezogen war. Weil es indessen an allen Beweisen fehlte, wurde auch er freigelassen. Beide hatten sich liebgewonnen und beschlossen nach einer kurzen Verständigung, einen Bund fürs Leben zu schließen; er wurde noch am selben Morgen in einer nahen Taverne durch einige Gläser besiegelt.

Allen wurde James Hinds guter Lehrmeister; er hatte aber auch nie einen gelehrigeren und sinnreicheren Schüler gefunden. Sein erstes Probestück war sogleich ein Meisterstück. Schlendernd auf der Straße nach Shooter-Hill, sahen sie von fern einen Reisenden mit seinem Bedienten ankommen. Hind, voller Lust, erklärte seinem Begleiter, er fühle sich stark genug, das Wagstück allein zu übernehmen. Allen willigte ein, versteckte sich aber in der Nähe, um, wenn es schlimm ginge, zur Hand zur sein. Die Vorsicht war diesmal unnötig. Hind näherte sich dem Reisenden in artiger Weise, aber mit der entschlossensten Miene und ward, ohne Widerstand zu finden, Herr von allem, was dieser besaß. Aber nachdem er sich überzeugt, daß die Barschaft nicht übermäßig groß war und der Mann noch eine ziemliche Reise vorhatte, überschlug er mit ihm, wieviel er zur Vollendung derselben brauche, und zahlte ihm darauf zwanzig Shilling aus. Der Beraubte fühlte sich dadurch und durch die feinen

Manieren des Räubers so gerührt, daß er ihm die Hand schüttelte und ihm versicherte, ihn nie verraten zu wollen, und auch wenn er ihn in seine Gewalt bekomme, werde er ihm nichts anhaben. Nachdem Hind dem Fremden die glücklichste Reise gewünscht, kehrte er mit fünfzehn Pfund Sterling zu seinem Kameraden zurück. Allen, entzückt über James Mut und Edelsinn, schloß ihn in seine Arme und schwor, sich von nun ab nie mehr von ihm zu trennen.

Dieses Bündnis wurde zwischen beiden gerade um die Zeit geschlossen, als ganz England von der Hinrichtung Karls I. erschüttert war. Diese Blutschuld, welche ihr Land traf, zu rächen und gutzumachen, was an ihnen war, gaben sich Allen und Hind das Wort: keinen der Königsmörder zu schonen, welche das Schicksal in ihre Hand liefere. Nur zu bald fand sich Gelegenheit, dieses ihr Wort in einer Art zu lösen, welche Englands Geschichte möglicherweise eine andere Wendung gegeben hätte. Sie erfuhren, daß Oliver Cromwell in einem Wagen mit geringer Bedeckung aus seinem Geburtsort Huntingdon nach London fahren werde. Sie lagerten am Wege. Des Protektors Wagen kam; aber sieben Bewaffnete ritten nebenher. Dies erschreckte sie nicht; sie machten einen beherzten Angriff, der aber natürlich gegen die Übermacht vollkommen fehlschlug. Es galt jetzt nur zu fliehen und sich zu verteidigen. Thomas Allen wurde verwundet, gefangen, nach London gebracht und starb durch Henkershand. James Hind entkam zwar diesmal, aber nur nach unendlichen Gefahren und Schwierigkeiten.

Cromwell übte eine gute Polizei, wie sie nur mit den Verhältnissen und Sitten der Zeit sich vertrug, und es waren nicht allein die Reiter um seinen Wagen, welche den verwegenen Angreifer auf das Leben des Protektors verfolgten; man machte von allen Seiten Jagd auf ihn. Um ihr zu entgehen, tötete Hind sein Pferd und versteckte sich während mehrerer Tage. Dieser Unstern kühlte aber nicht seine Tatenlust. Im Gegenteil, sobald er freie Luft schöpfte, machte er sich wieder auf den Weg oder vielmehr, er legte sich am Wege nieder; fürs erste mit keiner anderen Absicht, als um sich die notwendigste Waffe und Hauptbedingung eines guten Räubers jener Zeiten – ein Pferd wieder zu beschaffen.

Das Glück lächelte ihm. Er sah ein gesatteltes Pferd etwas abwärts von der der Straße an eine Hecke gebunden. Der Reiter stand, etwa zwanzig Schritte davon, in der Beschäftigung vertieft, von einem Dornstocke, den er sich vielleicht als Waffe eben geschnitten, die Dornen abzuputzen. Die Waffe war zu spät fertig. James rief freudig beim Anblick des Tieres: »Das ist ja mein Pferd!« und im Moment saß er auch schon im Sattel, hatte es losgemacht und schickte sich an, ins Weite zu jagen. Der Reisende erschreckt, fährt auf und schreit: »Herr, was soll das? Das ist ja mein Pferd.« – James muß alle Abenteuer mit Geschick und Anstand ausführen. Er wendet sich noch einmal um und spricht im Tone des äußersten Erstaunens: »Wie, mein Herr, können Sie nicht zufrieden sein, daß ich Ihnen das Geld in Ihren Taschen ließ, um sich ein anderes zu kaufen? Nehmen Sie freundlichen Rat an und geben Sie künftig auf der Straße besser acht; Sie könnten nicht jedesmal so wohlfeilen Kaufes davon kommen.«

Das Glück lächelte dem verwegenen Manne auch noch weiter. Sein Name erhielt einen guten Klang; und da Captain Hind (wie er jetzt vom Volke genannt wurde) seine royalistische Gesinnung gegen niemand verbarg, so darf angenommen werden, daß es ihm nicht an heimlichen Freunden fehlte, welche selbst zwar nicht gegen die herrschende Gewalt ihr Haupt zu erheben wagten, ihm aber gern Winke gaben, wo Beute zu finden und Gefahr zu meiden war. Hughes Peters war ein bekannter Königsmörder. Zu Enfield-Chase begegnete ihm der Wegelagerer und forderte seine Börse. Peters verlor nicht die Geistesgegenwart; er glaubte, den gefürchten Räuber mit Worten entwaffnen zu können.

»Steht nicht geschrieben in der heiligen Schrift, du sollst nicht stehlen?« rief er ihm zu. »Auch sagt Salomo der Weise: Beraubt nicht den Dürftigen, denn er ist dürftig.«

Captain Hind ließ sich nicht verblüffen und wußte mit allerhand Waffen zu fechten. Aus dem Vaterhause waren ihm die Bibelstellen erinnerlich geblieben, und er antwortete ihm auf der Stelle: »So du selber die Vorschriften des Gesetzes bei dir behalten, dann hättest du auch die Worte des Propheten gewußt, wider die du gesündigt: Sie haben gefesselt ihre Könige und ihre Edlen in Eisen geschmiedet! Schändlicher Heuchler, du wagst die heilige Schrift zu zitieren, und aus der Schrift habt ihr verfluchten Republikaner eueren königlichen Herrn und Gebieter gerichtet und ihn vor seinem eigenen Palast geopfert!«

Peters ließ sich aber dadurch nicht stumm machen. Er verteidigte den Königsmord durch andere Bibelstellen und schloß damit, daß der Straßenraub eine sowohl vor göttlichen als menschlichen Gesetzen verdammungswürdige Handlung sei.

»Still!« rief ihm Hind zu. »Keine Injurien gegen mein Handwerk! Denn sagt nicht auch Salomo ausdrücklich: Du sollst auch den Räuber nicht verachten. Aber wir sind nicht hier beieinander um theologischer Disputationen willen. Schließ deine Ohren auf und höre, was es gilt. Heraus auf der Stelle mit deinem Geld, oder ich schicke dich zu deinem König und Herrn in die andere Welt, wo du mich anklagen magst.«

Auf diese Weise gingen dem alten Presbyterianer seine Gründe aus. Er griff seufzend in die Tasche und gab ihm seine Börse. Der Captain hätte billigermaßen mit dem Abenteuer zufrieden sein können, denn es hatte ihm dreißig Goldstücke ohne Kampf eingebracht; aber er überschlug, als der Beraubte schon seines Weges zog, daß er doch auch für die Mühe seines theologischen Unterrichts eine Erkenntlichkeit verdiene, und die Lust, den verhaßten Feind seiner royalistischen Sache noch ein wenig zu quälen, kitzelte ihn. Er gab seinem Pferde die Sporen und holte den geängstigten Mann bald wieder ein.

»Heda, Master!« rief er ihm zu. »Mir ist da eben ein Gedanke gekommen. Weißt du wohl, warum dir das Unglück begegnet ist? Ich weiß es. Weil du die Worte der Schrift vergessen hast. Steht es nicht geschrieben: So ihr auf Reisen seid, führet nicht mit euch Gold oder Silber, ja selber nicht Kupfergeld in eurem Sack!? – Und du, frommer Mann, hast dich so vergessen gegen das Gebot, daß du so vieles Gold in deinen Beutel stecktest! Siehst du nicht, daß ich die Macht habe, dir alles zu befehlen, was mir einfällt? Und ich sehe gar nicht ab, warum ich es nicht tun soll. Also bitte ich dich, gib mir auch deinen Mantel.«

Der unglückliche Königsmörder fand keine Bibelstelle, um die Bitte ihm zu verweigern. Er gab ihm das Geforderte ohne Widerstreben.

Der Räuber war aber auch damit noch nicht zufrieden: »Unser Herr und Heiland spricht: Wer dir den Mantel nimmt, dem wehre nicht den Rock. Nun kann ich mir nicht denken, daß du gegen das Gebot sündigen willst. Solltest du es aber vergessen haben, so siehst du doch, daß ich dich in Güte daran erinnere und wärst mir Dank schuldig.«

Auch seinen letzten Rock auszuziehen, wollte dem armen Puritaner doch zu hart dünken. Er machte verschiedene

Gegenvorstellungen, diesmal aber nicht aus der Bibel, sondern aus allgemeinmenschlichen Gründen. Der Captain blickte ihn ernst an und erklärte, solche Gründe könnten ihn nicht bewegen, von einer Forderung abzustehen, welche durch die heilige Schrift geboten sei.

Peters mußte seufzend auch seinen Rock ausziehen und in Hemdsärmeln den Weg nach Hause antreten. Die Tat mit allen Umständen wurde ruchbar, denn der Captain Hind mochte selbst gern von seinen Abenteuern reden, und sie fand im Publikum großen Beifall. Hughes Peters bekleidete eine Pfarre. Am nächsten Sonntag wollte er von der Kanzel herab gegen die Straßenräuber losdonnern und wählte zum Text seiner Predigt einen Vers aus den Psalmen. Ein Witzbold unter den Zuhörern bemerkte so laut, daß es alle hörten: »Wahrhaftig, wenn nicht etwa Captain Hind unter uns ist, so wüßte ich doch niemand, der respondieren könnte.« Ein allgemeines Gelächter brach unwillkürlich aus; die Andacht war gestört, und der Geistliche mußte die Kanzel verlassen.

Eines Tages traf James Hind auf dem Wege von Sherbourn nach Shaftesbury in Yorkshire den viel verrufenen Sergeant Bradshaw, welcher der Kommission, die Karl I. zum Tode verurteilt, als Präsident vorgesessen und das Todesurteil gegen den Monarchen ausgesprochen hatte. Bradshaw fuhr in einem Wagen. Hind ritt heran und forderte seine Börse. Der Mann des Schreckens glaubte, daß sein bloßer Name hinreiche, um den Räuber in heilsamen Schrecken zu versetzen. »Ich bin Bradshaw«, rief er in feierlicher Stimme heraus.

Aber der Captain antwortete ihm mit Heftigkeit: »Ob du Bradshaw bist oder einer von den anderen Hunden, die ihres Königs Blut gesoffen haben, ich fürchte dich nicht und könnte nun an dir tun, was du an deinem Herrn getan. Ich würde ein gutes Werk tun vor Gott und dem Lande; aber lebe nur fort, du Schuft, und laß dich von deinem Gewissen quälen, bis dich der Henker faßt, wie du es verdienst. Du verdienst nicht, von anderen Händen zu sterben, und Tyburn ist der Ort, wo du hingehörst. Aber merke dir's, ich schone nur darum dein Leben, weil du ein Königsmörder bist, aber als sonstiger Schuft erwürge ich dich augenblicklich, wenn du einen Augenblick zögerst, mir alles Geld, was du bei dir führst, auszuliefern.«

Bradshaw zog seine Börse hervor, die nur vierzig Shilling enthielt. Der Captain, sehr erbittert über den Bettel, den man ihm anbot, setzte ihm die Pistole auf die Brust und drohte ihm ein Loch zu schießen, daß die Sterne durch seinen Leib scheinen sollten, wenn er nicht besseres Geld auffinde. Der Sergeant mußte sein Felleisen öffnen und reichte dem Räuber eine volle Börse mit Goldstücken.

James Hind war damit keineswegs zufrieden. Goldes war es genug, er wollte aber auch noch sein Mütchen kühlen, sich seiner guten Tat bewußt werden, indem er den Charakter des schlechten Mannes recht ins Licht stelle und ihn auf alle mögliche Art quälte. Deshalb ritt er noch eine Weile neben dem Beraubten her und klingelte ihm dann und wann mit der geraubten Börse um die Ohren, indem er in Absätzen ein Loblied auf das Geld anstimmte.

»Schau, Ehrenmann, das ist das Metall, was mein Herz erfreut! – O kostbares Gold, fast verehre ich dich, wie die Bradshaw, Pryn und wie das andere gottlose Gesindel heißt, das seinen Herrn und Heiland auch darum verraten würde, so er noch einmal zur Erde herabkäme. Das ist die Universalmedizin der großen republikanischen Ärzte. Solche Wundertäter haben die Katholiken nicht; dagegen sind nichts die Künste der Jesuiten. Das ist ein Zauberer, dem alles ein Spiel ist. Die Gerechtigkeit macht es blind und taub. Es wäscht dir jeden Flecken ab, selbst den pechschwarzen Verrat. In zwei, drei Tagen ändert es so durchaus einen ganzen Menschen, als sieben volle Jahre sonst nicht tun. Wer noch gestern ein Rebell war, wenn es sein muß, das Geld macht ihn heute zu einem loyalen Mann. Ja, einem Schuft wie du, um Geld glauben sie dir, daß du eine ehrliche, unschuldige Seele bist. Das ist ein Lebenstropfen; eine Sache, die schon im Aussterben ist, für Geld erholt sie sich wieder und glaubt noch einmal an sich selbst. Und desgleichen kann ich damit Verschwörungen und Parteien, die sich dem Teufel verschworen, sprengen; Narren mache ich zu Weisen und aus Weisen Narren und aus beiden, wie's mir gefällt, gerade solche Bösewichter, wie du bist.«

Captain Hind, nachdem er genug zum Lobe des Geldes gesprochen, zog seine Pistole heraus und spannte den Hahn. Bradshaw zitterte. Aber der Räuber sprach:

»Du und deine höllische Bande, ihr seid nun lange genug wie Jehu auf eurer Laufbahn von Blut und Gottlosigkeit fortgerannt, und euer Vorwand war ein heiliger Eifer für den Herrn und seine Heerscharen. Wie lange ihr noch darauf fortlaufen werdet, das weiß Gott allein. Wie dem auch sei, ich meinesteils will alles tun, euch ein bißchen aufzuhalten.«

Damit drückte er die Pistole los, aber nicht auf den Königsmörder, sondern auf denn Kopf eines der Pferde vor seinem Wagen. Eine zweite Pistole tötete das zweite Tier, und indem er neben dem Auftritt voll Verwirrung, den stürzenden, geängstigten Rossen und dem schwankenden Wagen ruhig hielt und immer wieder seine Gewehre lud, erschoß er die sämtlichen Pferde vor Bradshaws Wagen, eines nach dem anderen, und sprengte erst dann ins Weite.

Bald nachher begegnete James Hind zwischen Petersfield und Portsmouth einem Wagen voll Damen. Er reitet auf den

Kutschenschlag los, lüftet den Hut und erklärt den Damen, er sei ein Ritter, in Wehr und Waffen für die Verteidigung des schönen Geschlechts; speziell aber sei er in diesem Augenblick auf Reisen, um die harten Widerwärtigkeiten zu bekämpfen, welche seine eigene Geliebte und Gebieterin gefährdeten: »Um deshalb, Myladys,« schloß er, »sehe ich mich in die Notwendigkeit versetzt, einige Unterstützung einzusammeln, denn in diesen teuren Zeiten kosten auch die Abenteuer Geld.«

Die jungen Damen, wohlbewandert in der Lektüre der Zeit, dachten nicht anders, als einen neuen Don Quixote oder gar einen Amadis von Gallien vor sich zu sehen, und waren sehr entzückt, daß sich die gute alte Zeit in der schweren und trüben der Gegenwart wiederhole.

»Edler Ritter,« antwortete ihm die Munterste aus dem Wagen, »wir sind außerordentlich erfreut, einem so edlen Paladin zu begegnen, und unsere Wünsche sollen euch begleiten; aber es tut uns sehr leid, geben können wir nichts; denn was wir bei uns haben, das ist ein heiliges Unterpfand, und gerade nach den Gesetzen eures Ordens darf es nicht angerührt werden.«

Der Captain lächelte und gestand später, die Antwort hätte ihm so wohlgefallen, daß er die Damen gern ohne Brandschatzung ihres Wege ziehen lassen, wenn er nicht gerade damals zu sehr des Geldes bedurft hätte.

»Ihr holdseligen Frauen,« rief er, »würdigt mich, zu wissen, worin dieses heilige Unterpfand besteht; denn gerade die unverbrüchlichen Gesetze der irrenden Ritterschaft zwingen mich, daß ich es unter meinen Schutz nehme. Ihr werdet mir nämlich zugeben, daß ich es besser zu verteidigen weiß, wenn ihm Gefahr droht, als zarte Frauen, die irgendein ungalanter Räuber anfällt.«

Das muntere Mädchen glaubte wirklich, es stecke dahinter nur eine artige Neckerei, und antwortete ihm mit mehr Anmut als Klugheit, daß dies Unterpfand in nicht weniger als dreitausend Pfund Sterling bestehe, welche eine der mit anwesenden Damen als Mitgift einem anderen Ritter zutrage, welcher das Glück gehabt, durch einige kühne Dienste die Gunst der edlen Lady zu erwerben.

»Meine volle Achtung, holde Damen, diesem vortrefflichen Ritter,« rief rasch der Wegelagerer; »sagt ihm, inständigst bitte ich euch darum, daß mein Name Captain Hind ist, sagt ihm auch, daß ich, ohne die allerdringendste Notwendigkeit, niemals dieses Hochzeitsgeschenk angerührt hätte, welches gewiß, angesehen seine ritterlichen Verdienste nur sehr gering ist; sagt ihm aber auch, wie ich heilig gelobe, die Summe nur und allein zur Verteidigung der gekränkten Liebe und zur Unterstützung der irrenden Ritterschaft zu verwenden.«

Die Damen erblaßten. Ihr Mutwille war hin. In ganz England war niemand, welcher nicht den Captain Hind kannte. An Widerstand war nun kein Gedanke mehr. Sie wollten vor ihm zu Füßen fallen, aber er bat sie auf die höflichste Weise, sich ja nicht zu beunruhigen; von ihm hätten sie nichts zu besorgen und, um ihrer Liebenswürdigkeit willen, wolle er sich mit dem Drittel der Summe begnügen. Die Damen waren nun wieder entzückt, James Hind wurde wieder in ihren Augen zum wahren Ritter. Er empfing aus ihren Händen mit der liebenswürdigsten Miene einen Beutel mit tausend Pfund Sterling und wünschte ihnen alles Glück auf die Reise, zumal aber mit lächelnder Miene der holden Verlobten auf die längere und gefährlichere, welche sie anzutreten im Begriff war.

Ein wie außerordentlicher Räuber James Hind auch sonst war, in einem Punkte unterschied er sich nicht von seinen Standesgenossen: er gab ebensoschnell aus, als er verdiente, und trotz seinem glücklichen Geschäfte befand er sich oft in der äußersten Verlegenheit. Die Verfolgungen gegen ihn wurden einst sehr heftig; er mußte sich versteckt halten und litt dabei großen Mangel. Freilich hätte es bei seinem Glück nur einiger nächtlicher Ausflüchte bedurft, aber die Not hatte ihn gezwungen, auch sein Pferd zu verkaufen, und er mochte seinen Ruf und sein Ansehen nicht aufs Spiel setzen, indem er als ein gemeiner Schnapphahn zu Fuß hinter einem Strauche lagerte. Er rief daher die List zu Hilfe.

Am äußersten Ende eines Dorfes hatte er ein kleines verfallenes Haus gemietet, welches ihm als Asyl diente. Durch seine Kundschafter in Kenntnis gesetzt, daß ein berühmter Arzt beim Heimwege von einer vornehmen Patientin des Weges kommen werde, erwartete er ihn an der Schwelle und stürzte ihm händeringend entgegen, sobald der Reiter sich der Hütte näherte. Er flehte ihn an, nur zwei, drei Minuten seiner armen kranken Frau zu schenken, die dermaßen an Ausleerungen litte, daß es außer seiner Macht stände, sie zu hemmen. Der Arzt, reich belohnt von der alten Dame, welche er eben verlassen, fühlte sich von der Not des unglücklichen Ehemanns gerührt und stieg sogleich ab, um, was in seinen Kräften sei, ihm zu helfen.

Das Pferd wird unten angebunden, der Arzt eine enge, steile Treppe in ein Hinterstübchen hinaufgeführt. James schließt rasch die Tür, und während jener sich noch vergebens nach dem Bett der Kranken umsieht, tritt dieser ihm, in der einen Hand eine Pistole, in der anderen einen leeren Geldbeutel, entgegen: »Dies, Master, ist meine Frau,« spricht er, ihm die Börse vorhaltend, »sie braucht dringend Eure Hilfe, denn ihre Ausleerung ist von der Art, wie Ihr seht, daß gar nichts drinblieb. In Euren Taschen, weiß ich, habt Ihr ein untrügliches Universalmittel. Wenn Ihr zu helfen zaudert oder nur ein Wort dagegen sprecht, so soll

Euch dieses Instrument auf der Stelle von allen Kopfschmerzen heilen, die Ihr jemals bekommen werdet.«

Der Arzt, in der Diagnose wohl bewandert, erkannte den richtigen Zustand, in dem er sich befand, und das einzige Mittel, was hier half. Er zog vierzig Guineen aus der Tasche und steckte sie schweigend in die Börse des Räubers. James verbeugte sich lächelnd, wünschte ihm eine gute Gesundheit und erklärte ihm, daß er ihm zur Entschädigung für das empfangene Geld sein ganzes Haus mit allem Anrecht darauf zurücklasse. Dann schloß er den Doktor in das Zimmer ein, stürzte die Treppe hinunter und schwang sich auf das angebundene Roß, mit dem er in andere Gegenden fortsprengte, wo er zur Zeit noch minder bekannt war.

Andere Berichte aus dieser Zeit rühmen seine Großmut, mit der er die Reisenden behandelte, welche ihr Unstern in seine Hände führte. Besonders zart und mildtätig bewies er sich gegen Arme und auch gegen solche, von denen er nicht glaubte, daß sie gerade im Überfluß lebten. Davon hat man zahllose Beispiele.

Einstmals, gerade als er wieder durch seine Verschwendung in die äußerste Dürftigkeit geraten war, lag er, auf der Lauer. Ein alter Mann auf einem Esel kam langsam des Weges. Er trat auf ihn zu und fragte ihn freundlich, wohin er gehe?

»Nach dem Markt von Wantage«, war die Antwort. »Ich will mir eine Kuh kaufen, um Milch zu haben für meine Kinder.«

»Wieviel Kinder habt ihr?« fragte Captain Hind.

»Ihrer zehn, Herr!«

»Und wieviel meint ihr nötig zu haben, um die Kuh zu kaufen?«

»Vierzig Shilling; gerade was ich mir seit zwei Jahren zurückgelegt.«

James Hind fühlte sich gerührt und mußte doch zugleich über die Einfalt des Menschen lachen. Schon wollte er von ihm ablassen, als ihm seine eigene Lage wieder deutlich aufstieg. Er mußte durchaus Geld haben, und er überdachte ein Auskunftsmittel, sein Gewissen und seine Bedürfnisse zugleich zu befriedigen.

»Hört mich an«, sprach er. »Ich bedarf gerade jetzt das Geld, welches Ihr da bei Euch führt. Aber Eure Kinder sollen darum doch die Milch nicht einbüßen. Sie müssen doch leben. Ich bin James Hind. Willigt Ihr in den Pakt ein, so gebt mir heute Eure vierzig Shilling, heute über acht Tage stellt Ihr Euch wieder hier ein und empfangt dann achtzig Shilling dafür. Nur eine Bedingung ist dabei: Ihr sagt zu niemandem auf der Welt eine Silbe von dem, was hier zwischen uns vorgeht. Sind die acht Tage um, so sollt Ihr es ausschreien können, wie Euch beliebt.«

Der Handel ward geschlossen. Der Alte stellte sich nach acht Tagen ein, und der Räuber fehlte nicht. Er zahlte ihm nicht allein die Summe, um sich zwei Kühe, sondern noch obendrein 20 Shilling, um sich auf dem Markte, was ihm gefiele, zu kaufen.

Wie oft James Hind auch, mit der Pistole in der Hand, seinen Opfern den Tod drohte, hatte er doch eine außerordentliche Scheu davor, Blut zu vergießen. Wer aber einmal auf dem Pfade des Verbrechens sich befindet, wird von der Konsequenz fortgerissen und kann nicht willkürlich halt sagen. Die Kriminalverhandlungen gegen ihn sprechen nur von einer einzigen Mordtat, welcher er vergeblich, auch vor dem Richterstuhl seiner eigenen Vernunft, den Charakter der Notwehr und Selbstverteidigung aufzudrücken bemüht war.

Es war für den Captain ein glücklicher Morgen gewesen. Bei Maidenhead-Thicket war er in günstiger Stunde einem der berühmtesten Königsmörder, dem Obristen Harrison, begegnet und hatte ihm sechzig Pfund Sterling abgenommen. Aber der Oberst hatte sich nicht vom Schreck bewältigen lassen, sondern, sobald er losgekommen, die Polizei requiriert. James erfuhr es in einem der Häuser am Wege, wo er Freunde und Helfershelfer hatte, und setzte seinem Roß die Sporen in die Seite. Die Furcht zeigte ihm überall Feinde. Er hörte einen Reiter in vollem Galopp hinter sich kommen. Es war der friedfertige Diener eines Reisenden, der keine andere Absicht hatte, als seinen Herrn einzuholen. Des Dieners Roß war frisch, das des Räubers abgemattet. Vergebens strengte sich der letztere an, jenem den Vorsprung abzugewinnen. Als er sah, daß es unmöglich würde, zog er die Pistole, und als der andere, in dem seine Furcht nichts als einen Diener in der bewaffneten Gerechtigkeit vermutete, ihn eingeholt, feuerte er das Gewehr auf ihn ab und streckte ihn tot zu Boden. Dies war die einzige Bluttat in seiner ganzen langen Räuberlaufbahn und die, um welche er gerichtet wurde.

Auch den Verfolgungen des furchtbaren Oberst Harrison war James glücklich entkommen. Von jetzt ab verfolgte ihn aber sein Gewissen. Er wollte den Raub aufgeben und suchte eine andere, ehrenwertere Beschäftigung. Sie fand sich bald. Die Schotten standen für Karl I. Sohn auf, sie proklamierten ihn als König Karl II. und rückten mit großem Heereszuge in England ein. Unter den Freiwilligen, welche dem royalistischen Heere zuströmten, befand sich auch James. In einem ehrenvollen Kampfe wollte er die Schande, die seinen Namen befleckte, abwaschen. Er kämpfte mit in der Schlacht von Worcester, welche die Hoffnungen der Royalisten blutig vernichtete.

James Hind entkam durch die Flucht, aber er hatte nicht das Glück seines königlichen Herrn. Statt der Eiche von

Woodstock fand er zwar in London im Hause des Barbier Dingie ein sicheres Asyl, aber ein Jugendfreund, dem er sich vertraute, verriet ihn.

Man mußte den gefürchteten James Hiund schon für so wichtig und der Kategorie eines gewöhnlichen Räubers entwachsen halten, daß man ihn vor den Sprecher des Hauses der Gemeinen führte, um ihn nicht als Straßenräuber, sondern als Hochverräter zu inquirieren. Unter großer militärischer Eskorte ward er darauf nach Newgate geführt und in Ketten gelegt.

Aber seine Verurteilung machte noch viel Verlegenheit. Vor die Schranken von Old Bailey gestellt, konnte man ihm nur Taten beweisen, welche die Todesstrafe nicht nach sich ziehen. Deshalb stellte man ihn vor die Assisen von Reading in Berkshire wegen des Mordes an jenem Diener, namens Georges Sympson. Indessen war inzwischen eine allgemeine Amnestie ergangen, welche die Strafe für alle Verbrechen, mit Ausnahmen des Hochverrats, aufhob. James schöpfte wieder einige Hoffnung, doch vergebens.

Man konnte dem offenkundigen Straßenräuber nicht anders ans Leben gehen, als indem man die Klage auf Hochverrat abermals vornahm. Er hatte für seine politische Gesinnung die Genugtuung, daß er am 3. September 1652 als Hochverräter zum Tode verurteilt ward. In diesem Sinne war es ihm vergönnt, noch in seinen letzten Augenblicken eine Art heroischer Rolle zu spielen.

Am 24. September ward er auf einer Schleife zur Richtstatt gezogen. Hier erklärte er, daß er der Mehrzahl seiner Verbrechen sich mit Vergnügen erinnere, denn sie wären gegen Republikaner verübt worden, deren Grundsätze und Taten er auf gleiche Weise verabscheue. Er schloß seine Rede mit der Versicherung, daß nur etwas seine letzte Stunde verkümmere, nämlich, daß er den Tag nicht mehr erlebe, wo sein königlicher Herr auf den Thron seiner Väter zurückkehre, und daß nicht lieber die ganze Schar niederträchtiger Rebellen am Stricke hinge, welche den Galgen weit mehr verdient habe als er.

James Hind starb, 36 Jahre alt. Nachdem er am Strange geendet, ward sein Leichnam gevierteilt und sein Kopf auf ein Gitter der Brücke über der Severn gesteckt. Die Glieder seines Körpers wurden über die verschiedenen Stadttore von Worcester, wo die Hinrichtung erfolgte, gehängt. Hier blieben sie bis zur völligen Verwitterung; den Kopf beerdigte man schon in der Mitte der nächstfolgenden Nacht.

DIE MÖRDER ALS REISEGESELLSCHAFT

1809

Die französischen Heere hatten auf ihren Eroberungszügen auch anderer Eroberungen sich zu rühmen, die außer dem Gebiet der Politik liegen. Ein Zivilbeamter des Kaiserheeres, ein commissaire ordonnateur, hatte in Preußen das Herz eines jungen Frauenzimmers gewonnen. Dorothea Blankenfeld, zu Preußisch-Friedland geboren, von bürgerlichen Eltern, war ein außerordentlich schönes Mädchen, aber von ebenso sanftem, gutmütigem Charakter und unbescholtenen Sitten. Beider Neigung war enrsthaft, und eine Verbindung fürs Leben war zwischen ihnen besprochen. Nachdem alle Hindernisse beseitigt waren und der Geliebte, infolge der wechselnden Kriegsereignisse im Jahre 1809 in Wien eine einstweilige Stellung gefunden, schrieb er nach Danzig, daß Dorothea zu ihm kommen möge, sie wollten in der Kaiserstadt ihre Verbindung feiern. Die junge Braut, sie war kaum 24 Jahre alt, trennte sich von den Ihrigen und reiste von Danzig im November des Jahres allein, aber voll Vertrauen ihrer Bestimmung entgegen.

Sie erscheint nicht mittellos, denn sie führte, wohlverwahrt, eine für ihre Verhältnisse nicht unbedeutende Summe als Mitgift bei sich; möglich, daß auch dieser Umstand dazu beigetragen, der Neigung des französischen Commissairs eine so ernste Richtung zu geben. Sie gelangte ohne Gefährdung bis Dresden, wo sie, vom Sekretär des französischen Commissairs, Herrn Gentil, mit französischer Artigkeit als künftige Gattin eines Kollegen empfangen, im Hôtel de

Baviere einlogiert wurde. Derselbe bemühte sich, ihr eine schickliche und bei dem Kriegszustande eine möglichst sichere Gelegenheit zum Weiterreisen nach Wien zu verschaffen.

Diese Gelegenheit fand sich bald. Bei Herrn Gentil meldeten sich, empfohlen vom französischen Platzkommandanten zu Dresden, zwei französische Armeepostillone, der eine ein Italiener, Antonini, der andere ein Deutscher, namens Schulz, welche einen Reisepaß nach der Armee verlangten. Der Sekretär teilte diese Nachricht Dorotheen als eine sehr erfreuliche mit, da sie mit den beiden Militärpersonen nicht allein auf die sicherste, sondern auch auf die wohlfeilste Weise zu ihrem Ziel gelange. Sie nahm dankbar das Erbieten an, ihr Name ward vom Sekretär in die feuille de route mit eingetragen, und nach einem viertätigen Aufenthalte in Dresden reisten die Braut und beide Postillone mit requiriertem Vorspann ab.

Dorothea Blankenfeld hat Wien nicht erreicht, ihr Bräutigam hat sie nicht wiedergesehen, und mit der Abfahrt aus dem Tore von Dresden müßten auch wir von der kaum gemachten Bekanntschaft Abschied nehmen, wenn nicht noch einzelne Züge, die von dem unbefangenen und liebenswürdigen Gemüte dieses unglücklichen Opfers sprechen, aus den Berichten ihrer Mörder über ihre letzten Tage zum Vorschein kämen. Mit harmloser Heiterkeit, nur beunruhigt von dem, was man ihr von den Greueln des Krieges vorerzählte, reiste sie mit frohpochendem Herzen ihrem Glück entgegen.

Abends um vier Uhr, am 26. November, hielten vor dem Posthause von Meitingen, zwei Stunden vor Augsburg, zwei französische Armeepostillone in Gesellschaft eines jungen, schönen Frauenzimmers an. Mit Vorspann angelangt, konnten oder wollten sie nicht weiter in die Novembernacht fahren und wurden im Posthause selbst einquartiert. Sie erhielten im oberen Stockwerk zwei aneinanderstoßende Zimmer, das eine für das Frauenzimmer, das andere für die beiden Postillone, von denen der eine, wie sich bald ergab, ein verkleidetes Weib, die Frau des anderen Postillons, namens Antonini, war. Auch fand sich ein Knabe von etwa fünfzehn Jahren bald nach ihrer Ankunft zu der Gesellschaft, der anscheinend als Pferdejunge ihnen diente, sich aber bis auf den anderen Morgen nicht weiter im Hause sehen ließ.

An verkleidete Frauen war man bei den französischen Transportzügen gewöhnt. Die Sache fiel nicht auf. Zwar hörten in der Nacht zwischen drei und vier Uhr der Postexpeditor und auch ein Postknecht ein durchdringendes Jammergeschrei; jener sprang auf und horchte an seiner Tür. Da es aber still darauf blieb, legte er sich wieder schlafen. Bald darauf kam der Knabe heulend die Treppe herabgestürzt und hielt sich die Hand vors Gesicht. Er klagte den Postknechten, daß ihn sein Herr geschlagen habe. Dieser kam selbst etwa um sechs Uhr mit einem brennenden Licht herab und forderte, man solle oben stark einheizen, weil es kalt sei. Seine Hand war rot, der Postknecht meinte, er werde wohl dem Jungen die Nase blutig geschlagen haben. Obwohl die Einquartierten schon morgens um fünf Uhr aufbrechen wollen, verzögert sich ihre Abfahrt doch bis neun Uhr. Da bemerkte der Postexpeditor, der am Fenster ihrem Einpacken zusah, daß der Herr und der Knabe ein seltsam gestaltetes Bündel schleppten. »Sieht es doch aus«, meinte er, »als trügen sie in dem Pack einen toten Hund oder den Leichnam eines Menschen.«

Auch da noch fühlte man sich nicht zum Verdacht angeregt. Aber als jetzt des Postexpeditors Sohn bemerkte, daß nur der eine Postillon, der Knabe und das gestern als Mann verkleidete Weib, und zwar heute sonderbarerweise in Frauenkleidung eingestiegen sei, aber nicht das schöne Frauenzimmer, bemächtigte sich der Anwesenden Bestürzung. Während der Wagen schon forteilte, eilten sie in die verlassenen Zimmer hinauf, und was sich hier auf dem ersten Blick dem Auge zeigte, sprach deutlich für einen begangenen Mord. Blutflecken am Fußboden, Blutflecken an der Wand des Bettes, in welchem das schöne Frauenzimmer gelegen, und das Bett selbst, als sie es aufschlugen, in Blut eingetaucht und in der Unordnung, welche durch einen vorangegangenen gewaltsamen Mord verursacht wird. Augenblicklich macht man dem Patrimonialgerichte Anzeige, es werden berittene Gerichtsdiener dem Wagen, der höchstens vierhundert Schritte voraus sein konnte, nachgeschickt. Dennoch sind die Fliehenden so schnell gefahren, daß sie erst im Augenblick angehalten werden, als sie in Augsburg einfahren wollen. Unterm Gözzinger Tor werden sie verhaftet, und der Wagen wird durchsucht. Mit einem blauen Mantel ist das verdächtige Paket umwickelt und jetzt hinten aufgepackt. Bei seiner Öffnug findet sich der mit Wunden bedeckte Leichnam eines Frauenzimmers.

Die drei Verhafteten leugneten weder unterm Tor noch später vor Gericht, daß dies der Leichnam eines jungen Mädchens sei, die mit ihnen von Dresden bis Meitingen gereist und deren Name Dorothea Blankenfeld war. Auch bekannte der Knabe sogleich beim Anblick des blutigen Körpers, daß sie von ihm und dem Armeepostillon Antonini, der sein Schwager wäre, erschlagen worden. Dieser aber sowohl als seine Frau leugneten jede Teilnahme, und ihre übereinstimmende Aussage ging dahin: der Knabe, ein tückischer Bube, habe gegen das arme Frauenzimmer einen großen Haß gehabt, und allein aus Haß habe er sie ermordet. Ein solcher Bösewicht sei er, so jung er wäre, daß er schon einmal seinen eigenen Vater erschlagen und einmal seine Schwester, Antoninis Frau, habe erstechen wollen. Um deshalb hätten sie ihn aus Berlin, wo er her sei, und aus des Vaters Hause fortgenommen, um ihn auf bessere Wege zu bringen. Bloß um ihn zu schonen, da er noch so jung wäre, hätten sie die Tat zu verheimlichen gesucht.

Bei der Leichenschau fand man neun Wunden allein am Kopfe, die, dem Anschein nach, mit einem stumpfen Werkzeuge geschlagen worden. Das Schlüsselbein von der rechten Achsel war zerbrochen, und die Hirnschale hatte einen großen Sprung. Nach dem ärztlichen Gutachten waren die Wunden in ihrer Totalität von der Wirkung, daß sie den unvermeidlichen Tod herbeiführen müssen, jedoch glaubte der Arzt, daß die grausam Gemarterte nicht sogleich an den Wunden gestorben, sondern ihr Tod durch eine fortgesetzte gewaltsame Behandlung unter diesen Umständen noch beschleunigt worden sei.

Bei der wider sie eröffneten Kriminaluntersuchung blieben der Mann und das Weib bei hartnäckigem Leugnen und schoben wiederholt beide alle Schuld auf den Knaben. Erst nach neunzehn weitläufigen Verhören ward Therese Antonini, geborene Marschall, durch die Konfrontation mit ihrem reumütigen Bruder zum Geständnis gebracht. Weit später erst auf dieselbe Weise der halsstarrige und verschmitzte Ehemann, der aus einer Lüge sich in die andere stürzte und selbst in seinen Scheinbekenntnissen noch die Richter zu hintergehen suchte. Die volle Wahrheit ist nur in Bezug auf sein letztes Verbrechen zutage gekommen und wo seine eigene Aussage durch vernommene Zeugen kontrolliert werden konnte; über seine früheren Lebensverhältnisse hat sich, der Lage der Umstände zufolge, wenig mehr ermitteln lassen, als was er selbst davon mitzuteilen sich gemüßigt fand, und es ist der Vermutung freier Spielraum gegeben, daß die Nemesis, welche ihn für das eine in Deutschland verübte Verbrechen ereilte, zugleich an einem ruchlosen Bösewicht für viele in anderen fernen Ländern begangene Missetaten das Rächeramt übte.

Joseph Antonini war, wie schon sein Name andeutet, ein Italiener. Er will aus Messina in Sizilien sein, wo seine Eltern Tuchmacher gewesen wären. Er selbst wäre Perückenmacher gewesen. Sein erste Lebensgeschichte klingt romanhaft. Elf oder zwölf Jahre alt habe er eine Seereise nach Neapel gemacht, um dort dem Feste der heiligen Grotte beizuwohnen. Aber unterwegs habe ein algerischer Korsar das Schiff genommen und alle Personen darauf nach Alexandrien gebracht, um sie als Sklaven zu verkaufen. Glücklicherweise hätte indessen ein französisches Kriegsschiff den Piraten noch beim Eintritt in die Reede von Alexandrien genommen und ihn wie die anderen befreit. Dann sei er in Griechenland ausgeschifft worden.

Was sein weiteres Leben betrifft, so waren nur bruchstückartige Bekenntnisse von ihm herauszubringen, die indes zeigen, wie bunt, regellos und zerrissen dieses Leben war, das eines italienischen Vagabunden, der sich im Troß der napoleonischen Heere herumgetrieben hatte! Wir finden ihn als Tambour bei dem französischen Bataillon der Korsen, als Lohnlakeien, Marketender und zuletzt als französischen Armeepostillon.

Der Sizilianer, der die Schule der Roheit und des Lasters in Italien, Frankreich und Griechenland durchgemacht, mußte zweimal nach Berlin kommen, um beidemal dort sogleich als verdächtig verhaftet zu werden. Das erste Mal geschah es 1806 oder 1807 auf Befehl der französischen Behörde wegen dringenden Diebstahlverdachts. Er ward nach Mainz abgeführt. Aber schon im Oktober 1809 ist er wieder in der preußischen Hauptstadt mit seiner Frau, einer geborenen Berlinerin. Da entdeckt die Polizei, daß beide schon verdächtige Menschen Sachen in ihrem Besitze haben, über deren rechtmäßigen Erwerb sie sich nicht ausweisen können. Beide wurden verhaftet, mußten aber aus Mangel an Beweisen wider sie schon nach acht Tagen entlassen werden; leider! Denn wenige Wochen nach ihrer Freilassung benutzten sie dieselbe zu einem gräßlichen Mordplan, der allein unter ihren Verbrechen zur Kenntnis der Gerichte gekommen ist.

Dem untersuchenden Gerichte in Augsburg war kein Zweifel darüber, daß es mit einem verstockten Bösewicht zu tun hatte, der hier nicht zum ersten Male wegen schwerer Verbrechen in Haft und Untersuchung war. Beim Mangel an Nachweisungen, die deshalb zu erfordern gewesen wären, bestärkten folgende Tatsachen diese Vermutung: Wenn er und sein Weib in Streit gerieten, schalt sie ihn Dieb und Mordbrenner! Der reizbare Sizilianer nahm es ruhig hin. – Seinen Mitgefangenen bekannte er, schon einmal dreihundert Louisdor und brillantene Ringe entwendet zu haben. Zu Erfurt sei er aus dem Gefängnis gebrochen und habe auch andere Mitgefangene befreit. Sein ganzes Benehmen während der Gefangenschaft und in den Verhören zeigte von grenzenloser Tücke, sittlicher Verwilderung und äußerster Verschmitztheit. Bald betrug er sich unbändig und kehrte seine Verworfenheit von der rohesten Seite heraus, bald zeigte er sich kriechendgeschmeidig, um seine Zwecke zu erreichen. Er wandte Gewalt und Bestechung an, um aus dem Kerker herauszuschleichen, nur um sich einige Kenntnis zu verschaffen, wie es mit der Untersuchung stehe. Er stiftete wie der erfahrenste Zuchthausbewohner Komplotte an, wußte seiner Frau Briefe zu schreiben, worin er sie zum Leugnen aufforderte und instruierte und machte endlich Versuche, sich selbst zu entleiben. – Es kam indessen nicht auf Ermittlung dieser früheren, zum Teil im Auslande, zum Teil während des Krieges begangenen Verbrechen an, um das Schwert der Gerechtigkeit gegen ihn zu erheben.

In Berlin hatte er eine seiner würdige Gattin gefunden. Therese Marschall war die Tochter eines armen Fabrikarbeiters daselbst, namens Johann Christian Marschall, der aber im Ruf eines sehr rechtschaffenen Mannes stand. Therese war, nach der Schilderung ihrer eigenen Eltern, von Jugend auf ein wildes, halsstarriges, bösartiges und liederliches Geschöpf. Nichts vermochte, weder Ermahnungen, Züchtigungen noch Einsperren, ihren starren Willen zu brechen noch ihre Sitten zu bessern. Sie war gegen ihre Herrschaften ebenso aufsässig wie gegen ihre Eltern. Im Jahre 1806 hatte sie Antonini in Berlin kennengelernt und bald darauf in Küstrin geheiratet. Was sie von da bis 1809 getrieben und wo sie sich aufgehalten, ist, trotz der Bemühungen des untersuchenden Richters in völligem Dunkel geblieben. Im Oktober dieses Jahres kamen beide Ehegatten, angeblich um ihre Eltern zu besuchen, nach Berlin, und nur der Umstand, daß sie wegen Verkaufs gestohlener Sachen verhaftet wurden, läßt auf ihre vorangehende Beschäftigung schließen.

Sie fanden ihre Rechnung nicht in Berlin. Antonini wollte mit seinem Weibe nach seiner Heimat Sizilien zurückkehren. Dagegen hatten die Eltern nichts einzuwenden, waren vielmehr froh, solche Kinder auf diese Art loszuwerden. Aber der alte Marschall hatte noch einen jüngeren Sohn, Karl, von vierzehn Jahren, in Meseritz geboren, während der Vater daselbst als Postwagenmeister stand, ein Knabe nach allen Zeugnissen von gutmütigem und dem allerfolgsamsten Charakter, der sich stets zu allem bereitwillig zeigte, was ihm aufgetragen wurde. Diesem machten Schwester und Schwager den Vorschlag, sie nach Italien zu begleiten; er solle unterwegs das Pferd besorgen. Sie stellten ihm die Reise so lockend vor, daß die Lust des Jungen über alle Gegenvorstellungen siegte, welche der Vater ihm machte; und Karl ward wider der Eltern Willen und, wie der alte Marschall sich ausdrückte, fast mit Gewalt von den beiden mitgenommen. Als der Vater von dem Verbrechen durch die Gerichte erfuhr, richtete er ein wehmütiges Schreiben an das Stadtgericht von Augsburg, worin er bat, dem armen verführten Knaben doch das Leben zu schenken. Die Tochter erwähnte der Vater mit keiner Silbe.

Antonini und seine Frau besaßen, als sie aus Berlin fortgingen, nur ein paar Taler. Es ist mehr als wahrscheinlich, daß sie die große Reise von Brandenburg nach Sizilien, wenn es wirklich Antoninis Wille war, dahin zu gehen, mit der Absicht unternahmen, unterwegs die Gelegenheit auszubeuten. Ob der ehemalige Armeepostillon zum Vorspannpaß berechtigt war oder ob er ihn erschlichen hat, interessiert nicht und ist hier gleichgültig. Aber zu der großen Reise bedurfte er noch anderer Mittel, und es wäre mehr als unwahrscheinlich, daß er sich noch die Last der Unterhaltung eines Knaben, der ihm durch seine Dienste wenig nutzen konnte, auferlegt haben sollte, wenn er nicht andere stille Zwecke damit verband. Der schlaue Verbrecher wollte jemand mit sich führen, auf den er im Fall der Entdeckung seine Verbrechen wälzen konnte. Der unerfahrene dienstwillige Knabe ließ sich zu allem gebrauchen; der verschmitzte Sizilianer konnte ihn, wenn es not tat, zum Blitzableiter und Sündenbock machen. Vielleicht und wir mögen sagen wahrscheinlich war es anfangs nur auf kleine Diebstähle in den Quartieren und unterwegs abgesehen. Diese konnte man auf leichte Weise in die Taschen und das Gepäck des Knaben praktizieren; kam es heraus, so wurde er von dem Ehepaare desavouriert und schlimmstenfalls zurückgelassen. Daß dieser teuflische Plan aber schon vor der Mordtat zwischen der unnatürlichen Schwester und ihrem Gatten fest verabredet gewesen ist, beweist ihre übereinstimmende Aussage sogleich nach der Entdeckung und daß sie bei derselben noch während der Verhöre beharrten. In der kurzen Zwischenzeit vom Morde bis zur Verhaftung und in Gegenwart des Knaben, der mit ihnen im Wagen saß, konnten sie diesen Plan nicht mit der Bestimmtheit entworfen haben. Es ist ein neues, in dieser Art vielleicht einziges Verbrechen, ausgegangen aus der tiefsten moralischen Verderbtheit. Zwei Gatten reisen auf Verbrechen aus, und ehe sie es begehen, ehe sie noch vielleicht eine bestimmte Tat im Auge haben, erwählen und präparieren sie sich einen Dritten, auf dessen Schultern sie die zu begehende Sünde wälzen und ihn, statt ihrer verderben können, und dieser Dritte ist ein harmloser Knabe, der leibliche Bruder der weiblichen Verbrecherin. Vor dem Gesetze hat dies ihr ohnehin schweres Verbrechen kaum vergrößert, wenigstens nicht in Absicht der Strafe; vor dem moralischen Richterstuhle aber wächst es zu einer unnatürlichen Größe.

Wie die Verbrecher bis Dresden kamen, bleibt uns unbekannt. Hier wurde ihnen ihr Opfer durch die Behörden selbst zugeführt. Daß das junge Mädchen wohl ein Gegenstand, wert einer kühnen Tat sei, verrieten den erfahrenen Verbrechern für sie genügend Anzeichen: ihre feine modische Kleidung, ihre nicht gemeinen Bekanntschaften in Dresden, ihr schwerer Koffer, aus dem während der Reise schöne Kleider und feine Wäsche zum Vorschein kamen. Daß Dorothea Blankenfeld auch ihre Mitgift, gegen zweitausend Taler in Gold, in ihr Korsett genäht, auf dem Leibe trug, erfuhren die Bösewichter freilich erst später.

Mit großem Vorbedacht wurde die Reise unternommen. Der Militärpaß lautete auf Sieur Antonini, Sieur Schulz und Demoiselle Blankenfeld. Statt dieses Sieur Schulz, unter dem der Knabe Karl versteckt sein mochte, wurde Therese Antonini eingeschwärzt, die Mannskleider anlegte. Karl schlich sich als Bedienter der Reisegesellschaft mit durch. Ob diese Verkleidung schon mit der Absicht vorgenommen wurde, wenn man die Blankenfeld beiseite geschafft, Therese Antonini dafür zu substituieren und dann den Bedienten Karl wieder zum Postillon Schulz zu erheben, ist nur zu vermuten.

Schon auf den nächsten Stationen hinter Dresden machte Antonini sein Weib mit dem Plane, die Blankenfeld zu berauben, und da es sich nicht gut, ohne sie umzubringen, tun lasse, auch damit bekannt. Therese hatte nicht das geringste dagegen einzuwenden. Sie fand den Plan gut und zweckmäßig. Desgleichen teilten sie den nun gefaßten Vorsatz dem Knaben mit. Ohne sich weiter auf Gründe und Überredungskünste oder Versprechungen einzulassen, erklärten sie ihm, die Blankenfeld solle und müsse umgebracht werden, und Karl fand ebensowenig etwas dagegen einzuwenden. Gehorsam und willig erklärte er sich vielmehr zu jedem Dienste bereit.

Alles war festgesetzt, im voraus bestimmt und berechnet. Die schöne, harmlose, freundliche Reisegefährtin, die glückliche Braut sollte ohne Erbarmen umgebracht werden. Keine Spur von aufsteigenden Gewissenszweifeln, von Reue, Mitleid. Wenn sie ihr in den Wagen halfen, sahen und fühlten sie nur die künftige Leiche, deren Beseitigung allein ihre Gedanken beschäftigte. So war nur das Wo, Wie und Wann noch unbestimmt. Sie warteten auf eine günstige Gelegenheit. Ihr ganzes Sinnen und Trachten ging dahin, Todesarten zu erfinden, die keine Spuren hinterließen, und den rechten Augenblick und rechten Ort zu erspähen, wo die Tat in möglichster Verborgenheit geschehen könnte.

Jeder suchte den anderen an Eifer, Tätigkeit und Scharfsinn zu überbieten. Es war die vollkommenste Einigkeit unter der ruchlosen Gesellschaft wie zu einem großen, edlen Zwecke.

Aber lange Zeit schwebte ein freundlicher Engel über dem Schicksal des armen Mädchens, die von dieser Gefahr auch nicht die geringste Ahnung hatte und sich noch immer über den gefundenen Schutz unter so wackerer Gesellschaft gegen die Gefahren der Reise glücklich pries. Die ganze Reise war nur ein fortgesetzter, auf die mannigfaltigste Weise veranstalteter, aber immer vereitelter Mordversuch. Keine Nacht legte sie sich nieder, wo nicht ein Messer, eine Axt an einem Haare über ihrem Haupte schwebte. Nicht das Lächeln der Unschuld, ein Aufruf im Traume hielt den Mörderarm zurück. Gegen Eindrücke der Art waren die Nerven dieser Kannibalen vollkommen gestählt. Es war irgend ein Etwas, was nicht zu ihrem Plane paßte, was die Weiterreise erschweren, die Entdeckung herbeiführen konnte.

Man sollte auf den ersten Blick meinen, die Mordtat hätte sich am leichtesten und ungesehen in einem der vielen Wälder, die sie zu passieren hatten, auf den öden Straßen, im grauen Novemberwetter vollbringen und dann verbergen lassen. Der Todesschrei verhallt, ein lebloser Körper ist leicht wegzuschaffen; unter den Spuren des Krieges verschwindet auch leicht die einer einzelnen Mordtat. Die Nachforschungen der Behörden sind in solchen Kriegszuständen von selbst gehemmt. Aber vermutlicht hinderte sie die Gegenwart des Fuhrmanns, der freilich von Station zu Station wechselte, aber nicht so leicht zu entfernen oder blind zu machen ist. Um deshalb wurde immer das Nachtquartier zur Ausführung gewählt.

Im Erzgebirge hatte sich keine Gelegenheit gefunden. In

der Stadt Hof verfiel Antonini auf den Gedanken, die Blankenfeld, wenn sie schliefe, durch Kohlendampf zu ersticken. Therese fand zuerst den Gedanken gut; nachher fand sie das Mittel unsicher und wegen dieser und jener Rücksicht bedenklich. Der Versuch unterblieb. In Hof wurde Dorotheen noch das Leben geschenkt.

Das romantisch in einer Schlucht des Fichtelgebirges gelegene Berneck, wahrscheinlich das nächstfolgende Nachtquartier, schien zur Tat besonders lockend. Am Fuße eines mit Wald bedeckten Berges liegt das Wirtshaus abgelegen und einsam. Man konnte den Leichnam noch in der Nacht auf den Berg hinauftragen und dort verscharren oder verstecken. Unglücklicherweise für die Mörder war aber heute Therese nicht als Postillon, sondern als Frauenzimmer eingetroffen; die Wirtsleute hatten also zwei Frauenzimmer gesehen, und Theresens Scharfblick erkannte, daß, wenn morgen nur eine abreise, das Verdacht erregen müsse.

In Bayreuth am folgenden Abend kam Antonini auf seinen Vorschlag von Hof zurück, die Blankenfeld zu ersticken. Er wollte in den Ofen Löcher stoßen und dann mit nassem Stroh heizen. Aber Therese schüttelte den Kopf. Der Dampf von brennendem Stroh ersticke nicht sogleich. Die Schlafende könnte von dem unangenehmen Rauch husten, erweckt werden, dann aus dem Bett springen und das Fenster öffnen. Es wäre dann wieder nichts und vielleicht noch schlimmer; denn Dorothea konnte ja Argwohn schöpfen. Nun wollte man sie totschlagen. Karl sollte sich nach einer tüchtigen Keule umsehen und Wasser zum Aufwaschen des Blutes im voraus herbeischaffen. Auch dieser Plan scheiterte an äußeren, nicht zu beseitigenden Hindernissen.

Die Bösewichter waren zur Überzeugung gekommen, daß die Ausführung denn doch nicht so leicht sei, wie sie sich vorgestellt. Geschehen sollte und mußte es, wenn es sich der Mühe lohnte; aber sie wollten auch daran als sichere Leute zu Werke gehen und nicht um einen Bettel ihr Leben wagen. Sie wollten vorher eine Untersuchung darüber anstellen, ob es sich lohne. Im nächsten Nachtquartier (zwischen Bayreuth und Nürnberg) hatte sich die Blankenfeld Glühwein machen lassen. Antonini goß unbemerkt etwas Opium hinein. Als sie zu Bett gegangen und in tiefem Schlaf versunken lag, zog man ihr den Schlüssel zu ihrem Koffer, den sie immer unter dem Kopfkissen verwahrte, geschickt hervor und durchsuchte den Koffer. Geld fanden sie zwar nicht, aber die feinste Wäsche, schöne Manns- und Frauenkleider und einige Pretiosen. Antonini erklärte darauf mit entschiedener Miene: »Allerdings verlohnt es sich der Mühe, sie umzubringen.« Hierauf packte und schloß man alles wieder sorgfältig zu, ohne irgend etwas zu nehmen – da das Ganze ja schon der Gesellschaft gehörte – stellte den Koffer, wie er gestanden, und legte den Schlüssel behutsam unter das Kopfkissen zurück. Zum Morde schritt man nicht. Der heutige Termin war nur zur Untersuchung bestimmt, ob es sich der Mühe, zu morden, verlohnte.

In Nürnberg, der nächsten Station, waren die Umstände wieder sehr lockend. Der Leichnam konnte mit einem Wurfe in den Wellen der Pegnitz oder einem der Kanäle versenkt werden. Man war dann alle Sorge los. Leider stand aber eine Schildwacht dem Wirtshause, wo sie einquartiert waren, gerade gegenüber. Der Knabe Karl war unter so geschickten und unausgesetztem Unterricht zu selbsttätigem Wirken herangebildet. Er gehorchte nicht mehr allein, er machte selbst Vorschläge. Da die Blankenfeld denn nun durchaus ermordet werden mußte, fragte er, ob man nicht Glas stoßen und es ihr in die Suppe mischen könne. So könne der Mord ganz in der Stille abgetan werden. Antonini hörte den Rat des gelehrigen Schülers wohl gern an, konnte ihn aber nicht billigen. Er wußte, daß Glas nicht tötet, indem er selbst früher mehrmals zum Zeitvertreib Glas mit den Zähnen klein gebissen und verschluckt hatte, ohne böse Wirkung davon zu spüren. Auch in Nürnberg sollte die Blankenfeld noch nicht sterben.

Endlich war alles wohlgeordnet und vorbereitet in dem Fabrikstädtchen Roth, dem nächsten Nachtquartiere. Therese, die überall umherschlich nach Mitteln und Wegen, fand auf dem Boden eine Hacke mit drei eisernen Spitzen. »Die ist zum Totschlagen gut.« Man darf sich wundern, daß so resolute Mörder in jedem Wirtshause zuerst nach dem Instrument suchen mußten und sich nicht längst mit einem solchen, was – um ein schlafendes, schwaches Weib zu erschlagen – doch nicht so schwer aufzutreiben sein konnte, versehen hatten. Karl, der sein Probestück verrichten sollte, mußte die Hacke verstohlen in das Zimmer tragen und hinter dem Ofen verstecken. Die Schwester gab hierauf dem Bruder Unterricht, wie man einen schlafenden Menschen umbringt. Sie machte ihm die Griffe, Schläge, die Stellung des Körpers dabei vor und empfahl ihm ja an, mit dem breiten Ende zuzuschlagen. Man hatte die Blankenfeld abermals durch einen Schlaftrunk in den festesten Schlaf gelullt, und die beiden Schwäger gingen nur noch aus, um in der Nähe einen Versteck für den Leichnam zu ermitteln. Auch der fand sich, und sogar doppelt; Karl hatte im nahen Felde ein passendes Loch entdeckt, Antonini ein Wasser, was tief genug schien, aufgefunden. Aber als sie zurückkehrten, war ihre Arbeit wieder umsonst gewesen. Zur Nacht waren so viele Fuhrleute im Wirtshaus eingetroffen, daß es ganz unratsam wurde, vor so vielen Augen und Ohren an die Ausführung zu gehen.

Noch übernachteten sie in zwei folgenden Stationen, wahrscheinlich zu Weißenburg und Donauwörth, ohne daß die Gelegenheit günstiger wurde. Dafür drängte die Zeit immer mehr zu rascher Ausführung; denn schon in Augsburg mußten sich die Postillone von der Blankenfeld trennen. Also war die letzte Station davor auch der letzte Ort, wo es geschehen oder ganz unterbleiben mußte. Noch, als warte er auf einen äußeren Wink, der ihn zu der durch den Aufschub immer gefährlicheren Tat dränge, wollte er sich zum zweiten Male überzeugen, ob sie es denn wert sei, so viel aufs Spiel zu setzen? Kleider und Pretiosen haben nur relativen Wert, sie konnten durch die Umstände für sie, die Flüchtigen, allen Wert verlieren. Er wollte erfahren, ob sie Geld, bares Geld, bei sich führte, was unter allen Umständen Wert behält. Er gebrauchte eine List, die nur zu glücklich anschlug. Auf der vorletzten Station brachte er schreckliche Nachrichten aus der Wirtsstube herauf. Der Tiroler Aufstand war in voller Blüte, und sie näherten sich den insurgierten Distrikten. Er erzählte, wie die grimmigen Tiroler Bauern und Wildschützen weit über ihre Berge hinausstreiften; schon schwärmten sie in Schwaben und Bayern, da würde geraubt, gemetzelt und gebrannt, und nichts sei ihnen heilig, wenn es nur Geld gäbe. Seine Bilder von der Grausamkeit der Tiroler ängstigten die Phantasie des arglosen und wie es scheint mit den Weltverhältnissen wenig vertrauten Mädchens dermaßen, daß sie, von Schrekken überwältigt, alle Besonnenheit verlor und auf ihre Brust deutend rief: »Ach Gott, ich will ihnen ja alles dies gern geben, wenn sie mir nur das Leben lassen!« – Sie hatte sich selbst ihr Todesurteil gesprochen. Nunmehr mit dem festen Vorsatz, auf jede Gefahr den Mord, der so reiche Beute versprach, zu begehen, kamen die Bösewichter auf der letzten Station in dem Orte Meitingen an.

Es war vom Anbeginn beschlossen, Karl solle den Mordstreich führen. So erfahrene Verbrecher wie Antonini und sein Weib konnten zwar nicht dem Gedanken Raum geben, daß sie deshalb, wenn es herauskäme, von aller Strafe verschont blieben, aber sie rechneten darauf, daß die schwerste Strafe ihn treffen müsse, die doch seiner Jugend wegen ihm nicht an Hals und Kragen gehen dürfe. Zugleich verwickelten sie ihn so tief in das Verbrechen, daß auch bei der Schwäche seines Charakters kein Ausplaudern von seiner Seite zu besorgen war. Vor dieser entscheidenden Nacht wurden daher alle Überredungskünste angewandt, sein Gemüt zu verhärten und ihn zur Ausdauer stark zu machen. Es war unnötige Mühe. Das erscheint moralisch als das Scheußlichste bei diesem Verbrechen, wie ruchlose Bösewichter das ursprünglich gute Gemüt eines Knaben dermaßen in kurzer Zeit zu fesseln und sich untertänig zu machen wußten, daß auch nicht der leiseste Zweifel in ihm aufstieg, daß er etwas Unrechtes tue. Im Gegenteil scheint er von Unruhe oder Lust entbrannt gewesen zu sein, wie, um etwas zu tun, wodurch er seine Männlichkeit, seinen Mut und Geschicklichkeit den Verwandten beweise. An Entdeckung und Strafe dachte er so wenig als ihn ein mitleidiges Gefühl für das arme Mädchen beschlich, die ihm auf der ganzen Reise freundlich begegnet war. Eine einzige Bedenklichkeit äußerte er, daß er zur Tat wohl noch von Körper zu schwach sein könne. Aber der Schwager versicherte ihm Beistand, wenn er nur erst angefangen; doch müsse er den ersten Streich tun. Die Schwester versprach ihm, wenn die Tat gelungen, solle er alle Kleider ihres Mannes zum Lohn erhalten.

Diesmal war das erwähnte Mordwerkzeug eine vier Pfund schwere große Mangrolle, die Karl irgendwo im Hause ausgekundschaftet und im Zimmer der Eheleute versteckt hatte. Darauf schickte man ihn fort, ein Loch in einem Misthaufen zu graben, wo man die Leiche unterbringen könne. Dies gelang nicht. Antonini kaufte heimlich Kerzen, um die ganze Nacht durch Licht zu haben, und schaffte Branntwein an, um die Blankenfeld zu berauschen. Letzteres gelang so wohl (wahrscheinlich wieder durch einen Zusatz von Opium), daß die Unglückliche wirklich im Zustande des schweren Rausches um acht Uhr sich in ihr Bett legte. Die Tür zwischen beiden Zimmern blieb offen. Nun wurde von unten warmes Wasser heraufgeholt, angeblich zu einem Fußbad, in der Tat, um das Blut abzuwaschen. Diese Vorsicht war von den Verbrechern an jedem Abend, seit der Entschluß in ihnen reif war, beobachtet worden. Die äußere Tür wurde versperrt, indem man ein Stück Holz der Schloßklinke unterlegte.

Um Mitternacht berichtete Karl, der sich in das Zimmer der Blankenfeld geschlichen, daß sie zwar fest schliefe, aber die Stellung sei ungünstig zum Morde. Sie liege auf dem Gesicht und der Wand zugekehrt. Zuerst wollte man abwarten, bis sie sich im Schlaf umdrehe. Aber der Sizilianer kam plötzlich auf den Einfall, es sei vielleicht besser, statt ihren Kopf zu zerschmettern, sie durch geschmolzenes Zinn zu töten. Der Einfall fand im Rate der Drei Beistimmung; nur schlug Karl vor, das Zinn ihr in die Augen, Antonini war aber dafür, es in die Ohren zu gießen. Man zerschnitt einen zinnernen Löffel und ließ die Stücke in einem blechernen Löffel über dem Lichte schmelzen. Aber ein Tropfen davon fiel auf das Bett. (Welches? Standen sie schon mit ihrem ganzen Schmelzapparat vor dem Bett der Opfers, oder geschah der Prozeß im Nebenzimmer und man wollte mit dem Löffel geschmolzenen Zinnes wie mit einem Löffel Medizin in die andere Stube gehen, auf die Gefahr des Verschüttens und Kaltwerdens unterwegs?) Die Leinwand ward von dem Tropfen nicht verzehrt, nur braun. Also gewann man die Überzeugung, daß geschmolzenes Zinn zu schnell abkühle, um den Tod bereiten zu können, und mußte diesen Plan wieder aufgeben.

Abermals verschob man, diesmal aber nur um vier Stunden, die Ausführung. Um vier Uhr morgens brachte Karl die Nachricht, daß die Blankenfeld jetzt auf dem Rücken liege, den Kopf nach vorwärts gewendet. »Jetzt ist es höchste Zeit«, sprach Antonini und führte den Knaben, welcher die Mangrolle trug, an das Bett. Er forderte ihn auf, zuzuschlagen. Karl hebt die schwere Keule, aber zum ersten Male zittert er, zaudert und zieht sie ängstlich wieder zurück. Antonini zischelt ihm ein Schimpfwort ins Ohr. Der Knabe hebt das Mordwerkzeug noch einmal, Antonini faßt nun seine beiden Hände und hebt sie in die gehörige Höhe in gerader Richtung über den Kopf. Der Schlag fällt auf die Stirn der Schlafenden. »Jesus, mein Kopf!« ruft sie erwachend und richtet sich im Bette auf. Da packt sie Antonini bei der Brust, das Weib springt hinzu und hält sie an den Füßen fest. Dorothea fängt nun an, leise zu wimmern und zu flehen. In gebrochenen Lauten bietet sie ihren Mördern alles an, was sie hat, sie möchten nur ihr junges Leben schonen. Endlich regt sich im Knaben, aber nur in ihm, das Mitleid. Vor Angst und Entsetzen wirft er die Keule von sich und stürzt nach der Türe, um zu entfliehen. Aber Antoninis Weib eilt ihm nach, reißt ihn in die Stube zurück, nimmt die Keule auf und dringt sie ihm wieder in die Hand. Er soll das Werk vollbringen.

Karl gehorcht. Diesmal führt er den Schlag allein. Zwar trifft er den Kopf des Mädchens, aber im Niederfallen zugleich die Stirn seines Schwagers. Entsetzt wirft er zum zweiten Male die Keule fort und rennt davon. Antonini läßt im Schmerz von dem empfangenen Schlage das Mädchen los. Diese rafft sich schnell auf, springt aus dem Bette und stürzt nach der äußeren Stube der Türe zu. Da ergreift

Antonini selbst die Holzkeule, springt ihr nach, versetzt ihr einen Schlag um den anderen auf den Kopf, bis sie zu Boden stürzt, und auch da hat er ihr wahrscheinlich noch einige Streiche gegeben.

Während sie unter ihm röchelte, reißt er ihr die Kleider und das verhängnisvolle Korsett vom Leibe. Sie ringt noch mit dem Tode, aber schon hat er sie auf die Schultern geladen und will sie auf den Hof tragen, um sie unter einem Misthaufen zu verscharren. Doch die Last ist ihm zu schwer. Auch widerriet es sein Weib. Beide schleppten die Blankenfeld wieder in ihre Stube. Die Unglückliche hatte aber noch immer nicht geendet. Sie fing wieder an zu röcheln. Das Weib ruft aus: »Wird das Luder uns wieder lebendig!« Da trat Antonini auf den Körper der Sterbenden und trampelte darauf so lange umher, bis sie den letzten Seufzer ausstieß. Auch das ist den vorsichtigen Mördern noch nicht genug. Ehe sie den Leichnam in den Sack stecken und eine Bettdecke darum wickeln, schnüren sie ihr auch noch den Hals mit einem Strick zu. Unterdessen war Therese unausgesetzt beschäftigt, das Blut aufzuwischen und die Spuren wegzureiben und zu scheuern, soweit es sich tun ließ. Auch die Mangrolle wurde abgewaschen und das Bett – wenigstens äußerlich – in Ordnung gebracht. Als dies fertig war, legte sie die Mannskleider ab und warf sich in die Kleider, welche die Blankenfeld gestern getagen hatte.

Dies die vollständige Erzählung des Verbrechens, wie sie aus dem Munde des Karl Marschall allmählich, aber freiwillig hervorkam. Sie stimmt in allem Wesentlichen mit den bruchstückartigen Aussagen der beiden anderen Verbrecher überein, die erst nach einer langwierigen Untersuchung denselben erpreßt wurden, und in ihr selbst ist nichts enthalten, was ihrer Glaubwürdigkeit widerspräche. Was für den Kriminalisten vom Fach von Interesse ist, wie das ruchlose Weib und der durchgebildete Verbrecher nach vielfachen Windungen und Krümmungen, nach halsstarrigem Leugnen und mehr oder minder unglücklichen Versuchen, die Schuld von sich abzuwälzen oder die Motive zu beschönigen, endlich zum Geständnis gebracht wurden, liegt außer dem Zweck unserer Darstellung. Für diese genügt das Resultat: sie räumten endlich ihre Schuld insoweit ein, daß infolge dieses Bekenntnisses auf den Tod erkannt werden mußte. Für unsere Aufgabe hat der Raubmord, weniger seiner gräßlichen Ausführung als des mit hartnäckiger Konsequenz fortgesetzten Attentates wegen Wichtigkeit. Gegen sechzig Meilen auf einer der Hauptstraßen unseres Vaterlandes langsam fahrend, begleiten und verfolgen die Mörder ihr Opfer; an jedem entlegenen Orte, in jeder Nacht krümmen die Raubvögel ihre Krallen und wetzen ihre Schnäbel, um die Taube, die unter ihren Flügeln sicher zu ruhen glaubt, zu zerfleischen, und doch, mitten unter den Wirrnissen einer trüben Zeit, eines durch den Krieg zerstörten Rechtszustandes, mitten auf diesen unsicheren Wegen hält sie die Scheu zurück, keine moralische, sondern die vor dem unsichtbaren Gesetz und seinen Folgen. Sie haben die Wehrlose in ihrer vollen Gewalt, und doch ist die Furcht mächtiger als ihre unüberwindliche Habgier, und es bedarf neuer Anreizungsmittel für diese Geier, um im letzten, vielleicht ungünstigsten Augenblicke die lang aufgeschobene Tat ins Werk zu setzen.

Für den Psychologen dürfte es von Interesse sein, wie das ruchlose Weib, das zuerst bekannte, zwar ein zu ihrer Bestrafung vollständiges Bekenntnis ablegte, aber in Hartnäckigkeit, ja in Wut beim Ableugnen von Nebenumständen verharrte. So räumt sie zwar ein, zu ihrem Manne gesagt zu haben: »Du, die wird wieder lebendig,« aber nicht: »Das Luder wird wieder lebendig.« Noch heftiger bestritt sie die Angabe ihres Bruders, daß sie beim ersten Mordanfall der Blankenfeld die Füße gehalten habe. Ja vor Gericht wollte sie dem Bruder in äußerster Wut deshalb zu Leibe gehen, vermutlich im Glauben, daß, wenn sie nur an der Ermordeten nicht selbst Hand angelegt, sie von der härtesten Strafe verschont bleibe. Indessen kommen solcher Verstandesirrungen bei Verbrechen aus dem gemeinen Stande viele ähnliche vor, daß wir sie hier in Kürze übergehen können. Antoininis Eingeständnisse kamen nur bruchstückartig heraus. Die Art, wie er sich verteidigen oder ausreden zu können glaubte, bekundet zwar den verschmitzten Verbrecher, der in den Lasterschulen der Zuchthäuser seine Studien gemacht, sie erheben sich aber nicht über die gewöhnlichen Ausflüchte gemeiner Leute und sprechen nicht für eine Verstandeskraft, die mit seiner Ruchlosigkeit auf derselben Stufe stände. So will er die Blankenfeld im Irrtume, dann im Zorn erschlagen haben, und er beharrte bis zuletzt darauf, daß er es nur auf Anstiften und Überredung des Knaben Karl getan. Nur ein Umstand hat ein psychologisches Interesse: die Liebkosungen und Schmeichelworte seiner Frau bewogen ihn endlich zu dem vollständigsten Bekenntnisse, welches er abgelegt hat.

Nach den bayerischen Gesetzen wurde Joseph Antonini zum Tode durch das Schwert verurteilt. Aber er entging der Hinrichtung, indem er wenige Tage vorher im Gefängnis starb. Er war etwa dreißig Jahre alt. Seine Frau Therese, zur selben Strafe verurteilt, etwas über sechsundzwanzig Jahre, bestieg allein das Blutgerüst, frech, ohne Gefühl und ohne Reue, wie sie gelebt. Karl Marschall kam in Betracht seiner Jugend und seines reumütigen und offenen Bekenntnisses mit zehn Jahren Zuchthaus davon.

DONNA MARIA VICENTA DE MENDIETA

1798

Der Kriminalfall, den wir hier aufnehmen, hatte seinerzeit in Spanien eine außerordentliche Zelebrität erlangt, dergestalt, daß französische Berichterstatter ihn mit dem Morde des Fualdes hinsichtlich seiner Wirkung auf das große Publikum vergleichen. Für die Rechtspflege auf der Halbinsel war er überdies von Wichtigkeit, weil der als ein Muster der Beredsamkeit gerühmte Vortrag des königlichen Fiskals, welcher das Urteil des Gerichtshofes in dieser Sache zur Folge hatte, nicht wenig dazu beigetragen haben soll, einer schon begonnenen Reform des spanischen Gerichtswesens den letzten Stempel aufzudrücken. Der schwülstige und blumenreiche Stil, der in der spanischen Poesie und Literatur eine Epoche bildet, hatte sich auch in die Reden der Advokaten eingeschlichen, welche in barocker Weitschweifigkeit von griechischen und lateinischen Zitaten wimmelten. Der als Dichter im modernen Spanien gefeierte Melendez Valdez machte sich, indem er vor dem höchsten Tribunale Madrids in dieser Sache als öffentlicher Ankläger zum ersten Male auftrat, nicht allein selbst einen berühmten Namen, sondern die Kraft, das Feuer, die Naturwahrheit seines Vortrages sollen auf Spaniens Richter und Advokaten dergestalt gewirkt haben, daß die unter Campomanes und Monino angeregte Revolution nicht mehr zu hindern war und die Gerichtsvorträge der spanischen Advokaten von da ab an glänzender Beredsamkeit mit denen der Engländer und Franzosen wetteiferten.

Dies die Gründe, weshalb dieser Kriminalfall von den

Herausgebern der causes célèbres étrangères (Paris 1827) in ihre Sammlung aufgenommen wurde. Die »schrecklichen Umstände, welche der Tat vorangingen, die ungewöhnlichen Ereignisse, welche zur Entdeckung der Urheber führten, der Rang, den diese in der Gesellschaft einnahmen und, zum Lobe Spaniens, der Umstand, daß Verbrechen dieser Art zu den äußersten Seltenheiten in den Kriminalannalen jenes Landes gehören«, sollen dem Prozesse in Spanien und Frankreich einen außerordentlichen Ruf verschafft haben. Aus allen Provinzen kamen Leute nach Madrid, um dem Gerichtsverfahren beizuwohnen, und noch heutzutage soll man, wo man ein großes Verbrechen bezeichnen will, die Ermordung des Castillo zitieren.

Man braucht nur flüchtig in der Geschichte der Kriminalistik bewandert zu sein, um zu sehen, daß dieser spanische Gatten- und Verwandtenmord, was seine Motive, die Verwicklung der Handlung und die Entdeckung anlangt, im Vergleich zu den verwickelten Mordfällen ähnlicher Gattung, welche uns die Annalen der französischen Justiz aufbewahrt haben, keinen besonderen Anspruch auf ein spannendes Interesse macht. Auch bedingt ihm in unseren Augen die Rede des Fiskals nicht das Interesse, welches die französischen Sammler ihm beilegen; denn wie überzeugend auch die Gründe für die Strafbarkeit der Verbrecher darin dargetan seien, so ist dies hier von geringer Erheblichkeit, da jene der Tat, die sich selbst das Urteil spricht, vollkommen geständig waren. Ebensowenig besticht uns der oratorische Schmuck der Rede, welche immerhin gegen ihre Vorgänger einfach und natürlich sein mag oder noch zu sehr an dem an das Gefühl appellierenden Pathos leidet, welches nach deutschen Ansichten aus den Gerichtsverhandlungen und den Advokatenreden entfernt bleiben muß. Deshalb verschonen wir unsere Leser mit der Übersetzung des fiskalischen Aktenstückes und begnügen uns, die einfache Geschichtserzählung aus demselben zu bilden. Die Aufnahme dieses an und für sich minder bedeutenden Falles glauben wir aber dadurch gerechtfertigt, daß er seinerzeit und in seinem Lande zu den berühmtesten zählte, daß uns aus dem modernen Spanien der Verbrechen zwar viele, der Bestrafungen dagegen durch Urteil und Recht wenige vorliegen und endlich, daß es uns Blicke in die sittlichen Zustände des Landes werfen läßt. Ein erfreulicher wenigstens ist der, daß dieses Verbrechen nur deshalb so viel Aufsehen erregte, weil es ein fast unerhörtes war.

Francisco del Castillo, ein reicher Kaufmann in Madrid, war mit Maria Vicenta de Mendieta verheiratet. Beide waren edler Herkunft, aus dem Stande der Hidalgos; beide gleich begütert. Außerdem wird Castillos Bildung gerühmt. Um ausgebreitetere Handlungsverbindungen zu schließen und den Staatshaushalt fremder Länder kennenzulernen, unternahm er große Reisen, unter anderem auch nach London, wohin er seine Frau mitnahm.

Geachtet in seinem Vaterlande, hochgeschätzt von seinen Freunden wegen seiner Liebenswürdigkeit und seiner edlen Sinnesart, schien Castillo nichts zu seinem irdischen Glück zu fehlen als die Liebe seiner Gattin. Was diese gleichgültig gegen ihn gestimmt, was vielleicht einem ersten Widerwillen gegen ihn Nahrung gab, wird uns nicht vertraut. Aber gerade so heiß er sie liebte und sich in Aufmerksamkeiten gegen Donna Maria erschöpfte, jedem ihrer Wünsche zuvorkommend, so kalt nahm sie diese Beweise der Liebe auf. Nicht, daß sie ihm nur aus Zwang ihre Hand gereicht und vielleicht eine andere Neigung hat im Busen unterdrücken müssen; vielmehr erscheint sie, nach den wenigen Zügen, die uns über ihren Charakter mitgeteilt werden, als ein leichtfertiges, gefallsüchtiges und galantes Weib und ohne die großartige Leidenschaftlichkeit, um die wir die Tat, zu der sie sich hinreißen ließ, wenn auch nicht vergeben, doch beim heißen Blute einer glühenden Spanierin milder betrachten könnten. Auch Don Francisco war kein Spanier, wie wir ihn uns vorstellen, er war kein »Arzt seiner Ehre«. War es die europäische Bildung, die er sich angeeignet, oder die außerordentliche Liebe zu seiner Frau, die ihn leichter über Vergehen wegsehen ließ, welche die Eifersucht und das Ehrgefühl des alten Spaniers zu blutigen, ja zu Taten der raffiniertesten Grausamkeit antrieb? Castillo war lebhaft, heftig, aber leicht wieder zu beschwichtigen. Donna Marias Aufführung seit der Rückkehr von London gab dem gekränkten Ehemann vielfach Anlaß zum Zorn, zu strengem Einschreiten gegen das leichtfertige Weib. Ihre Verteidiger wollen seine Aufwallungen als Entschuldigungsgründe für ihre Tat geltend machen; es ist aber nicht dargetan, daß sie das Maß des Zorns überschritten, der einen so beleidigten Gatten überwallen mag. Im Gegenteil erscheint auch sie durch erwiesene und eingestandene Tatsachen von einer Heftigkeit und Entschlossenheit, die nicht annehmen läßt, daß Donna Maria der immer leidende Teil in solchen ehelichen Zwisten geblieben sei. Sie hatte geständlich die vollkommenste Freiheit und Herrschaft im Hauswesen; sie konnte jedermann, der ihr gefiel, empfangen, allein Gesellschaften und öffentliche Vergnügungsorte besuchen, Bälle und Assembleen in ihrem eigenen Hause geben. Ja, so wenig unterdrückt erscheint sie, daß die Zeugen von skandalösen Auftritten berichten, in welchen sie der angreifende Teil war. Bei einem späteren Streite fuhr sie ihm ins Gesicht, das davon drei starke Nägelmale erhielt. Als die Anwesenden sie beschwichtigen wollten, schrie sie auf, man solle sie nur lassen, sie könne schon allein ihren Mann unterkriegen!

Inzwischen war eine anscheinende Versöhnung erfolgt. Der Ehegatte entfernte die anstößigen Verbindungen seiner Frau, Donna Maria schien sich seinen Befehlen zu unterwerfen, und den Gesetzen des öffentlichen Anstandes war Genüge getan, als das Unglück zu Anfang des Jahres 1796 einen jungen Mann aus Aragonien nach Madrid und in das Haus Castillos führte. Don Santjago San Juan, ein naher Verwandter Donna Marias und Franciscos Pate, kam in die Hauptstadt, um Advokat zu werden. Er schien sanfter Gemütsart, schüchtern, schweigsam und verriet keinen besonderen Geist. Castillo nahm ihn mit der größten Herzlichkeit und Gastfreundschaft auf, und sein Haus wurde gewissermaßen das des jungen Menschen. Er zog ihn täglich an seine Tafel, öffnete ihm seine Börse, unterstützte ihn mit Rat und Tat und wandte allen seinen eigenen Einfluß auf, um ihm sein Fortkommen zu erleichtern.

Castillo hatte schlecht für sein häusliches Glück gesorgt und wenig die Sinnesart seiner Gattin erwogen. Sehr bald entspann sich ein Liebesverhältnis zwischen dem jungen Mann und der Hausfrau, welches unter Spaniens Sonne nichts weniger als in den Grenzen einer zarten Neigung blieb. Donna Maria war zweiunddreißig Jahre alt, San Juan erst vierundzwanzig; der frohe Sinn der ersteren und der schüchterne des jungen Menschen aus der Provinz machen die Vermutung zur Wahrscheinlichkeit, daß die ersten und deutlichen Aufmunterungen von seiten der älteren Frau ausgingen. Das Verhältnis ward so auffällig, daß der Ehegatte es nicht allein merken mußte, sondern sich auch gedrungen fühlte, des öffentlichen Anstandes wegen Schritte dagegen zu tun. Sie begnügte sich nicht damit, ihren Liebhaber bei sich zu empfangen, sie selbst besuchte ihn verkleidet in seiner Wohnung; sie trug ihm Geld zu, schenkte ihm Wäsche, selbst ein Bett; sie gab ihm einen Hauptschlüssel, um zu jeder Zeit in ihr Haus zu dringen. Die Anklage erwähnt einen skandalösen Ball, von Donna Maria in Castillos Abwesenheit gegeben, dessen Details das Schamgefühl zu verschweigen gebiete. Um nach dem Balle mit San Juan ganz ungestört zu sein, schloß sie einen Offizier mit einer jungen Angehörigen in einem Cabinet ein. Ja, als Castillo einst unerwartet zurückkam, schob Donna Maria den Geliebten ins heimliche Gemach, und als jener zu lange blieb, besuchte sie ihn dort, um ihn für das Warten zu trösten. Die Gattenliebe eines heftigen Mannes wie Castillo, eines Spaniers, streift ans Unglaubliche und wirft allerdings auf ihn selbst einen Teil der Schuld zurück, wenn er sich mit einer Anordnung begnügte, welche nur den Anstand vor den Leuten herstellen sollte. Statt den Ehebrecher zu strafen, zu verklagen, aus der Stadt und aus dem Hause zu verweisen, verordnete er, daß San Juan täglich nur einmal sein Haus und seine Frau besuchen solle, und unterstützte ihn nach wie vor.

Ob nun zwar Donna Maria ihren Buhlen täglich bei sich sah, ihn in völliger Freiheit besuchen konnte und San Juan, da sie die völlige Herrschaft im Hause führte, bei jeder Gelegenheit zu ihr dringen konnte, erschien dem ausgelassenen Weibe dieser Zwang doch noch zu drückend. Es erhellt nicht, daß weder sie noch ihren Liebhaber irgendein anderer bestimmter Anlaß zum Morde gegen Castillo antrieb, weder Furcht vor mehr Beschränkung noch Haß und Rache. Ja, was nach unserem Sinne diesem Verbrechen den äußersten Stempel der Ruchlosigkeit und Gemeinheit aufdrückt, er wurde nicht in der Absicht beschlossen, damit beide Ehebrecher ihren frevelhaften Bund nach Wegräumung des Gatten für die Dauer sicherten. Keine Andeutung findet sich, daß Donna Maria ihren jüngeren Vetter heiraten wollte, vielmehr unternahm er die Tat in Aussicht eines ihm von seiner Buhlerin im voraus bedungenen Geldlohnes, und sie drang darauf, um ihren Lüsten fortan frei leben zu können. Zu erwähnen ist jedoch, obgleich es nicht als Motiv der Tat erscheint, daß Castillo während des ehelichen Friedens sich von seiner Gattin hatte bewegen lassen, ein Testament, worin er sie zur Erbin einsetzte, zu machen.

Die Untersuchung, wie sie uns freilich fast nur aus dem fiskalischen Antrage vorliegt, zeigt nichts von inneren Kämpfen, die dem Entschlusse vorangingen, von äußeren Ereignissen, die ihn bestimmten. Er ist da, schon lange vor der Tat dagewesen, und mit kaltblütiger Berechnung wird ans Werk gegangen.

Im Winter 1797 will San Juan eine Geschäftsreise nach Valencia unternehmen. Castillo schießt ihm alles nötige Geld vor, vielleicht erfreut, den Rivalen dadurch auf einige Zeit von seiner Gattin zu entfernen. Der junge Mensch nimmt Abschied und tritt anscheinend seine Reise an. In der Tat aber verläßt er nur seine Wohnung und zieht mit immer verändertem Namen aus einem Hotel, aus einer Kneipe in die andere. Donna Maria besucht ihn in jeder dieser Wohnungen, um mit ihm das Nähere und die Gelegenheit zu verabreden. Ja man hat sie, so weit ging ihre Frechheit, öfters zusammen auf den Straßen, in dunklen Alleen, auf öffentlichen Spaziergängen im lebhaftesten Gespräch gesehen. San Juan machte ihr den Vorschlag, er wolle Castillo in ihrer Gegenwart erdrosseln und ihn dann aufhängen, damit es (?) den Anschein gewänne, daß Räuber ihn getötet. Ein andermal rief er aus, er oder Castillo müsse umkommen, worauf Donna Maria erwiderte, nur ihr Gatte dürfe sterben. Einen einzigen flüchtigen Umstand finden wir erwähnt, der eine Spur von Gewissensangst enthält. Bei einem ihrer Besuche, die sie dem Buhlen abstattete, begegnete Donna Maria in der Straße d'Atoccha einem Verbrecher, der zum Galgen geführt wurde. Sie meinte, es wäre doch schrecklich, wenn ihnen das auch bevorstände, und ob man es nicht lieber unterließe. San Juan redete ihr die Idee aus und kaufte sich zwei Pistolen und einen Dolch.

Endlich nach langem Warten, ohne daß auch nur einmal der Entschluß wirklich gewankt hätte, erscheint die günstige Gelegenheit. Don Francesco del Castillo fühlt sich ernstlich krank. Statt durch die Leiden des Gatten gerührt zu werden, stürzt Donna Maria Vicenta de Mendieta am selben Morgen nach dem Versteck ihres Geliebten und teilt ihm die frohe Botschaft mit, daß der Augenblick gekommen. Heute noch, am 9. Dezember, soll das Verbrechen ausgeführt werden. Man bestimmt die Stunde auf halb acht Uhr des Abends. San Juan soll sich maskieren und vor dem Hause umherstreifen; wenn sie eine der Jalousien des Balkons öffne, sei es als Zeichen, daß er sicher ins Haus treten könne.

Am Mittage desselben Tages entspinnt sich wieder ein kleiner Streit zwischen den Ehegatten. Der Kranke beklagt sich bitter gegen einen Verwandten, Antonio Castillo, der später als Zeuge viel zur Ermittlung der Verbrecher getan, daß seine Frau so gleichgültig bei seinem Leiden sei. Er drückte den Wunsch aus, daß sie ihm selbst seine Krankenkost bringen möchte. Sie entschließt sich auch dazu, aber alle ihre Gedanken sind allein damit beschäftigt, wie sie auf geschickte Weise alle Personen entferne, welche der Tat hinderlich werden könnten. Unter irgendeinem Vorwande werden alle männlichen Bedienten fortgeschickt; sie findet auch einen, um Antonio Castillo zu entfernen, der gern beim Kranken den Abend verbringen wollte. Der Kassierer will die fertigen Briefe zur Unterschrift bringen, aber sie will nicht, daß ihr kranker Mann gestört werde. Dieselbe Frau, die sich nie vorher um das Hauswesen bekümmerte, ist heute überall und ordnet alles an. Ja sie eilt selbst die Treppe hinunter und öffnet, wenn geklopft wird, damit ja nicht ein anderer dem Mörder öffne, dessen Tritte sie bei jedem Geräusch zu hören glaubte.

Endlich, sie hat eben dem Kranken ein kühlendes Getränk gebracht, klopft der Ersehnte. Sie steigt hinunter, indem sie alle Türen aufläßt, und öffnet ihm das Haus. Nachdem sie sich von ihm im dunklen Flur getrennt, vielleicht nach einem Kuß, nach einer glühenden Umarmung, um ihn zur Tat zu stärken, geht sie in eine Hinterstube, wo sie das weibliche Gesinde bei einer häuslichen Arbeit versammelt hat. Hier scheint zum ersten und einzigen Male ein Gefühl von Reue sie beschlichen zu haben. Die Mägde bezeugen, daß sie gezittert und geseufzt habe, etwas, das ihnen an ihrer Herrin ganz fremd war. Aber gleich darauf weiß sie diese natürliche Empfindung durch eine grauenhafte Lüge von sich zu weisen. Sie beklagte sich gegen die Frauen, daß ihr eigensinniger Mann sie von seinem Krankenlager fortgeschickt habe; eine Lüge, die wahrscheinlich in demselben Augenblicke über ihre Lippen kam, wo der Dolch des Mörders in ihres Gatten Brust fuhr.

Der verlarvte Verbrecher dringt inzwischen in den Alkoven, wo der Kranke lag. Nachdem er behutsam vorher die Flügeltüren des Zimmers verriegelt, stürzt er mit gezücktem Dolche auf sein Opfer. Castillo will sich im Bette aufrichten, aber ein erster Stoß trifft ihn. Zweimal ruft er laut auf: »Maria Vicenta! Maria Vicenta!« dann strengt er die letzten Kräfte an, springt auf und ringt mit dem Mörder. Es gelingt ihm auch, diesem die Maske abzureißen. Ob er ihn erkannt, ist ungewiß; aber der Kranke, schon auf den Tod durch den ersten Stich verwundet, sinkt unter noch zehn Dolchstößen zusammen.

Das Hilfegeschrei drang in die Hinterstube. Maria Vincenta will es nicht gehört haben, aber ihre Mägde bekunden, daß sie laut mit ihnen gesprochen, um ihre Aufmerksamkeit abzulenken. Auf den Lärm stürzen sie hinaus nach dem Zimmer ihres Herrn. Aber die Tür ist von innen verriegelt. Als sie Instrumente holen wollen, um sie aufzubrechen, fällt Donna Maria in Ohnmacht, augenscheinlich, um dem Mörder Zeit zu verschaffen zum Entschlüpfen. Auf den Flur oder in das Vorzimmer zurückgekehrt, finden die Frauen das Licht nicht mehr, welches sie dort zurückließen. Sie reißen das Fenster auf und schreien: »Räuber, Mörder!« Die Nachbarn und Scharwächter dringen ein, und man findet im Alkoven den blutigen Leichnam Don Francesco del Castillos, durchbohrt von elf Dolchstichen halb nackend zwischen den beiden Betten liegen, seine Kleider umhergestreut, die Nachtlampe umgestoßen, die Schnüre zu den Klingeln abgeschnitten, alles von Blut bespritzt und in der ganzen Unordnung die deutlichen Spuren des Kampfes und des Widerstandes, den das unglückliche Opfer versucht.

Der Mörder war fort. Ob man die Maske, den Dolch oder sonst etwas fand, was auf seine Spur führen konnte, wird nicht erwähnt; bei der anderweitig erfolgten vollständigen Ermittlung des Tatbestandes und des Täters ist es indessen von keiner Erheblichkeit. Dagegen fand man das Bureau des Ermordeten geöffnet, und der Mörder hatte sich mit den blutenden Händen in Gegenwart des noch zuckenden Leichnams daraus den ihm bedungenen Blutlohn, zwei Unzen Goldes, selbst genommen. Möglich, daß dies geschah, um den Verdacht eines gewöhnlichen Raubmordes zu erwecken; es stimmt aber auch zum Charakter des niederträchtigen Menschen, daß er mit dem Verbrechen des Mordes sich zugleich des gemeinen Diebstahls und Einbruchs schuldig machte.

Maria Vicenta de Mendieta wurde auf der Stelle in sicheren Gewahrsam gebracht. Zwar liefen Gerüchte um, welche die Blutschuld auf gewisse Mitglieder der mächtigen kaufmännischen Korporation, genannt die cinco gremios mayores, für welche Castillo soeben bedeutende Geschäfte besorgte, wälzen und den Mord zu einer Tat der Rache machen wollten; aber die öffentliche Stimme in der Hauptstadt bezeichnete nur zu bald die wahre Urheberin. Der Eindruck in Madrid und in den Provinzen, wo Castillo wohlbekannt war, war unbeschreiblich. Furcht und Schrekken bemächtigten sich der Gemüter, und in angesehenen Familien blickte so mancher besorgt um sich, ob ihm nicht etwas Ähnliches drohte.

Ob Donna Maria die entsetzte, die erschütterte Witwe oder die Heroine gespielt, wird uns nicht gesagt. In den ersten Verhören behauptete sie eine gänzliche Unwissenheit; sie hatte keine Vermutung, keinen Argwohn gegen irgend jemand. Antonio Castillos Aussagen gaben den Richtern zuerst das rechte und vollständige Licht über die Familienverhältnisse, und indem er ihnen die Ereignisse des letzten Tages auf das genaueste vor das Auge führte, strengte er zugleich alles an, dem eigentlichen Mörder, den ihm seine und die allgemeine Vermutung nannte, auf die Spur zu kommen. Ein sonderbarer Umstand half dabei über Erwarten.

Don Santjago San Juan war nicht aufzufinden, doch hatte man starken Grund zu vermuten, daß er sich in Madrid befinde. Maria Vincenta in ihrer vorläufigen Haft ließ die Kommis ihres Hauses am 15. Dezember zu sich rufen. Nachdem sie am Morgen den einen, Pedro Llaguna, auf das emsigste ausgefragt, was er von Antonio Castillos Aussagen wisse, fand der andere, Garcia, ihre Gedanken am Abend noch ganz und allein beschäftigt mit Grübeleien über das, was der Zeuge Antonio gesagt haben könnte. Sie suchte allerlei Gründe vor, weshalb sie Antonio an jenem Abend vom Krankenbett ihres Mannes entfernt, und bat den Kommis, als er ging, einen Brief, den sie eben vollendet, auf die Post zu tragen.

Auf dem Briefe stand keine andere Adresse als Thaddeo Santisa zu Madrid. Eine Person dieses Namens war allen völlig unbekannt; zudem war es auffällig, daß sie einen Brief an jemanden in der Stadt auf die Post schickte, da die moderne Einrichtung unserer Stadtpost damals wenigstens noch nicht in Madrid existierte. Es war an allen spanischen Postbueraus die Gewohnheit (und sie soll es noch jetzt sein, obgleich mancherlei Übelstände daraus entspringen), daß man eine oder zwei Stunden nach Ankunft der Post ein alphabetisches Verzeichnis aller der angekommenen Briefe und Pakete am Fenster aushing, auf deren Adressen des Adressaten Wohnung nicht genau sich bezeichnet fand. Jedermann kann sich seinen Brief holen. Er fordert nur die Nummer, und wenn er das Porto bezahlt, erhält er Brief oder Paket ohne alle andere Legitimation.

Garcia schöpfte Verdacht. Auf Anraten Antonio Castillos und seines Beichtvaters eröffnete er den Brief, dessen mysteriöser Inhalt folgender war:

»Mein lieber Vincent, benutze die Lehre, mein liebes Kind, zu einem guten Wandel und hüte Dich vor falschen Schritten. Bleibe hübsch zu Hause oder verlasse die Stadt, und das wird wohl das Beste sein, um die Gefahr zu vermeiden. Bis jetzt argwohnt man nichts; aber man geht mutig darauf los. Es ist auch ein anderer Richter; dem vorigen haben sie's abgenommen. Leb wohl bis auf Weihnachten, wo Du doch gewiß kommen wirst, um mir Gesellschaft zu leisten. Grüß Deinen Vater. Adieu nochmals.«

M. V. M. (Maria Vicenta Mendieta.)«

Der Instruktionsrichter, dem man sofort dieses Dokument übergab, hielt es Donna Maria zu ihrer Erklärung darüber vor. Aber kaum daß sie es erblickte, griff sie danach und wollte es zerreißen. Der Richter selbst mußte mit ihr ringen, und nur mit Mühe entzog er es ihren Händen. Infolgedessen ward sie aus der Haft in ein strengeres Gefängnis gebracht und später mit Ketten beschwert.

Der Brief ward nun an der Post ausgestellt und zwei Alguacils sollten auf den Empfänger lauern, entweder um ihn zu verhaften oder seine Schritte zu bewachen. San Juan kam an die Post und forderte wirklich den Brief. Aber noch einmal wollte ihm das Glück wohl. Die Alguacils waren nicht zur Hand, und als die Postbeamten zauderten, den Brief ihm auszuhändigen, entfernte er sich, jedoch nicht aus Madrid. Überhaupt verriet sein Benehmen den höchsten Leichtsinn oder den äußersten Stumpfsinn eines charakterlosen Menschen. Es war Maria Vicenta gelungen, schon vor diesem Briefe ihm eine Warnung zuzusenden, daß er fliehen, sich verbergen möge: er blieb. Man machte ihm an der Post bei Empfangnahme des Briefes Schwierigkeiten, er mußte seine Person bewacht wissen: er blieb. Er hörte, wo er hinkam, nur ein Gespräch, das über Castillos Mord, den allgemeinen Abscheu gegen die verruchten Mörder, und blieb. Er ist Zeuge, wie alles sich beeifert in Vermutungen und den Richtern zur Entdeckung behilflich sein will, und bleibt doch und treibt sich von Wirtshaus zu Wirtshaus um. Endlich kommt man ihm doch durch den Kommissionär auf die Spur, welcher seine Effekten in das letzte Hôtel, wo er wohnt, getragen hat, und als man ihn arretiert, findet man unter seinen Sachen denselben Anzug, welchen er beim Morde auf dem Leibe hatte, wohlverpackt und ohne daß er sich die Mühe genommen, die Blutflecken daraus zu tilgen!

Bald nach dieser Verhaftung legten beide Mitschuldige, jeder für sich, ein vollständiges Bekenntnis ihrer Tat ab. Es war so übereinstimmend in allen Details, daß auch nicht der mindeste Zweifel blieb, indem beider Aussagen auch mit allen anderweitig ermittelten Umständen zusammentrafen. Die Defensoren hatten eine schwierige Arbeit, welche sie nach den mitgeteilten Proben nicht im geringsten mit Geschick lösten. Sie wollten unter anderem es als eine Rechtsverletzung hervorheben, daß man Maria Vicentas Brief eröffnet, daß man sie als eine Adelige in Ketten gelegt, daß diese harte Behandlung als eine Art Folter sie zu Geständnissen gebracht, welche vor dem Gesetz nicht als freiwillige gelten könnten und dergleichen. Noch trauriger sah es mit dem Beweise aus, daß Donna Maria nach ihrer Gemütsart entweder einer solchen Tat unfähig der gar unzurechnungsfähig sei: nämlich die wütende Leidenschaft habe aus ihr eine Maschine gemacht, die nur durch ihren Geliebten Hauch und Bewegung erhalten, dergestalt, daß sie nach dem Tode ihres Gatten weder sehr betrübt noch sehr erschreckt wegen ihrer Lage geschienen; vielmehr habe sie sich ohne besondere Gemütsbewegung verhaften lassen, und in dem engen Gefängnisse, wo sie so lange verschlossen geblieben, habe sie immer mit gutem Appetit gegessen und ruhig geschlafen!

Das Gericht fand sich nicht bewogen, um dieses gesunden Appetites wegen Donna Maria Vicenta de Mendieta mit Todesstrafe zu verschonen. Auch für Don Santjago de San Juan versuchten, kaum glaublich, und wie sich versteht, mit derselben Erfolglosigkeit, seine Verteidiger den Einwand der Unzurechnungsfähigkeit, der blinden leidenschaftlichen Erhitzung und der Verführung geltend zu machen. Beide Verbrecher selbst wußten ihren Mord mit nichts zu entschuldigen. Das Gericht verurteilte sie zur Todesstrafe durch die Garotte, die noch jetzt übliche Hinrichtungsart der Adeligen. Statt gehängt zu werden, werden sie, auf einem Stuhle sitzend, durch ein eisernes Halsband, welches an dem hintern Pfahle befestigt ist, erdrosselt.

Mit der Todesstrafe ist in Spanien fast immer die Konfiskation der sämtlichen Güter der Verbrecher verbunden, und es wird dem öffentlichen Mitleid anheimgegeben, die letzten Wünsche der Sterbenden zu erfüllen. Zu diesem Zwecke werden die Verurteilten in eine zu diesem Behufe bestimmte Kapelle durch drei Tage, die der Hinrichtung vorhergehen, eingesperrt. Hier empfangen sie die Tröstungen der Religion und die Besuche ihrer Verwandten und Freunde. Am Eingang der Kapelle steht eine Büchse zum Einwerfen der milden Beiträge, welche in der Regel sehr bedeutend ausfallen, da sie zu Seelenmessen für die Hingerichteten bestimmt sind. Am Morgen der Exekution selbst durchlaufen die Mitglieder einer geistlichen Brüderschaft alle Straßen und sammeln zu demselben Zwecke ein; selten wagt jemand, sein Scherflein zu verweigern. Als der berühmte Riego hingerichtet wurde, betrug die in der Kapelle während der drei Tage gesammelte Summe mehrere tausend Realen.

Auch Donna Maria Vicenta de Mendieta und Don Santjago de San Juan verordneten, nach üblicher Weise, von den ihnen zukommenden Geschenken mehrere Seelenmessen in verschiedenen Kirchen. Weitere Anordnungen oder letzte Äußerungen sind von ihnen nicht aufbewahrt. Die Madrider Zeitungen, welche die letzten Willenserklärungen der Hingerichteten in kurzer Förmlichkeit mitteilen, d. h., an welchen Altären sie die Seelenmessen bestellt, bringen außer diesem nur zur Kunde, ob die Verbrecher mit oder ohne Schulden aus dieser Welt gehen. Donna Maria hinterließ keine Schulden, Don Santjago aber einen Schuldposten von achthundert Realen, einen andern von vierzundzwanzig und noch einen von sechs Gulden.

Die Hinrichtung beider fand am 23. April 1798 auf der Plaza Mayor in Madrid unter dem Zuströmen einer ungeheueren Volksmasse aus allen Gegenden Spaniens statt. In der Nacht darauf wurden sie im Gewölbe der Kirche von Sanct-Justus beerdigt. Am folgenden Tage ward zu ihren Gunsten ein feierlicher Totengottesdienst in derselben Kirche begangen.

Melendez Valdez tritt in seiner fiskalischen Anklage auch als ein Ankläger gegen die zunehmende Sittenlosigkeit der Zeit auf. Er sagt: »Ein furchtbarer Egoismus, das Vergessen der ernstesten Pflichten, die Geringschätzung der heiligen Verpflichtungen, die das Band der Ehe auferlegt, bedrohen die Gesellschaft mit Auflösung und Unordnung. Die Lust an der Ehelosigkeit wird schon zur Gewohnheit und fordert die Weiber zum Ehebruch. Unser verkehrter Sinn macht uns immer gleichgültiger gegen ein Band, welches der wahre Kern der gesellschaftlichen Ordnung ist. Die jungen Leute schützen vor, es sei unmöglich, eine Gattin anständig zu erhalten; ein leerer Grund, der nur durch den steigenden Luxus, die Ausschweifungen gehalten wird, und der so viele des heiligsten und süßesten Trostes beraubt, welcher den Menschen durch zwei Drittel seiner Kämpfe und dornenvollen Laufbahn aufrechterhält usw.«

Der beredte Fiskal und berühmte Dichter entging selbst nicht einem traurigen Schicksal. Verwickelt in die politischen Kämpfe der Halbinsel, starb Melendez Valdez in der Verbannung.

DIE FRAU DES PARLAMENTSRATS TIQUET

1699

In Spanien war noch zu Ausgang des vorigen Jahrhunderts ein Gattenmord eine seltene Freveltat. Der Mord des Castillo, wie wir aus dem vorigen Falle sahen, ward sprichwörtlich für ein ungeheures, unerhörtes Verbrechen erklärt. In Frankreich ist der Prozeß Lafarge nur ein jüngster Sproß aus einem alten Stamme, der zu verschiedenen Jahrhunderten seine prächtigen Giftblüten entfaltete. Viele berühmte Weiber aus dem goldenen Zeitalter Ludwig XIV. traten zu historischer Bedeutung vor, als Symbole der zerrissenen Familienzustände, der sittlichen Verkehrtheit, welche eine Revolution vorbereiteten, und eine solche Revolution, die bis in die Grundfesten der Gesellschaft blutig eingriff, notwendig machten. Wir werden die Brinvilliers, die Voisins und andere, deren Ausschweifungen in das Gebiet der Verbrechen übergingen, kennenlernen; die Frau des Parlamentsrats Tiquet, deren Leben und Ende uns Pitaval mitteilt, ist, gegen diese gehalten, eine harmlose Sünderin aus dem Privatleben, nur mit der Monomanie behaftet, ihren Mann ums Leben zu bringen. Aber sie ist keine einzeln dastehende Erscheinung, sondern ebenfalls nur eine Repräsentantin der vergifteten Zustände im höheren Familienleben ihrer Zeit. Sie war eine glänzende Erscheinung in der Pariser Welt, gesucht und gefeiert trotz des sittlichen Wurmfraßes, und würde es bis zu ihrem Ende geblieben sein, hätte jene Monomanie nicht zu einem Eklat geführt, den der weltliche Richter nicht übersehen durfte. Mit euphemistischer Milde nennt unser Berichterstatter die Geschichte der Madame Tiquet »die traurigen Folgen einer unglücklichen Ehe«. Wir überlassen das Moralrichteramt unseren Lesern und wählen diesen französischen Kriminalfall hier vor anderen aus, weil er ein Gegen- und Seitenstück von ausdauernder Frechheit eines entarteten Weibes zu dem vorangegangenen spanischen liefert, obwohl mehr als ein Jahrhundert beide voneinander trennt.

Angelique Carlier war eines der reizendsten Geschöpfe, von blendender Schönheit, von einem vorzüglichen Wuchs und einer Anmut des Wesens, die ihresgleichen suchte. Bei ausgebildetem Verstande und einem überraschenden Witz in der Unterhaltung, war sie, wo sie erschien, gefeiert und ward als ein Meisterstück der Natur bewundert.

Dieses Meisterstück hatte aber noch andere Vorzüge, welche nicht allein Anbeter, sondern auch ernste Bewerber um sie versammelten. Sie war die einzige Tochter des reichen Buchhändlers Carlier zu Lyon, der, als sie kaum fünfzehn Jahre zählte, gestorben war und ihr und ihrem Bruder ein reines Vermögen von einer Million Livres (Francs) hinterlassen hatte.

Sie hatte Anspruch, sagt Pitaval, auf eine der vornehmsten Partien. Aber sie konnte vollkommen frei wählen, wie ihr Herz entschied. Sie wählte indes weder nach Rang und Reichtum noch nach der Sprache des Gefühls, sondern von einer Eitelkeit gekitzelt, die weder den Verstand noch das Herz zu Rate gezogen hatte.

Unter allen ihren Bewerbern soll der Parlamentsrat Tiquet hinsichtlich seines Vermögenszustandes den geringsten Anspruch gehabt haben. Ob er durch persönliche Liebenswürdigkeit bestach, wird nicht gesagt. Daß es durch männliche Würde geschah, ist mehr als zweifelhaft. Er steckte sich hinter eine Verwandte der Schönen, mit der sie lebte. Diese bestach er mit vierzigtausend Livres, und für diesen hohen Preis gewann er sehr bald den Vorsprung vor allen anderen Bewerbern. Endlich trug er den entscheidenden Sieg davon durch eine Galanterie. Zu Angeliques Geburtstag überreichte er ihr den köstlichsten künstlichen Blumenstrauß mit Tautropfen. Der Tau waren Diamanten. Der Strauß kostete fünfzehntausend Livres. – Er hatte ihre Hand durch ein Geschenk erkauft.

Die ersten Jahre der Ehe vergingen in Glück und Wonne. Lust, Schönheit und Jugend, der Reiz der Neuheit, rauschende Vergnügungen und zwei Kinder verdeckten die mancherlei Mängel in beider Sinnesart, die erst mit den Jahren und bei ruhiger Besinnung hervortraten. Ihr Sinn war für den Wandel und das Vergnügen, der seine war der eines mürrischen Geschäftsmannes, der im Vollgenuß dessen, was er erstrebt, nicht mehr den galanten Anbeter zu spielen für nötig hielt. Sie liebte Pracht und Aufwand und wollte sich ihren Neigungen ohne Zurückhaltung überlassen. Er liebte beides vielleicht auch, hatte aber vernünftige Gründe dagegen und Gründe der Klugheit, jene Gründe seiner Frau zu verbergen. Er eiferte aus Moralgründen, die eine Frau wie die seine am wenigsten überzeugten. Im Gegenteil ward sie aufmerksamer und entdeckte nun die wahren. Angelique hatte ihrem Gatten die Hand gereicht im Glauben, daß das Vermögen eines Mannes, der seiner Geliebten diamantene Blumensträuße schenkt, zum mindestens dem ihrigen gleichkomme müsse. Er hatte selbst viel von seinem Reichtum gesprochen. Statt dessen ward sie mit Schrecken inne, daß sein Vermögen fast nur in den Einkünften seines Amtes bestand, ja daß er Schulden hatte und noch die Gelder für die Brautgeschenke, vielleicht sogar die für den Diamantenstrauß bezahlen mußte. Sie verachtete nunmehr ihren Gatten. Sie sah sich von ihm betrogen, also im Rechtszustande gegen einen Betrüger. Diesem elenden und doch gegen sie finsteren, trockenen, ja zuweilen tyrannischen Manne angehören zu müssen, empörte sie; aus der Verachtung wurde Abscheu, aus dem Abscheu Haß.

Ihr Bruder Carlier war Offizier bei der Garde; er führte einen Kameraden, den Capitain de Mongeorge, im Hause seiner Schwester ein, einen jungen Mann, der alle Eigenschaften besaß, das Herz einer lebenslustigen Frau zu gewinnen. Es bedurfte kaum des Vergleichs zwischen ihrem mürrischen Manne und diesem liebenswürdigen Offizier, um sie ganz für den letzteren einzunehmen. Ihre Neigung ging in eine rasende Leidenschaftlichkeit über, welche sie von ihrem Ehemanne zu verbergen kaum für nötig hielt. Dieser aber hielt es für nötig, eifersüchtig zu sein oder wenigstens zu scheinen. Das vermehrte nicht den Frieden, sondern steigerte den Haß.

Der erste Fehltritt blieb nicht der letzte. In ihrem Sinne sich aller Pflichten gegen den verächtlichen Gatten entbunden haltend, ließ sie ihrer wilden Leidenschaftlichkeit, ihrem heißem Blute Zaum und Zügel schießen. Sie haßte nur den Parlamentsrat und liebte nur den Capitain, aber sie verschenkte ihre Gunst, wohin ihre wollüstige Laune sie trieb. Den einzigen moralischen Unterschied zwischen ihr und einer Messalina sieht Pitaval darin, daß die Pariserin doch den äußeren Schein des Anstandes beobachtete und trotz ihrer zügellosen Ausgelassenheit doch ihren ersten Liebhaber mit einer Herzlichkeit und Aufrichtigkeit liebte, welche ihn, – was freilich schwer zu glauben ist – zur Hochachtung vor ihrer edleren Natur zwang.

Der Parlamentsrat wurde von seinen Gläubigern gedrängt. Eine erwünschte Gelegenheit für seine Frau, eine Absonderung ihres Vermögens von dem seinigen anzutragen. Dies war soviel wie eine förmliche Kriegserklärung. Herr Tiquet glaubte, nunmehr keine Rücksicht zu haben, seine Frau zu schonen. Er trat als Ankläger wider sie auf. Ganz öffentlich vor seinen Bekannten bezichtigte er sie der schändlichsten Untreue und beschwerte sich zumal über ihr offenkundiges Verhältnis zum Capitain de Mongeorge. Ja, er ging so weit, in einer Bittschrift seine Not vor den Thron zu bringen. Er erwirkte auch eine königliche Cabinetsordre, die ihn ermächtigte, das schamlose Weib, zur Verhütung weiterer Schande, einsperren zu lassen.

Wie sonderbar nach unseren Begriffen dieses Mittel an sich schon ist, so machte er, in unserem Sinne, einen noch seltsameren Gebrauch davon. Er trat in das Zimmer seiner Frau und hielt ihr mit drohender Miene die königliche Ordre hin. Entweder hoffte er, sie werde in sich gehen und ihren Lebenswandel bessern oder doch wenigstens aus Furcht vor dem Verlust ihrer Freiheit sich bewogen fühlen, ihre Klage auf Vermögensabsonderung zurückzunehmen. Er hatte sich getäuscht. Madame Tiquet, als sie es hörte, sprang auf ihn los, riß ihm die Ordre aus den Händen und warf sie trotz des königlichen Siegels in das Kaminfeuer. Eine solche Ordre war nur mit Mühe zu erlangen. Der Parlamentsrat suchte zwar um eine zweite Ausfertigung nach, aber man verlachte ihn, und er hielt es nun für das geratenste, davon abzustehen.

Die Vorgänge konnten nicht dazu dienen, ihr gegenseitiges Verhältnis zu bessern. Dem Antrage der Frau war von den Gerichten nachgegeben worden. Das Vermögen der Eheleute war gesondert worden, und sie lebten zwar in demselben Hause und an demselben Tische, doch in verschiedenen Zimmern und in sonst völlig getrennter Ökonomie. Während dreier Jahre erfolgten bei gegenseitiger Abneigung wenigstens keine öffentlichen Auftritte. Aber die Art und Weise, wie der Parlamentsrat die wenigen Stunden, in denen er täglich seine Frau sah, benutzte, diente nur dazu, täglich ihrem Hasse neue Nahrung zu geben. Er eiferte, murrte, predigte, schimpfte und schalt, für den Erfolg zu spät nach dem Vorangegangenen und mit unkluger Berechnung ihres leidenschaftlichen Charakters. Der Wunsch, sich des verdrießlichen Gatten zu entledigen, faßte Wurzel, bis er zum festen Entschlusse ward. Sittenloser in ihrem Wandel als Donna Maria de Mendieta, soll sie doch dabei, wenn man es so nennen darf, ein sittlicheres Ziel vor Augen gehabt haben. Sie wünschte, sich mit ihrem geliebten Mongeorge zu verheiraten.

Wir besitzen nur das Résumé des Prozesses und müssen auf Glauben hinnehmen, was so unglaublich klingt wie das Komplott zu Ermordung des Fualdes. Madame Tiquet vertraute sich zuerst dem Portier ihres Hauses, Jacques Moura an. Sie hatte ihn durch Geschenke und, hieß es, durch Gunstbezeigungen völlig in ihr Interesse gezogen. Dieser zog einen Lohnlakaien, August Catelain, hinzu, der sich derselben Belohnungen im voraus erfreute. Dies waren aber noch nicht genug Teilnehmer. Beide gewannen für ihren Zweck noch einen Gardisten, Claudius Desmarques, zwei Bediente des Hausees, Philipp Complet und Claudius Roussel, die beiden Kammerjungfern der Madame Tiquet, Jeanne Lammirant und Marie Lafort, einen verarmten Adeligen, Jean Desmarques, den Kutscher des Hauses, Jean Loiseau, und noch (!) einige Soldaten und Taugenichtse!

So furchtbar diese Verschwörung klingt, so erfolglos ging sie vorüber. Der Parlamentsrat sollte an einem Abende, wenn er nach Hause kam, auf der Straße überfallen und niedergeschossen werden; aber er ging unbemerkt an den Banditen vorüber. Madame Tiquet schien dies als einen Fingerzeig anzunehmen, von dem Vorsatz einstweilen abzustehen. Sie ließ den Verschworenen sagen, sie möchten sich nicht weiter bemühen. Ihren Vertrauten aber schärfte sie unverbrüchliches Geheimhalten an und belohnte sie noch außerdem für das Versprechen, die Sache mit in ihr Grab zu nehmen.

Unbegreiflich erscheint es, daß nach dem Vorangegangenen noch die Eifersucht des Ehegatten gewachsen sein soll. Wir wollen annehmen, daß es ihm jetzt nur noch darum zu tun war, das öffentliche Ärgernis zu vermeiden. Deshalb verbot er dem Portier, den Captain Mongeorge ins Haus zu lassen. Aber der Portier war nicht seine, sondern die Kreatur seiner Gattin. Der Capitain kam nach wie vor ins Haus. Der Parlamentsrat jagte den Portier fort und bewachte selbst das Haus. Bei Anbruch der Nacht verschloß er eigenhändig die Haustür, ließ selbst ein und aus, steckte den Schlüssel zu sich, wenn er fortging, und legte ihn des Nachts unter sein Kopfkissen.

Aber die Vorsicht war, wie sich denken läßt, eine törichte. Der Capitain schlich nach wie vor zu seiner Geliebten, und diese sann nach wie vor auf Pläne, den verhaßten Mann aus der Welt zu schaffen. Ihre Absicht war nur, das erste Attentat vergessen zu machen und die Erinnerung daran auch im Gedächtnis der leichtsinnigen Teilnehmer ersterben zu lassen. Deshalb wartete sie lange Zeit. Zugleich hatte sie die Moral aus dem Vorfall gezogen, daß, wenn man ein Verbrechen begehen will, man so wenig Mitwisser und Gehilfen wie möglich dazuziehen müsse. Sie wollte nun allein das Werk übernehmen. Nur der ehemalige Portier Moura war noch in ihrem Vertrauen. Durch seine Vermittlung verschaffte sie sich Gift. Ihr Gatte befand sich eines Tages unwohl. Sie schickte ihm durch seinen Kammerdiener eine Suppe. Der Diener aber schöpfte Argwohn. Er stolperte absichtlich, als er die Suppe überbringen sollte, und ließ den Napf fallen. Auf der Stelle forderte er seinen Abschied, erzählte aber, sobald er außer Dienst war, öffentlich den Vorfall. Auch diese unwahrscheinliche, lückenhafte Geschichte müssen wir, wie sie uns gegeben wird, hinnehmen.

Madame Tiquet gab um deswillen ihren Vorsatz nicht auf. Sie kehrte nur wieder zu ihrem ersten Entschlusse zurück, ihren Mann ermorden zu lassen.

Drei Jahre nach dem ersten Mordversuche fand ein glücklicherer statt, der zur Untersuchung führte, und man teilt uns über die Indizien, welche zum Beweise führten, folgendes mit.

An dem Tage des Mordanfalls kam Madama Tiquet zu der als Schriftstellerin ihrer Zeit bekannten Gräfin d'Aunoy, wo sich die beste Gesellschaft von Paris versammelte. Man fand, daß Madame Tiquet ungewöhnlich zerstreut und unruhig sei. Einige der Anwesenden fragten sie, was ihr fehle. – »Ich bin eben zwei Stunden in Gesellschaft des Teufels gewesen.« – Da die Wirtin bemerkte, daß das sehr schlechte Gesellschaft sei, erwiderte Madame Tiquet, sie verstehe unter dem Teufel eine der berüchtigten Wahrsagerinnen, welche damals in Paris viel Aufsehen erregten und zum Modezeitvertreib der höheren Gesellschaft gehörten. Auf die Frage, was sie ihr denn prophezeit hätte, antwortete Madame Tiquet: »Lauter Gutes. Ich würde in zwei Monaten über alle meine Feinde siegen und über ihre Bosheit und Verredungen hinaus sein. Indessen – fügte sie hinzu – mögen Sie denken, daß ich darauf eben nicht baue; denn solange mein Mann lebt, werde ich niemals ruhig sein können, und er befindet sich zu wohl, als daß meine Wünsche so schnell in Erfüllung gehen könnten.«

Am Abende dieses Tages war die Gräfin Semonville bei Madama Tiquet. Nach ihrem Zeugnisse war durchaus keine Unruhe und Zerstreuung an ihr zu bemerken. Aber die Gräfin selbst ward unruhig, weil der Parlamentsrat noch immer nicht nach Hause kam. Er war zum Besuch bei seiner Nachbarin, der Frau von Villemur. Nicht daß sie sich nach seiner Person gesehnt oder eine Bangigkeit für ihn empfunden; es war nur auf ein kleines Spiel der Bosheit abgesehen. Seine häuslichen Verhältnisse waren ihr bekannt, und daß er selbst den Portier machte. Sie wollte sich still im Zimmer verhalten, bis er nach Hause gekommen und sich zu Bett gelegt hätte. Dann wollte sie aufbrechen und ihn zwingen, seine Ruhe zu verlassen, sich anzukleiden und ihr die Haustür zu öffnen. Allein er blieb länger als gewöhnlich; sie ward ungeduldig und ging, ohne ihn zu erwarten.

Auch die Bedienten wurden schon ungeduldig über das ungewöhnliche Ausbleiben ihres Herrn, als jetzt auf der Straße einige Pistolenschüsse fielen. Man stürzte hinaus. Unfern vom Hause lag der Parlamentsrat, in seinem Blute schwimmend. Die Mörder waren entflohen. Aber er war nicht tot, auch seine Besinnung kam ihm wieder, und als man ihn aufhob, erklärte er, man solle ihn nicht in sein Haus, sondern in das seiner Freundin, der Frau von Villemur, tragen. Bei der Besichtigung fand man fünf Wunden; indessen war keine tödlich. Die gefährlichste war nahe am Herzen. Der Wundarzt erklärte, das Herz müsse durch den plötzlichen Schrecken sich im Augenblicke, wo der Schuß eindrang, so zusammengezogen haben, daß es nicht seinen ganzen natürlichen Raum ausgefüllt hätte. Ohnedies hätte es getroffen werden müssen.

Die vorläufige polizeiliche Untersuchung ward sofort eröffnet. Der Commissair des Viertels fragte den Verwundeten, ob er Feinde hätte, und wer diese wären. Er antwortete mit fester Stimme: »Ich habe keinen Feind als meine Frau.« Diese Antwort bestärkte den Verdacht, und es ward in der Stille die gerichtliche Untersuchung gegen Madame Tiquet vorbereitet.

Diese selbst, im vollen Bewußtsein des Ungewitters, das über sie aufzog, bereitete sich dagegen zu der Entschlossenheit vor, mit der sie ihm begegnen und durch kluges Benehmen es von sich abwälzen wollte. Die Kunde von der Mordtat war wie ein Lauffeuer durch Paris gegangen. Schon am nächsten Morgen wußte sie jeder, und sie wurde als Mörderin genannt. Dessenungeachtet besuchte sie an diesem Tage ihre Freundin, die Gräfin d'Aunoy, wo abermals eine zahlreiche Gesellschaft versammelt war. Sie wollte zeigen, daß sie vor dem Gerede sich nicht fürchte, aber zugleich erfahren, was im Publikum geredet würde. Alle, die in der Gesellschaft anwesend waren, bezeugen, daß man ihrem Betragen, ihren Gesprächen nichts angemerkt, was Anlaß zum Verdachte hätte geben können. Sie war freilich nicht so heiter und witzig als sonst, aber es waren nur die Zeichen des stillen Kummers, der jede Frau in ihrer Lage, auch wenn sie noch so unschuldig war, drücken mußte. Die vollkommenste Schauspielerin hätte ihre Rolle nicht feiner und geschickter durchführen können. – Die Gräfin d'Aunoy warf hin: Herr Tiquet kenne wohl seine Mörder nicht. Sie erwiderte mit bedeutungsvoll niedergeschlagenem Blicke: »Ach und wenn er sie kennte, er würde sie nicht nennen. Ich bin das Opfer, das man ermorden will.«

Kaum nach Hause gekommen, erhielt Madame Tiquet die Nachricht unter der Hand, man werde unfehlbar zu ihrer Verhaftung schreiten. Das einzige Mittel, das ihr bliebe, sei die Flucht. Sie floh nicht. Durch acht Tage wiederholten sich diese Warnungen eines unbekannten Freundes. Sie blieb. Am achten Tage trat hastig ein Theatinermönch in ihr Zimmer; er erklärte ihr, sie habe keinen Augenblick zu zögern, wenn sie nicht arretiert werden wolle. Er zog unter seiner Kutte ein anderes Theatinerhabit hervor und drang in sie, es anzulegen. Im Hofe stehe eine

Sänfte bereit. Die Träger wären schon angewiesen, sie an einen Ort zu bringen, wo bereits eine Postkutsche für sie angespannt stehe. Sichere Leute würden sie nach Calais und von da nach England bringen. Madame Tiquet erklärte mit Ruhe: Nur ein Verbrecher habe nötig, zu fliehen. Sie fühle sich durch ihre Unschuld hinlänglich geschützt und fürchte daher keine Drohungen. Sie wisse zu gut, daß all das ehrenrührige Gerede und die Drohungen wider sie nur aus einer Quelle herstammten. Ihr unseliger Mann sei es, der ihren Ruf untergraben, der sie des schwärzesten Verbrechens anschuldige; er werde es also auch wohl sein, der ihr diese neue Schlinge lege. Es sei freilich in seinem Interesse, sie durch falschen Lärm aus Frankreich zu treiben, um dann desto leichter Herr ihres Vermögens zu werden. Sie dankte dem Mönch und bat ihn, sich nicht weiter um ihre Sicherheit zu bemühen.

Wirklich hatte es den Anschein, als sei dieser Besuch des Theatiners nur ein Manoeuvre gewesen. Die Gerichtsdiener klopften nicht an, und der ganze Tag verging ruhig. Am folgenden erhielt sie wieder einen Besuch der Gräfin Semonville, die einige Stunden bei ihr verplauderte. Als diese endlich fortgehen wollte, bat sie sie dringend, ihr noch etwas Gesellschaft zu leisten, denn sie ahne, daß man in den nächsten Augenblicken kommen und sie verhaften werde, da möchte sie doch nicht gern mit dem Lumpengesindel allein sein. Kaum hatte sie ausgesprochen, als auch schon die Tür aufging, und der Kriminallieutenant Deffita mit vielen Gerichtsdienern eintrat, um sie im Namen des Königs zu verhaften. Sie trat ihm dreist entgegen und redete ihn, mit kaltem Hohne auf seine Begleiter blickend, an: »Wahrhaftig, mein Herr, Sie hätten sich die Mühe sparen können, sich von dem Troß begleiten zu lassen. Ich beteure Ihnen, mir kommt es nicht in den Sinn, durchzugehen, und ich wäre Ihnen auch dann ohne Einrede gefolgt, wenn Sie mich allein mit Ihrem Besuche beehrt hätten.«

Mit der vollkommensten Ruhe verlangte sie, daß man ihre Zimmer versiegle, damit ihre Möbel nicht zu Schaden kämen, umarmte zärtlich ihren neunjährigen Sohn, den sie sehr liebte, schenkte ihm Geld, daß er sich ein Vergnügen mache, bat ihn, die Sache sich nicht so zu Herzen gehen zu lassen, die Sache wäre nicht so schlimm, und die Mutter werde bald wiederkommen. Dann empfahl sie sich, wie man aus einer Gesellschaft geht, von der Gräfin Semonville, und stieg mit Herrn Deffita in die Kutsche, »als wäre es eine Partie in die Komödie«. Unterwegs begegnete ihr eine Bekannte. Sie grüßte sie und nickte ihr freundlich aus dem Wagen zu wie in vollkommenster Heiterkeit der Seele.

Erst beim Anblick der grauen Mauern und Türme des Petit Chatelet wich ihre Heiterkeit der Bestürzung, ohne daß sie doch aus ihrem Charakter fiel. Nachdem sie in das Grand Chatelet gebracht worden, wurde der Prozeß mit großem Eifer gegen sie instruiert. Von diesem ist uns wenig mitgeteilt, was bei ihrem späteren Bekenntnis vor der Hinrichtung auch für das Resultat unserer Beurteilung von minderer Wichtigkeit ist. Sie leugnete standhaft und behielt in allen Verhören, unter allen Drohungen ihre Kaltblütigkeit und den entschlossenen Geist, der so viele Verbrecherinnen aus jener Zeit charakterisiert. Der Ausspruch des Gerichts wäre sehr zweifelhaft geblieben, wenn sich nicht unerwartet jener Lohnlakai August Catelain als freiwilliger Zeuge gemeldet hätte. Entweder dünkte er sich schlecht für sein Schweigen bezahlt oder das Gewissen hatte ihn gerührt oder der Bandit war in seiner Ehre verletzt, daß man ihn zum ersten Mordanfall gedungen, bei dem zweiten glücklichen aber aus dem Spiele gelassen hatte; genug, er legte ein vollständiges Zeugnis hinsichtlich des ersten Komplottes ab, zu dem er durch den Portier Moura gedungen worden. Man spürte nun auch nach diesem und fing ihn ein. Die Konfrontation beider mit Madame Tiquet führte zwar zu keinem Resultat, auch fehlten hinlängliche Beweise wegen des letzten mörderischen Anfalls, hingegen erschien den Richtern der Beweis wegen des vor drei Jahren verunglückten Komplotts gegen den Parlamentsrat Tiquet vollkommen geführt.

Das Urteil des Chatelet vom 3. Juni 1699 lautete, daß Angelique Carlier, verehelichte Tiquet, und der ehemalige Portier Jaques Maura als überwiesen zu erachten, miteinander verabredet und den Vorsatz gefaßt zu haben, den Parlamentsrat Tiquet durch gedungene Banditen ermorden zu lassen, daß Angelique Carlier demnächst, den Gesetzen gemäß, auf dem Greveplatz enthauptet und Moura daselbst gehangen werden solle. Ihr gesamtes Vermögen solle eingezogen werden und demjenigen zufallen, dem es nach den Gesetzen gehöre; doch auf den Fall, daß besagtes Vermögen nicht dem König zufiele, sollten hunderttausend Livres für den König und hunderttausend Livres als Entschädigung für Herrn Tiquet abgezogen werden, von welcher Summe er zeitlebens die Nutznießung haben, seinen beiden Kindern aber das Eigentum bleiben solle. Demnächst wurden beide Delinquenten verurteilt, auf die Folter gebracht zu werden, um ihre Mitschuldigen anzugeben. Der Prozeß gegen diese zum Teil Flüchtigen solle aber bis nach Hinrichtung der zwei Hauptverbrecher Anstand finden.*

Die Kriminalurteile der französischen Gerichte, auf eine bestimmte Anklage gefällt, erkannten damals nicht allein zugleich mit der Strafe über die Zivilansprüche der Kläger,

* So ward auch im Fualdesschen Prozesse die vorläufige Hinrichtung der drei Haupttäter verfügt, während der Prozeß über die anderen Beteiligten noch instruiert werden sollte.

sondern in der Regel auch über die Konfiskation des Vermögens der Verklagten. Es ward alsdann als eine Gnadensache betrachtet, die auf dem Wege des Petitionsverfahrens zu betreiben war, da die natürlichen Erben oder Angehörigen der Gerichteten das Vermögen für sich in Anspruch zu nehmen, sich für berechtigt hielten. Doch mochten auch die Ankläger, wenn sie sich durch das Urteil beeinträchtigt hielten, appellieren. Herr Tiquet appellierte an das Parlament, weil ihm nur die Nutznießung der hunderttausend Livres zuerkannt war, und verlangte noch zwanzigtausend eigentümlich als Entschädigung (für seine Ehre oder seine Wunden?). Das Arrêt des Parlaments bestätigte hinsichtlich der Strafe das Urteil des Gerichtshofes vom Chatelet, erkannte aber dem Appellanten die geforderte Entschädigung zu. Diese schmutzige Geldepisode, mitten in dem ernsten Drama, dessen blutige Katastrophe noch bevorstand, erregte selbst in Paris, wo man auch damals über diese Angelegenheiten leichter dachte, Unwillen. Herr Tiquet, von seinen Wunden genesen, warf sich mit seinem Sohne und seiner Tochter dem Könige in Versailles zu Füßen und bat um Begnadigung für die Mutter seiner Kinder. Als ihm die Bitte abgeschlagen wurde, bat er noch in demselben Atem wenigstens darum, daß ihm das ganze eingezogene Vermögen seiner Frau zufallen möge. Ludwig XIV. bewilligte zwar die letzte Bitte, bemerkte aber zu seiner Umgebung: Tiquet habe durch die zweite Bitte alles Verdienstliche der ersten selbst wieder ausgetilgt.

Ernstlicher als ihr Ehemann bemühten sich ihr Bruder, der Capitain und Herr von Mongeorge und setzten alles in Bewegung, um ihrer Schwester und Geliebten das Leben zu erhalten. Ohne den damaligen Erzbischof von Paris, Ludwig Anton von Noailles, einer der würdigsten und achtbarsten Prälaten, hätte der König vielleicht den vielfachen

Verwendungen für die schöne Frau ein geneigtes Ohr geliehen. Aber der Erzbischof stellte dem Monarchen das gefährliche einer solchen Begnadigung vor: die Beichtväter hörten ohnedies in Paris fast nichts als Bekenntnisse galanter Frauen, die ihren Männern nach dem Leben getrachtet hätten. Wenn auch diese offenkundige Freveltat unbestraft bliebe, würde kein Ehemann seines Lebens sicher sein.

Die Publikation des unwiderruflichen Endurteils sollte mit der Hinrichtung an einem und demselben Tage erfolgen. Die Gerüste für die Zuschauer waren schon auf dem Grèveplatz gezimmert, denn halb Paris drängte sich die Hinrichtung der berühmten, schönen Frau zu sehen. Sie wurde morgens um fünf Uhr in die Marterkammer geführt. Noch wußte sie nichts vom Urteile des Parlaments. Sie fragte auf dem Wege, ob denn ihre Sache nicht bald zu Ende kommen würde. – »Bald genug«, antworteten ihre Führer.

Pitaval berichtet uns eine Szene von tragisch dramatischem Interesse. Seine Darstellung verwischt zwar wieder etwas davon; ein französischer Romantiker möchte leicht einen jener haarsträubenden Auftritte, die unser Gefühl zerreißen, daraus entwerfen, aber sie hat schon in der einfachen Andeutung der Situation des Herzzerreißenden genug. Der Kriminallieutnant erwartete die Verbrecherin in der Marterkammer, er hieß sie niederknien, wie es die Ordnung gebietet, und so das Arrêt anhören, das ihr der Aktuar vorlas. Kaltblütig, ohne sich zu verfärben, fast regungslos, hörte sie das Urteil, als ginge es sie nichts an. Das Urteil machte es eben auch nötig, daß dieselbe obrigkeitliche Person der Verurteilten eine Ermahnungs- und Strafrede hielt, welche, nach unseren Ansichten, wenn es so weit gekommen, nicht mehr den weltlichen Behörden obliegt – denn der Verbrecher hat mit dieser Welt abgeschlossen –, sondern allein denen, welche ihn auf eine andere Welt vorbereiten sollen. Der Kriminallieutnant malte ihr in pathetischen Bildern den Unterschied des Sonst und Jetzt, jene freudenvollen Tage, verlebt in Schönheit, Jugendlust und Überfluß an allem dem, was das Herz erfreut und die Sinne kitzelt, und diese Tage des Schreckens, die in wenigen Stunden drohende schimpfliche Todesstrafe. Er bat sie dringend, von der kurzen Zeit, die sie noch zu leben hätte, Gebrauch zu machen und offen bekennend, sich und ihm die Schmerzen zu ersparen, wenn er sie auf die Folter bringen lasse.

Er hatte sich getäuscht, wenn er bei ihr auf die Wirkung rechnete, welche der Auftritt auf ihn selbst machte. Sie antwortete ihm, den Kopf stolz erhebend:

»Sie haben recht. Der heutige Tag ist sehr verschieden von denen, die ich erlebt habe. Heut liege ich vor Ihnen auf den Knien; damals lagen Sie vor mir. Das waren allerdings schöne Tage. Aber über diese Erinnerung bin ich hinweg. So wenig fürchte ich mich vor dem Augenblick, der mein trauriges Leben zu Ende bringt, daß ich ihn vielmehr als die Erlösung von allem meinem Unglück ersehne. Ich hoffe, das Schafott mit eben der Standhaftigkeit zu besteigen, als ich in den Verhören und jetzt beim Urteil gezeigt habe. Auch die Furcht vor Ihren Martern soll mir kein Geständnis eines Verbrechens entreißen, das ich nicht begangen habe.«

Der Polizeibeamte hatte zu den Verehrern, und man darf annehmen, zu den begünstigten Verehrern der schönen Frau gehört. Heute war er verurteilt, sie auf die Folter zu spannem und Zeuge ihrer Qualen zu sein.

Ihr war die Wassertortur, die question à l'eau, zuerkannt. Diese bestand nach dem französischen Gerichtsgebrauch in folgender Prozedur: Die Delinquentin (denn in der Regel wurde sie bei den Frauen angewandt) ward entkleidet. Man setzte sie auf eine Bank und fesselte sie mit Händen und

Füßen an zwei in die Mauer der Marterkammer übereinander befestigte eiserne Ringe. Dann wurde ihr ein Trichter in den Mund gesteckt und Wasser in Fülle nach und nach in den Mund gegossen. Bei der ordentlichen Folter mußte die Deliquentin vier, bei der außerordentlichen acht volle Maß auf diese Weise verschlucken. Gewöhnlich waren danach die Delinquentinnen so erschöpft, daß man sie auf eine Matratze und im Winter ans Feuer legen und durch einige Gläser Wein wieder ins Leben rufen mußte, damit das Urteil an ihnen vollstreckt werden könne, was in der Regel fünf oder sechs Stunden nachher erfolgte.

Madame Tiquet war schon von den Qualen, die ihrem Leibe das erste Maß Wasser verursachte, überwältigt. Sie bat, sie mit dem zweiten zu verschonen und bekannte alles (?), was dem Leser in dem Obigen mitgeteilt ist. Auf Befragen, ob der Capitain Mongeorge an ihren mörderischen Anschlägen teilgehabt, antwortete sie verschieden: »Ich hütete mich wohl, ihm etwas davon zu entdecken; denn es hätte mich augenblicklich seiner Achtung auf immer beraubt.« Die geistigen Tröstungen durch den Pfarrer von St. Sulpice empfing sie anscheinend mit allen Anzeichen christlicher Gesinnung. Ihr letzter Auftrag an ihn war, daß er ihren Gatten in ihrem Namen um Verzeihung bitten möge.

Keine Hinrichtung unter Ludwig XIV., selbst nicht die der Brinvilliers, hat so viele Zuschauer in Paris angelockt. Die Fenster nach dem Grèveplatz waren zu teueren Preisen vermietet, die Dächer waren mit Schaulustigen bedeckt, die Straßen, durch welche der Zug ging, waren so gedrängt voll, daß mehrere Personen erdrückt wurden. Madame Tiquet war nie schöner als in dem weißen Kleide an ihrem Hinrichtungstage. Als die Blicke der vielen Tausende starr auf sie fielen, zog sie die Haube tief ins Gesicht und beugte den Kopf zur Brust. Ihre Frechheit war verschwunden. Aber als der Pfarrer von St. Sulpice ihren sinkenden Mut durch seinen geistlichen Zuspruch wieder gestärkt, richtete sie sich abermals in die Höhe, schob die Haube zurück und blickte auf die Pariser mit unbefangenem, ruhigem Blicke, aus dem aber alle Herausforderung und aller Hohn fort waren. – Der Portier Moura saß ihr gegenüber auf demselben Wagen. Sie bat ihn, ihr zu verzeihen, daß er durch ihre Schuld denselben Weg mit ihr fahre.

Abends um fünf Uhr kam sie auf dem Grèveplatz an. Ein Aufschub der Exekution kam vom Himmel herab. Es goß in Strömen, die Bretter des Schafotts wurden so schlüpfrig, daß der Scharfrichter nicht mit Sicherheit darauf stehen konnte. Zur Verschärfung ihrer Qual mußte die feine Frau lange Zeit, bis die Wolken sich verteilten, in ihrem leichten Kleide, im Angesichte aller, in den Wolkengüssen, die ihre zarte Haut verwundeten, auf dem Karren aushalten. Sie mußte alle Zubereitungen sehen, die sonst der Angstschleier, welcher sich um die letzten Blicke des Verurteilten hüllt, denselben verbirgt. Auch die schwarze Kutsche, mit ihren eigenen Pferden bespannt, die ihre Leiche fortführen sollte, auch die Hinrichtung des Portiers Moura, die vor ihren Augen erfolgte, erschütterte sie nicht. Sie reichte dem Scharfrichter die Hand, sie aufs Schafott zu führen, küßte oben das Beil, strich ihre Haare zurück und setzte das Kopfzeug fest, und alles mit einem Anstand und rascher Gewandtheit, welche die Pariser entzückten. Mit derselben Anmut kniete sie nieder, entblößte den Hals und legte den Kopf auf den Block. Die ungewöhnlichen Reize, die er erblickte, verwirrten sogar den Scharfrichter. Er mußte fünfmal zuhauen, ehe er den Kopf vom Rumpfe trennen konnte.

Der Kopf der Ehebrecherin und Gattenmörderin blieb einige Zeit auf dem Schafott ausgestellt. War die Absicht dabei, Entsetzen und Abscheu vor der Tat zu erwecken, so war sie verfehlt. Die Pariser konnten sich an dem schönen Kopfe nicht satt sehen. Die Züge sollen nicht im geringsten verändert gewesen sein; ja man wollte meinen, daß die lebendige Tiquet nie so schön ausgesehen habe. Und doch war es der abgeschlagene blutlose Kopf einer Frau von zweiundvierzig Jahren.

Ihr Gatte tröstete sich, indem er den Körper der Entseelten mit allen Ehren bestatten ließ und ihr Vermögen für sich einzog.

Die Pariser trösteten sich durch lebhafte Teilnahme an dem Schicksale des unglücklichen Geliebten der Madame Tiquet. Capitain Mongeorge irrte einsam im Park von Versailles während der Exekution umher. Weder der Zuspruch des Königs noch die Teilnahme der ganzen Stadt an seinen Seelenschmerzen konnten durch acht Monate seinen Kummer lindern, während deren er eine Reise ins Ausland zu seiner Zerstreuung vornehmen mußte, begleitet von Mitgefühl und der Hochachtung der Pariser feinen Gesellschaft.

So starb Angelieque Carlier auf dem Schafott. Ihr Tod war noch lange Zeit ein Gegenstand so der allgemeinen Rührung, als ihre Hinrichtung ein Schauspiel voll des pikantesten Interesses gewesen war. Die Spanier durchrieselte ein Entsetzen, als Donna Maria de Mendieta ihre sündige Lust auf der Garotte büßte, und der Mord des Castillo klang noch lange als ein grauenvolles Ereignis in das Ohr des Kastilianers. Beim Gedächtnis an die Tiquet flüsterten die Damen von Paris ein »Schade um die schöne Frau!« und ein Lächeln schwebte um die Lippen, wenn des Parlamentsrats Tiquet erwähnt wurde.

Der Lohnlakai August Cattelain, der sich freiwillig angegeben, kam mit lebenslänglicher Galeerenstrafe davon. Von den übrigen Teilnehmern wurden einige vorläufig, andere völlig freigesprochen.

DER FALSCHE MARTIN GUERRE

1560

Im Städtchen Artigues im Gerichtssprengel von Rieux lebte um die Mitte des 16. Jahrhunderts ein junges Ehepaar, von dem die Nachbarn sich gar sonderbare Dinge zuflüsterten.

Bertrande von Rols, ein Mädchen von großer Schönheit, war nach dortiger Sitte schon sehr früh, etwa in ihrem zehnten Jahr, mit dem nicht viel älteren Martin Guerre verheiratet worden. Aber sehr lange Zeit war es dem jungen Mann unmöglich, sich in den Besitz seiner ehelichen Rechte zu setzen. Dies war stadtkundig, und niemand zweifelte, daß die jungen Leute behext wären.

Freunde und Gevattern rieten dieses und jenes, wie sie der Bezauberung ledig werden möchten. Allerhand Zeremonien wurden mit ihnen vorgenommen. Aber trotz der geweihten Kuchen, welche sie verzehrten, trotz der verschluckten Hostien und der Messen, die von den verschiedenen Priestern für sie gelesen wurden, hielt der Zauber an.

Nun meinten Bertrandens Verwandte und Freunde, das Unvermögen sei nur auf Seiten ihres Mannes, und sie solle sich von ihm scheiden lassen, um einen glücklicheren Ehebund einzugehen. Aber die junge Frau, ebenso tugendhaft als schön, fühlte reine Neigung und Anhänglichkeit zu Martin und wollte von einer Trennung nichts wissen, wie dringend und wiederholt sie auch von den Ihrigen darum bestürmt wurde.

Endlich, nach acht oder neun Jahren, löste sich der Zauber von selbst; wie man annehmen darf, infolge des reiferen Alters des Ehegatten. Als beide etwa zwanzig Jahre zählten, unternahmen sie mit zwei Bekannten, einem Bruder und seiner Schwester, eine gemeinschaftliche Reise. Unterwegs mußten die Reisenden in einer Herberge aus Mangel an Raum mit einer Kammer, in der nur zwei Betten standen, sich begnügen. Die Männer legten sich in das eine, die Frauen in das andere Bett nieder. In der Nacht fühlte plötzlich Martin Guerre seinen Zauber gelöst. Die anderen schliefen fest, er stand auf, schlich zu seiner Frau und setzte sich in den nun nicht mehr bestrittenen vollen Besitz seiner ehelichen Rechte.

Zwar war die Frucht dieser Nacht auf der Reise ein gesunder Knabe, den der Vater auf den Namen Sanxi taufen ließ, aber das eheliche und Lebensglück desselben wurde bald nach der Geburt des Kindes zerstört. Martins Eltern stammten aus Biscaya, wo er selbst auch geboren war; sie lebten in Artigues von dem Ertrage der von ihren bewirtschafteten Ländereien. Martin ließ sich verleiten, seinem Vater Getreide zu entwenden, und als der Alte den Diebstahl entdeckte, floh er vor dem Zorne desselben, ohne irgend jemand Nachricht zu hinterlassen, wohin er sich gewandt.

Volle acht Jahre ließ er nicht das geringste von sich hören. Inzwischen starb sein Vater, wie es den Anschein hat, ohne Groll wider den verschollenen Sohn; denn er enterbte ihn nicht. Der Bruder des Erblassers, Pierre, verwaltete den Martin zugefallenen Erbteil und erhob die Einkünfte desselben.

Bertrande hatte als eine Art Witwe in unbescholtener Zurückgezogenheit diese acht Jahre verlebt, als die Nachricht sich verbreitete, der verschollene Martin Guerre sei zurückgekehrt. Es war eine nicht zu bezweifelnde Tatsache. Man sah den freilich in acht Jahren gealterten Martin wieder an der Seite seiner hocherfreuten Gattin, und wer ihn sah, erkannte ihn wieder; das waren seine Züge, sein Wuchs. Er plauderte mit den Bekannten des Hauses von alten Dingen, erinnerte sich an dies und jenes, was ihnen selbst entfallen war, an manchen Scherz und manche Heimlichkeit. Er war heiter und zutraulich, wie er es immer gewesen.

Martin Guerres vier Schwestern erkannten ihn als ihren Bruder; Pierre, des Vaters Bruder, nahm ihn als seinen Neffen auf; die ganze Familie empfing ihn als ihren Verwandten. Er bezog Bertrandens Wohnung und waltete mit den unbeschränkten Rechten eines Ehemannes. Infolge dieser erneuten, glücklichen Verbindung zeugte das Ehepaar zwei Kinder, von denen aber das eine bald nach der Geburt starb.

Wer hätte nun daran zweifeln sollen, daß der Ankömmling der echte Martin Guerre sei? Und doch verbreitete sich ein seltsames Gerücht in Artigues. Ein Soldat aus Rochefort, den der Zufall durch das Städtchen führte, sollte an öffentlichen Orten erklärt haben, der wahre Martin Guerre, den er wohl kenne, sei in Flandern; bei St. Laurent habe ihm eine Kanonenkugel das eine Bein genommen, und er führe jetzt ein hölzernes. Dieser, mit beiden gesunden Beinen, müsse daher ein Betrüger sein. Allein wer hatte ein Recht, da Frau und Verwandte einig waren und ihn für den wahren hielten, auf Aussagen eines fremden Soldaten hin ihm seine Eigenschaft zu bestreiten? Dieser Herläufer konnte, man wußte nicht welche, unlautere Absichten haben; und seine Angaben klangen nicht weniger fabelhaft. Denn, wenn Martin Guerre anderswo lebte, was hielt ihn ab, in seine Heimat zu kommen und sein väterliches Erbteil in Empfang zu nehmen? Doch befremdete es, daß Bertrande, nach demselben Gerücht den Soldaten insgeheim vor einen Notarius zitiert haben sollte und über seine Aussagen ein Instrument aufnehmen lassen.

Indessen zog bald eine andere Angelegenheit die Aufmerksamkeit der Leute auf die Familie Guerre. Pierre, der Oheim, geriet mit seinem Neffen in heftige Streitigkeiten. Zwar hatte er ihm die verwalteten Güter wieder herausgegeben, verzögerte aber die geforderte Rechnungsablegung von Tag zu Tag. Mit Ungestüm drängte ihn Martin; es kam zum Prozeß, und aus der früheren Einigkeit erwuchs die heftigste Erbitterung. Der Oheim ward sogar beschuldigt, dem Neffen nach dem Leben getrachtet zu haben. Einst sollte er in seinem Ingrimm ihn schon zur Erde geworfen haben und im Begriff gewesen sein, ihn mit einer eisernen Stange zu erschlagen, als Bertrande sich über ihren Gatten warf und auf diese Weise sein Leben rettete. Doch ruhte Pierre nicht; er suchte vielmehr nach allen Mitteln, sich an dem verhaßten Gegner zu rächen.

Die beste Gelegenheit schien sich darzubieten, als Martin infolge verdrießlicher Händel mit einem Jean von Escarboeuf in gefängliche Haft gebracht wurde. Er benutzte diese Zeit, Bertranden mit Vorstellungen zu bestürmen, daß sie von ihrem Manne lasse. Er sei ein Betrüger, den sie aus dem Hause werfen müsse; ja der Oheim drohte, sie selbst aus Haus und Hof zu treiben, wenn sie es noch länger mit ihm halte. Aber die Frau ließ sich nicht einschüchtern und erklärte mit ebensolcher Festigkeit als Bitterkeit: »Niemand auf der Welt kenne ihren Mann besser als sie selbst. Wenn er nicht ihr Ehemann wäre, so müsse der Teufel in seiner Haut stecken. Und wer das Gegenteil behaupte, den könne sie in ihrer Wut umbringen.«

Nicht besser erging es dem ergrimmten Oheim bei einem anderen Verwandten. Der reiche Jean Loze, Konsul zu Palhos, den Pierres Familie um Geldvorschüsse anging, um damit den Prozeß gegen den angeblichen Betrüger zu führen, erklärte, er erkenne Martin als seinen Verwandten an, wolle nichts weniger, als ihn ins Unglück stürzen und wenn er Geld hergebe, solle es lieber sein, um dem verleumdeten Manne gegen seine Feinde Recht zu verschaffen.

Pierres Anschläge schienen durchaus gescheitert, als Martin eines Tages, der Haft entlassen, zu seiner Frau zurückkehrte. Diese empfing ihn mit den Ausdrücken der unverhohlensten Freude und ehelicher Zuneigung. Sie liebkoste ihn wie einen aus schwerer Gefahr Erretteten, holte ihm reine Wäsche und wusch ihm die Füße. Aber schon am frühen Morgen nach der ersten seligen Nacht der Wiedervereinigung sah man Pierre, den Oheim und seine vier Schwiegersöhne, alle von Kopf bis Fuß bewaffnet, aus Bertrandens Hause kommen, in ihrer Mitte den eingefangenen Martin. Sie schleppten ihn mit Gewalt ins Gefängnis von Rieux, und am Abend hieß es allerwärts, dies sei von ihnen im Auftrag und Vollmacht Bertrandens selber geschehen, welche endlich erkannt habe, daß ihr Mann nicht ihr Mann, sondern ein Betrüger sei und den Prozeß gegen ihn anhängig mache.

Über Bertrandens eigentliche Gesinnung und eigenen Glauben ist, wie die Folge ergeben wird, nichts mit Gewißheit ermittelt. Sie scheint von Zweifeln über Martins Echtheit hin- und hergeworfen; aber wenn sie ihre eigene Neigung befragte, mehr zum Glauben als zum Unglauben gestimmt gewesen zu sein. Jene Vollmacht hatte sie allerdings unterschrieben, aber erst am späten Abend desselben Tages; und die Vermutung ward fast zur Wahrscheinlichkeit im Laufe des Prozesses erhoben, daß sie es nur infolge harter Drohungen und Gewaltmaßregeln getan, welche Pierre mit seinen Schwiegersöhnen gegen die verlassene junge Frau angewandt. Denn wie wenig ihr Gemüt damit zu tun hatte, bewies Bertrande, indem sie nach der gewaltsamen Entführung Kleidungsstücke, Wäsche und Geld zusammenpackte und sie ihrem Martin ins Gefängnis nachschickte.

Vor dem Richter von Rieux wurde nun der merkwürdige Prozeß instruiert.

Die Kläger behaupteten, daß der Verklagte nicht der verschollene Martin Guerre, sondern ein gewisser Arnold Tilh, genannt Pansette, sei, gebürtig aus Sagias, und ihr Antrag ging dahin, ihn für einen Impostor zu erklären und nach der Strenge der Gesetze zu bestrafen.

Martins Verteidigung war einfach und natürlich. Es sei ihm nie eingefallen, sich für einen anderen auszugeben, als der er wirklich sei. Nachdem er wegen des bekannten Zwistes mit seinem Vater aus der Heimat entwichen, habe er sich hier und dort umhergetrieben, in dieser und jener Stadt gelebt, mit diesen und jenen Personen, die er alle namentlich angab, verkehrt. Darauf habe er dem König in Frankreich sieben bis acht Jahr gedient, sei dann nach Spanien entlaufen, wo er einige Monate Soldat gewesen, und endlich auf die Nachricht, daß er ohne Gefahr nach Hause kehren dürfe, habe er sich dahin auf den Weg gemacht. In Artigues sei er beim ersten Anblick von allen Einwohnern, denen er begegnet, erkannt und mit Jubel in sein Haus geführt worden. Sein Weib habe ihn mit Freuden empfangen und ohne die geringsten Zweifel aufgenommen. Verwandte und Freunde, darunter seine vier Schwestern, wären ihm mit Freudentränen in die Arme gestürzt, und alles, ohne daß er nötig gehabt, seine Geschichte zu erzählen, und ohne daß sie eine Untersuchung angestellt. Die Macht der Wahrheit habe für ihn gesprochen.

Wenn seine Frau jetzt scheinbar unter den Anklägern gegen ihn stände und wider ihn zeugen sollte, nachdem sie drei Jahre ohne die geringsten Zweifel und Bedenklichkeiten mit ihm gelebt, so sei klar und ersichtlich, daß sie es nicht aus freien Stücken tue, sondern infolge der Drohungen und Einschüchterungen seines Oheims und dessen Anhang. Was diesen gewaltsamen Mann zu den unnatürlichen Verfolgungen treibe, sei ebenso klar. Es sei lediglich Rachsucht und Eigennutz, und die vorangehenden offenkundigen Vorfälle zwischen ihm und dem bösen Verwandten gäben die ihm günstige Schlußfolgerung von selbst an die Hand. Sein erster Antrag war deshalb: Bertranden aus der Gewalt des Oheims zu befreien und sie vor den Einflüsterungen desselben sicherzustellen, indem man sie in ein anderes Haus unter die Obhut unbescholtener Leute bringe. Diesem Antrage wurde auch nachgegeben und überdies zugunsten des Angeschuldigten die Erlassung eines Monitoires verfügt, d. i., eines geistlichen Ermahnungsschreibens, welches allen denen, die von der Sache etwas wußten, anbefiehlt, bei Strafe des Bannes es dem Gericht zu entdecken.

Nach den durch das Gericht eingegangenen Nachrichten ergab sich die Richtigkeit von allem, was der Angeschuldigte von seiner Reise, von den Städten, die er berührt, von den Personen, mit denen er gesprochen haben wollte, angab. Überdies gab er beim Verhör von jedem Umstande, worüber man ihn fragte, genaue Rechenschaft. Er redete mit der größten Geläufigkeit von seinem Geburtsort, seinem Vater, seiner Mutter, seiner Verheiratung, von dem Priester, der ihn mit Bertranden getraut; er entsann sich sogar, wie einige der Hochzeitsgäste gekleidet waren. In der Brautnacht waren die jungen Leute von einigen Mutwilligen, nach der rohen Sitte jener Zeit, überfallen und geneckt worden. Auch diese Personen wußte er zu nennen; desgleichen kannte er genau die Geheimnisse jener Nacht in der Herberge.

Bertrande, über alle diese Umstände vernommen, gab dieselben Antworten, daß es fast schien, als hätten sie sich darüber vorher verabredet, was doch unmöglich war. Nur über die Geschichte ihrer vermeintlichen Behexung, welche sie sehr ausführlich erzählte, hatte Martin geschwiegen. Darüber befragt, gab er aber Umstand um Umstand mit der größten Genauigkeit und fast mit denselben Worten wie Bertrande zu Protokoll.

Es wurden hierauf nicht weniger als einhundertundfünfzig Zeugen vernommen, darüber, ob sie den Angeschuldigten für Martin Guerre erkennten, oder für Arnold Tilh?

Etwa sechzig erklärten, die Ähnlichkeit zwischen beiden sei so auffallend, daß sie sich keine bestimmte Entscheidung zutrauten. Dreißig bis vierzig stimmten in ihren Aussagen dahin überein, daß er wirklich der ihnen wohlbekannte Martin sei, mit dem sie von Kindheit an umgegangen wären. Sie hätten ihn an gewissen Merkmalen und Narben seines Körpers sogleich erkannt. Etwa fünfzig erklärten aber mit derselben Bestimmtheit, es sei kein anderer als Arnold Tilh aus Sagias, den sie ebenfalls schon in seiner Jugend gesehen und mit dem sie Umgang gehabt hätten.

Endlich wurde von Gerichts wegen der zweifelhafte Beweis der Familienähnlichkeit nach dem Augenschein versucht. Martins Sohn, der junge Sanxi, glich dem Angeschuldigten nicht im mindesten. Dagegen wurden die vier Schwestern Guerre ihm so ähnlich erfunden, als »ein Ei dem anderen«.

Der Richter von Rieux fällte hierauf ein Urteil, daß der Angeklagte, des Betruges schuldig und überwiesen, durch das Schwert vom Leben zum Tode zu bringen und sein Leichnam zu vierteilen sei.

Der Angeklagte appellierte natürlich und das Parlament von Toulouse verfügte, mit der bisherigen unzufrieden, eine neue und strengere Untersuchung.

Vor allem schien es nötig, über Bertrandens Charakter die

möglichsten Aufschlüsse zu erhalten und, wären diese gewonnen, sie zu einem entscheidenden Zeugnisse zu bewegen. Alle Nachforschungen sprachen zu ihren Gunsten. Alle Zeugen belobten ihre unsträfliche Aufführung und ihre tugendhafte Gesinnung. Danach schien es unmöglich, daß ein so unbescholtenes Weib drei Jahre mit einem Manne gelebt haben solle, wenn sie nicht die aufrichtige Überzeugung gewonnen, daß er es von Gott und Rechts wegen sei. Sie, die acht Jahre während seiner Entfernung in der Blüte der Jugend und Schönheit sich enthaltsam gezeigt und, wo sie annehmen konnte, Witwe zu sein, den Lockungen und Aufforderungen widerstanden, das halb zerrissene Eheband vollends zu zerreißen und eine neue Verbindung einzugehen, vielmehr in Treue dem Verschollenen seine Rechte aufbewahrt hatte, von ihr war nicht anzunehmen, daß sie, nur aus fleischlichem Verlangen, einem fremden Manne ihren Besitz eingeräumt hätte. Bei der Konfrontation zeigte sie sich verlegen, verwirrt. Als der Angeklagte sie freimütig aufforderte, die Wahrheit zu bekennen, sie solle schwören, ob er ihr Mann sei oder nicht, und wenn auch sie gegen ihn spräche, habe das Leben keinen Wert für ihn, er wolle sich willig der Todesstrafe unterwerfen – wußte Bertrande nichts zu antworten, als »daß sie das weder beschwören noch glauben wolle.«

Dem neuen Richter erschien dies als ein neues Zeugnis für den Angeklagten. Bertrande, eingeschüchtert von so vielen Seiten, von so manchen Vorstellungen, bereute ihren Schritt, den Beitritt zur Anklage des alten Pierre; aber sie hatte einmal aus Schwäche, aus Furcht gefehlt; aus neuer Schwäche, aus Frucht vor Strafe, getraute sie sich nicht, ihre erste Erklärung bestimmt zurückzunehmen. Dazu sprach für den Inkulpaten sein freies, offenes Gesicht, sein gesetztes zuversichtliches Wesen, welches er in der Konfrontation mit Bertranden wie mit dem eigentlichen Ankläger, dem alten Pierre, bewahrte, wohingegen dieser außer aller Fassung erschien, dergestalt, daß die Inquirenten, – denn die Konfrontationen erfolgten vor einer vollen Gerichtsversammlung – das Zeichen des Schuldbewußtseins und einer verleumderischen Anklage auf Pierres Stirn zu lesen glaubten.

Nichtsdestoweniger wurde noch einmal zum Zeugenverhör geschritten, und von den abermals vernommenen dreißig Personen schworen neun oder zehn auf Martin Guerre, aber sieben oder acht mit ebensolcher Bestimmtheit auf Arnold Tilh. Folgendes waren die wichtigsten der gegen ihn sprechenden Umstände und Aussagen, welche von den Klägern zu dem von ihnen zu führenden Beweise zusammengestellt wurden.

Dieser Beweis sollte vorzugsweise affirmativ geführt werden, daß nämlich die in Rede stehende Person der bewußte Arnold Tilh sei. Und hier kam es zunächst darauf an, dessen Persönlichkeit zu konstatieren. Arnold war, nach Angabe aller, welche ihn in seiner Jugend gekannt, ein ruchloser Geselle, ein Spieler, Flucher, Gottesleugner, ein gewandter Dieb, kurz ein Mensch, welcher zu allem Unrecht, aus dem ihm ein Vorteil erwuchs, den besten Willen und die beste Fähigkeit mitbrachte. Zur Geschicklichkeit, bei jedem Betruge eine Rolle zu spielen, besaß er die Unverschämtheit, welche nötig war, sich darin zu behaupten. Ein Charakter, der sich keine Gelegenheit entgehen ließ, fremdes Gut und fremden Ruf sich anzueignen, mußte sich vorzugsweise berufen fühlen, hier zuzugreifen, wo die Umstände ihm zu dem bedeutendsten Spiele von selbst die Hand boten.

Die unverdächtigsten Zeugen hatten übereinstimmend bekundet, daß beide Personen von einer Ähnlichkeit seien, daß ein Unbefangener wohl die eine für die andere halten könne. Dennoch bemerkten einige, daß in gewissen wesentlichen Umständen ein Unterschied obwalte: Martin Guerre wäre größer und schwärzer gewesen, schmächtig gewachsen, stumpfnäsig und von dünnen Beinen. Er sei ein wenig gebückt gegangen und habe den Kopf zwischen den Schultern getragen. Wohingegen Arnold Tilh kleiner, untersetzter war, mit starken Beinen, auch nicht stumpfnäsig, noch habe er den Kopf eingezogen.

Diese letztere Schilderung paßte durchaus zum Bilde des Inkulpaten, wie er vor den Richtern stand. Dagegen hatte auch er, wie die Zeugen für Martin Guerre angaben, auf seinem Gesicht das Merkmal von einem Geschwür und eine Narbe über der rechten Augenbraue. Aber jene Zeugen hatten in der Beschreibung der Narben und Wundmale, die sie vor so langen Jahren bei Martin bemerkt haben wollten, sich mannigfach widersprochen. Dieser hatte die Narbe an dieser Stelle und von der Größe, jener an einem anderen Orte und von einer anderen Ausdehnung gesehen. Auch nicht zwei Zeugen stimmten hierin in ihren Wahrnehmungen überein. Und wenn endlich auch der Angeklagte das ganze Gesicht Martin Guerres nach allen Zügen und Lineamenten hätte, so wisse man ja aus der Geschichte von tausend ähnlichen und noch auffallenderen Spielen der Natur; wobei die Advokaten der Ankläger es nicht an Anekdoten aus der Geschichte des klassichen Altertums fehlen ließen.

Wenn der Angeklagte scheinbar alles wisse, was nur Martin Guerre wissen konnte, und sich durch keine Frage aus der Fassung bringen ließ, so sei dies nur eine auf die feinste Art gesponnene Betrügerei, indem der Urheber durch allerhand listige Mittel sich zeitig in den Besitz dieser Geheimnisse gesetzt, und wo er doch etwa irre, es durch Unverschämtheit zu bemänteln wisse. Ja, es wurde seitens der

Ankläger auch dringend wahrscheinlich gemacht, daß der angebliche Betrüger sich durch Zaubermittel die ihm mangelnde Kenntnis verschafft habe; einen Angabe, worauf das Parlament von Toulouse und selbst der gelehrte Referent in dieser Sache, der Parlamentsrat Coras, ein Reformierter, Gewicht legten.

Bertranden warf man weder eine Mitschuld an dem Spiele des Betrügers vor noch daß sie von ihm behext sei. Ihr ganzes Benehmen zeuge nur dafür, daß sie eine gutmütige, furchtsame Frau und unfähig eines Entschlusses sei, welcher irgend jemand ins Unglück stürzen könne, am wenigstens aber, wo es einem Mann galt, dem sie sich in gutem Glauben ganz überlassen. Es fordere aber einen großen Entschluß von einer tugendhaften Frau, öffentlich zu bekennen, daß sie sich in ihrem Manne geirrt. Denn diese Erklärung begreife nicht weniger in sich als ein Bekenntnis, daß sie die Ehe gebrochen, durch drei Jahre die Konkubine eines verworfenen Menschen gewesen und daß ihre mit ihm erzeugten Kinder Bastarde seien. Aus diesem Grunde zeuge ihr halber Widerruf, ihre Unentschlossenheit und Ängstlichkeit nichts weniger als für den Verklagten.

Unter den Zeugen, welche ihn unbedingt für den Arnold Tilh erklärten, hatten einige mit ihm Kontrakte abgeschlossen oder waren als Zeugen bei Verträgen mit ihm zusammengewesen. Sie wiesen die Dokumente und seine Unterschrift vor, was freilich nichts gegen einen Mann bewies, dem die Unterschrift wie die Instrumente selbst fremd waren. Dagegen bezeugte der Gastwirt aus einen anderen Orte, der Gefangene habe sich ihm einst unter dem Siegel der Verschwiegenheit entdeckt, daß er zwar Arnold Tilh sei, aber Martin Guerre habe ihn zum Erben eingesetzt. Zwei andere bekundeten, wie sie ihn erkannt; als sie ihn aber anreden wollen, habe er ihnen ein Zeichen gemacht, zu schweigen, dem einen von ihnen auch ein Geschenk zugesteckt.

Noch bekundete einer, daß der verschollene Martin Guerre ein guter Fechter und Ringer gewesen, der Angeklagte aber verstehe von beiden Künsten nichts.

Martin Guerre war aus Biscaya gebürtig. Der Angeklagte aber verstand nichts von der baskischen Sprache bis auf ein paar Worte, die er geflissentlich von Zeit zu Zeit in seine Reden mischte.

Zwei Zeugnisse erschienen endlich als schlagend:

Der Schuhmacher, welcher vordem für Martin Guerre gearbeitet, erhärtete eidlich, daß dieser aus seiner Maßlade immer Nummer 12 gehabt, wogegen der Gefangene nicht mehr als Nummer 9 habe. Daß Füße eines erwachsenen Mannes in gesundem Zustande kleiner würden, ist noch nicht vorgekommen.

Ein mütterlicher Oheim des bewußten Tilh, namens Carbon Bareau, erkannte bei der Konfrontation in dem Angeklagten auf den ersten Blick seinen Neffen. Dem alten Manne stürzten die Tränen aus den Augen, als er den Unglücklichen in Ketten vor sich sah. Die Richter legten großes Gewicht auf dieses unwillkürliche Geständnis. Die Kraft der Natur entriß diesem alten Mann eine Zustimmung, welche er bei kälterem Blute schwerlich gegeben hätte, denn sie mußte seinen Neffen unvermeidlich an den Galgen bringen.

Wären keine Gegenzeugen gewesen, so hätte jeder Gerichtshof auf diese positiven Aussagen wider den Angeschuldigten gesprochen. Aber die Zeugen für ihn verharrten mit derselben Bestimmtheit in ihrer Affirmation, daß der Gefangene kein anderer sei, als der ihnen wohlbekannte Martin Guerre. Was der Aussage dieser dreißig bis vierzig Personen noch mehr Gewicht gab, war, daß sie mit Martin

Guerre von dessen Kindheit an den vertrautesten Umgang gehabt, während die vorigen Zeugen den Arnold Tilh meistens nur aus einzelnen Begegnungen im Leben kannten. Ob Arnold auch verschwunden und verschollen gewesen und seit wann er seine Vaterstadt verlassen und wo er zum letzten Male gesehen worden, darüber schweigen die Mitteilungen.

Unter den Hauptzeugen für den Angeschuldigten stehen seine vier Schwestern voran. Sie hatten ihn vom Augenblick seiner Rückkunft an für ihren Bruder erkannt. Sie beharrten bei dieser Aussage in jedem Verhör. War es anzunehmen, daß alle vier sich durch die Ähnlichkeit täuschen ließen? Und wenn das bei der ersten Begegnung geschehen, so mußten sie doch im Verfolg des Prozesses ihre ganze Aufmerksamkeit angestrengt haben. Eigennutz und andere unlautere Motive waren nicht denkbar. Sie galten in der ganzen Gegend für unbescholtene, wohlgesinnte Frauen. Im Gegenteil wäre es eher ihr Vorteil gewesen, den Bruder zu verleugnen, denn seine Familie wuchs an und ihre Aussicht, ihn zu beerben, wurde geringer. Und hätten auch diese Frauen durch eine blinde Schwesternliebe sich täuschen lassen, so war dies von den beiden Ehemännern der zwei Verheirateten nicht zu erwarten. Diese erkannten den Erschienenen ebenso bereitwillig als ihren Schwager an und verleugneten ihn keinen Augenblick während des ganzen Prozesses.

Pierre Guerre selbst, der heftige Ankläger, war indirekt einer der gewichtigsten Zeugen für den Gefangenen. Er hatte ihn bei der Rückkehr ohne das geringste Bedenken für seinen Neffen erkannt, er hatte ihm die verwaltete Erbschaft ohne allen Vorbehalt überantwortet, und erst während des Streites über die Rechnungslegung erwuchsen mit der Feindschaft die Zweifel an seiner Echtheit. Erwiesen ward, daß er aus Rache mehrere Anschläge gegen Martin geschmiedet; es sprang in die Augen, aus welchen Motiven er diesen letzten Versuch, ihn zu verderben, angestellt.

Die Gründe, welche die Ankläger aus Bertrandens Benehmen und Charakter für sich schöpften, sprachen ebenso für den Angeklagten, wenn man sie auf andere Weise auslegte: Bertrande hatte gegen zehn Jahre in Ruhe und Frieden mit ihrem Gatten gelebt. Wenn jemand, so mußte sie ihn kennen. Die anerkannt züchtige und tugendhafte Frau hatte ihm bei seiner Rückkehr ohne Zaudern und Zweifel die vollen Rechte des Ehemanns eingeräumt; sie hatte während eines neuen dreijährigen Zusammenlebens die vollkommene innerliche und äußerliche Ähnlichkeit mit dem Verschollenen wiedererkannt. Wäre es nicht ihr wirklicher Ehemann, hätte sie glauben müssen, die Natur könne zwei vollkommen gleiche Körper schaffen und sie durch eine Seele beleben. Ihr Benehmen bei der Arretierung, bei der Konfrontation bewies nur, daß sie aus Furcht vor Pierre zuerst nachgab, und nachdem sie nachgegeben, aus neuer Furcht den getanen Schritt nicht zurückzutun wagte. Ihr Herz war unbedingt bei ihm, ihr Verstand war nur teilweise durch die angeregten Zweifel befangen; aber ihre Seelenkraft war nicht stark genug, den Rücksichten die Stirn zu bieten und aus voller freier Liebe sie fortzuscheuchen.

Unter den Zeugen, die sich seiner anfänglich nicht sogleich entsinnen konnten, hatte er sich einigen dadurch zu erkennen gegeben, daß er sie an gewisse besondere Begebenheiten erinnerte, die nur ihnen und Martin bewußt sein konnten. Gleich in den ersten Tagen seiner Ankunft hatte er jeden mit Nennung seines Namens begrüßt. Die genaueren Bekannten Martin Guerres redete er vertraulich und freundschaftlich an, die anderen gleichgültiger.

War es möglich, daß auch der listigste Betrüger so vielen

Personen und bei ganz unvermuteten Fällen, die jeden Augenblick vorkommen konnten, in der Art Rede stehen konnte, ohne sich je zu verraten? Welch ein Unterricht mußte da vorhergegangen sein! Und wer konnte ihm den erteilt haben? Wenn nicht Bertrande – und diese war über allen Verdacht hinaus – nur Martin Guerre selbst. Welche unnatürlichen, ins Unmögliche streifenden Annahmen setzte das voraus! Und wer kann seinem Gedächtnis so unzählige Umstände aller Art einpfropfen, ohne daß sie sich vermischen und zur Unzeit vorkommen! Und gesetzt, Martin Guerre wäre sein Lehrer gewesen, konnte er ihm auch seinen Geschmack, seine Neigungen, seine Art und sein Wesen einimpfen?

Zu jenen positiven und schlagenden Zeugnissen für die Echtheit, welche die Untersuchungsrichter schon zugunsten des Angeschuldigten gestimmt hatten, suchte dieser noch andere Beweise zu führen, wodurch die Beweiskraft der Belastungszeugen geschwächt wurde.

Wider die Glaubwürdigkeit Carbon Barreaus und einiger anderen Zeugen machte er triftige und erwiesene Einwendungen. Was den geringen körperlichen Unterschied durch das reifere Alter von selbst erklärt. Der um acht Jahre ältere Martin hatte an Stärke und Männlichkeit zugenommen, und da er dicker war, erschien er auch kleiner, als da er noch schlank und hager war. Er war Soldat gewesen und hatte gelernt, den Kopf, der früher in den Schultern stak, aufzurichten. Narben und Wundmale verwachsen gleichfalls mit den Jahren, und der Bart, den dazumal jeder Mann trug, verändert ein Knabengesicht oft so, daß man in dem Manne den Jüngling nicht mehr erkennt, während doch hier selbst seine Widersacher von seiner Erscheinung überrascht waren. Außerdem hatte Martin Guerre 1. im oberen Kinnbakken zwei Doppelzähne, 2. an der Stirn eine Narbe, 3. einen eingedrückten Nagel am ersten Finger der rechten Hand, 4. an eben dieser Hand drei Warzen und noch eine am kleinen Finger, 5. über dem linken Auge einen Tropfen geronnenes Blut unter der Haut. Alle diese Zeichen fanden sich auch bei dem Gefangenen.

Daß der Knabe Sanxi gar keine Familienähnlichkeit mit dem bärtigen Manne hate, war an und für sich kein Beweis wider ihn; die auffällige Ähnlichkeit der vier Schwestern vernichtete aber auch in diesem Falle jeden Schatten von Beweis, den man daraus hätte schöpfen können.

Daß er die baskische Sprache nicht verstand, bewies gar nichts, denn erweislich war er schon in seinem zweiten Lebensjahre mit seinen Eltern aus Biscaya fortgezogen; auch bekundete kein einziger Zeuge, daß er vor seiner Flucht jemals baskisch gesprochen. Der dargetane Charakter Arnold Tilhs aber sprach gerade für ihn. Denn in den drei Jahren, die der Angeschuldigte mit Bertranden gelebt, konnte man ihn keiner der bösen Eigenschaften zeihen, die nach Aussage aller von jenes Natur unzertrennlich waren. Er hatte keine Ausschweifungen begangen, nichts von Schlechtigkeit gezeigt und sich die Anhänglichkeit einer so tugendhaften Frau erworben, als Bertrande war. Welche neue, an Wunder grenzende Unwahrscheinlichkeit, wenn ein so nichtsnutziger und ruchloser Mensch durch drei Jahre seine Natur vollkommen verleugnete!

Die Richter waren in Zweifeln befangen. Aber da die Beweise und Gründe auf beiden Seiten von gleicher Stärke schienen, ließ sich erwarten, daß die mildere Ansicht durchgedrungen wäre, wie Gesetz und Billigkeit in zweifelhaften Fällen verlangen, hier zumal von der Rücksicht unterstützt, daß durch die Freisprechung eine faktisch bestehende glückliche Ehe und die Legitimität eines darin erzeugten Kindes erhalten wurde.

Da erschien an dem Schauplatze des Prozesses unerwartet ein neuer Zeuge, der gewichtiger war, als alle bisher vernommenen, ein Zeuge wider den Angeklagten, der zugleich als neuer Kläger auftrat. Ein Mann mit einem hölzernen Bein, der sich Martin Guerre nannte, der echte, der allein wahrhafte Martin Guerre von Artigues, der Ehemann Bertrandens von Rols.

Der eine angeblich falsche Martin Guerre machte den Gerichten schon so viel Kopfbrechen, daß sie diesen zweiten Prätendeten nur mit Mißtrauen empfingen und sofort in Verhaft nehmen ließen. Der Verdacht schien durch mehrere Umstände gerechtfertigt. Die Aussage jenes Soldaten, über welche Bertrande von Rols hatte ein Notariatsinstrument aufnehmen lassen, war jetzt bekannt. Nach derselben war der echte Martin Guerre ein Stelzfuß. Anlockung genug für einen Abenteurer, der ein hölzernes Bein hatte, sich zu der vakanten Stelle zu melden, nachdem es einem anderen, wie sie meinten, eine Zeitlang so gut gelungen. Auch konnte Pierre Guerre, der alles daran setzte, seinen Widersacher zu verderben und doch auf dem Punkte stand, alles zu verlieren, mit die Hand im Spiele haben und, um den vorhandenen zu vernichten, selbt einen neuen falschen Martin Guerre gemacht haben. Dazu kam, daß der Stelzfuß, wie aus den Berichten hervorgeht, nicht zuvor in der Stadt und bei den Verwandten sich zeigte, sondern sofort vor die Gerichte trat mit einer Schrift in der Hand, in welcher er seine Zivilansprüche auseinandersetzte und auf Wiedereinsetzung in den vorigen Stand und in alle seine Rechte antrug.

Dies alles schmeckte nach einer abgekarteten Intrige, um die verwickelte Sache noch verworrener zu machen. Die Antworten des Stelzfußes in den Verhören schwächten diesen Verdacht auch keineswegs. Sie waren zwar richtig und stimmten mit den meisten Umständen, wie man sie aus den

Verhören mit dem Gefangenen und Bertranden bereits zur Genüge wußte; aber der bisherige Prätendent hatte weit bestimmter, genauer und umständlicher von allem Rechenschaft gegeben.

Ehe man die Zeugen aufrief, schritt man zu einer Konfrontation zwischen den beiden Martin Guerres. Der ältere verlor nicht einene Augenblick seine Ruhe. Er behauptete, der Neuangekommene sei ein von seinem Oheim gedungener Betrüger, den er nicht kenne. Mit der Zuversicht eines Mannes, der seiner guten Sache sich bewußt ist, erklärte er, daß er sich der schimpflichsten Todesstrafe unterwerfen wolle, wenn es ihm nicht noch gelinge, die gegen ihn geschmiedete Kabale den Richtern zu beweisen. Er erbat sich darauf die Erlaubnis, den neuen Prätendenten selbst zu befragen. Es erfolgte hierauf ein hitziges Wortgefecht, in welchem der Stelzfuß zwar keine Antwort schuldig blieb, indessen mehr als einmal die Fassung und Geistesgegenwart verlor, während jener, trotz der heftigen Schimpfworte und Beschuldigungen, sich in der Ruhe behauptete, welche für das Zeichen eines guten Gewissens gilt.

Noch versuchte man, um der bisherigen Zeugen überhoben zu sein, die durch die vielfachen Verhöre sich selbst in eine Ansicht festgesprochen und dadurch an Glaubwürdigkeit verloren haben mußten, frische Zeugen herbeizuziehen. Arnold Tilh hatte Brüder. Man zitierte sie. Aber sie waren weder durch Versprechungen noch durch Drohungen zu bewegen, daß sie sich dem Gerichte stellten. Man ließ es dabei bewenden, weil die Richter es für unmenschlich hielten, so nahe Verwandte zu zwingen, gegen den Nächsten ihres Blutes zu zeugen, wo ihr Zeugnis diesem an den Hals gehen konnte.

So wurde denn zur Konfrontation der Familie Guerre mit dem neuen Prätendenten geschritten. Man ließ zuerst die älteste Schwester vor. Sie sah den Stelzfuß einige Zeit mit unverwandten Augen an. Plötzlich aber stürzte sie ihm an die Brust, schluchzte, streichelte ihn, nannte ihn bei Namen und bat ihn, daß er ihr vergebe. Die ganze Stadt hätte ja mit ihr den Irrtum geteilt. Ihr Bruder schien nicht minder gerührt, er umarmte die Schwester, vergab ihr die unbewußte Beleidigung, und wer diesem Auftritt zusah, ward von der Überzeugung durchdrungen, daß hier die Stimme der Natur sprach. Der Auftritt wiederholte sich fast in derselben Art bei der Konfrontation mit den drei anderen Schwestern. Sämtliche andere Zeugen, auch die am hartnäckigsten gewesen, in dem Angeschuldigten Martin Guerre zu finden, bekräftigten, nachdem sie den Stelzfuß gesehen, nunmehr einstimmig, dieser erst sei der rechte Mann.

Es blieb nun noch übrig, Bertranden mit dem zuletzt Angekommenen zu konfrontieren. Sie stockte an der Schwelle, als ihr Blick auf den unerwarteten Mann fiel. Alle Zeichen einer plötzlichen, mächtigen Erschütterung. Die Tränen stürzten ihr aus den Augen, und sie warf sich ihm zu Füßen; sie streckte die Arme aus, ihr Auge hing an seinem, und sie bat mit schluchzender Stimme um Vergebung.

Es war ihr entwichener Gatte, der wahrhafte Martin Guerre. Es bedurte keines Beweises mehr, das verstrickte Spiel voll Täuschungen war gelöst, und auch der Betrüger, welcher bis da seine Rolle so meisterhaft durchgeführt, hielt sie nunmehr für beendet und legte späterhin ohne Folter ein vollständiges Bekenntnis ab.

Es ist zu bedauern, daß uns die Akten dieses merkwürdigen und interessanten Prozesses nur in Verarbeitungen zugekommen sind. Zwar vermissen wir bei der Umständlichkeit in der pitavalschen Darstellung wenig, was über den faktischen Hergang der Sache Licht gäbe, und das Übergangene mögen wir uns selbst ergänzen; aber für das psychologische Interesse wäre es wünschenswert, die Protokolle über die direkten Aussagen Bertrandens selbst einzusehen. Das, was der Berichterstatter über ihre Äußerungen bei der doch unvorbereiteten Zusammenkunft mit ihrem wahren Ehemanne summarisch mitgeteilt, stimmt nicht ganz zu dem Bilde, welches wir uns nach dem Vorhergehenden von dieser Frau entworfen haben.

Auf den Knien vor ihm liegend, soll sie ihm auf das beweglichste vorgestellt haben, daß sie bloß durch ihre Schwägerinnen in diesen schrecklichen Irrtum geführt worden sei. Die Hartnäckigkeit dieser Frauen, den Betrüger für ihren Bruder zu erkennen und zugleich ihr eigenes brennendes Verlangen, den geliebten Gatten wiederzufinden, habe ihr die Augen verblendet und sie in den Abgrund von Schande gestürzt. Der Bösewicht habe sie durch die listigsten Maßregeln in ihrem Irrtum erhalten und durch alle die trügerischen Kennzeichen, die angeführt sind, so berückt, daß es ihr unmöglich gewesen, aus diesem Netz von Täuschungen sich loszumachen. Aber vom Augenblicke an, wo sie Argwohn geschöpft, hätte sie keine Mühe gespart, sich vollkommenes Licht zu verschaffen und dann zu rächen. Deshalb habe sie das Dokument beim Notar aufnehmen lassen und dann von dem Unterrichter die Sache wider den Betrüger so weit betrieben, daß ihm bereits das Schwert zuerkannt worden. Wenn er gleich appelliert, habe sie auch da die Sache mit besten Kräften weiter fortgesetzt.

Das »Arrangement« des Referenten liegt hier zu klar zutage. So kann Bertrande nicht gesprochen haben. Eine Frau ihres Standes, in einer solchen Lage, in diesem Moment der furchtbarsten Überraschung wird nicht diese Worte wählen und die Gründe so künstlich und doch ungeschickt wie ein schlechter Defensor zusammenstellen. War das der Sinn ihrer Reden, so läßt sich an und für sich gegen die Wahrscheinlichkeit nichts einwenden. Es ist vielmehr menschlich und natürlich, daß ein Weib von gemeiner Sinnesart im Augenblick des Schreckes und vor einem Richter, der wie ein Gespenst aus einer anderen Welt plötzlich vor ihr erscheint, alles bunt durcheinander aufbietet, um die Schuld von sich abzuwälzen. Es ist in der Natur des Menschen und des Weibes zumal, daß sie den Hauptirrtum auf ihre Schwägerinnen schiebt, obgleich es vor keinem Gericht eine Rechtfertigung sein wird; denn eine Ehegattin muß ihren Mann besser kennen, als die Schwestern desselben. Ihr brennendes Verlangen, den geliebten Mann wiederzufinden, erscheint noch weniger als Rechtfertigung ihres Irrtums, wenn sie wirklich die züchtige, tugendhafte Frau war, wie die Verhandlungen bis dahin sie darstellen. Es ist eine sehr zweifelhafte, psychologische Frage, ob die angebliche Wut gegen den Bösewicht und die Lust zur Rache in der weiblichen Natur begründet ist, wenn sie drei Jahre mit ihm als Mann und Frau gelebt, zwei Kinder mit ihm erzeugt hat und selbst, nachdem ihr guter Glaube erschüttert worden, noch mannigfache Beweise inniger Teilnahme ihm erzeigt hat. Dieser zweite Mann war zu ihrem wahrhaften Manne geworden, in den Jahren der reiferen Urteilskraft hatte sie ihn kennengelernt. Mußte er ihr da, wenn ihre Ehe wirklich so glücklich war, als die Anzeichen dafür sprechen, nicht mehr wert geworden sein als der vor elf Jahren Verschwundene, an den nur Erinnerungen aus der Jugendzeit sie banden? Es ist möglich, daß eine überraschte, schuldbewußte, schwache Frau Ähnliches in dieser Lage gesprochen, daß sie sich vor ihrem Ehegatten durch diese schlecht gewählten Gründe hat reinbrennen wollen. Aber dann ist die vorangehende Untersuchung über ihren Charakter eine mangelhafte, oder man hat aus falschen Wahrzeichen auf den Charakter geschlossen, womit auch die Bemerkung stimmen würde, die Pitaval beiläufig mitteilt, daß die Richter bei diesem Auftritt durch den Ton ihrer Stimme, ihre Tränen, ihre Schönheit, den Ausdruck des tiefsten Schmerzes in ihrem ganzen Gesichte und in allen ihren Bewegungen aufs äußerste gerührt gewesen. Aber es ist wahrscheinlicher, daß sie die gutmütige, urteilsunfähige und schwache Frau war, wie wir sie aus dem Vorangehenden kennengelernt. Sie glaubte an den Mann, weil alle an ihn glaubten und sie geneigt war, zu glauben. Nur zur Beschwichtigung ihres Gewissen ließ sie, als ein erster Zweifel sich erhob, jenes Notariatsinstrument ausstellen, ohne davon Gebrauch zu machen. Nur aus Furcht trat sie der Klage des Oheims bei und bereute es sogleich und suchte es wieder gutzumachen. Nur aus Furcht und Schwäche nahm sie die Anklage nicht zurück; denn es wäre ihr lieber gewesen, wenn es beim alten geblieben wäre. Wut und Rachsucht waren ihr fern und mußten ihr fern bleiben gegen den Vater ihrer Kinder. Unfähig, sich zu entscheiden, wartete sie den Ausgang ab, und als die Macht der Wahrheit siegte, ergab sie sich dem Ausschlag mit der passiven Leidenschaft eines schwachen Weibes, und nur die Furcht vor dem Zorn des Mannes, vor der drohenden Bestrafung, erpreßte ihr Geständnisse einer Intention, welche ihrem Sinn und Wesen, wie es geschildert, fremd lag.

So oder noch schlimmer sah auch Martin Guerre es an. Er, der bei der Begegnung mit seinen Schwestern dem Ausbruch seiner Empfindungen vollen Raum gegeben, blieb kalt und ungerührt bei dem Schmerze seiner Gattin. Er hörte sie an, ohne sie zu unterbrechen; aber sein Blick war finster, und sein Benehmen gegen sie verächtlich. Als sie ausgeredet, erklärte er, er könne weder ihren Worten glauben noch ihr verzeihen. Wenn sein Oheim und bis zuletzt auch seine Schwestern geirrt, so sei das keine Entschuldigung für sie. Eine Frau müsse an ihrem Ehemanne solche untrügliche Merkmale kennen, die es unmöglich machten, einen Fremden statt seiner zu nehmen, wenn sie nicht selbst an dem Irrtum Behagen finde. Er gab ihr allein an dem Unglück schuld, das sein Haus betroffen, und die Richter selbst bemühten sich vergebens, ihn von Bertrandens Unschuld zu überzeugen. Die Akten schweigen darüber, ob die Zeit endlich seinen Sinn zugunsten der armen Frau geändert habe.

Arnold Tilh, dessen Identität nunmehr erwiesen und anerkannt war, legte vor seinem Tode ein vollständiges Bekenntnis ab, wonach über die Motive und die Geschichte seines Betruges alle Zweifel gelöst wurden.

Er und Martin Guerre hatten zusammen in Kriegsdiensten gestanden und waren vertraute Freunde und Zeltkameraden gewesen. Martin hatte ihm bei verschiedenen Gelegenheiten alles Mögliche von seinem Herkommen, seinem Vermögen, seinen Eltern und seinem Weibe auf das Umständlichste erzählt; ja einmal in der Trunkenheit hatte er ihm auch die Geheimnisse seines Ehebettes entdeckt. Als er den Abschied genommen und nach Hause gekehrt, hätten ihn mehrere Leute als Martin Guerre angeredet und begrüßt, selbst mehrere von den vertrauteren Freunden desselben. Anfangs mochte er aus Scherz darauf eingegangen sein. Da ihm die Rolle aber über alles Erwarten glückte, sei er zuerst auf den Gedanken gekommen, Ernst daraus zu machen und allen möglichen Vorteil davon zu ziehen. Aus dem Scherze wurde ein Studium. Er entlockte diesen Freunden seines Kameraden beim traulichen Gespräche auf der Straße und in den Herbergen immer neue Umstände, die er gebrauchen konnte, und frischte die Erinnerungen an das auf, was ihm aus Martins Mitteilungen entfallen war, weil es ihn damals wenig interessiert hatte. So zog er, wohlvorbereitet und gerüstet, in Artigues ein, wo alles nach seinem Wunsche und über Erwarten ging. Von Bertranden selbst wußte er hier im täglichen und nächtlichen Gespräche die lückenhafte Kenntnis über sein früheres Leben allmählich immer mehr zu ergänzen, in dem er auf dieses und jenes die Rede lenkte, immer, als wolle er seine eigene Erinnerung sammeln, und sie wurde, ihn bestreitend oder ihm aushelfend, ohne Arg und Mitwissenschaft seine Lehrmeisterin und Gehilfin im Betruge.

Bei der Urteilsfassung kamen drei Angeschuldigte zur Sprache; das Weib, der Mann und der Betrüger.

Bertrande hatte faktisch einen Ehebruch begangen. Aber es war unmöglich, zu ermitteln, wann ihr Verdacht in Wissenschaft übergegangen, also ihre Strafbarkeit eingetreten sei. Ihr guter Glaube wurde vor dem Gericht durch den guten Glauben ihrer Verwandten und der ganzen Stadt unterstützt und entschuldigt. Das Parlament folgte deshalb der Billigkeitsregel, daß man in zweifelhaften Fällen stets für die Unschuld vermuten solle, und sprach sie von jeder Strafe frei.

Auch Martin Guerres Straffälligkeit kam zur Sprache, einmal, weil er sein Weib in böser Weise oder doch so unerlaubt verlassen, daß er der mittelbare Urheber der Übertretung geworden, und dann, weil er bei St. Laurent gegen Frankreich gedient habe. Letzteres Vergehen gehört nicht in diese Geschichte; auch sprachen die Umstände so für ihn, daß man ihn durch den Verlust seines Beines für genug gestraft erachtete. Ebensowenig erkannte man in jener Unterlassungssünde ein Verbrechen, welches vor einem menschlichen Richterstuhle anders zu bestrafen wäre, als wie es durch die Tatsache bereits gerichtet worden, durch die Unordnung in seinem Hause, die Untreue seiner

Frau und die teilweise Verschleuderung seiner Güter, wovon man erst bei dieser Gelegenheit Nachricht erhält.

Am 12. September 1560 sprach das Parlament von Toulouse das Urteil über Arnold Tilh. Es kassierte zuvörderst die Sentenz des Richters von Rieux, weil dieser auf Enthauptung gesprochen, eine Strafe, die eigentlich nur dem Adel zukomme und auf keinen Fall sich für einen so groben Verbrecher aus dem Pöbel schicke. Arnold Tilh wurde, »weil er sich des Namens, Standes und der Person Martin Guerres angemaßt, dessen Frau verführt und Ehebruch mit ihr getrieben, dessen Güter an sich genommen und durchgebracht, die Ehe entheiligt und eines anderen Frau an sich behalten, dahin verurteilt, daß er vor der Kirchtür zu Artigues, auf seinen Knien, im Hemde, mit bloßem Kopf und Füßen, einen Strick um den Hals und eine brennende Kerze in der Hand, Gott, den König, die Obrigkeit, Martin Guerre und Bertranden von Rols um Verzeihung bitten, von da durch die Straßen der Stadt geführt und endich vor Martin Guerres Haus an seinem Hals gehangen und erwürget werde, sein Körper aber nachher verbrannt werden solle.«

Nach den Gesetzen war auch sein Vermögen dem Könige verfallen; aus besonderer Berücksichtigung der Umstände sprach indessen das Parlament seine Hinterlassenschaft den von ihm mit Bertranden erzeugten Kindern zu, eine Mildtätigkeit, welche in dem vorliegenden Falle wohl von keiner Bedeutung war.

Am 16. September wurde das Urteil in seiner ganzen Ausdehnung durch den Richter von Rieux vollstreckt. Unter dem Galgen, der vor Martin Guerres Haus errichtet war, bat der Betrüger diesen und Bertranden mit wahrhafter Reue und Zerknirschung öffentlich um Vergebung. Nachdem der Körper erkaltet, wurde er abgenommen und verbrannt.

DIE VERGIFTETEN MOHRRÜBEN

1804

Als die vertriebenen Bourbonen, während Napoleons Herrschaft von Land zu Lande ziehend und ihre Asyle je nach den Umständen und politischen Konjunkturen tauschend, auch im Jahre 1804 in dem damals preußischen Warschau ihren einstweiligen Wohnsitz aufgeschlagen hatten, kam ein bübischer Mordanschlag gegen die königliche Familie zur Sprache. Man wollte Ludwig XVIII., seine Gemahlin, den Herzog und die Herzogin von Angoulême und wer von ihren Angehörigen an dem königlichen Tische saß, vergiften. Hinter dem schändlichen Komplotte steckte kein anderer als Napoleon, der seiner furchtbaren Gegner sich durch einige vergiftete Mohrrüben zu entledigen hoffte.

Die öffentlichen Artikel, welche über das entsetzliche Attentat gegen die flüchtige Königsfamilie sprechen, finden sich im Londoner Courier. In demselben, Nr. 15, vom 21. August 1804 heißt es:

»Dieses die näheren Umstände des neuen Verbrechens, welches das teure Leben des Enkels Heinrich IV. bedrohte, desselben, der schon im Jahre 1796 den Meuchelmördern entschlüpft war, welche das Direktorium gegen ihn ausgesandt hatte, und den nun die Vorsehung abermals von dem Tode rettete, welchen der feige Usurpator seines Thrones ihm bereitete. Das Blut des jungen zu Vincennes gemeuchelmordeten Helden konnte nicht die Wut des Tyrannen besänftigen. Sein Durst lechzt nach dem aller Bourbonen. Er wollte alle Glieder dieser herrlichen Familie, welche er erreichen konnte, in dasselbe Grab stürzen. Vereinigen wollte der Barbar mit ihrer anderen unglücklichen Familie auch diese junge und interessante Prinzessin, die der Wut eines Robesspierre nur entschlüpft wäre, um das Opfer eines Ungeheuers zu werden, welches nicht weniger grausam und feig ist als jener Vorsitzer des Wohlfahrtsausschusses war.« Dazu bemerkte der Redakteur: »Seit Ludwig XVIII. in Warschau wohnt, hat das französische Gouvernement dorthin einen gewissen Galon Boyer unter dem Titel eines Handelsagenten gesandt. Wohl zu merken, daß bis dahin kein solcher französischerseits in Warschau gesehen wurde. – Die englischen Zeitungen haben von diesem unnatürlichen Ereignis gesprochen. Was aber höchst merkwürdig, so weiß man, daß seitens der französischen Emigranten bereits zwei Berichte darüber existieren, obgleich französisch noch nichts über dieses neue Attentat des Monsieur Buonaparte veröffentlicht ist. Wir fordern die Herren Redakteure der englischen Zeitungen und die Journalisten des Monsieur Buonaparte auf, die Echtheit der Tatsachen, die wir bringen, zu bestreiten, und wenn die französischen Zeitungen es wagen sollten, den Monsieur Buonaparte wegen dieses neuen Verbrechens zu rechtfertigen, so wollen wir es übernehmen, ihnen zu beweisen, daß er der wahrhaftige Urheber ist.«

Das andere Blatt des Couriers vom 24. August enthält eine angebliche Korrespondenz aus Berlin des Inhalts:

»Die Nachricht, welche man soeben erhielt, über den Versuch, den Buonaparte neuerdings gemacht, Ludwig XVIII. zu vergiften, hat hier dermaßen die allgemeine Entrüstung hervorgerufen, daß der französische Gesandte La Forest auf den Straßen und im Theater Insulten zu erdulden hatte. Bei Hofe und auf dem Kasino gingen alle Mitglieder des diplomatischen Corps, mit Ausnahme der Gesandten der italienischen und batavischen Republiken, ihm aus dem Wege. Diese Entrüstung ist neuerdings noch gestiegen, seit ein zweiter Courier Nachricht gebracht, durch welche Mittel der französische Handelsagent Boyer versucht hat, den gewissen Coulon einzuschüchtern, welcher es war, der dies elende und grausame Komplott entdeckte.

Die vergifteten Mohrrüben und Napoleons gräßliches Attentat gegen die geheiligten Häupter der königlichen Märtyrer verschwanden bald unter den nächsten wichtigeren Ereignissen, dergestalt, daß man sie vergessen glaubte. Napoleons Größe bot nach seinem Sturze so viele Flecken dar, daß die legitimistische Wut sich daran füglich sättigen konnte. Erst im Jahre 1824, also volle zwanzig Jahre nach dem Attentat, zog man es wieder aus seiner Vergessenheit hervor, um noch einen Steinwurf auf das Felsengrab des Heros zu werfen.

Ein legitimistischer Schriftsteller zu Paris wärmte in einer Lebensbeschreibung Ludwig XVIII. die vergifteten Mohrrüben, zum Staunen des Publikums, wieder auf*.

Aber auch selbst da schien man das Gericht so unschmackhaft zu finden, daß die wahrhafte Historie von diesem Beitrage der Legitimisten keine Notiz nahm.

Die Mitteilungen des Alphons von Beauchamp sind in Kürze folgende:

Als der König (Ludwig XVIII.) eben mit den Vorbereitungen zu seiner Abreise nach Grodno beschäftigt gewesen, sei ein abscheulicher Mordversuch entdeckt worden, der es außer Zweifel gesetzt, daß man durch Gift sich gleichzeitig des Königs, der Königin, des Herzogs von Angoulême und seiner Gemahlin hat entledigen wollen. Zwei Abgesandte (Napoleons) hätten zuvörderst in Warschau nach einem Menschen gesucht, welcher der Tat fähig wäre und für Geld

* Vie de Louis XVIII., Roi de France et de Navarre, par Mr. Alphonse de Beauchamp, Chevalier de l'ordre royal de la Légion d'Honneur. Paris 1824.

sie wohl begehen würde. Ein gewisser Coulon habe ihnen dazu am dienstlichsten geschienen, der außerdem als Franzose in früheren Diensten eines der emigrierten französischen Großen, Zutritt zu der Dienerschaft des Königs hatte und beim Zustande seiner verschuldeten Kaffee- und Billardwirtschaft der Bestechung am zugänglichsten war.

Ausführlich wird nun erzählt, wie sie den gewissenhaften Mann zu bearbeiten versuchen. Sie schenken ihm Punsch über Punsch und Branntwein über Branntwein ein, und Coulon, sich mit seiner Verwirrung hinter die Dünste des Punsches flüchtend, stellt sich, als ob er geneigt sei. Es wird ein Rendezvous verabredet. Aber kaum ist Coulon frei, als er auch schon zu seinem ehemaligen Herrn, dem Baron von Milleville, dem Stallmeister der Königin, stürzt und ihm alles mitteilt. Dieser sucht den Herzog von Pienne, ersten Edelmann der königlichen Kammer auf, dieser den Grafen d'Avaray, Minister Ludwigs XVIII. Coulon erhält den Befehl, sich zu stellen, als ob er auf die Verführung eingehe. Ungern tut es die treue Seele. Er erklärt den Verführern, er sei entschlossen, ihren Auftrag auszuführen. Sie gießen ihm jetzt Champagner ein und sagen ihm, seine Aufgabe sei, sich in die königliche Küche zu schleichen und mit Geschick ein Päckchen, welches ihm zugestellt werden würde, in den Kochtopf zu werfen. – Coulon sagte: gut; aber er forderte Geld. Der eine verspricht ihm vierhundert Louisdor. Nun hat aber der Dunst des Champagners auch den einen der Verführer umnebelt. Dieser sagt zum andern, ob Boyer (Napoleons Agent) auch so viel darauf wenden würde? Dieser entgegnet, Boyer sei jetzt auf dem Lande und käme erst in zwei Tagen zurück. Coulon besteht nun erst recht auf sein Geld und wird deshalb zum anderen Morgen nach Nowawies, außerhalb der Stadt, bestellt. Auf dem Wege dahin sieht er einen Mann ihm folgen. Aus dem Getreide springt noch ein zweiter. Beide halten ihn auf; sie geben ihm das verheißene Paket und eine Korbflasche mit Liquer, durch den er sich im Augenblick der Ausführung stärken solle. Das Paket solle er aber ja nicht rütteln, denn es befänden sich in demselben drei ausgehöhlte Mohrrüben, mit einem Pulver angefüllt. Man zahlt ihm einige Taler und verspricht ihm die vierhundert Louisdor und ein Asyl in Frankreich, droht ihm aber mit dem Tode, wenn er die Verschwiegenheit breche.

Der König wohnte in Lazienki, eine Viertelstunde von Warschau. Dorthin eilt Coulon zu Herrn von Milleville und übergibt ihm alles. Der Graf d'Avaray und der Erzbischof von Reims drücken ihr Siegel auf das Paket, nachdem die preußische Polizeibehörde sich geweigert, dem in aller Form angebrachten Gesuche, Coulon und die beiden Abgeordneten sofort zu verhaften und eine Verhandlung aufzunehmen, zu willfahren!

Ludwig, als sein Minister ihn von dem Attentat in Kenntnis gesetzt, zeigte mit seiner gewohnten Seelengröße für seine Person einen unerschütterlichen Gleichmut, dagegen die lebhafteste Sorge für seine Angehörigen. Er schrieb sofort an den preußischen Kammerpräsidenten von Hoym nach Warschau, um sich mit demselben über die Sache zu besprechen und bestellte ihn auf den Abend nach Lazienki. Herr von Hoym antwortete anfänglich gar nicht, kam auch nicht zum Könige; endlich ging eine Antwort dilatorischen Inhalts ein, er lehnte die Untersuchung ab, weil sie zum Ressort der Polizeibehörde gehöre. Hierauf trug der König, da er sah, daß man seiner Autorität so wenig Gewicht gab, feierlich darauf an, 1. daß man sich Coulons und seiner Frau versichere, 2. daß man Kunstverständige ernenne, welche mit seinem, des Königs Leibarzt gemeinschaftlich die vergifteten Gegenstände untersuchten.

Aber die preußischen Behörden, aus Furcht, Buonaparten als Urheber des Komplotts zu entdecken, waren taub. Da also von der preußischen Justiz nichts zu erlangen war, begab sich der Graf d'Avaray mit des Königs Leibarzt Lefèvre zum Doktor Gagatkiewicz, einem der berühmtesten Warschauer Ärzte. Hier wird in Gegenwart des Doktor Bergonzoni und des Apothekers Guidel mit Abnahme der Siegel vorgeschritten, und man findet drei hohle, vollkommen frische Mohrrüben, die mit einem Teig von drei Giften, nämlich weißem, gelbem und rotem Arsenik, angefüllt sind.

Sofort wird das corpus delicti mit einem Protokoll darüber und einem neuen Gesuch dem Polizeipräsidenten der Stadt, dem Herrn v. Tilly, eingereicht. Dieser aber antwortete unbegreiflicherweise, die Sache ginge ihn nichts an, sondern gehöre vor das Ressort der Justiz. »So schoben sich Polizei und Justiz wechselseitig die Sache zu, um nichts darin zu entscheiden. Ein Beispiel der Konsequenz des von dem preußischen Kabinett angenommenen Systems.«

Nun blieb dem französischen Minister d'Avaray nichts übrig, als die Sache selbst in Gegenwart aller großen Würdenträger des Hofes zu untersuchen. Sie vernahmen den Coulon, der unabänderlich bei seiner Erzählung verharrte, und alle, betroffen von der Kraft seiner Gewißheit, erlangten auch die volle Gewißheit von der Wahrheit seiner Geständnisse.

Da Preußen nicht helfen wollte, stellte Ludwig seine gerechte Sache in die Hände des Himmels. Die öffentliche Meinung, auf den Kontinent zurückgedrängt, sprach sich desto freier in England aus. Der Eindruck, den die Nachricht von dem Mordanschlag auf Ludwigs heiliges Leben in London machte, war ungeheuer. Nur wenige (?) zweifelten, daß der Usurpator die wahre Triebfeder wäre. »Sie gedachten dabei an seine früheren erwiesenen Verbrechen: die Vergiftungen von Jaffa, die damals noch in frischem Andenken stehenden Ermordungen des Grafen von Frotté, von Pichegru, des Captains Wright, des Herzogs von Enghien, Toussaint Louvertures, an die Erfolglosigkeit seiner Aufforderung an Ludwig XVIII., wegen Abtretung seiner Rechte an den französischen Thron, sowie an seine bekannte Charakterfestigkeit. Selbst die Weigerung der preußischen Beamten, die Denunziation anzunehmen (was sie genötigt haben würde, zu handeln), vermehrte den Verdacht. Es gab fast keine englische Zeitung, worin nicht Buonaparte beschuldigt worden wäre, das Verbrechen anbefohlen zu haben, dessen Wirkung der Himmel gnädig abgewendet.«

So die Geschichte des Herrn v. Beauchamp. Es wäre doch möglich, daß die legitimistische Lüge sich in die Geschichtskompendien eingeschlichen hätte, wenn nicht glücklicherweise beim Kriminalsenat des Kammergerichts zu Berlin sich das Erkenntnis desselben gegen den ehrlichen Coulon, auf eine gründlich geführte Untersuchung, noch fände, welches nicht allein ein vollständiges Licht über das Attentat, sondern auch ein sehr unwillkommenes gegen die Denunzianten selbst verbreitet. Außerdem, daß die ganze schamlose Intrige wie man sie trotz ihres Mißlingens mit französischer Unverschämtheit ausgebeutet hat, enthüllt wird, zeigt der dokumentierte Verlauf zugleich, wie falsch und aus der Luft gegriffen die Anschuldigungen der Emigranten gegen die preußischen Behörden waren.

Ludwig XVIII., genötigt, von Land zu Land zu flüchten, hielt sich im Jahre 1804 in Warschau unter dem angenommenen Namen eines Grafen von l'Isle auf. Sein Unglück hatte, wie man weiß, seinen königlichen Mut nicht gebrochen, aber auch seine Ansprüche nicht gemindert. Er war umgeben von dem Gefolge aller der Schmarotzerpflanzen der Emigration, welche, hochmütig, anspruchsvoll, eitel, den Tribut des Mitleids, welchen man dem Unglück zollt, überall verkümmerten und es als eine Segnung betrachten ließen, wenn diese Ungebesserten und Unbekehrten ihres traurigen Weges weiterzogen. Trotz der Inkognitomaske hielt Ludwig seinen Hof und schmeichelte seinem Stolz durch stolze Namen, welche die Illusion des Sonst aufrechterhielten. Wir finden um ihn, außer seinem Minister, dem Grafen d'Avaray und anderen Hofbedienten, den Erzbischof von Reims, den Herzog von Pienne, den Marquis von Bonnay, den Herzog d'Havré de Croy, den Grafen de la Chapelle, den Grafen Damas Crux, den Grafen Stephan von Dames, den Abbé von Frimont und andere. Ludwig versicherte Napoleon, er wolle lieber schwarzes Brot essen, als dem Throne seiner Väter entsagen, was ihn aber nicht abhielt, auch den Freuden der Tafel in gewohnter Weise obzuliegen und seine Küche im Verhältnis zu seinem Hofhalt zu erhalten. Die Verhältnisse nötigten ihn im Juli 1804 nach Rußland überzupilgern. Der flüchtige Hof und seine emigrierten Anhänger ließen an jedem Orte Erinnerungen zurück, welche die Bewohner gern vertilgt gesehen hätten; eine Erinnerung aber nahmen sie mit, von Ort zu Ort, die an das alte Frankreich und die alten Zustände, wie sie gewesen; und im herbsten Mißgeschick, nach Täuschung und Täuschung, blieb ihnen eine Illusion, daß die Bourbonen wieder im Triumph nach Paris zurückkehren würden. Inwiefern das Spiel der Intrige, – denn auf dies allein war ihre Hoffnung gebaut, nicht auf die großen Weltgeschicke, deren wunderbare, unvorhergesehene letzte Wendung die Illusion zeitweilig zu einer Wirklichkeit machte – inwiefern das kleinliche Intrigenspiel nur von den müßigen Höflingen oder von der königlichen Familie selbst mitgespielt wurde, kommt hier nicht in Betracht. Gewiß ist, sie hielten auch den Zeitpunkt vor ihrer Abreise von Warschau für geeignet, eine jener Flatterminen loszulassen, durch welche sie Napoleons Thron in die Luft zu sprengen hofften.

In Warschau lebte dazumal ein gewisser Jean Coulon, angeblich eines Kaufmanns Sohn aus Lyon. Es genügt, was er von sich selbst bei der Untersuchung einzugestehen für gut gefunden, um zu wissen, mit wem man es zu tun hat. Schon im neunten Jahre entlief er seinem Vater, ging unter eine Schauspielergesellschaft, verließ sie heimlich, trat dann bei einem Perückenmacher in Dienst, ging im Jahre 1791 nach Spanien, ernährte sich drei Jahre lang zu Barcelona von seinem neuerlernten Handwerk, trat demnächst in eine Emigrantenlegion, ward wegen Streitigkeiten, die er mit Spaniern hatte, an ein spanisches Regiment abgegeben, ließ sich mit demselben einschiffen, desertierte in Genua, nahm Dienste unter der französisch-republikanischen Armee, flüchtete in der Schlacht bei Novi mit Pferd und Waffen nach Neapel zur berüchtigten Armee des Cardinal Ruffo, und als sich dies Corps zerstreute, kehrte er nach Spanien zurück, nahm dort wieder Dienste und ward nach Indien eingeschifft. Das Schiff wurde bei der Insel St. Lucia von einem englischen Geschwader genommen und er als Gefangener nach Plymouth gebracht. Nach zwei Jahren wechselte man ihn aus und schaffte ihn nach Cuxhaven. Er wandte sich von da nach Altona an den Herzog d'Avré, welcher zum Gefolge der Gräfin de l'Isle gehörte. In Wildungen, wo sie wohnte, nahm ihr Stallmeister, der Baron de Milleville, ihn in seine Dienste, und mit diesem kam er im September 1803 nach Warschau. Hier verheiratete er sich, gab seinen Dienst bei Milleville auf, mietete ein Billard und trieb eine Kaffeewirtschaft, indem sein Hauptzuspruch in der Dienerschaft des emigrierten Hofes bestand. – Coulon, damals zweiunddreißig Jahre als, katholischer Konfession und der französischen, italienischen und spanischen Sprache mächtig, war einer jener Glücksritter der niedrigsten Art, erfahren, in allem Schlechten gewitzigt, charakter- und gewissenlos, aber mit der äußeren Politur (er konnte weder schreiben noch lesen) und Macht der Rede, welche Franzosen und Italiener sich so leicht aneignen, gemacht zum politischen Werkzeuge, wie deren sich jede Partei in Frankreich reich bediente und noch bedient, wenn auch keine mit so plumper Unverschämtheit wie die Legitimisten.

Der französische Handelsagent Galon Boyer erscheint nicht in den gerichtlichen Akten; nicht aus Furcht vor Napoleon, sondern weil die preußischen Behörden den Abgesandten einer anerkannten Macht nicht unnötigerweise in ein Spiel hineinziehen wollten, dem er von vornherein, wie die Untersuchung ergab, völlig fremd war.

Allerdings geschahen, wie Herr v. Beauchamp berichtet, Eröffnungen seitens der französischen Höflinge an die preußischen Behörden, und es hat seine Richtigkeit, daß diese nicht sogleich zugriffen. Man wußte aus Erfahrung, mit wem man es zu tun hatte, und hatte nicht Lust, in die gelegte Schlinge blindlings zu gehen.

Der Graf d'Avaray vertraute am 23. Juli sehr mysteriös dem Kammerpräsidenten von Hoym an, daß mehrere Franzosen in Verbindung von nicht weniger als zwölf bis fünfzehn Polen seinem könglichen Herrn nach dem Leben trachteten. Herr v. Hoym zweifelte. Schon am Abend desselben Tages, um acht Uhr, stürzte abermals der Graf zu ihm und sagte, er habe Dinge von der größten Wichtigkeit zu entdecken. Der Präsident fragte, was es denn sei? Der Graf konnte es aber noch nicht über die Lippen bringen. Es ward eine neue Zusammenkunft mit Einbruch der Nacht verabredet, da wollte der Graf d'Avaray sprechen. Um zehn

Uhr teilte er dem Präsidenten nun mit, daß der Billardwirt Coulon von den verdächtigen Fremden nach Nowawies bestellt worden, um dort Gift zu empfangen und den Grafen de l'Isle damit zu töten. Die Sache klang dem unerfahrenen Beamten unwahrscheinlich. Bis er in das entfernte Nowawies Polizeidiener hinausschickte, war die verabredete Zusammenkunft längst vorüber; ihm schien es ratsamer, nach Coulon selbst zu suchen. Dessen Wohnung wußte oder wollte der Graf nicht angeben.

Am folgenden Tage las der Graf d'Avaray dem Präsidenten ein Memoire vor, das von ihm aufgenommen worden, und zeigte ihm ein Papier, in welchem sich zehn bis zwölf junge Mohrrüben befanden, welche Coulon am Abend vorher von den Fremden erhalten haben sollte, mit dem Ersuchen, das Papier mit seinem Petschaft zu versiegeln und einen über diese Versiegelung schon im voraus aufgenommenen Vermerk zu unterschreiben.

Herr v. Hoym erklärte sogleich, die Sache scheine ihm verdächtig, es mangele an allen Beweisen, und man wisse nicht, von wem Coulon die Rüben erhalten. Deshalb weigerte er sich, zu siegeln und zu schreiben. Indessen bat er um eine nähere Beschreibung der verdächtigen Fremden und sandte seine Polizeibeamten durch die ganze Stadt und Umgebung, ob etwa unbekannte Franzosen sich irgendwo versteckten. Man fand aber nur wohlbekannte Gesichter und nirgends etwas Verdächtiges.

Bald darauf erschien der Marquis de Bonay im Namen des Grafen de l'Isle beim Präsidenten und bat ihn um Überreichung eines Memoires seines Gebieters, einer Untersuchung von Sachverständigen über den Inhalt der Rüben beizuwohnen. Herr v. Hoym nahm das Memoire, lehnte aber das letztere ab, auch als der Graf de l'Isle ihn schriftlich darum ersuchte.

Am 26. Juli erhielt darauf der Polizeipräsident von Tilly vom Grafen de l'Isle und d'Avaray eine Verhandlung des Inhalts, daß vier Sachverständige in Gegenwart des Herzogs von Pienne und d'Avarays drei Mohrrüben und eine Flasche Liqueur chemisch untersucht und die Rüben mit Arsenik vergiftet gefunden hatten.

Dermaßen verdächtig erschien aber die Sache von Anbeginn sämtlichen Beamten in Warschau, daß auch ein Notar sich weigerte, einen Aufsatz zu beglaubigen, in welchen Coulons Aussage aufgenommen ward. Erst als nach der Abreise des Grafen de l'Isle, die am 30. Juli erfolgte, sich das Gerücht verbreitete, daß Coulons Frau von einem Gewürzkrämer Gift habe kaufen wollen, es aber nicht erhalten habe, ward sie im Auftrag des Polizeidirektoriums verhaftet. Anfangs leugnete sie, gestand aber bald. Sie wollte, ohne Wissen ihres Mannes, das Gift zur Vertilgung der Ratten und Mäuse gefordert haben. Coulon ward nun auch eingezogen und räumte ein, daß er es gewesen, der ihr das Gift zu kaufen befohlen.

Unter Einsendung des von den französischen Hofleuten aufgenommenen procès verbal ward von der Warschauer Regierung nach Berlin über den Vorfall berichtet, und sie erhielt von dort den Auftrag, die Sache aufs strengste zu untersuchen.

Nach dem procès verbal hatte Coulon folgendes ausgesagt: Am 20. Juli wären zwei ihm Unbekannte in seine Billardstube gekommen und hätten nach verschiedenen Fragen über den Grafen de l'Isle und seine eigenen Glücksumstände ihm eröffnet, daß sie ein Mittel wüßten, wie er auf einmal alle seine Schulden bezahlen könne; er müsse aber schweigen, sonst koste es ihm das Leben. Nachdem er dies gelobt, sagten sie ihm, er sei im Hause und in der Küche des Grafen de l'Isle bekannt. Sie würden ihm etwas zustellen, was er in den Suppentopf werfen solle. Dafür könne er vierhundert Louisdor gewinnen. Wenn es ihm gelänge, sei sein Glück gemacht. Coulon besann sich einen Augenblick. Da versprachen sie ihm, ihn und seine Frau nach Frankreich zu schaffen, entfernten sich aber bald, indem der eine auf platt italienisch sagte: »Wir müssen fort, wir haben keine Zeit zu verlieren.« Nachdem am folgenden Tage jemand zweimal nach ihm gefragt, sei am Abende wieder ein dritter unbekannter Mann zu ihm gekommen; dieser habe ihn geheimnisvoll hinausgerufen und sei darauf mit ihm in der Alt- und Neustadt Warschau so umhergestreift, bis er, Coulon, sich in einer ganz unbekannten Gegend gefunden. Hierauf wären sie in ein Haus getreten, wo einer der beiden Unbekannten von gestern ihn an seinen Vorsatz erinnert und gefragt, ob er sich noch den Streich auszuführen getraue. Sie hätten Champagner getrunken und der Fremde sich berauscht. Da er nun gesagt, ja, er wolle, hätten sie ihm an die Hand gegeben, er solle in die Küche gehen und den königlichen Koch um Hammelkoteletten bitten. Während der sie nun röste, solle er ihm Schnaps zu trinken geben und den günstigen Augenblick nützen, das, was man ihm gebe, in den Topf zu werfen. Er hätte nun erwidert: »Das sei schon gut; wo denn aber die vierhundert Louisdor blieben?« Da habe der eine etwas Angetrunkene erwidert: »Ich weiß nicht, ob Boyer soviel geben wird!« Der Nüchterne, der das schnell bemerkt, sei eingefallen: »Was du da sprichst; Boyer ist verreist und kommt erst in einigen Tagen zurück.« Nachdem er, Coulon wiederholt auf das besprochene Geld gedrungen, hätten sie ihn zum nächsten Abend elf Uhr nach Nowawies bestellt. Dort werde man ihm geben, was er tags darauf in die Suppe werfen müsse; wenn das geschehen, solle er eilend nach dem Hochgericht gehen, wo er jemand finden werde, der es übernehme, ihn in Sicherheit zu bringen. Sie hätten ihm darauf einen Dukaten gegeben, um dafür den Koch trinken zu lassen, und um ein Uhr des Morgens (obgleich er gern bis Tagesanbruch geblieben wäre) ihn durch entlegene Gassen nach Hause geführt. – Abends darauf um elf Uhr hätte er den Weg nach Nowawies angetreten. Wie es in der Beauchampschen Historie heißt, sei ihm ein Mann gefolgt, ein anderer aus dem Getreide vorgesprungen; man hätte ihn gewarnt, weil die Hunde Lärm machen könnten, und ihn gefragt, ob er bei seinem Entschluß bliebe. Als er es bejaht, hätten sie ihm ein Paket in einem Papier gegeben, mit der Warnung, es nicht umzukehren, weil es ausgebildete Mohrrüben enthalte und, was drinnen sei, nicht verschüttet werden dürfe. Auch hätten sie ihm sechs Taler gegeben; aber als er mehr gefordert, erwidert, mehr könnten sie nicht geben; sie wären schon zu oft betrogen worden, und sie hielten ihn selbst nicht für sicher. – Als er nun gesagt, wenn sie ihm nicht trauten, möchte einer mit ihm in die Küche gehen, hätten sie das abgelehnt, aber gesagt, es würde sein Unglück sein, wenn er sie hinterginge. Wenn es aber geschehen, so solle er sich nach Sochaczew (die erste Poststation nach Berlin hin) begeben, wobei sie ihm einen Zettel mit dem Namen des Orts eingehändigt. Dort werde der Postmeister für ihn sorgen; auch sie würden sich einfinden, ihm die vierhundert Louisdor aushändigen und dann miteinander nach Frankreich gehen. Käme er aber am bestimmten Tage dort nicht an, so würde er tags darauf nicht mehr am Leben sein. Außerdem sollte er für jede Person, welche binnen Jahresfrist in jenem Hause sterben werde, einhundert Louisdor mehr haben. Gelänge ihm die Ausführung der Anschlags vor dem nächsten Abend nicht, so möchte er ein Schnupftuch, welches sie an einem Baume verscharrt, herausziehen; glückte es ihm aber, so möchte er es liegen lassen. Er habe sich den Baum gemerkt.

Es sei der fünfundvierzigste gewesen hinter der Barriere nach Nowawies. Der Saum des Tuches habe etwas hervorgeragt. Darauf hätten sie ihm Mut zugesprochen und ihm eine kleine Flasche gegeben, um zu trinken, ehe er in die Küche ginge, mit dem Beifügen, er brauche sich auch nicht zu fürchten, es werde nicht sogleich wirken. Nachdem er sie verlassen, sei ihm übel geworden. Ein preußischer Offizier, der ihn glücklicherweise getroffen, hätte ihm Riechwasser gereicht und ihn nach Hause bringen lassen. – Zum Schlusse hatte er in dem procès verbal eine genaue Beschreibung der beiden Fremden gegeben.

In der wider ihn eröffneten Untersuchung verharrte Coulon bei dem ganzen Inhalt des von den Franzosen aufgenommenen Protokolls; nur daß er, als ein pfiffiger Betrüger, hie und da Einzelnheiten hinzutat, um die Sache glaubwürdiger zu machen, und einzelnes umänderte, wo er merkte, daß seine frühere Angabe zu den Umständen nicht mehr paßte.

Seine Frau hatte geständig Gift gekauft. Er mußte darüber Rechenschaft vor dem Gericht geben und war auch damit sogleich bei der Hand: Am Morgen der ersten Unterredung mit den Unbekannten habe der eine derselben ihn ersucht, Pulver zu kaufen, um damit die Mäuse zu töten, welche seinen Kameraden in dessen Zimmer belästigten. Er habe ihm Geld, in ein Papier gewickelt, gegeben, nebst einem Zettel, worauf das Pulver geschrieben gestanden. Er habe nun in einer Apotheke einen rötlichen Teig für zwei Groschen gekauft, in seiner Wohnung Kügelchen davon gedreht und damit in seinem Keller Versuche angestellt, ob wirklich die Mäuse daran krepierten. Als nachmittags der Unbekannte den Teig bei ihm gesehen, habe er gesagt, das sei nicht der rechte: »Ich habe Ihnen gesagt, Sie möchten Pulver bringen. Sehen Sie zu, daß Sie Pulver bekommen,

Sie haben Geld genug. Sagen Sie dem Apotheker nur, daß Sie den Teig verloren haben.« Der Fremde habe aber doch den Teig eingesteckt. Nun habe er, Coulon, durch seine Frau das aufgeschriebene Pulver von einem Kaufmann holen lassen wollen, der hätte aber erwidert, dazu müsse er ein Attest von seinem Herrn bringen. Während die Frau fort war, habe er erst das Papier aufgewickelt und zehn Dukaten darin gefunden. Endlich hätte er aus einer Apotheke das Pulver erhalten, welches nun auch den Fremden, als sie am Abend zu ihm kamen, genügt. Darauf sei alles geschehen, wie es im procès verbal angegeben, er habe aber noch am nämlichen Abend nach der ersten Proposition dem Baron von Milleville alles entdeckt (nur nicht das von den zehn Dukaten und dem Mäusegiftkauf), der darauf am folgenden Morgen nach Lazienki fahren und den Grafen de l'Isle alles bekannt machen wollen, ihm aber anbefohlen habe, sich gegen die Unbekannten zu stellen, als sei er für Geld ganz zu ihrem Auftrage bereit, weil man auf diesem Wege die sichersten Nachrichten erhalten könne. Sein Herr sei nun nach Lazienki gefahren, und als er zurückgekehrt, habe er, Coulon, ihn gebeten, daß man doch ja die Sache gleich der Justiz anzeige. Aber Herr v. Milleville hätte gesagt, es fehle an Beweisen. Zuvörderst müsse er das Paket und das Geld von den Unbekannten erhalten haben.

Hier ergab sich der erste offenbare Widerspruch; denn Coulon mußte sofort eingestehen, daß damals noch von keinem Paket die Rede gewesen war.

Hierauf folgte die ganze Geschichte von dem nächtlichen Spaziergang durch Warschau, von dem Gespräch mit den Unbekannten in einem Hause, das er nicht wiederzufinden wisse, von dem späten Gange nach Nowawies und der Ausantwortung des Rübenpakets und Liqueurs.

Alle diese zungenfertigen Mitteilungen trugen mit ihren

mannigfachen Ausschmückungen so sehr das Gepräge des Unwahrscheinlichen an sich, daß der Richter sich gedrungen fand, ihm die ernstesten Vorhaltungen zu machen. Er solle wohl bedenken, daß er durch seine Angaben mehrere Personen, und namentlich den französischen Handelsagenten Galon Boyer ausdrücklich kompromittiere, daß bei solcher Beschaffenheit der Dinge also die allerstrengste Nachforschung erfolgen und, wenn seine Angabe sich als falsch erweise, die strengste Ahndung nachfolgen müsse.

Coulon geriet in sichtliche Gemütsbewegung. Er hatte diese Wendung nicht erwartet. Aber schnell sich fassend, fragte er, wie die Sache in diesem oder jenem Falle für ihn ausfallen dürfe, besann sich dann eine Weile und erklärte mit Frechheit, er sähe, schlimm wäre es so und so; aber ein besserer Ausgang sei doch abzusehen, wenn er bei der Unwahrheit bleibe. Man drang schärfer in ihn, was er damit meine, und stellte ihm vor, daß, wenn seine Angabe unrichtig sei, er noch in dem Falle milder fortkäme, wenn er offen gestände, daß er durch eine falsche Anzeige sich nur aus seinen dürftigen Umständen hat aufhelfen wollen.

Rasch fiel er ein: »Ja, so ist es. Ich habe mir bei Gelegenheit der Abreise des Grafen de l'Isle eine Belohnung verschaffen wollen, um meine Schulden bezahlen zu können. Ich hoffe, einhundert Dukaten dafür zu erhalten.«

Dies war nicht die volle Wahrheit, vielmehr nur eine Notbrücke, welche ihm der Inquirent selbst geschlagen und über die Coulon mit der Hast eines Flüchtigen sich stürzte. Aber man verfolgte ihn Schritt für Schritt. Er blieb dabei in mehreren Terminen und hatte auch bald mit seiner lebhaften Phantasie die neue Geschichte sich fertig ausgeschmückt. Eine Schuldenlast von siebenunddreißig Dukaten hätte ihn gedrückt. Zugleich habe er für seinen Erwerb alles fürchten müssen, da er mit der Abreise des französischen Hofes auch in der Dienerschaft desselben seine sämtlichen Kunden fortgingen. Da sei der Vergiftungsanschlag in ihm aufgestiegen. Anfangs habe er nur vorspiegeln wollen, daß ein paar unbekannte Franzosen ihm eine Summe Geldes geboten, um in den Suppentopf des Königs Gift zu werfen. Dies habe er seinem ehemaligen Herrn, dem Baron v. Milleville, hinterbracht, und es sei zu Protokoll genommen worden. Am zweiten Tage aber, da man ihm schärfer zu Leibe gegangen, habe er das Nachtgespräch in dem unbekannten Hause und den Vorschlag, nach Nowawies zu gehen, sowie die Verhandlungen wegen der Flucht erdichtet.

Nun hätte er gern, nach seiner Angabe, die Sache nicht weitergetrieben, aber der Baron v. Milleville habe ihn nicht losgelassen, sondern überredet, er solle den einmal betretenen Weg verfolgen, getrost nach Nowawies gehen, das Gift, was man ihm gebe, empfangen und möglicherweise einen der Fremden in die Küche locken, damit man ihn dort arretieren könne. So sei er gezwungen gewesen, den einmal angefangenen Faden der Erdichtung weiterzuspinnen, so sauer es ihm auch geworden.

Er habe nun schon etwas Tatsächliches bringen müssen. Deshalb habe er sich Gift verschafft und einen Unbekannten gebeten, ihm den Namen desselben auf ein Papier zu schreiben, weil man wisse, daß er nicht lesen noch schreiben könne, er sich also durch das Papier vor Herrn v. Milleville und der Polizei mehr Glauben zu verschaffen gehofft. Dann, da er wisse, daß jeden Tag in den Suppentopf des Königs ganze Mohrrüben kämen, habe er drei Mohrrüben mit einem Kaffeelöffel und einem Stocke ausgehöhlt und den präparierten Teig und das Pulver hineingedrückt. Hierauf habe er sich am späten Abend nach Nowawies begeben, daselbst an einem Baume ein Schnupftuch verscharrt, um dadurch die andere Vorspiegelung von der Todesdrohung beweisen zu können. Folgenden Tages sei er nun mit den drei Mohrrüben, einer Flasche Liqueur und sechs Talern vor Herrn v. Milleville erschienen mit der Angabe, die drei Mohrrüben seien, um den König zu vergiften, die Flasche Liqueur, um sich Mut zu trinken, die sechs Taler aber ihm gegeben worden, um bis zur nächsten Station Sochaczew zu fliehen, wo er die vierhundert Louisdor und Gelegenheit zur Flucht nach Frankreich finden werde. Sochaczew habe er aber deshalb statt des Hochgerichts angegeben, weil Herr v. Milleville auf den Einfall kommen könnte, sichere Leute nach dem Hochgericht zu schicken, die nichts Verdächtiges finden würden, wo dann auf ihm ein Verdacht haften geblieben wäre. Deshalb hätte er sich, wie vorhin den Namen des Giftpulvers, auch den der Station Sochaczew auf der Post aufschreiben lassen und ihn als Beweis seinem Herrn vorgelegt.

Als aber Herr v. Milleville ihm gesagt, daß der Präsident v. Hoym die ganze Sache nicht glaube, sondern sie für seine, des Coulon, Erdichtung halte, habe er angefangen, für sich selbst Besorgnisse zu schöpfen. Deshalb habe er darauf gedacht, auch seine Frau zu instruieren, wenn sie vor Gericht erscheinen sollte. Er hätte deshalb ihr vorgespiegelt, in letzter Mitternacht habe er gehört, wie ein Geräusch an der Tür entstand. Er sei aufgesprungen und habe nun wahrgenommen, wie die Fremden draußen mit einem Nachschlüssel die Türe zu öffnen versucht, was ihnen aber nicht gelungen, weil der Schlüssel im Schlosse gesteckt und er denselben behutsam festgehalten habe. Darauf hätten sie sich entfernt, aber mit den Worten, die er noch gehört: »Der Streich ist mißglückt. Wir müssen Boyer davon benachrichtigen und entfliehen.«

Indessen sei doch sein Vorsatz gewesen, sich aus dem

Staube zu machen, den er auch wohl ausgeführt, wenn ihm Herr v. Milleville nicht zugeredet, zu bleiben, weil sonst die ganze Sache auf die Begleiter der Grafen de l'Isle zurückfallen möchte. Nun habe man ihm seitens des Grafen d'Avaray und des Herzogs von Pienne schriftliche Aufsätze vorgelegt, worin seine Aussage enthalten gewesen, aber von den Herren hie und da verbessert worden sei, und man hätte ihn bearbeitet, sie vor Notaren beglaubigen zu lassen und vor der Obrigkeit des Landes eidlich, wenn es gefordert werde, zu erhärten. Und darauf sei er plötzlich nebst seiner Frau von der Herzogin v. Angoulême in Dienste genommen worden und man habe ihm, vermutlich für die bewiesene Treue, außer freier Wohnung, Holz und Licht, monatlich sechs Dukaten versprochen.

Diese zweite Aussage, die einen Widerruf der ersten enthielt, hatte in ihren Details freilich nicht mehr Wahrscheinlichkeit als jene. Aber Coulon gab sich selbst in derselben als Erfinder einer falschen Anklage aus Gewinnsucht an und bestätigte den aus den Umständen und der Kenntnis der Personen längst obwaltenden Verdacht, daß andere diese falsche Angabe zu ihrem Vorteil ausgebeutet hätten.

Schon waren mehrere Zeugen darüber vernommen, als wahrscheinlicherweise Zuflüsterungen durch die Gefängnismauern ihn umstimmten. Coulon verlangte die Inquirenten zu sprechen, und mit derselben Festigkeit, mit der er sein zweites Bekenntnis abgelegt, widerrief er dasselbe. Die im ersten Bekenntnisse angegebenen Tatsachen seien von ihm nicht erdichtet, sondern der Hauptsache nach wahr. Aufs neue nahm er nun sein erstes Geständnis vor und schmückte es nur, um ihm den Anstrich von Wahrscheinlichkeit zu geben, mit einigen Nebenumständen aus. Einige unbedeutende Abänderungen, die er mit großer Bestimmtheit vortrug, sollten vielleicht den Schein erwecken, daß er von großer Gewissenhaftigkeit sei, wenn man überhaupt bei einem Menschen seines Schlages annehmen darf, daß es ihm um den Schein von Gewissenhaftigkeit ernstlich zu tun sein könne. Vielmehr galt es ihm wohl nur, die Sache noch mehr zu verwirren, die Richter von der Spur der Wahrheit immer mehr abzulenken und für sich selbst Zeit zu gewinnen.

So will er, zufolge dieses dritten Bekenntnisses, als er nach Nowawies ging, sich das Gift selbst verschafft haben, in der Besorgnis, daß sein Verrat den Verschworenen inzwischen bekannt geworden. Er habe sich damit, wenn sie ihn ergriffen, selbst vergiften wollen. Auch räumt er ein, daß von den drei Dingen, die er von den Fremden in der Nacht erhalten, die Flasche Liqueur von ihm zugesetzt worden. Diese habe er schon bei sich im Hause gehabt. Auch nahm er die laut des zweiten Geständnisses nur vor seiner Frau fingierte Geschichte von dem versuchten nächtlichen Einbruch jetzt als Wahrheit wieder auf. Da ihm nun wegen seines Lebens wirklich bange geworden, habe ihn Herr v. Milleville beruhigt, »daß der französische Kaiser nur erst nach vier Wochen von dem fehlgeschlagenen Plane unterrichtet werden könne. Unterdes könne er füglich in Sicherheit gebracht werden.« Auch habe ihm derselbe abgeraten, von Warschau fortzuziehen, da man ihn dort wohl noch brauchen dürfte, und ihm sechs Dukaten zu seinem Unterhalt gegeben. Zugleich aber habe derselbe alles versucht, der zu Papier gebrachten Erzählung alle mögliche Publizität zu geben, und dabei geäußert, »man müsse sie der ganzen Welt vor Augen legen; die Angelegenheiten in Frankreich würden vielleicht dadurch ganz verändert werden«. Als aber der Notar die Beglaubigung abgelehnt, habe Herr v. Milleville ihm aufgetragen, schleunigst zum Erzbischof von Reims zu laufen, der gerade im Abreisen begriffen war, und ihm zu sagen: »Que le coup était manqué.«

Coulon, der sich bis da als ein sehr treuer und ergebener Diener seines ehemaligen Herrn gezeigt, sprach hier mit einem Male seine Vermutung aus, daß Herr v. Milleville doch wohl ein Mitschuldiger der Fremden sein müsse. Das glaube er daher: Als er geäußert, ob die Fremden auch wirklich die vierhundert Louisdor zahlen würden, habe Herr v. Milleville ausdrücklich zu ihm gesagt: »Es wären eintausend Louisdor für diesen Streich ausgesetzt.« Kurz vor seiner, Coulons, Verhaftung habe er aber zu ihm gesagt, er solle sich nicht fürchten, sondern standhaft sein; dann werde er auch eine Pernsion erhalten. Er habe ferner von ihm verlangt, die Signalements der Fremden gerade so anzugeben, wie der sogenannte procès verbal sie enthalte. Das habe er dem Milleville durch einen Eid versprechen müssen und dafür eine Anweisung auf eine monatliche Pension von sechs Dukaten für zeitlebens erhalten.

Bei dieser Angabe blieb Coulon.

Es hielt nicht schwer, aus seinen Erzählungen selbst, auch ohne die anderweitigen Ermittlungen, zur Überzeugung zu kommen, daß der angegebene Vergiftungsplan nur ersonnen gewesen, und es fragte sich bei der Untersuchung eigentlich nur, ob er der alleinige, erste Erfinder desselben oder ein untergeordnetes Werkzeug in den Händen anderer Personen sei? Seine Aussagen begreifen drei Anschuldigungen. In der ersten denunzierte er gegen fremde Unbekannte, die auf Antrieb einer leicht zu erratenden, aber nur angedeuteten Macht den Vergiftungsplan betrieben und ihn nur zum Werkzeug gebrauchten. – In der zweiten widerrief er die ganze erste Angabe und denunziert gegen sich selbst als einen leichtsinnigen Kalumnianten, der aus Gewinnsucht eine falsche Denunziation gemacht. – In der dritten widerrief er den Widerruf, blieb im wesentlichen bei der ersten Angabe, fügte aber, um für sich einen halben Ausweg zu gewinnen, Verdachtsgründe gegen die Emigrierten vom Hofe Ludwigs XVIII. hinzu, als könne doch wohl von diesen, wenn nicht die ganze Sache vom Anfange an eingeleitet, doch im Verfolge zu ihren eigenen Zwecken benutzt und ausgebeutet sein, und er, als ein unschuldiges Opfer einer Kabale, die er nicht zu durchschauen vermocht, dastehen.

Die erste Angabe trug zuvörderst alle Anzeichen der inneren Unwahrscheinlichkeit an sich; außerdem wurde sie durch nichts erwiesen und endlich sprachen bestimmte Anzeigen beweisend dagegen.

Die Personen der angeblichen Meuchelmörder waren nicht bekannt, ihr Ankläger scheint sie absichtlich in ein Dunkel gehüllt zu haben, um sie dem richterlichen Auge zu entziehen. Bei einem so furchtbaren Verbrechen, das unbedingt ein historisches Aufsehen erregen mußte, war es unwahrscheinlich, daß die Unbekannten, ohne sich von der Zuverlässigkeit des erwählten Werkzeuges vorher zu überzeugen, sich geradezu an einen Mann gewandt und ihm vertraut hätten, der gewissermaßen zum Gefolge der Bourbonen gehörte und von ihnen lebte. Sie, Fremde, sollten den Coulon, einen in Warschau Ansässigen in ein unbekanntes Haus geführt haben, in der Erwartung, daß er die Straße nicht wiederfinde, und er selbst solle, wie er erklärt, auch wirklich nicht imstande gewesen sein, das Haus wiederzufinden, obgleich man ihm nicht die Augen verbunden hatte und es in der Nacht heller Mondschein war! Mehrmals sollte er sie um ein Angeld ersucht haben, und sie, wo sie alles anwenden mußten, sich seiner Treue zu versichern, hätten ihn mit drei oder (wie er in einem seiner vielen Widersprüche sagt) mit höchstens zehn Dukaten abgespeist! Sie, bei der Dringlichkeit der Sache, bei der nahen Abreise Ludwigs, hätten sich nicht einmal mit Gift versehen und sich solches erst durch Coulon verschaffen wollen! Die spätere Angabe, daß er das Gift nur angekauft, um sich selbst zu vergiften, wenn die Verschworenen ihn packten, ist fast zu albern, um näher betrachtet zu werden. Solche raffinierte Meuchelmörder sollten sich so vergessen, daß sie bei einer der ersten Unterredungen mit dem zu gewinnenden Werkzeuge sich selbst berauschen und dabei ihren Anstifter verraten würden! Unter den drei Mohrrüben, welche sie Coulon übergaben, war eine, die, bei der Zubereitung geborsten, mit Zwirn umwickelt war. Um eine Rübe oder die Arbeit zu sparen, hätten sie ihren groben Betrug so sichtlich gemacht! Das wäre doch bei dem unbesonnensten Verbrecher eine unbegreifliche Unvorsichtigkeit, und diese sollten sich nach Coulons Versicherung jederzeit mit vieler Behutsamkeit benommen haben.

Es verlohnt zu unserem Zwecke nicht, das volle Maß der Unwahrscheinlichkeiten, welche in der Coulonschen Aussage selbst enthalten sind, weiter aufzuführen. Sie wurden aber nicht allein durch nichts erwiesen, sondern es sprachen mehrere Umstände positiv dagegen und bestärkten die Verdächtigkeit. Weder in Warschau noch in der Umgegend war bei der genauesten und strengsten Nachsuchung einer wachsamen Polizei jemand aufzufinden, auf den die Anzeigen zutrafen. Der Graf d'Avaray hatte gegen den Präsidenten von Hoym von zwölf bis fünfzehn Polen gesprochen, welche in dem Komplotte verwickelt seien. Von diesen wußte Coulon, von dem des Grafen ganze Kenntnis herrührte kein Wort. Der nämliche Graf d'Avaray hatte dem Präsidenten zehn bis zwölf junge Mohrrüben, mit einer fetten Salbe umgeben, vorgezeigt; Coulon behauptete aber fortwährend, nur drei Rüben erhalten zu haben!

Aber gesetzt, es wäre ein Tatbestand des Vergiftungsversuchs vorhanden, der weder in den Mohrrüben noch in Coulons Aussage zu finden ist, welch ein Motiv könnte den angedeuteten Urhebern beigemessen werden? Die preußischen Richter beschränkten sich aus politischen Rücksichten in jener kritischen Periode darauf, daß zwischen dem französischen Handelsagenten Galon Boyer und dem Grafen de l'Isle erweislich keine Feindschaft obwalte, also auch kein Motiv vorhanden sei, weshalb der erstere dem letztern nach dem Leben trachten solle. Seitdem hat die Geschichte in letzter Instanz diesen Prozeß längst abgeurteilt, und wir mögen hinzusetzen, es war auch kein Motiv vorhanden, daß der Kaiser Napoleon diese Bourbonen durch Gift aus dem Wege geschafft wünschen durfte. Auch wenn er, um den Schein der Legitimität zu gewinnen, mit ihnen wegen Abtretung ihrer Rechte unterhandelte, sie waren ihm nie gefährlich.

So fiel den vorläufig der Verdacht auf den Angeber allein zurück. Schon sein geständiger, unsteter Lebenswandel, daß er unter den Fahnen mehrerer Nationen diente und sie meistenteils mit Brechung seines Eides verließ, die außerordentliche Fertigkeit und Gewandtheit, welche er in Vorbringung von Unwahrheiten zeigte, ließen einen Verdacht gegen die Reinheit seiner Absichten bei der Denunziation herleiten, auch wenn sein nächstes Interesse nicht als genügendes Motiv erschien. So gewann seine zweite Aussage, die den Widerruf der ersten erhielt, an Glaubwürdigkeit. Zwar hat er auch diese abermals widerrufen, aber außer der mehr inneren Wahrscheinlichkeit sprechen auch andere ermittelte Umstände beweisend dafür.

Es ist durch Zeugen und sein eigenes Eingeständnis dargetan, daß er die beiden Blätter, auf deren einem der Name der nächsten Poststation, auf dem anderen der Name des

Giftes stand, jenes von einem Postoffizianten, dieses von einem ihm fremden Manne hat aufzeichnen lassen. – Er hatte ferner eingeräumt, daß er die Mohrrüben selbst in der beschriebenen Art präpariert, mit einem Teelöffel und Stock ausgehöhlt und mit Arsenik gefüllt, auch daß er die eine zerbrochene zugestopft und mit Zwirn bewickelt habe. Zwar widerrief er dies später, aber man fand gleich nach der einräumenden Aussage in seiner Wohnung noch den Stock, den er zur Aushöhlung der Rüben zugespitzt, und er war an der Spitze noch mit einem gelben Pflanzensafte gefärbt. Auch hatte man ihn vor dem Widerruf dasselbe Experiment an anderen Mohrrüben versuchen lassen, und sie waren, sowohl was die äußere Form anlangt, als auch in der Zwirnbewicklung der einen Rübe denen vollkommen ähnlich, welche Coulon dem Baron von Milleville bei Aufnahme der Denunziation ausgeliefert hatte.

Als Motiv seines Widerruf gibt er die augenblickliche Furcht an, daß man ihn wegen dieses Geständnisses nach Frankreich ausliefern würde. Aber es war kein augenblicklicher Widerruf, dem man die Einwirkung der Angst angesehen hätte. Er widerrief mit der größten Ausführlichkeit, mit einer neuen umständlichen Geschichtserzählung auf siebzig Seiten, mit einer Menge Details, wie er auf den Entschluß geraten, die Denunziation zu erfinden, durch welche künstliche Mittel er seiner Erzählung Wahrscheinlichkeit zu geben versucht. Trotz der Zweifel, die der Inquirent dagegen hegte, blieb er beharrlich lange dabei, bis andere Einflüsse und Überlegung ihn zu der ersten Lüge wieder zurückbrachten.

Es wäre überflüssig, das ganze Knäuel von Lügen zu verfolgen, in welches der Mensch sich wickelte, ihre Widersprüche darzulegen und das möglich Wahrscheinlichste davon herauszusuchen, da seine eine Äußerung, »er wolle lieber durch Unwahrheiten sein Leben zu erhalten suchen, als solches durch das Bekenntnis der Wahrheit in Gefahr setzen, und sich lieber gar nicht weiter über die Sache auslassen«, zur Genüge seinen Charakter ans Licht stellt und ihn als einen solchen erkennen läßt, zu dem man sich der Tat versehen kann, d. h., daß er die Vergiftungsgeschichte aus Gewinnsucht erfand.

Unser Mitherausgeber, welcher in jenen Jahren als Regierungsassessor in Warschau angestellt war, berichtet uns aber aus eigener Erinnerung noch einen interessanten Moment, welcher das vollste Licht auf diesen nur in der Lüge lebenden Charakter wirft. Hitzig, beauftragt, dem Inkulpaten das Erkenntnis erster Instanz zu publizieren und das von ihm eingelegte Rechtsmittel der weiteren Verteidigung zu instruieren, trieb durch Vorhaltung neuer Widersprüche den schlauen Coulon dergestalt in die Enge, daß schon ein Geständnis des ganzen Zusammenhanges der Intrige auf seinen Lippen schwebte, und sich in der heftigsten Bewegung seiner Gesichtsmuskeln ankündigte. Urplötzlich aber faßte er sich, stürzte vor dem Inquirenten auf die Knie und rief: »Ja, ich habe noch etwas zu gestehen! Es liegt mein Leben in der Hand meines Richters, und es ist noch nicht davon die Rede gewesen.«

Ruhig wurde ihm entgegnet, ob es zur Sache gehöre? Sonst möge er es für sich behalten und nur auf die ihm vorgelegten Fragen antworten. Während er immer noch auf den Knien lag, sprudelte ihm nun mit der geläufigsten Zunge eine ganze neue wunderbare Geschichte vor: »Es sei allgemein der Glaube verbreitet, daß der tapfere General Desaix, Napoleons Freund bei Marengo, von einer feindlichen Kugel getötet worden. Dem sei aber nicht so. Er, Coulon, unter ihm fechtend, habe den General erschossen, der ihn als Hauptmann, da er Soldat in seiner Compagnie gewesen, schwer beleidigt. Nun könne man, nach diesem Geständnis, mit ihm machen, was man wolle. Liefere man ihn aber in die Hände Buonapartes, so sei es nicht schwer einzusehen, daß sein Kopf fallen würde.« Der Inquirent entgegnete lächelnd: »Lassen wir den General Desaix jetzt ruhen; stehen sie auf und beantworten meine Fragen.« Aber der günstige Moment war verstrichen. Die improvisierte Komödie hatte das bewirkt, was Coulon wollte, er hatte sich in seine alte Fassung wieder hineingeredet, stand auf und log wie vorher.

Nachdem wir zur Überzeugung gekommen, daß dem Vergiftungsplan keine Wahrheit zum Grunde liegt, fragt es sich nur, ob die Fiktion allein in Coulons Kopfe entstanden ist oder ob andere Urheber dawaren? Die Akten enthalten mehrere Tatsachen, welche dem Richter zur dringenden Vermutung Anlaß geben, daß jemand oder mehrere aus des Grafen de l'Isle Gefolge den Betrug geleitet, wahrscheinlich ersonnen haben. Dieser Verdacht trifft den Baron von Milleville, den Grafen d'Avaray und den Herzog von Pienne, in deren Gegenwart der procès verbal aufgenommen ward, durch welche er mit dringender Eilfertigkeit an den Präsidenten von Hoym gelangte und welche sich besonders tätig bei dem Vorfalle bewiesen haben. Aber hier blieb die Untersuchung, auch da mit Schonung geführt, haften. Noch weiter zu dringen, verbot vielleicht ebenso das Mitleid gegen das Unglück als die politischen Rücksichten, welche über die Sphäre der Kriminalität hinausgehen.

Baron v. Milleville hatte geständlich dem Coulon schon vor der Anzeige des Vergiftungsanschlags sechs Dukaten monatliche Pension verheißen. Es war gar kein Grund da zur Freigebigkeit gegen diesen Menschen, wenn man ihn nicht zum Werkzeug einer politischen Intrige brauchen wollte. Beim Niederschreiben des procès verbal händigte er

Coulon fünfunddreißig Dukaten aus, verschwieg ihm aber dabei, daß sie vom Herzog von Pienne kamen. Baron v. Milleville drang mit besonderem Eifer auf Niederschreibung der Aussage; dann darauf, daß sie von einem Notar beglaubigt würde, den er deshalb mit Besuchen überhäufte. Er äußerte dabei, »daß sich durch diesen Vorgang alles in den Angelegenheiten Frankreichs ändern könne und daß er die Ausfertigungen des procès verbal der ganzen Welt vor Augen legen wolle«. Als die Beglaubigung abgelehnt ward, schickte er Coulon eiligst zum Erzbischof von Reims mit der Nachricht, »der Coup sei mißglückt«. Außerdem versichert Coulon, Milleville habe zu ihm geäußert, »es wären eintausend Louisdor für den Streich ausgesetzt«, er habe ihm einen Gnadengehalt versprochen, wenn er standhaft bei der Erzählung verharre; er habe ihm vorgeschrieben, wie er das Signalement der Unbekannten angeben solle und ihn in Gemeinschaft mit dem Grafen d'Avaray und dem Herzog von Pienne darüber einen Eid leisten lassen; demnächst aber sei er unter großen Vorteilen in den Dienst der Herzogin von Angoulême aufgenommen worden.

Wenn letzteres auch nicht als vollständig erwiesen zu erachten wäre, so ist doch ein sehr vertrautes Zusammensein zwischen diesen hochgestellten Emigrierten und dem Vagabunden und ein seltsames Interesse, welches sie an seinem Wohlergehen nahmen, dargetan. Coulons eigene Frau bezeigte, daß Baron v. Milleville ihren Gatten zweimal um die Zeit der Denunziation in seiner Wohnung aufgesucht, ihn mit sich genommen und ein anderes Mal nach Lazienki gesandt habe. Coulon kaufte das Gift in der Richterschen Apotheke im Augenblicke, als er von Milleville kam. Die drei französischen Edelleute beteuerten ohne alle Veranlassung von selbst die Wahrheit der Coulonschen Aussage, sie gaben ihm, dem geständigen Taugenichts, die vorteilhaftesten Zeugnisse, ja Baron v. Milleville versicherte vor dem Polizeiprädidenten, daß Coulon vollkommen unschuldig sei und bat inständigst, ihn gut zu halten. Entweder hatten sie gleiches Interesse mit ihm oder fürchteten seine Zunge.

Die Art, wie die genannten Herren sich gegen die preußischen Behörden benahmen, verdächtigte sie aber vom Anfange an vor denselben. Als der Graf d'Avaray dem Präsidenten von Hoym die Lebensgefahr, in welcher der König Ludwig schwebe, mitteilte, geschah es mit der unbesorglichsten Gleichgültigkeit, wiewohl er in seinen späteren Briefen von dieser Gefahr mit aller Exaltation des französischen Charakters spricht. Schon früh am Tage des 23. Juli hatte Coulon die Zusammenkunft mit ihm und dem Herzoge von Pienne gehabt, aber erst um acht Uhr abends eröffnete der Graf dem Präsidenten Hoym, daß er ihm Dinge von großer Wichtigkeit zu entdecken habe, wollte indes auch da noch nicht mit der Sprache heraus, obgleich Herr von Hoym ihn dringend aufforderte, sondern verschob die Konferenz auf abends zehn Uhr. Erst zwischen zehn und elf Uhr machte er ihn nun mit dem Vergiftungsplan bekannt, wo es zu spät war, Anstalten zur Verhaftung der Fremden zu treffen, weil die Zusammenkunft zwischen ihnen und Coulon schon vorbei sein mußte. Auch des Präsidenten Versuch, das Coulonsche Haus sofort durchsuchen zu lassen, wußte er durch einen wichtigen Einwand zu vereiteln. Die Absicht des Grafen d'Avaray lag also zutage, daß keine Nachforschungen angestellt werden sollten; ja wie wenig es den Hofbeamten darum zu tun war, die fremden Franzosen zu entdecken, beweist der Umstand, daß der Präsident von Hoym und der Polizepräsident vom 24. bis 28. Juli nicht ein einziges Mal von den angeblich für ihres Königs Leben so besorgten Dienern mit der Frage angegangen wurden, ob Aussicht sei, die Anstifter zu ermitteln.

Ihnen war es um nichts zu tun, als das Dasein eines Vergiftungsplanes im Publikum wahrscheinlich zu machen. Endlich woher hatte der Graf d'Avaray die zwölf vergifteten Mohrrüben, welche er dem Präsidenten zeigte, während doch Coulon nur drei von den Verschworenen aufzubringen gewußt? Wo bleiben seine zwölf bis fünfzehn Polen, nach dem Blute der Bourbonen dürstend, von denen selbst Coulon gar nichts wußte? War die große Zahl Mohrrüben und Polen nur aufmarschiert, um die preußischen Beamten zu erschrecken? Bedurfte es noch eines Beweises, daß Coulon nicht der eigentliche Anstifter war, so ergibt es sich daraus, daß Coulon noch vor Gericht nicht recht wußte, wer eigentlich der Galon Boyer war, obschon man ihn im procès verbal aufs deutlichste auf denselben als den eigentlichen Urheber hatte aussagen lassen.

Obgleich Baron v. Milleville dem Erzbischof von Reims hatte sagen lassen, que le coup était manqué, beuteten die Intriganten ihn dennoch mit Unverschämtheit aus. Der Graf de la Chapelle, als zurückgebliebener Bevollmächtigter des Grafen d'Avaray und des Herzogs von Pienne, räumte in einer Note am Schlusse der Untersuchung selbst ein, daß von seiten der Emigrierten die Einrückung jener Artikel in den Courier de Londres veranstaltet worden sei, wonach dem französischen Kaiser die Anstiftung des Plans durch den Agenten Boyer ohne Umschweife zur Last gelegt wird.

Somit war des Lichts genug über den angeblichen Vergiftungsplan verbreitet. Das Kammergericht in Berlin, dem die Urteilabfassung in dieser Sache übertragen war, nahm als Resultat der Untersuchung an, daß Coulon in Gemeinschaft mit einigen Personen aus dem Gefolge des Grafen de l'Isle, seinerseits aus gewinnsüchtigen Absichten, höchstwahrscheinlich fälschlich und wider besseres Wissen den französischen Handelsagenten Boyer als Vermittler eines

Vergiftungsplanes gegen den Grafen de l'Isle angeklagt habe und verurteilte ihn außerordentlich zu einer vierjährigen Festungsarbeitsstrafe. Das Appellationserkenntnis bestätigte das Urteil, und Coulon ward nach der Festung Cosel zur Abbüßung seiner Strafe abgeführt.

Unter der Wucht der hereinbrechenden Weltereignisse, welche Staaten zertrümmerten und Europas Gestalt umwarfen, geriet dieser schmähliche Kriminalfall in eine für die Schuldigen glückliche Vergessenheit. Die Zuchtrute des Himmels fand an Frankreichs Legitimisten ein unverbesserlich Geschlecht. Statt dankbar für die Nachsicht freundlicher Mächte, die ehrenrührige Erinnerung in ihrer Vergessenheit schlummern zu lassen, mußte einer ihrer Schriftsteller die zwanzigjährige Lüge 1824 wieder aufwecken. Auch diese Lüge, kaum beachtet, vermochte nicht, ihr sinkendes Ansehen wieder aufzurichten. Sie stürzten, weil ihr Stamm morsch, ihre Wurzeln faul waren. Da rief der jüngste Briefprozeß in Paris bei uns die Erinnerung an jenen Vergiftungsprozeß wieder auf. Bedarf es noch der Beweise, daß diese legitimistische Partei, trotz der Verstandeskraft eines Villèle, trotz der Gemütskraft eines Chateaubriand, die vergebens in die entnervten Seelen Blut und Geist hauchen möchten, vor dem sittlichen Weltgerichte ihr Nichtigkeitsurteil selbst unterschrieben hat? Eine Intrigantenpartei, welche Napoleons Thron mit drei vergifteten Mohrrüben und Ludwig Philipps Thron mit fünfzehn verfälschten Briefen zu erschüttern wähnte, um, dort unter Beistand eines Coulon, hier einer Madame Saint-Elme, sich in der Verwirrung hinaufzuschleichen.

INHALT

ZU DIESER AUSGABE

insel taschenbuch 819
Erste Auflage 1986
Der neue Pitaval
Der Text folgt der Ausgabe: Der neue Pitaval. Eine Sammlung der interessantesten Criminalgeschichten aller Länder aus älterer und neuerer Zeit.
Herausgegeben vom Criminaldirector Dr. J. E. Hitzig und Dr. W. Häring (W. Alexis). Erster Theil. Leipzig: F. A. Brockhaus, 1842
Für die vorliegende Taschenbuchausgabe wurde der Text normalisiert.
Umschlagabbildung: Die Ermordung Mrs. Williamsons, 1811. Guildhall Library, London

Romane, Erzählungen, Prosa

Hans Christian Andersen. Glückspeter
Mit Scherenschnitten von Alfred Thon. it 643

Bettina von Arnim. Bettina von Arnims Armenbuch
Herausgegeben von Werner Vordtriede. it 541
– Dies Buch gehört dem König
Herausgegeben von Ilse Staff. it 666
– Die Günderode
Mit einem Essay von Christa Wolf. it 702

Apuleius. Der goldene Esel
Mit Illustrationen von Max Klinger zu »Amor und Psyche«. Aus dem Lateinischen von August Rode. Mit einem Nachwort von Wilhelm Haupt. it 146

Jane Austen. Emma
Aus dem Englischen von Charlotte Gräfin von Klinckowstroem. it 511

Honoré de Balzac. Die Frau von dreißig Jahren
Deutsch von W. Blochwitz. it 460
– Das Mädchen mit den Goldaugen
Aus dem Französischen von Ernst Hardt. Vorwort Hugo von Hofmannsthal. Illustrationen Marcus Behmer. it 60

Joseph Bédier. Tristan und Isolde
Roman. Deutsch von Rudolf G. Binding. Mit Holzschnitten von 1484. it 387

Harriet Beecher-Stowe. Onkel Toms Hütte
In der Bearbeitung einer alten Übersetzung herausgegeben und mit einem Nachwort versehen von Wieland Herzfelde. Mit 27 Holzschnitten von George Cruikshank aus der englischen Ausgabe von 1852. it 272

Ambrose Bierce. Aus dem Wörterbuch des Teufels
Auswahl, Übersetzung und Nachwort von Dieter E. Zimmer. it 440
– Mein Lieblingsmord
Erzählungen. Aus dem Amerikanischen von G. Günther. it 39

Die Blümlein des heiligen Franziskus von Assisi
Aus dem Italienischen nach der Ausgabe der Tipografia Metastasio, Assisi 1901, von Rudolf G. Binding. Mit Initialen von Carl Weidemeyer. it 48

Romane, Erzählungen, Prosa

Blumenschatten hinter dem Vorhang. Von Ting Yao Kang. Aus dem Chinesischen übertragen und mit einem Nachwort versehen von Franz Kuhn. Mit 18 Holzschnitten. it 744

Giovanni di Boccaccio. Das Dekameron
Hundert Novellen. Ungekürzte Ausgabe. Aus dem Italienischen von Albert Wesselski und mit einer Einleitung versehen von André Jolles. Mit venezianischen Holzschnitten. Zwei Bände. it 7/8

Hermann Bote. Ein kurzweiliges Buch von Till Eulenspiegel aus dem Lande Braunschweig. Wie er sein Leben vollbracht hat. Sechsundneunzig seiner Geschichten.
Herausgegeben, in die Sprache unserer Zeit übertragen und mit Anmerkungen versehen von Siegfried H. Sichtermann. Mit zeitgenössischen Illustrationen. it 336

Clemens Brentano. Gedichte, Erzählungen, Briefe
Herausgegeben von Hans Magnus Enzensberger. it 557

Emily Brontë. Die Sturmhöhe
Aus dem Englischen von Grete Rambach. it 141

Giordano Bruno. Das Aschermittwochsmahl
Übersetzt von Ferdinand Fellmann. Mit einer Einleitung von Hans Blumenberg. it 548

Gottfried August Bürger. Wunderbare Reisen zu Wasser und zu Lande. Feldzüge und lustige Abenteuer des Freiherrn von Münchhausen
Mit Holzschnitten von Gustave Doré. it 207

Hans Carossa. Eine Kindheit. it 295
– Verwandlungen einer Jugend. it 296

Lewis Carroll. Geschichten mit Knoten
Herausgegeben und übersetzt von W. E. Richartz. Mit Illustrationen von Arthur B. Frost. it 302
– Alice im Wunderland
Mit 42 Illustrationen von John Tenniel. Übersetzt und mit einem Nachwort versehen von Christian Enzensberger. it 42
– Alice hinter den Spiegeln
Mit Illustrationen von John Tenniel. Übersetzt von Christian Enzensberger. it 97

Romane, Erzählungen, Prosa

Lewis Carroll. Briefe an kleine Mädchen
Aus dem Englischen übersetzt und herausgegeben von Klaus Reichert. Mit Fotografien des Autors. it 172

Miguel de Cervantes Saavedra. Der scharfsinnige Ritter Don Quixote von der Mancha
Mit einem Essay von Iwan Turgenjew und einem Nachwort von André Jolles. Mit Illustrationen von Gustave Doré. 3 Bände. it 109

Adelbert von Chamisso. Peter Schlemihls wundersame Geschichte
Nachwort von Thomas Mann. Illustriert von Emil Preetorius. it 27

Matthias Claudius. Der Wandsbecker Bote
Mit einem Vorwort von Peter Suhrkamp und einem Nachwort von Hermann Hesse. it 130

James Fenimore Cooper. Die Lederstrumpferzählungen
In der Bearbeitung der Übersetzung von E. Kolb durch Rudolf Drescher. Mit Illustrationen von O. C. Darley. Vollständige Ausgabe. 5 Bände in Kassette.
Der Wildtöter · Der letzte Mohikaner · Der Pfadfinder · Die Ansiedler · Die Prärie. – it 760

Alphonse Daudet. Montagsgeschichten
Aus dem Französischen von Eva Meyer. it 649
– Briefe aus meiner Mühle
Aus dem Französischen von Alice Seiffert. Mit Illustrationen. it 446
– Tartarin von Tarascon. Die wunderbaren Abenteuer des Tartarin von Tarascon. Mit Zeichnungen von Emil Preetorius. it 84

Daniel Defoe. Moll Flanders. Herausgegeben und mit einem Essay versehen von Norbert Kohl. it 707
– Robinson Crusoe. Mit Illustrationen von Ludwig Richter. it 41

Deutsche Künstlernovellen des 19. Jahrhunderts
Herausgegeben von Jochen Schmidt. it 656

Charles Dickens. David Copperfield. Mit Illustrationen von Phiz. it 468
– Große Erwartungen. Aus dem Englischen von Margit Meyer. Mit Illustrationen von F. W. Pailthorpe. it 667
– Der Raritätenladen. Aus dem Englischen von Leo Feld. Mit Illustrationen von Cruikshank u.a. it 716

Romane, Erzählungen, Prosa

Charles Dickens. Oliver Twist
Aus dem Englischen von Reinhard Kilbel. Mit einem Nachwort von Rudolf Marx und 24 Illustrationen von George Cruikshank. Vollständige Ausgabe. it 242
– Weihnachtserzählungen
Mit Illustrationen von Cruikshank u. a. it 358

Denis Diderot. Die Nonne
Mit einem Nachwort von Robert Mauzi. Der Text dieser Ausgabe beruht auf der ersten deutschen Übersetzung von 1797. it 31
– Erzählungen und Gespräche
Aus dem Französischen von Katharina Scheinfuß. it 554

Die drei Reiche. Roman. Aus dem Chinesischen von Franz Kuhn. Mit 24 Holzschnitten. it 585

Fjodor M. Dostojewski. Der Idiot. Aus dem Russischen von Hermann Röhl. Mit einem Nachwort von Hermann Hesse. it 740
– Schuld und Sühne. Roman in sechs Teilen. Aus dem Russischen von Hermann Röhl. Illustrationen von Theodor Eberle. it 673
– Der Spieler. Aus den Erinnerungen eines jungen Mannes. Aus dem Russischen von Hermann Röhl. it 515

Annette von Droste-Hülshoff. Bei uns zulande auf dem Lande. Prosaskizzen. Herausgegeben von Otto A. Böhmer. it 697
– Die Judenbuche. Ein Sittengemälde aus dem gebirgichten Westfalen. Mit Illustrationen von Max Unold. it 399

Alexandre Dumas. Der Graf von Monte Christo. Bearbeitung einer alten Übersetzung von Meinhard Hasenbein. Mit Illustrationen von Pavel Brom und Dagmar Bromova. Zwei Bände. it 266
– Die Kameliendame. Aus dem Französischen von Walter Hoyer. Mit Illustrationen von Paul Garvani. it 546

Joseph Freiherr von Eichendorff. Aus dem Leben eines Taugenichts
Mit Illustrationen von Adolf Schrödter und einem Nachwort von Ansgar Hillach. it 202
– Novellen und Gedichte. Herausgegeben von Hermann Hesse. it 360

Romane, Erzählungen, Prosa

Eisherz und Edeljaspis
Aus dem Chinesischen von Franz Kuhn. Mit Holzschnitten einer alten chinesischen Ausgabe. Mit einem Nachwort und Anmerkungen von Franz Kuhn. it 123

Paul Ernst. Der Mann mit dem tötenden Blick und andere frühe Erzählungen. Herausgegeben von Wolfgang Promies. it 434

André Ficus/Martin Walser. Heimatlob
Ein Bodenseebuch. it 645

Harry Fielding. Die Geschichte des Tom Jones, eines Findlings
Mit Stichen von William Hogarth. it 504

Gustave Flaubert. Bouvard und Pécuchet
Mit einem Vorwort von Victor Brombert und einem Nachwort von Uwe Japp. Mit Illustrationen von András Karakas. it 373
– Die Versuchung des heiligen Antonius
Aus dem Französischen übersetzt von Barbara und Robert Picht. Mit einem Nachwort von Michel Foucault. it 432
– Lehrjahre des Gefühls
Geschichte eines jungen Mannes, übertragen von Paul Wiegler. Mit einem Essay »zum Verständnis des Werkes« und einer Bibliographie von Erich Köhler. it 276
– Madame Bovary
– Revidierte Übersetzung aus dem Französischen von Arthur Schurig. it 167
– Salammbô
Herausgegeben und mit einem Nachwort versehen von Monika Bosse und André Stoll. Mit Abbildungen. it 342
– Ein schlichtes Herz. it 110
– Drei Erzählungen/Trois Contes
Zweisprachige Ausgabe. Neu übersetzt von Cora von Kleffens und André Stoll. it 571
– November. Aus dem Französischen von Ernst Sander. it 411

Theodor Fontane. Allerlei Glück
Plaudereien, Skizzen, Unvollendetes. Ausgewählt und herausgegeben von Otto Drude. it 641
– Cécile. Roman. Mit einem Nachwort von Walter Müller-Seidel. it 689

Romane, Erzählungen, Prosa

Theodor Fontane. Effi Briest
Mit Lithographien von Max Liebermann. it 138
– Frau Jenny Treibel. Roman. Mit einem Nachwort von Richard Brinkmann. it 746
– Meine Kinderjahre. Autobiographischer Roman. Mit zahlreichen Abbildungen und einem Nachwort von Otto Drude. it 705
– Der Stechlin
Mit einem Nachwort von Walter Müller-Seidel. it 152
– Unwiederbringlich
Roman. it 286
– Vor dem Sturm. Roman aus dem Winter 1812 auf 13
Mit einem Nachwort von Hugo Aust. it 583

Georg Forster. Reise um die Welt
Mit einem Nachwort von Gerhard Steiner. it 757

Anatole France. Blaubarts sieben Frauen und andere Erzählungen
Aus dem Französischen von Irmgard Nickel. Mit Illustrationen von Lutz Siebert. it 510

Johann Wolfgang Goethe. Erfahrung der Geschichte
Historisches Denken und Geschichtsschreibung in einer Auswahl herausgegeben von Horst Günther. Mit Zeichnungen des Autors. it 650
– Dichtung und Wahrheit
Mit zeitgenössischen Illustrationen, ausgewählt von Jörn Göres. Drei Bände in Kassette. it 149/150/151
– Italienische Reise
Mit vierzig Zeichnungen des Autors. Herausgegeben und mit einem Nachwort von Christoph Michel. Zwei Bände. it 175
– Maximen und Reflexionen
Text der Ausgabe von 1907 mit den Erläuterungen und der Einleitung Max Heckers. Nachwort von Isabella Kuhn. it 200
– Reise-, Zerstreuungs- und Trostbüchlein
Herausgegeben von Christoph Michel. it 400
– Über die Deutschen
Erweiterte Ausgabe mit Illustrationen, einem Nachwort, Nachweisen und Register. Herausgegeben von Hans J. Weitz. it 325
– Goethes Letzte Schweizer Reise
Dargestellt von B. Schnyder-Seidel. Mit zeitgenössischen Abbildungen. it 375